普通高等教育一流本科专业建设成果教材

技术经济学

卢明银　张振芳　编著

中国矿业大学出版社
·徐州·

内容简介

技术经济学是自然科学与社会科学发展过程中相互渗透、相互促进而形成的交叉性学科，属于应用经济学的一个分支。技术经济学是追求投资项目技术先进、经济合理并协调发展的科学。技术经济评价是投资项目必不可少的重要工作步骤，是科学决策的依据。本书主要内容包括：绪论、技术经济分析的基本要素、资金时间价值及其等值计算、技术经济评价指标、投资项目多方案的比较和选择、不确定性与风险分析、项目融资与资金成本、投资项目可行性研究、投资项目财务评价、投资项目国民经济评价、价值工程和技术创新等。

本书体系完整，结构严谨，内容全面，深入浅出。各章均前置学习目标、思维导图，后置案例分析、适量的思考题和练习题，方便学生学习掌握。

本书可作为理工科各专业技术经济学或工程经济学课程的教材，也可作为工程技术人员、企业管理人员学习的参考用书。

图书在版编目(CIP)数据

技术经济学/卢明银，张振芳编著. —徐州：中国矿业大学出版社，2022.11

ISBN 978-7-5646-5560-0

Ⅰ. ①技… Ⅱ. ①卢… ②张… Ⅲ. ①技术经济学 Ⅳ. ①F062.4

中国版本图书馆 CIP 数据核字(2022)第 174008 号

书　　名　技术经济学

编　　著　卢明银　张振芳

责任编辑　姜　华　马晓彦

出版发行　中国矿业大学出版社有限责任公司

（江苏省徐州市解放南路　邮编 221008）

营销热线　(0516)83884103　83885105

出版服务　(0516)83995789　83884920

网　　址　http://www.cumtp.com　**E-mail**:cumtpvip@cumtp.com

印　　刷　苏州市古得堡数码印刷有限公司

开　　本　787 mm×1092 mm　1/16　**印张** 20.75　**字数** 515 千字

版次印次　2022 年 11 月第 1 版　2022 年 11 月第 1 次印刷

定　　价　50.00 元

（图书出现印装质量问题，本社负责调换）

前　言

技术经济学是研究技术实践的经济效果以及技术与经济协调发展的科学，是应用经济学的一个分支。

本书是中国矿业大学工业工程专业国家级和江苏省一流本科专业建设成果教材，主要为满足工业工程、采矿工程、智能采矿工程和新能源科学与工程等专业本科和研究生教学需要编写的。全书共12章，包括绪论、技术经济分析的基本要素、资金时间价值及其等值计算、技术经济评价指标、投资项目多方案的比较和选择、不确定性与风险分析、项目融资与资金成本、投资项目可行性研究、投资项目财务评价、投资项目国民经济评价、价值工程和技术创新等。

本书具有以下特点：① 融入课程思政。通过"延伸阅读""案例分析"等栏目设置，嵌入我国科技发展动态和国家重大工程项目（如三峡工程、港珠澳大桥等）建设成果，潜移默化地培养学生建设国家的使命感和民族自豪感，激发学生的学习动力，提升学生的文化素养，实现思政教育与专业知识学习的有机融合。② 许多例题和案例提供了电子表格解法，有利于学生掌握现代财务分析工具。③ 为了使学生更好地学习和了解技术经济学学科内容，在大多数章节增加了延伸阅读材料，希望能扩大学生的知识视野。④ 在内容和案例的选材上突出矿业特色，构建了矿业项目经济评价所要求的技术经济学体系。⑤ 突出案例和练习题。案例和各章后的思考与练习题针对性强、覆盖面广、综合性强、系统严谨，有一定的难度和深度，旨在开发学生的创新意识，启发创造性思维，巩固和提高知识水平。

本书第一章至第十一章由卢明银编写，第十二章和第九章案例分析由山西大学张振芳编写。硕士研究生庄莹、郭展琨、王文礼、张印、高瑜、葛长吉、孔嘉惠、高紫韵和杨莎莎参与了本书编写资料整理和练习题参考答案的解答工作。

在本书编写过程中，参考了相关领域的大量文献，对这些文献的作者致以诚挚的谢意。

由于作者水平有限，书中错漏在所难免，敬请广大读者批评指正。作者可为使用本教材的教师提供课件和习题参考答案，联系邮箱：lmy81@163.com。

编著者

2022年9月

目 录

第一章　绪　　论

【学习目标】

(1) 掌握技术经济学的含义；
(2) 理解技术与经济的关系；
(3) 了解技术经济学的产生与发展；
(4) 掌握技术经济学研究的对象；
(5) 掌握技术经济学研究的特点；
(6) 掌握技术经济学研究的内容；
(7) 掌握技术经济分析的程序；
(8) 了解技术经济分析的原则。

【思维导图】

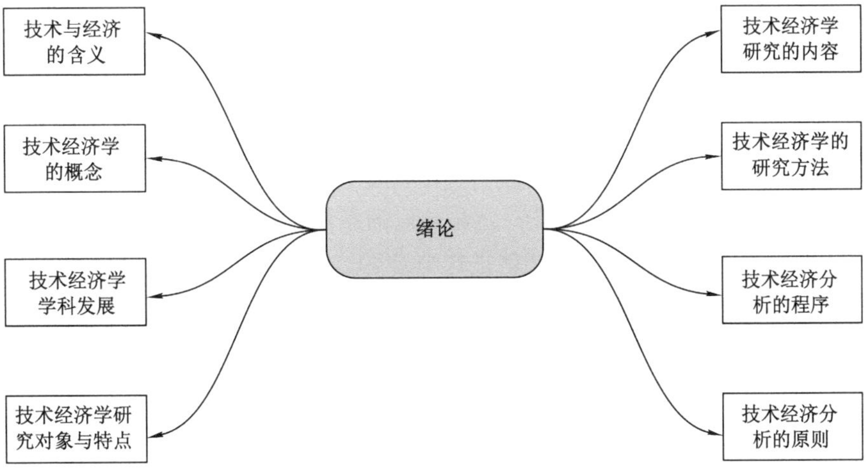

第一节　技术经济学与学科发展

一、基本概念

1. 技术的含义

“技术”一词最早的定义是由18世纪法国启蒙思想家、唯物主义者狄德罗给出的，他认为“技术是为某种目的共同协作组成的各种工具和规划的体系”。后人对这种定义给出了不同的诠释。归纳起来，关于“技术”含义的描述大致有如下几种：

（1）“技术”是指人的技能。例如常说某人“技术高超”，或进行“技术比武”等，这里的“技术”就是指人的技能。

（2）“技术”是指自然科学知识在生产中应用的专门知识。例如“电子技术”“建筑技术”“采矿技术”“信息技术”等，都是应用型的专门知识。

（3）“技术”是指劳动工具的总称（包括工具、设备、厂房、道路等）。例如“材料技术供应”“技术装备”等，这里的“技术”均指设备等劳动工具。

（4）“技术”是劳动技能、专门知识和劳动工具的总和。例如根据自然科学原理和生产实践经验提出的为实现某一既定目标而应用的操作方法、生产工具、设备以及工艺过程的总和。

（5）“技术”是指劳动者的劳动技能、专门知识、劳动工具和劳动对象等要素结合起来形成的能改变客观自然、使它们为人类服务的、有效运动的动态系统。

广义的“技术”包括系统的科学知识、成熟的实践经验、操作技艺和劳动工具、装备、劳动条件以及劳动对象，既包括制造技艺，也包括使用技术。

技术经济学中的“技术”是广义的技术，是人们利用和改造自然的物质手段、精神手段和信息手段的综合体。

2. 经济的含义

“经济”一词，在古汉语中具有“经邦济世”“经国济民”的含义，是治理国家、拯救庶民的意思。“经济”一词在西方语言中，原意是家庭管理。希腊哲学家、科学家亚里士多德定义“经济”是谋生手段的意思。19世纪后半期，日本学者翻译西方著作时，借用了古汉语中“经济”一词。我国现在所用“经济”一词是沿用日本译法，对它的理解也是多种多样的。归纳起来有：

（1）“经济”指人类历史发展到一定阶段的社会经济制度，是政治和思想等上层建筑赖以存在的基础。“经济基础”中的“经济”就是这个含义。

（2）“经济”指物质资料的生产以及与之相适应的交换、分配、消费等活动。例如通常所说的“经济增长”“经济繁荣”中的“经济”就是这个意思。

（3）“经济”指一个国家国民经济的组成。例如工业经济、农业经济、运输经济等名词中的经济概念。

（4）“经济”指节约或节省等。例如常说“某一工程比较经济”“经济实惠”等，这里的“经济”都是指节约。

技术经济学中的“经济”是指在社会物质生产领域的生产、交换、分配、消费活动中所取得的最大节约。

3. 技术与经济的关系

技术和经济虽是两个不同的概念，但两者之间存在着极为密切的关系，两者互相依赖、互相影响、互相制约。

（1）技术进步是经济发展的重要条件和手段。人类社会的发展历史已证明，无论是早期的手工技术以及后来的机械技术、自动化技术，还是现在飞速发展的信息化技术、生物工程等，都极大地改变了生产中的劳动手段和方式，极大地推进了人类社会的发展。技术进步不仅减轻了人们的劳动强度、改善了劳动条件和环境，使人们在广度和深度上合理利用自然资源，而且开辟了广阔的工业领域，促进人流、物流、信息流的沟通，造就了发达的市场经济体系。没有技术的发展，这一切都是不可能的。

（2）经济的发展为技术进步提供了物质保障。技术进步是有前提的，它的发展不能脱离一定的社会经济基础。任何一项技术的产生和发展都是由于社会经济发展的需要而引起的，也是在一定的社会经济条件下得以应用和推广的。实践充分证明，没有发达的经济水准，技术的进步只能是一时的、是不可能持久的。一个国家、行业、企业的技术发展速度很大程度上取决于其经济实力。

（3）技术和经济之间相互制约、协调发展。首先，技术进步总是在一定的经济条件下实现的。任何先进技术都只有同一定的资金、劳动力等有关的经济资源相结合，才能取得预期的经济效果，因此，技术上的先进性与经济上的合理性必须和谐统一。其次，良好的经济效果只能在先进的技术基础上才能实现。如果技术水平满足不了经济发展的要求，必然对经济的发展产生制约作用。

【延伸阅读 1】　**2020 年中国科技进步贡献率超 60%**

【延伸阅读 2】　**2022 年全球创新指数报告发布，中国排名攀升至 11 位**

4. 技术经济学的概念

技术经济学（Technology Economics，Technical Economics，Technological Economics，Tech-economics）是一门技术学与经济学交叉的学科，是应用经济学的一个分支。

应用经济学是指应用理论经济学的基本原理，研究国民经济各部门、各个专业领域的经济活动和经济关系的规律，或对非经济活动领域进行经济效益、社会效益的分析而建立的经济学学科。

技术经济学是一门应用理论经济学基本原理，研究技术领域经济问题和经济规律，研究技术进步与经济增长之间的相互关系的科学，是研究技术领域内资源的最佳配置，寻找技术与经济的最佳结合，以求可持续发展的科学。

二、技术经济学的产生与发展

技术经济学在国外一般被称为工程经济学，源于 1887 年惠灵顿（A. M. Wellington）的著作——《铁路布局的经济理论》（*The Economic Theory of Railway Location*）。作为一名建筑工程师，惠灵顿认为资本化的成本分析方法可应用于选择铁路的长度或路线的曲率。他首次将成本分析方法应用于铁路的最佳长度和路线的曲线选择中，开创了工程领域中的经济评价工作，并对工程经济下了第一个简明的定义：“一门少花钱多办事的艺术”。1911 年，美国泰勒（F. W. Taylor）的《科学管理原理》（*The Principles of Scientific Management*）一书出版，他在书中提出要用科学的方法测定和研究解决工厂中的技术经济和管理问题。1920 年，古德曼（O. B. Goldman）在《财务工程》（*Financial Engineering*）一书中第一次提出把复利公式应用于投资方案评价，并且批评了当时研究工程技术问题不考虑成本、不讲求节约的错误倾向。1930 年，格兰特（E. L. Grant）在《工程经济原理》（*Principles of Engineering Economy*）一书中以复利计算为基础对固定资产投资经济评价的原理做了阐述，同时指出人的经验判断在投资决策中具有重要作用。由于格兰特对投资经济分析理论的发展作出了贡献,他被誉为投资经济分析之父。

第二次世界大战后,随着西方经济的复兴,工业投资机会急剧增加,出现了资金短缺的局面,如何使有限的资金得到最有效的利用,便成为投资者与经营者普遍重视的问题。这种客观形势进一步推动了技术经济分析理论与实践的发展。1951 年,迪安(J. Dean)在《投资预算》一书中具体阐述了贴现法(即动态经济评价法)以及合理分配资金的某些方法在技术经济分析中的应用。在随后的 20 年里,学术界对贴现法与非贴现法(即静态经济评价法)以及贴现法的多种形式的应用进行了比较深入的探讨。从 20 世纪 60 年代末期开始,贴现法已成为技术经济分析所采用的主要方法。1978 年,布西(L. E. Bussey)在《工业投资项目的经济分析》一书中全面系统地总结了工程项目的资金筹集、经济评价、优化决策以及项目的风险和不确定性分析等。1982 年,里格斯(J. L. Riggs)在《工程经济学》一书中系统地阐明了货币的时间价值、时间的货币价值、货币管理、经营决策和风险与不确定性等内容。与此同时,公用事业投资决策、固定资产更新决策、多阶段投资决策以及多目标决策等不同类型的项目投资经济评价与决策方法也相继建立起来,计算机与概率论以及数理统计等数学方法在投资经济分析中也得到了应用。除此之外,对技术经济分析中如何反映税收、物价变动、资金成本等因素的影响也做了探讨,在此基础上技术经济分析已发展为经济与技术相结合、有广泛使用价值的应用经济科学。

近年来,西方工程经济学理论研究出现了宏观化趋势,工程经济中的微观部分效果分析正逐渐与宏观效益研究、环境效益分析结合在一起,国家的经济制度和政策等宏观问题成为当代工程经济学研究的新内容。

目前国外流行的工程经济学教材主要有:① 威廉·G. 沙利文(William G. Sullivan),埃琳·M. 威克斯(Elin M. Wicks)和 C. 帕特里克·科林(C. Patrick Koelling)编著《工程经济学(第 17 版)》。该书是工程经济学领域的畅销教材,麻省理工学院等数十所美国大学以及英国、韩国、新加坡等很多国家的一些知名院校都将该书作为"工程经济学"课程的最主要教材。该书系统介绍了工程经济分析的理论、原理、方法和应用案例。全书共分为三部分。第 1 部分是工程经济基本原理,主要阐述工程经济分析的基本原则、重要的成本概念和估计技术、货币时间价值原理等工程经济学的基本概念和原理;第 2 部分介绍工程经济基本方法,深入分析了投资方案的盈利性评价方法和比选方法,折旧、所得税、通货膨胀等对评价方法的影响,设备更新分析方法,不确定性分析方法;第 3 部分为工程经济分析方法特别专题,内容包括公共项目的费用效益分析方法、风险分析技术和融资及资本预算方法。② 钱·S. 帕克(Chan S. Park)著《工程经济学(第 5 版)》。该书深入浅出地介绍了现代工程师应该具备的工程经济学专业基础知识,是针对各类工科学生的入门教材。全书充分运用理工科学生较强的数理基础,通过大量的运算实例阐述理论与方法。自 1993 年出版以来,及时吸纳最新研究成果,并随实践和计算手段的演进而不断修订更新,一直为众多高校所采用。③ 丽兰·布兰克(Leland Blank)和安东尼. 塔奎因(Anthony Tarquin)著《工程经济学(第 6 版)》。该书自 1976 年出版第 1 版以来,一直被欧美各主要大学选为工程经济学本科必修课的教材。作为一本沿用了 30 余年的优秀工业经济学教材,该书第 6 版承袭了其结构简洁清晰、手算与电算相结合的特色,同时还配备了丰富的工程实例、习题及案例。

技术经济学是由我国学者创立的一门带有浓厚中国特色的应用经济学分支学科,自 20 世纪 60 年代初创立,至今已经走过 60 年的历程。

技术经济学是在1963年中共中央和国务院批准的我国第二个科学技术发展规划纲要《全国1963～1972年科学技术发展规划纲要》中诞生的。技术经济学在我国的发展经历了开创发展、全面破坏和全面发展三个时期。从1963年正式定名“技术经济学”，并制定了全国技术经济研究规划纲要开始，一直到1966年之前，是第一个发展时期，也是这门新学科的创建时期。在这个时期，具有中国特色的技术经济学理论方法体系开始形成，而且有着自己的特点，这些特点是：以马克思主义和毛泽东思想的经济理论为指导；以社会主义基本经济规律、国民经济按比例发展规律和价值规律为依据；以多快好省建设社会主义的要求为目标；以定性和定量相结合的方法为手段；以结合中国社会主义现代化建设的具体实际为基础；以认识和正确处理技术同经济之间的实际矛盾关系为目的。遗憾的是，在“十年动乱”中，技术经济研究机构被撤销，技术经济学的研究工作全部停止，而且遭到彻底的批判，这个时期就是全面破坏时期。自从党的十一届三中全会以后，技术经济学获得了新生，进入了历史上最好的发展时期。1978年11月成立了中国技术经济研究会，许多省市和部门也都成立了技术经济研究会；1980年，中国社会科学院成立了全国第一个技术经济研究所，很多部门相继成立了技术经济研究机构；许多理工科大学开设了技术经济学（工程经济学）课程，不少文科大学也开设了技术经济学（工程经济学）课程；一些大学和研究机构专门培养了技术经济专业博士生、硕士生和大学生。在这个时期，技术经济学理论方法体系得到了不断的改进和完善，技术经济学在实际中的应用也越来越广，技术经济学分支学科越来越多。

技术经济学伴随着中国经济建设的实践需要不断发展。随着市场经济的发展，技术经济学方法的应用范围不断扩大，广泛应用于各种技术政策、产业政策的论证与评价，生产力布局、转移的论证与评价，经济规模的论证与评价，资源开发利用与有效配置的论证与评价，企业技术改造的论证与评价，技术转移与技术扩散的经济分析与技术引进的论证与评价，企业技术创新、新技术开发、新产品研制的论证与项目评价，企业技术经济潜力的分析、论证与评价，技术发展战略的研究、论证与评价，等等。

目前我国出版的技术经济学和工程经济学教材和专著有600多部，仅“十三五”期间出版的普通高等教育各级规划教材就有近20部；开设技术经济学（工程经济学）课程的院校和专业也越来越多。

第二节 技术经济学的研究对象与特点

一、技术经济学的研究对象

技术经济学研究的不是纯技术，也不是纯经济，而是两者之间的关系，即把技术与经济结合起来进行研究，以选择最佳技术方案。

技术与经济是紧密联系的。技术作为人类发展生产力的强有力的手段，具有十分明显的经济目的性。开发技术的目的就在于应用，在于将其转化为现实的生产力，促进经济发展。科技成果向生产力的转化、技术方案的选择、工程项目的实施等，都是基础的经济活动，都离不开技术手段。因此，技术与经济既相互促进，又相互制约。

技术经济学就是研究如何最有效地利用技术资源促进经济发展等问题。其主要任务之一就是从经济角度对具体的开发项目、工程项目、技术方案等进行分析评价，为正确决策提供科学依据。

关于技术经济学的研究对象，从各种不同版本的技术经济学论著中不难发现，是一个争论最多的问题。在我国具有代表性和影响力的观点有：

(1) 关系论，认为技术经济学是研究技术与经济的相互关系以达到两者最佳配置的学科。

(2) 因素论，认为技术经济学是研究技术因素与经济因素最优结合的学科。

(3) 问题论，认为技术经济学是研究生产、建设领域技术经济问题的学科。

这三个观点显然与 20 世纪 80 年代以来引进技术和加大建设项目投资的时代要求有关。

(4) 动因论，认为技术经济学是研究如何合理、科学、有效地利用技术资源，使之成为经济增长动力的学科。这反映了随着技术和经济的发展变化，产生了进一步深入研究技术进步和技术创新理论的客观需要。

(5) 效果论，认为技术经济学研究技术活动的经济效果。这显然带有学科初创时期对“大跃进”盲目建设不讲经济效果的反思。

(6) 综合论(系统论)，认为技术经济学是研究技术、经济、社会、生态、价值构成的大系统结构、功能及其规律的学科。这反映了人们希望在更广泛的人类社会大系统中研究技术问题的愿望。

综上所述，技术经济学的研究对象可以归结为三个领域、四个层面、三个方面。

(1) 三个领域。历史地看，技术经济学学科主流学者以往研究的主要是两个领域的问题：一是技术领域中的经济活动规律；二是经济领域中的技术发展规律。这涵盖了技术经济学学科三分之二的研究对象，显然是不够的。客观地看，搞清楚“技术发展的内在规律”是基础，如果不搞清楚，就不可能真正清楚“技术领域中的经济活动规律”和“经济领域中的技术发展规律”。换言之，只有搞清“技术发展的内在规律”，才可能在技术与经济交叉的“集合”上搞清“技术领域中的经济活动规律”和“经济领域中的技术发展规律”。即技术经济学应研究以下三个领域的技术经济问题：技术发展的内在规律、技术领域中的经济活动规律、经济领域中的技术发展规律。

(2) 四个层面。在前述三个领域的基础上，技术经济学要研究四个层面的问题：一是国家层面的技术经济问题；二是产业层面的技术经济问题；三是企业层面的技术经济问题；四是项目层面的技术经济问题。国家层面的技术经济学主要关注国家技术创新战略和技术创新体制机制的建设问题；产业层面的技术经济学主要关注技术预测与选择、共性关键技术、产业技术创新与技术扩散、产业技术标准制定、产业技术升级的路径与战略；企业层面的技术经济学主要关注企业技术创新管理、知识产权管理和技术使用管理；项目层面的技术经济学主要解决关键技术创新、技术方案经济评价及系统优化和项目管理问题。

(3) 三个方面。在前述三个领域、四个层次之中，技术经济学应研究三个方面的技术经济问题：技术经济学学科的基础理论、技术经济学学科的基本方法、技术经济学学科的基础理论和基本方法在现实技术经济活动中的应用。

【延伸阅读】

技术经济学与工程经济学

技术经济学是一门应用理论经济学基本原理,研究技术领域经济问题和经济规律以及技术进步与经济增长之间的相互关系的科学,是研究技术领域内资源的最佳配置、寻找技术与经济的最佳结合以求可持续发展的学科。

工程经济学(Engineering Economics)是工程与经济的交叉学科,是研究工程技术实践活动经济效果的学科。即以工程项目为主体,以技术-经济系统为核心,研究如何有效利用资源、提高经济效益的学科。

技术经济学与工程经济学在学科性质、研究方法和研究内容方面具有共同点,在研究范围和研究层面上存在着较大的区别。

二者的共同点:

(1) 学科性质:都是介于技术科学与经济科学之间的交叉学科,研究目标都是技术方案或工程项目的经济效益。

(2) 研究方法:都是采用经济效果评价法进行方案的优选,包括资金时间价值及等值计算方法、多方案比较及价值分析方法、费用效益分析及不确定性分析方法等。

(3) 研究内容:都包括了技术先进与经济合理的最佳结合方案的优选,其方法论可以延伸到多个领域,如应用于工业、农业、运输、能源、建筑、冶金等产业的技术经济分析。

二者的区别:

(1) 研究的范围不同:工程经济学的研究范围涉及技术方案和工程项目的实施问题;而技术经济学的研究范围不仅包括此类技术问题,还包括了各种不同的技术政策、技术进步策略等。因此,技术经济学的研究范围比工程经济学更宽。

(2) 研究的层面不同:工程经济学主要研究微观层面的问题,是从企业的角度研究单个建设项目技术方案的经济效益与社会效益;而技术经济学除了研究微观层面的问题外,还要研究宏观层面的问题,从国家或产业的角度研究技术经济政策,制定国民经济及各部门技术发展和经济活动方向的准则与举措。

根据《学科分类与代码》(GB/T 13745—2009/XG2—2016)学科分类,工程经济学是技术经济学的一个分支,其研究对象可理解为项目层面的技术经济问题,其学科分类与代码如下:

790	经济学
790.41	技术经济学
790.4110	工程经济学
790.4115	工业技术经济学
790.4120	农业技术经济学
790.4125	能源技术经济学
790.4130	交通运输技术经济学
790.4135	建筑技术经济学
790.4140	商业与物流技术经济学
790.4145	技术进步经济学

790.4150	资源开发利用技术经济学
790.4155	环境保护技术经济学
790.4160	生产力布局技术经济学
790.4165	消费技术经济学
790.4199	技术经济学其他学科

二、技术经济学的研究特点

技术经济学是研究技术发展与经济发展相互推动、最佳结合的规律及其实现方法的科学，它具有以下五个方面特点。

1. 边缘性

技术经济学是一门技术与经济交叉的边缘性学科，或者说是交叉学科。近代科学技术发展的特点是高度分化与高度综合的统一，一方面科学技术分工愈来愈细，另一方面不同学科之间的相互渗透越来越深。技术经济学是自然科学和社会经济科学之间的边缘性学科，它是从劳动消耗的观点来评价各种技术实践的，既与经济科学关系极为密切，如政治经济学、工业经济学、统计学、会计学等，具有社会科学的特点；又与自然科学的关系十分密切，如评价一个技术方案或一项技术措施，都离不开具体的技术内容。所以说要实现技术先进与经济合理的统一，不仅要研究经济，而且要研究技术、评价技术实践的得失、指出技术发展的方向。

2. 应用性

技术发展与经济发展的关系及其最佳结合的相关因素非常复杂，技术经济学的任务是对具体的问题进行分析、评价，为将要采取的行动提出决策的依据。因此，技术经济学是一门应用性学科，是以研究方法论为主的学科，主要是研究经济效果的计算、分析、评价方法。技术经济学与生产实践有密切的联系，它的资料、数据来源于实践，它的研究成果有待于实践检验。技术经济学研究的方法广泛用于规划、开发、设计、施工、生产等各个环节中。

3. 预测性

在大多数情况下，技术与经济的最佳结合都是在问题决策之前进行的，必须有科学的预测才能进行科学的决策。由于预测是在事件实际发生之前进行的，所以必须以一定的假设条件或过去的统计数据为依据，对某些不确定因素，如价格、投资、经营成本、营业收入、利润等发生的变化对经济效果产生的影响进行分析，以作出正确的决策。

4. 综合性

在很多情况下，技术经济方案最优化的实现要求多目标多指标的组合才能达到。这些目标和指标，既包括技术因素又包括经济因素，可能还包括社会因素，有的是直接影响，有的是间接影响。因此，研究和处理技术经济问题时，需要运用多学科的知识进行综合分析与评价，这就反映了技术经济学综合性的特点。

5. 数量性

技术经济学是一门定量的科学。为了科学、准确地评价技术方案、技术政策、技术措施的经济效果，技术经济学采用了许多定量分析的方法。由于数学方法的迅速发展和计算机技术的广泛应用，定量分析的范围日益扩大。对于一项技术实践的综合评价，还要采用定性分析与定量分析相结合的方法。但是技术经济学主要是研究定量分析方法的，而且要逐步把定性分析定量化。

第三节　技术经济学的研究内容、研究方法和研究程序

从技术经济学的研究对象不难看出，技术经济学的研究范围极为广泛，研究内容极为丰富，相应的，其研究方法也是多种多样的。

一、技术经济学的研究内容

技术经济学的研究内容随着学科的发展而不断地拓宽和完善，既有宏观经济方面的技术经济研究，又有微观经济方面的技术经济研究。

宏观经济方面研究的主要内容有：

(1) 经济发展速度、比例、效益之间的关系问题；

(2) 产业结构、产品结构、技术结构、规模结构问题；

(3) 生产力合理布局和经济区域、经济中心合理配置及发展问题；

(4) 资源合理开发和综合利用问题；

(5) 投资方向、投资结构、投资效果与最优投资规模问题；

(6) 生产专业化、协作化、联合化发展问题；

(7) 能源开发、能源结构与能源综合利用问题；

(8) 新技术、新工艺、新设备、新材料开发利用与高新技术产业的发展问题；

(9) 技术引进、技术改造、设备更新问题；

(10) 发展生产与保护环境及生态平衡问题。

微观经济方面，就一个工程项目来说，技术经济研究的主要内容有：

(1) 进行市场需求调查和预测，确定工程项目建设的必要性、迫切性和可行性及其未来的发展前景，为工程项目的立项提供可靠的依据；

(2) 厂址选择和工厂合理布置，确定企业规模和车间组成，选择生产流程和工艺方法，决定设备选型；

(3) 选择和确定原材料、燃料动力的供应和来源，分析交通运输、邮电通信、供水供电以及基础设施、公用设施等条件；

(4) 确定地理位置，勘察工程地质、气象水文、地形地貌等条件；

(5) 分析研究生态平衡、环境保护以及治理污染和“三废”处理等措施方案；

(6) 开展工程项目的可行性研究和评价工作，诸如对投资、成本、利润、投资回收期、投资收益率、项目建设周期、生产经营活动等方面进行计算、比较、分析和论证。

本书作为理工科专业的教材，所涉及的技术经济学的研究内容主要是微观层面的技术经济研究。

1. 技术经济分析的基本要素

技术经济分析的基本要素是进行项目评价不可缺少的基本数据和资料，具体内容包括

技术经济分析的基本要素的构成、项目投资的构成、产品成本费用的构成、现行税金的构成等。

2. 现金流量与资金的时间价值

现金流量是拟建项目在整个项目计算期内各个时间点上实际发生的现金流入量与现金流出量的统称。资金的时间价值是进行技术经济分析的基础，具体内容包括现金流量和现金流量图的概念、资金的时间价值的内涵、资金的时间价值复利计算的方法、名义利率和实际利率等。

3. 项目经济评价基本方法

经济评价是技术经济分析的核心内容，目的在于确保决策的正确性和科学性，最大限度地降低工程项目投资的风险。其基本方法包括项目经济评价（静态评价与动态评价）指标方法、工程项目方案比选方法（互斥、独立和混合型方案比选）等。

4. 不确定性与风险分析

项目经济评价采用的数据大部分来自估算和预测，具有一定的不确定性和风险性。项目的不确定性与风险分析是为了弄清和减少不确定因素对经济效果评价的影响，具体内容包括盈亏平衡分析、敏感性分析、概率分析和风险决策等。

5. 项目可行性研究

项目可行性研究是技术经济分析的重要内容，可行性研究是经济分析理论在工程项目前期的具体应用，是对工程项目前景进行科学预测和项目方案细化的必要过程。其具体内容包括工程项目建设程序，可行性研究的程序，可行性研究的依据、作用与内容，可行性研究报告的编写等。

6. 项目财务评价

项目财务评价是在国家现行财税制度和市场价格体系下，分析预测项目的财务效益与费用，判断项目财务可行性的方法。其具体内容包括财务评价目的与内容、财务评价方法、财务评价基本步骤、项目财务预测、项目财务评价基本报表、项目财务评价指标体系等。

7. 项目国民经济评价

项目国民经济评价是按照合理配置稀缺资源和社会经济可持续发展的要求，从国民经济全局的角度出发，考察工程项目的经济合理性。其具体内容包括国民经济评价的必要性与内容，费用与效益的识别与计算，国民经济评价的参数、影子价格的确定，国民经济评价指标及报表等。

8. 价值工程

价值工程是指以最低的寿命周期成本，可靠地实现研究对象的必要功能，目的是使工程项目资源得到合理有效的利用。其具体内容包括价值工程的基本概念、寿命周期成本和功能的概念、价值工程的实施步骤和方法、价值工程在工程项目方案评选中的应用等。

9. 技术创新经济评价

技术创新是指创新者抓住潜在的盈利机会，重新组合生产要素，以获得商业利润的过程。掌握技术创新的影响因素和技术创新的评价方法，对于选择技术创新路径、寻找技术创新的突破口具有重要作用。

二、技术经济学的研究方法

项目经投资决策后，其建设、管理和运行过程将涉及各个领域，对社会、经济、环境、生态等方面将会产生深远的影响，因此，全面正确地评价项目技术方案的经济效果至关重要。除了常规的调查统计法、理论研究法、综合分析法之外，技术经济学的主要研究方法还包括对比分析法、定量与定性分析相结合的方法、动态分析与静态分析相结合的方法、系统分析法等。

1. 对比分析法

对项目方案进行比较、选优是技术经济分析的基本内容，方案比较贯穿技术经济分析的始终。对同一个项目需设计出多种实施方案，技术经济学运用方案的可比性原则及方案比较的具体方法，在对多种方案的技术、经济和社会效果进行计算、分析和评价的基础上，根据项目发展的目标，比较项目的优劣关系，从中选出最优方案。对比分析法包括“有无对比”法和“前后对比”法，经济分析时一般应遵循“有无对比”法的原则，正确识别和估算“有项目”和“无项目”状态的效益和费用。

“有无对比”法是指“有项目”相对于“无项目”的对比分析。“无项目”是指不对该项目进行投资时，在计算期内，与项目有关的资产、费用与收益的预计发展情况；“有项目”是指对该项目进行投资后，在计算期内，与项目有关的资产、费用与收益的预计发展情况。“有无对比”法求出项目的增量效益，排除了项目实施以前各种条件的影响，突出项目活动的效果。在“有项目”与“无项目”两种情况下，效益和费用的计算范围、计算期应保持一致，具有可比性。

采用“有无对比”法，是为了识别那些真正应该算作项目效益的部分，即增量效益，排除那些由于其他原因产生的效益，同时找出与增量效益相对应的增量费用，只有这样才能真正体现项目投资的净效益。

“前后对比”法和“有无对比”法的比较，以及“前后对比”法可能出现错误的 4 种情况，如图 1-1 所示。

(1) 有项目和无项目的净收益都增长，如图 1-1(a)所示。其增量净收益为有项目与无项目时的净收益之差，按“有无对比”法计算的结果是有项目的增量净收益为 ABC 部分，而用“前后对比”法计算的有项目效益是 ADC 部分，多算了 ADB 部分，这样就过高地估计了有项目的增量净收益。

(2) 有项目净收益逐年增长，无项目净收益逐年下降，如图 1-1(b)所示。按“有无对比”法计算的增量净收益为 ABC 部分，而按“前后对比”法计算的为 ADC 部分，少算了 ABD 部分，这样就低估了有项目的增量净收益。

(3) 有项目和无项目时的净收益都逐年下降，如图 1-1(c)所示。这种情况下实际上有项目的增量净收益延缓了净收益的下降速度，但如果用“前后对比”法就会错误地认为有项目没有产生增量净收益。

(4) 无项目净收益不变，有项目净收益增加，如图 1-1(d)所示。只有在这种情况下，“前后对比”法与“有无对比”法之间才没有差别，因此可以说，“前后对比”法只是“有无对比”法的一种特殊情况。

由此可见，“有无对比”法是计算增量指标有关数据的正确方法，从而得出的评价结论也是准确科学的。

【例 1-1】 某机械制造厂现有固定资产估价为 6 500 万元，流动资金 2 600 万元，若不进行厂区扩建，未来 5 年的收入、费用如表 1-1 所列。如果进行厂区扩建，需投资 1 500 万

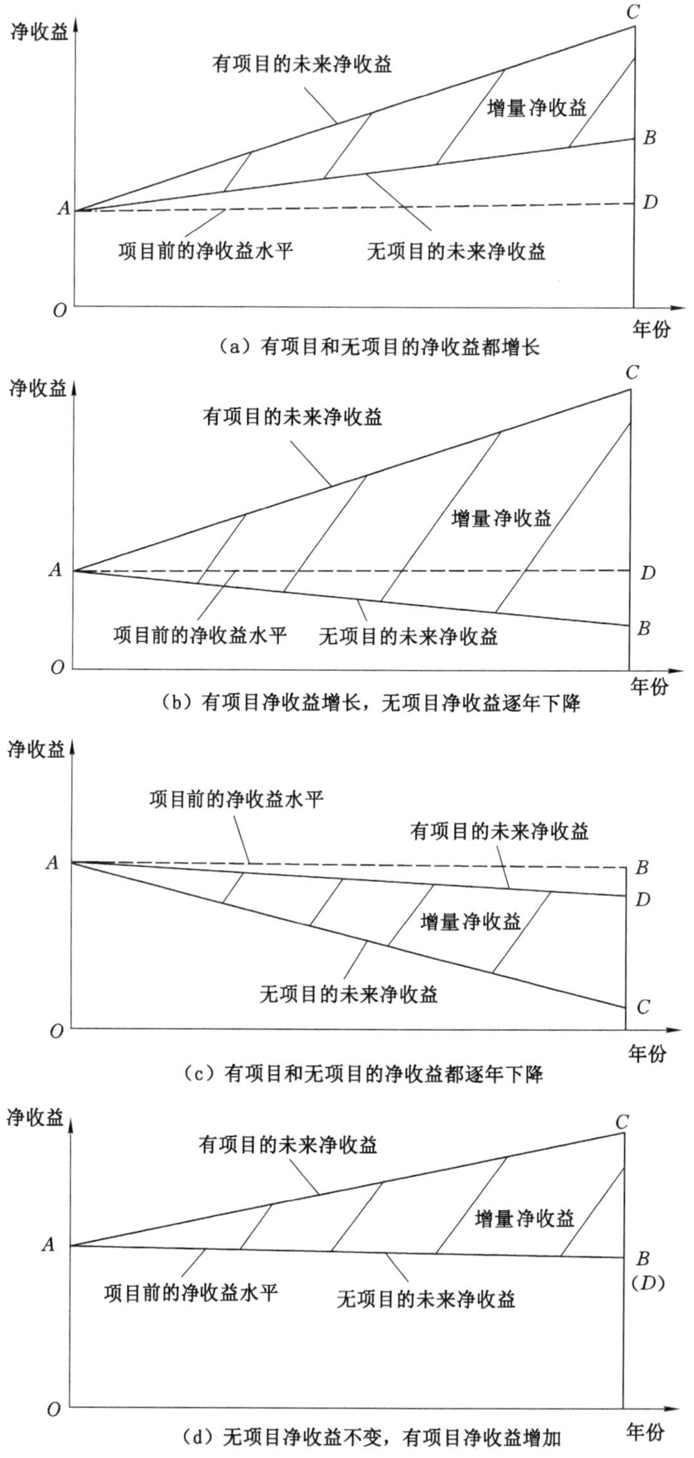

（a）有项目和无项目的净收益都增长

（b）有项目净收益增长，无项目净收益逐年下降

（c）有项目和无项目的净收益都逐年下降

（d）无项目净收益不变，有项目净收益增加

图 1-1　“前后对比”法与“有无对比”法的比较图

元，扩建当年产生收益，该厂未来5年经济数据预测如表1-2所列。试分析厂区扩建项目的效果。

表1-1 某厂不扩建时未来5年的经济数据预测表 单位：万元

项目	第1年	第2年	第3年	第4年	第5年
营业收入	7 500	7 500	6 800	6 800	6 000
总成本费用	5 600	5 700	5 400	5 500	5 100
税金及附加	400	400	350	350	300
利润总额	1 500	1 400	1 050	950	600

表1-2 某厂扩建时未来5年的经济数据预测表 单位：万元

项目	第1年	第2年	第3年	第4年	第5年
营业收入	8 200	8 000	8 200	8 200	8 200
总成本费用	5 800	5 800	5 800	5 900	6 000
税金及附加	450	450	450	450	400
利润总额	1 950	1 750	1 950	1 850	1 750

解 以增量投资利润率为例，通过增量法分析厂区扩建项目的效果如下。

当厂区不扩建时，由表1-1可得，未来5年的累计利润为5 500万元，平均年利润为1 100万元。当厂区扩建时，由表1-2可得，未来5年的累计利润为9 250万元，平均年利润为1 850万元。

故厂区扩建的平均年利润增量为750万元，在新增投资1 500万元的情况下，可计算出增量投资利润率为750/1 500＝50%，说明厂区扩建项目的效果比较好。

2. 定量分析与定性分析相结合的方法

技术经济学对项目的经济分析采取以定量分析为主、定性分析为辅的方法。定性分析是通过文字、声像等综合描述项目投入、产出和影响及其相互关系的方法。工程项目系统中存在大量无法完全定量化的因素，在很大程度上只能采用定性方法加以描述和分析，如运用定性分析方法对项目后评价、项目可行性研究中的资源评价、建设规模与产品方案、实施进度、无形效果等非经济效果内容进行分析研究。而定量分析是通过量化的数据及其变化规律反映项目投入、产出和影响及其相互关系的方法。项目的经济分析与评价是一个系统工程，对方案的描述及分析、评价涉及技术、经济和社会等多个复杂层面，对其中可以定量描述的内容采用定量分析方法，如运用定量分析方法进行项目经济评价、项目不确定性分析、项目财务评价与国民经济评价、设备更新的经济分析等。许多工程尤其是大型建设工程，影响范围大，涉及的问题多且复杂，有许多费用与效益不能用货币表示，甚至不能量化，进行综合经济评价时应采用定量分析与定性分析相结合的方法，以全面反映其费用、效益和影响。

3. 动态分析与静态分析相结合的方法

动态分析与静态分析是技术经济学对项目进行经济分析常用的两种方法。动态分析是在考虑资金时间价值的前提下,对事物整个发展历程或某发展阶段的全面系统的评价;而静态分析是对事物发展在某个确定时间下的状态进行的分析和评价。这两种分析方法各有侧重点,能够从不同角度反映项目状况,将二者结合起来对项目展开综合分析是技术经济学常用的方法,这不仅发展和完善了动态分析的内涵和方法,而且实现了动态评价方法与静态评价方法的良好结合。

4. 系统分析法

从系统工程的角度看,项目由一系列既相互联系又相互区别的相对独立的子系统组成。通过系统地分析这些子系统之间以及子系统与外界环境之间的关系,即可确定工程系统的目标与分析边界。在用系统分析方法分析工程项目时,首先,必须要明确项目发展的目标,即技术目标、微观经济效益目标、宏观国民经济效益目标与社会发展目标;其次,分析项目系统内部的技术子系统、经济子系统、社会子系统结构及其相互之间的关系;最后,确定项目的技术、经济与社会各子系统的发展目标、项目总目标及其相互之间的作用关系,评价和优化项目的技术、经济和社会子系统,达到项目总体效果的最优。在系统分析工程项目时,不仅要分析项目本身的效益,还要评价项目产生的社会效益和环境效益,以实现项目与社会环境、国民经济协调发展。

三、技术经济学的研究程序

技术经济学的研究程序如图 1-2 所示。

1. 确定分析目标及评价标准

按照分析对象的不同确定分析目标。目标可分为国家目标、地区或部门目标、项目或企业目标等;目标内容可以是项目规模、设备选择或技术改造等。目标确定以后,评价指标就能够具体化,评价标准也就能够产生。

2. 调查研究收集资料

根据确定的目标进行调查研究,收集有关技术、经济、财务、市场、政策法规等资料。

3. 设计各种备选方案并进行分析

根据目标集思广益,尽可能收集各种可能的方案,从中筛选出所有可能的方案。从国家目标出发,兼顾企业目标,拟定技术经济分析指标,分析各方案的利弊得失以及影响技术经济效果的内外因素。

4. 方案综合分析评估

除对方案进行定性分析外,根据确定的技术经济指标,建立有关各参数变量之间的函数关系或数学模型,进行定量指标的计算;然后采用定性与定量相结合的方法,对方案进行综合评估。综合评估正确与否,关键取决于定性分析的正确与否以

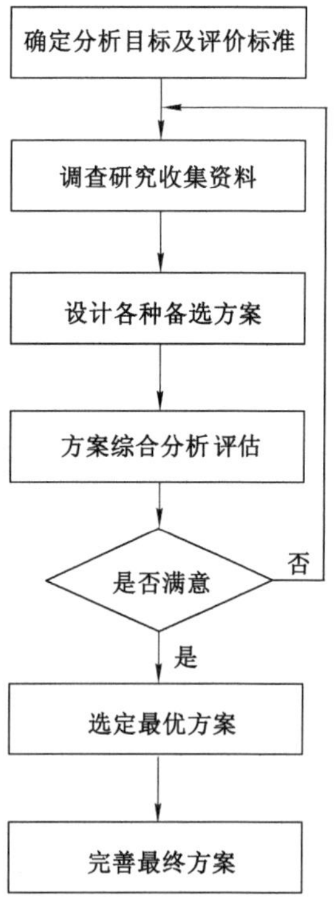

图 1-2 技术经济学研究程序

及所引入的数据是否准确可靠。

5. 选定最优方案

根据综合评估的结果，优选出工程技术上先进、经济上合理的最优方案。若方案满意，则选中最优方案；若不满意，则检查方案、指标的合理性。

6. 最终完善方案

在最优方案的基础上，综合相关各方建议完善方案。

第四节 技术经济分析的基本原则

通过合理的方法对项目或技术方案进行分析、比较和评价，是技术经济分析的基本目的。对特定的投资项目，能够列举出多种技术方案，从经济分析的角度考察，这些方案未必都能满足技术上先进、经济上合理、生产上适用的要求。各项目或方案由于所要考虑和解决的问题侧重点不同，有时会带来技术、经济、资源、环境和社会等多方面的问题。处理这些问题所带来的影响，需要对项目或方案依据一定的基本分析原则进行合理取舍与评价，进而确定最优方案。在技术经济分析中，对项目或方案进行经济分析的基本原则主要有以下几点。这些基本原则分别从不同的角度对项目或方案进行评价，从而得到科学、合理的评价结果。

（一）技术与经济相结合原则

技术和经济是辩证统一的关系，既相互统一，又相互矛盾。技术是经济的重要手段，技术进步是推动经济前进的强大动力，同时技术也是在一定的经济条件下产生和发展的，技术的进步要受经济情况和条件的制约，经济上的需求是推动技术发展的动力。技术与经济之间的这种相互依赖、相互促进和相互制约的关系，构成了技术经济评价的原则之一。但是受到各种因素的影响，技术先进性与经济合理性之间存在一定的矛盾。例如，有些技术具有一定的先进水平，但其经济效果不如其他技术，那么这些技术就不能在生产实践中广泛应用。所以，在应用技术经济学理论评价项目或技术方案时，既要分析其技术上的先进性，也要分析其经济上的合理性，寻找符合国家政策、满足发展方向需要且能给企业带来发展的项目或方案，使之能够最大限度地创造效益，促进技术进步与经济发展。

（二）定量分析与定性分析相结合原则，以定量分析为主

定量分析与定性分析是从不同评价角度反映决策方式。定量分析以客观、具体的计算结果为依据，以得出的项目或方案的各项经济效益指标为尺度，对项目或方案进行数字指标的评价。这种评价方法的优点是能够使评价结果更加精确，减少了技术经济分析工作中的经验决策成分，有利于在定量分析中发现研究对象的实质和规律。定性分析是依据国家的法律法规、国家发展布局及发展方向、项目对国家发展所起的作用和项目的发展趋势等进行的基于经验的评价。在实际评价工作中，由于问题的复杂性，很多内容难以用数量方式表达，此情况下定量分析不适用，定性分析就显得十分必要。定性分析以主观判断为基础，属于经验决策，在很大程度上依赖于评价人员的经验积累。

项目或方案的经济评价坚持采取定量分析与定性分析相结合的原则，有助于发挥两种分析方法的优势，并互为补充。以定量分析为主，可以使分析结果科学、准确，有利于决策

者在对项目总体有较全面了解的基础上进行科学决策。

（三）动态分析与静态分析相结合原则，以动态分析为主

动态分析是在项目决策分析与评价时要考虑资金的时间价值，对项目整个计算期内的费用与效益进行折现现金流量分析的方法。动态分析方法将不同时点的现金流入和流出换算成同一时间的价值，可以对不同方案和不同项目进行比选。静态分析又称非折现现金流量分析，是在项目决策分析与评价时不考虑资金的时间价值，把不同时点的现金流入和流出看成等值的分析方法。静态分析方法指标计算简便、易于理解，但不能准确反映项目费用与效益的价值量。资金的时间价值分析是项目经济评价的核心，所以分析评价要以动态指标为主，静态指标一般作为辅助指标。因此，在项目或方案决策分析与评价中应遵循动态分析与静态分析相结合、以动态分析为主的原则，根据工作阶段和深度要求的不同，选择动态分析指标与静态分析指标。

（四）效益与费用计算口径对应一致原则

在经济评价中，将项目的效益与费用限定在同一个范围内是方案比选的基础，计算的净效益才是项目投入的真实回报。财务分析只计算项目本身的直接效益和直接费用，国民经济分析还应计算项目的间接效益和间接费用，即项目的外部效果。间接效益在经济评价中有时是很重要的，尤其是当间接效益比较高或直接效益虽然好，但妨碍了其他相关部门的发展及效益的提高时，更需要考虑间接效益，以得到全面、正确的评价结论。为简化计算，有时可将外部效果“内部化”，即把那些效益和费用紧密相关、不统一计算就难以正确考察真实经济效益的“项目群”视为一个项目（联合体）进行国民经济分析。

（五）收益与风险权衡原则

项目的投资总是伴随着一定程度的风险，风险为项目的最终收益增加了不确定性。通常，项目的投资者关心的是效益指标，对于可能给项目带来风险的因素考虑得不全面，对风险可能造成的损失估计不足，结果往往有可能使项目失败。收益与风险权衡原则提醒投资者，在进行投资决策时，不仅要看到效益，也要关注风险，权衡得失利弊后再行决策。

（六）可持续发展原则

我国实行社会主义市场经济，生产的目的是满足人们日益增长的物质文化生活需要。近期的经济效益和长远的经济效益从根本上说是一致的，但有时二者之间会出现矛盾。例如，从一个企业或一个部门来看是有利的，但从整个国民经济的角度考察是不利的，或者从整个社会来看有利，而对一个企业或一个部门的利益好处不大。这时进行经济评价，不仅要考虑近期效益，还要分析和考察长远效益。同时，还要注意项目的经济能力和影响，不要因为项目采用的技术给全局性的经济问题带来诸如资源、环保等方面的负面影响。

（七）财务分析与国民经济分析相结合原则

财务分析是在国家现行财税制度和价格体系条件下，从项目财务的角度分析，计算项目的财务盈利能力和清偿能力，据以判别项目的财务可行性；国民经济分析是从国家整体角度分析，计算项目对国民经济的净贡献，据以判别项目的经济合理性。项目的财务分析和国民经济分析都是项目的盈利性分析，但两种分析方法的基本出发点不同。财务分析是站在项目的角度，从项目经营者和投资者的角度分析项目在财务上的可行性，属于微观经

济效益的分析；而国民经济分析是站在国民经济的宏观角度，从全社会的角度分析项目的国民经济费用和效益。另外，财务分析只根据项目直接发生的财务收支计算项目的费用和效益，而国民经济分析从全社会角度考察项目的费用和效益，财务分析中的有些收入和支出从全社会角度考虑不能作为社会费用或效益。

技术经济分析应坚持财务分析与国民经济分析相结合原则对项目进行取舍。当财务分析与国民经济分析的结果不一致时，应对其进行深入分析。一般来说，财务分析与国民经济分析结论均可行的项目，应予通过；国民经济分析不可行而财务分析可行的项目，应予否定。对于一些国计民生必需的项目，国民经济分析结论可行而财务分析结论不可行的，通常应进一步优化方案。

（八）可比性原则

技术经济学研究的主要内容是对各种工程技术方案进行经济比较，从中选择经济效果最好的方案。在进行方案评价比较时，必须使各方案具有可比条件，遵循可比性原则。可比性原则是进行定量分析时所应遵循的重要原则之一，可确保所有的备选方案在统一口径下进行评价比较。一般情况下，备选方案需在满足需要、消耗费用、时间和价格上均具有可比性。

1．满足需要可比原则

任何一个项目或方案实施的主要目的都是满足一定的社会需要，不同项目或方案在满足相同社会需要的前提下也能进行比较。满足需要的可比性应在产品的品种、产量、质量三个方面具有可比性。品种可比是产品品种的名称、规格和数量可比，反映的是企业在产品品种方面满足社会需要的情况；产量可比是项目或方案满足社会需要的产品的数量可比；质量可比是不同项目或方案的产品质量相同时，直接比较各项相关指标，质量不同时，则需经过修正计算后才能比较。在进行满足需要的比较时，能够满足多方面需要的方案可与满足单一需要方案的联合方案进行比较；方案规模不同时，应将规模小的方案乘以适当的系数后与规模大的方案进行比较；分析评价可能涉及其他部门或造成某些损失的方案时，应将该方案本身与消除其他部门损失的方案组成联合方案进行比较。

2．消耗费用可比原则

项目的经济效果是投入和产出之比，所以方案比选除了满足需要的可比性以外，还需要进行消耗费用方面的可比性分析。由于备选方案存在技术特性和经济特性的不同，所需要的人力、物力和财力各不相同，为了使各方案能够进行经济效果的比较，应将从项目建设到产出产品及产品消费的全过程中整个社会的消耗费用进行比较，而不是用国民经济某个部门或个别环节的部分消耗进行比较。消耗费用的可比原则是指在计算和比较费用指标时不仅要计算和比较方案本身的各种费用，还应考虑各项相关费用，并且采用统一的计算原则和方法计算各种费用。相关费用是指为实现本方案而引起相关环节增加（或节约）的费用。为了使技术方案具有消耗费用方面的可比性，必须从整个社会和整个国民经济角度、社会总消耗、系统的观点出发加以综合考虑。采用统一的计算原则是指计算技术方案的消耗费用时，各方案的费用构成项目和计算范围必须一致。当项目涉及行业众多，难以从根本上保证消耗费用的可比性时，可只考虑与项目或方案有直接关系的环节，对这些环节的消耗费用进行比较分析，而省略其他间接环节的费用比较。

3. 价格可比原则

价格是影响工程项目或技术方案比较的重要因素之一,因此,价格的可比性是分析比较项目或技术方案经济效益的一个重要原则。价格可比原则是指在对技术方案进行经济计算时,必须采用合理的、一致的价格。价格水平本身的合理性和恰当性直接影响技术经济分析的正确性。对每个技术方案,均应按其产品相应的品目价格计算投入或产出。

"合理的价格"是指价格必须正确反映产品价值,各种产品之间的比价合理。目前我国价格体系还在不断完善,价格的制定还不尽合理,有些产品的价格与价值相背离的现象较为严重。如果采用这种不合理价格进行经济分析,常给经济评价带来假象,以致得出错误结论。其解决方法是采用影子价格代替现行市场价格,或是采取计算相关费用的办法代替实际价格。

"一致的价格"是指价格种类的一致。由于科学技术的进步,劳动生产率不断提高,产品成本不断下降,各种技术方案的消耗费用随之逐渐减少,产品价格也要发生变化。这要求在对不同技术方案进行比较和评价时,必须采用相应时期的价格。也就是在分析近期技术方案时,应统一使用现行价格;而在分析远景技术方案时,则应统一使用远景价格。

4. 时间可比原则

资金的时间价值是动态经济分析的基础,所以在对备选方案进行比选时,必须考虑时间因素,采用相同的计算期作为比较基准,然后才能进行经济效果比较。对于投资、成本、产品质量、产量相同的两个项目或方案,其投入时间不同,经济效益显然不同;而在相同的时间内,不同规模的项目或方案,其经济效益也不同。所以,时间因素对项目或方案的经济效益有直接的影响。时间可比原则主要考虑两方面的问题:一是经济寿命不同的技术方案进行比较时,应采用相同的计算期作为基础;二是技术方案在不同时期内发生的效益与费用不能直接相加,必须考虑时间因素。

【案例分析】 **摩托罗拉铱星计划破灭案例分析**

思 考 题

1. 请举例说明技术与经济的关系。
2. 什么是技术经济学?该学科有哪些特征?
3. 技术经济学的研究对象和内容是什么?
4. 技术经济学的研究方法有哪些?
5. 技术经济分析的原则有哪些?
6. 简述技术经济分析的程序。
7. 为什么在技术经济分析时要强调可比条件?应注意哪些可比条件?
8. 什么是"有无对比"和"前后对比"?为什么经济分析时一般应遵循"有无对比"的原则?

第二章　技术经济分析的基本要素

【学习目标】

(1) 掌握投资的含义与投资构成；
(2) 掌握资产含义与资产类型；
(3) 掌握成本的含义与构成；
(4) 掌握固定资产折旧与计算；
(5) 掌握利润总额、税后利润含义；
(6) 掌握税金的含义与种类。

【思维导图】

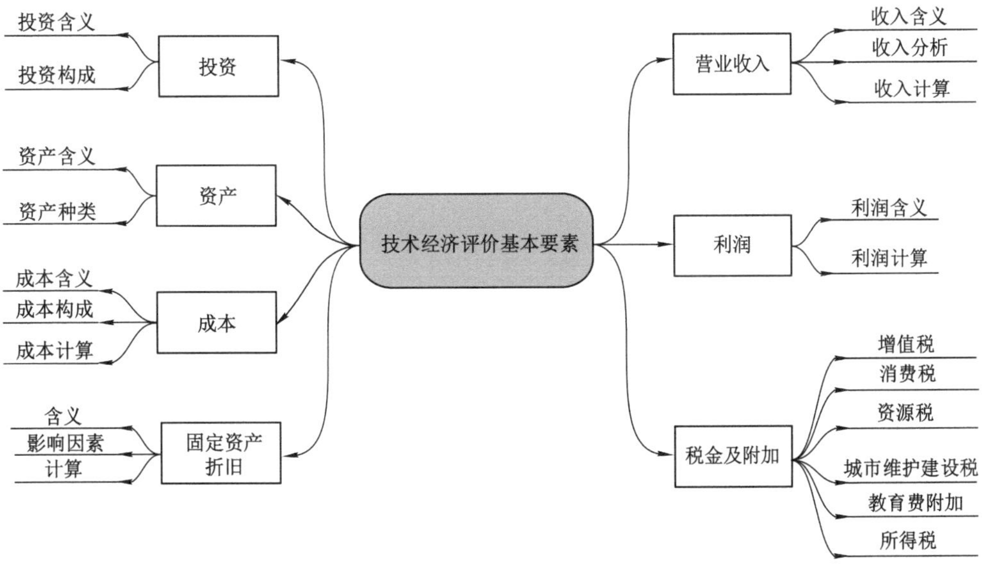

社会生产过程可以从技术和经济两个方面加以描述和分析。从技术角度看，生产过程表现为把各种投入品经物理或化学变化转化为所需的产出品。从经济角度看，生产过程表现为花费一定的成本，取得一定的收益。

在进行经济分析与决策时，把所考察的生产单位看作一个经济系统，成本和收益表现为该系统货币的流出量与流入量，统称为现金流量。

实施一项工程项目的典型过程包括投资建设与生产经营两个阶段。根据不同阶段现金流出与流入的特点，可将现金流量分成不同的经济量，或称经济要素。技术经济分析中常使用的基本经济要素有投资、成本、营业收入、利润与税金等。它们也是组成一项工程项目现金流量的基本要素。

第一节 投 资

一、工程项目总投资的构成

投资(investment)是劳动消耗中反映劳动占用的一个指标，它是花费在工程项目或企业建设上的物化劳动和活劳动的总和，或者说，是为实现一项技术方案而花费的一次性支出的资金。

工程项目总投资由建设投资、建设期利息及流动资金组成，具体构成如图 2-1 所示。

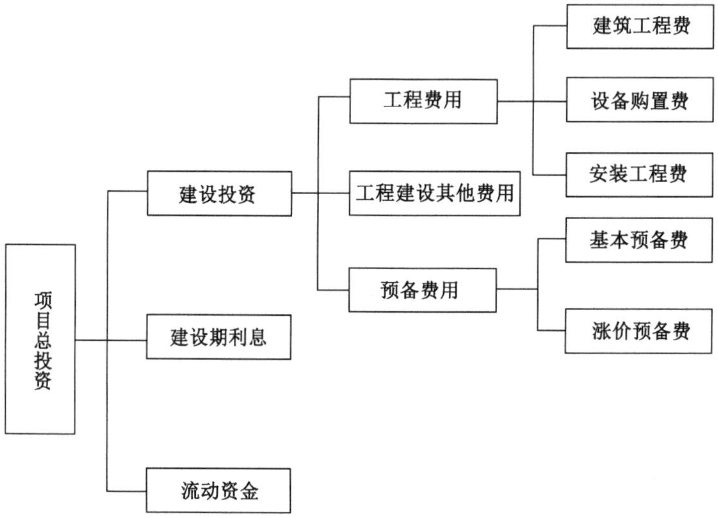

图 2-1 工程项目总投资的构成

(一) 建设投资

建设投资由工程费用、工程建设其他费用和预备费用组成。

1. 工程费用

工程费用指构成固定资产实体的各项投资，包括生产工程、辅助生产工程、公用工程、服务工程、环境治理工程等。按性质划分，包括建筑工程费、设备购置费和安装工程费。

建筑工程费是指为建造永久性建筑物和构筑物所需要的费用，包括建筑物和构筑物自身建造费用，列入建筑工程预算的供水、供电、供暖、通风、煤气、卫生等设备费用，列入建筑工程预算的管道、线缆等费用，施工场地清理、平整费用，以及建设环境绿化、美化费用等。

设备购置费是指为购置生产运营设备及辅助生产设备、工具、器具而发生的费用，主要包括设备及工器具的购置费、运输装卸费、包装费、采购费等。

安装工程费是指为安装定位生产运营设备所需要的费用，主要包括设备的装配费用，与设备连接的工作台、梯子、栏杆等装设费用，设备管线的敷设费用，以及调试运行费用等。

2. 工程建设其他费用

工程建设其他费用指建设投资中未包含在建筑工程费、设备购置费、安装工程费中的与工程建设相关的其他费用，包括项目可行性研究与评估费用、土地使用费、建设单位管理费、勘察设计费、研究试验费、工程建设监理费、工程保险费、前期工作费、职工培训费、办公及生活家具购置费等。

3. 预备费用

预备费用是指为工程顺利开展，避免不可预见因素造成的投资估计不足而预先安排的费用，包括基本预备费和涨价预备费。基本预备费也称工程建设不可预见费，是指项目实施中可能发生的难以预料又需要事先预留的费用，主要包括设计变更费、工程变更费等。涨价预备费也称价格变动不可预见费，是对建设期内由于物价上涨、汇率变化等因素引起投资增加而预留的费用。

（二）建设期利息

建设期利息包括项目债务资金在建设期内发生并计入固定资产的利息和其他融资费用。其他融资费用是指项目债务资金发生的手续费、承诺费、管理费、信贷保险费等融资费用。

在项目评价中，对于分期建成投产的项目，应注意按各期投产时间分别停止借款费用的资本化，即投产后继续发生的借款费用不作为建设期利息计入固定资产原值，而是作为运营期利息计入总成本费用。

（三）流动资金

流动资金是指企业在运营期内长期占用并周转使用的营运资金。企业在生产经营时，用流动资金购买原材料、燃料等投入生产，经过加工制成产品，经过销售回收资金，完成一个生产过程。流动资金就是这样由生产领域进入流通领域，又从流通领域进入生产领域，依次通过供、产、销三个环节，不断周转，长期占用。

$$流动资金 = 流动资产 - 流动负债 \tag{2-1}$$

流动资产是指可以在一年内或者超过一年的一个营业周期内变现或者使用的资产，包括货币资金、应收账款、存货等。流动负债是指将在一年内或超过一年的一个营业周期内偿还的债务，包括短期借款、应付票据、应付账款、预收货款、应付工资、应缴税金、应付利润、其他应付款、预提费用等。

$$流动资产 = 应收账款 + 预付账款 + 存货 + 现金 \tag{2-2}$$

$$流动负债 = 应付账款 + 预收账款 \tag{2-3}$$

流动资金按其在生产过程中的形态和作用，可分为三个阶段和五种形态，如图 2-2 所示。

企业流动资金从货币形态开始，依次经过上述三个阶段再回到货币形态，不断地周而复始。在实际生产过程中，企业的流动资金是同时以实物形态和货币形态分配在各个阶段的。

流动资金通常在项目投产前预先支付、在项目寿命期终了时全部还原成货币资金（流动资金回收）。

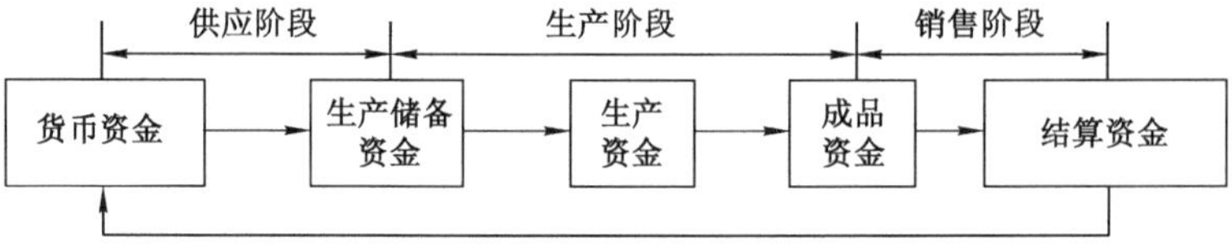

图 2-2 流动资金循环过程

二、投资形成的资产

项目总投资投入项目建设,开始运营后分别形成固定资产、无形资产、其他资产和流动资产四部分,如图 2-3 所示。固定资产、无形资产和其他资产的价值通过逐期从产品营业收入中提取折旧(或摊销)予以回收;流动资产通过当期从产品营业收入中提取经营成本予以收回。

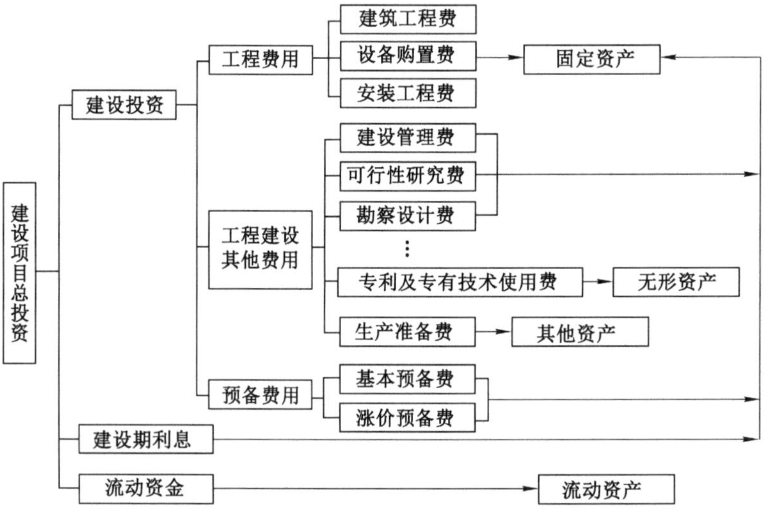

图 2-3 项目总投资形成的资产分类

1. 固定资产

固定资产指使用年限在一年以上,单位价值在规定标准以上,并在使用过程中保持原来物质形态的资产,包括房屋、建筑物、机器、机械、运输工具以及其他与生产经营活动有关的设备、器具、工具等。

固定资产属于产品在生产过程中用来改变或者影响劳动对象的劳动资料,是资本的实物形态。固定资产在生产过程中可以长期发挥作用,长期保持原有的实物形态,但其价值随着企业生产经营活动而逐渐地转移到产品成本中去,并构成产品价值的一个组成部分。根据重要性原则,一个企业把劳动资料按照使用年限和原始价值划分为固定资产和低值易耗品。对于原始价值较大、使用年限较长的劳动资料,按照固定资产进行核算;而对于原始价值较小、使用年限较短的劳动资料,按照低值易耗品进行核算。

2. 无形资产

无形资产是指企业拥有或者控制的没有实物形态的可辨认非货币性资产,由工程建设其他费用中技术转让费或技术使用费(含专利权和非专利技术)、商标权和商誉等形成。

3. 其他资产

其他资产,以前称为递延资产,是指除流动资产、长期投资、固定资产、无形资产以外的其他资产,如长期待摊费用。其他资产由工程建设其他费用中生产准备费、开办费、样品样机购置费和农业开荒费等形成。按照有关规定,除购置和建造固定资产以外,所有筹建期间发生的费用,先在长期待摊费用中归集,待企业开始生产经营起计入当期的损益。

4. 流动资产

流动资产是指可以在一年或者超过一年的一个营业周期内变现或使用的资产,包括存货、现金、银行存款、应收及预付款项、短期投资等,由总投资中的流动资金与流动负债共同构成。

第二节　成本费用

一、成本与费用

成本与费用(cost and expense)是两个既相互联系又存在区别的会计概念。成本是针对一定的成本核算对象(如某一工程)而言的,费用则是针对一定的期间而言的,二者的联系在于都是企业经济资源的耗费。

技术经济分析中的成本与费用和会计中的成本与费用的区别及联系如下:

(1) 会计中的成本与费用是企业经营活动和产品生产过程中已经发生的各项耗费的真实记录,数据具有唯一性;技术经济分析中的成本与费用是对未来的各项耗费的预测结果,有不确定性。

(2) 会计中对成本与费用的计量分别针对特定会计期间、企业经营活动和特定产品的生产过程;技术经济分析中对成本与费用的计量则一般针对某一投资项目或方案的实施结果。

(3) 会计中成本与费用的概念有严格的区分;技术经济分析中强调对现金流量的考察分析,不严格区分成本与费用的概念,均视为现金流出(折旧费和摊销费是成本不是现金流出)。

(4) 技术经济分析中,根据分析计算的需要,还要引入一些财务会计中所没有的成本概念,如机会成本、沉没成本等。这些成本的经济含义及成本中所包含的内容与财务会计中的成本不完全一样。

成本费用估算在财务评价中的作用主要是:计算利润;计算流动资金需要量;用于财务分析及评价;经过价格调整后(用影子价格代替现行价格),用于国民经济评价;用于不确定性分析。

二、总成本费用

总成本费用是指项目在一定时期内(一般为一年)为生产和销售产品所花费的全部费用。将总成本按不同消耗水平分摊给每种产品就得到单位产品成本。财务评价需要计算总成本,但参照的资料一般是类似企业的单位产品成本。

总成本费用的构成与估算通常有以下三种方法。

（一）按制造成本法划分的成本构成

制造成本法是在核算产品成本时，只分配生产经营过程中最直接和关系密切的费用，与生产经营没有直接关系和关系不密切的费用计入当期损益，即直接材料、直接工资、其他直接支出和制造费用计入产品制造成本，也称生产成本；管理费用、财务费用和销售费用则直接计入当期损益。因此，总成本费用由产品制造成本（生产成本）及期间费用组成。

1. 产品制造成本

产品制造成本是指工业企业为制造一定种类和数量的产品所发生的各项生产费用的总和。制造成本项目一般包括直接材料费、直接工资、其他直接支出及制造费用等。

(1) 直接材料费

制造成本中的直接材料费是指在生产过程中直接消耗于产品生产的各种物资的费用。它包括生产经营过程中实际消耗的原材料、辅助材料、备品配件、外购半成品、燃料、动力、包装物以及其他直接材料的费用。

(2) 直接工资

制造成本中的直接工资是指在生产过程中直接从事产品生产人员的工资性消耗。它包括直接从事产品生产人员的工资、奖金、津贴和各类补贴。

(3) 其他直接支出

制造成本中的其他直接支出主要包括直接从事产品生产人员的职工福利费等。

(4) 制造费用

制造成本中的制造费用是指发生在生产单位的间接费用。它包括生产单位管理人员工资和福利费、生产单位房屋建筑物和机器设备的折旧费、修理维护费、机物料消耗、低值易耗品、取暖费、水电费、办公费、差旅费、运输费、保险费、设计制图费、试验检验费、劳动保护费、季节性及修理期间的停工损失等费用。

上述直接材料费、直接工资及其他直接支出构成产品的直接成本；制造费用则构成产品的间接成本。直接成本加上间接成本构成产品的制造成本即生产成本。

2. 期间费用

期间费用包括管理费用、财务费用、销售费用等。

(1) 管理费用

管理费用是指企业行政管理部门为管理和组织生产经营活动所发生的一般管理费用。它包括管理人员工资和福利费、折旧费、修理费、摊销费及其他管理费用（办公费、差旅费、劳动保护费、技术转让费、土地使用税等）。

(2) 财务费用

财务费用是指企业为了筹集资金而发生的各项费用，包括生产经营期间发生的利息净支出及其他财务费用（汇兑净损失、外汇调剂手续费、支付给金融机构的手续费等）。

(3) 销售费用

销售费用是指为了销售产品和提供劳务而发生的各项费用，包括销售部门人员工资和福利费、折旧费、修理费及其他销售费用（广告费、办公费、差旅费等）。

在计算总成本费用时，要注意扣除原材料消耗中自产自用部分，以免重复。

工业企业的生产成本,将随着产品的销售而转为销售成本;销售费用、管理费用和财务费用都属于期间费用,应分别进行核算,计入当期损益,并在利润中反映出来。

按制造成本法分类,产品成本费用构成如图 2-4 所示。

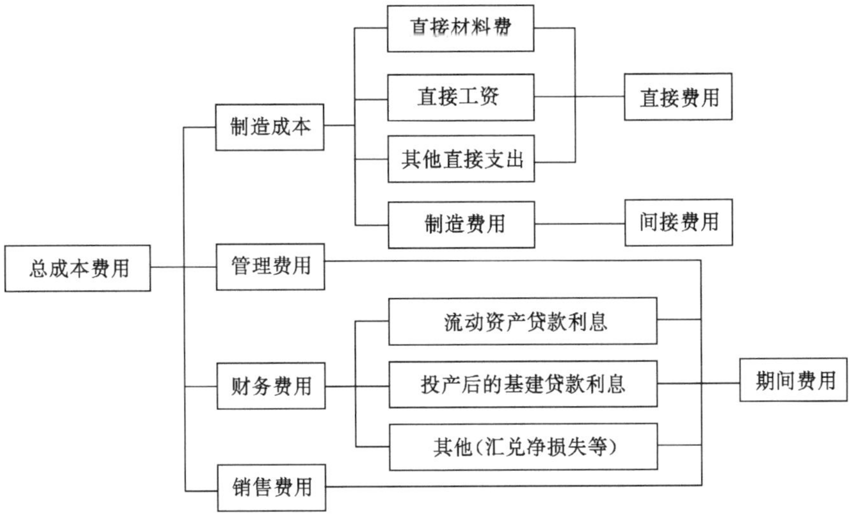

图 2-4 产品成本构成图

(二) 按费用要素划分的成本构成

在项目技术经济评价中,为了便于计算,通常按照各费用要素的经济性质和表现形态把总费用分成以下 8 项:① 外购材料(包括主要材料、辅助材料、半成品、包装物、修理用备件和低值易耗品等);② 外购燃料及动力;③ 工资及福利费;④ 折旧费;⑤ 摊销费;⑥ 修理费;⑦ 利息支出;⑧ 其他费用。

1. 外购材料费

外购材料费包括预计消耗的原材料、辅助材料、备品配件、外购半成品、包装物、低值易耗品的费用以及其他材料费用。其计算公式为:

$$外购材料费 = 主要外购材料消耗定额 \times 单价 + 辅料及其他材料费 \tag{2-4}$$

2. 外购燃料及动力费

外购燃料及动力费包括直接材料费中预计消耗的外购燃料及动力费、制造费、管理费以及销售费用中的外购水电费等。其计算公式为:

$$外购燃料及动力费 = 主要外购燃料及动力消耗量 \times 单价 + 其他外购燃料及动力费 \tag{2-5}$$

3. 工资及福利费

工资及福利费包括企业或项目所有人员的工资及福利费。其计算公式为:

$$工资及福利费 = 职工总人数 \times 人均年工资指标(含福利费) \tag{2-6}$$

4. 折旧费

折旧费指全部固定资产的折旧费。

5. 摊销费

摊销费指无形资产和其他资产的摊销费用。

6. 修理费

修理费是指为恢复固定资产原有生产能力，保持其原有使用效率，对固定资产进行修理或更换零部件而发生的费用。它包括制造费用、管理费用和销售费用中的修理费。固定资产修理费一般按固定资产原值的一定百分比计提，提取比例可根据经验数据、行业规定或参考同类企业的实际数据加以确定。其计算公式为：

$$修理费 = 固定资产原值 \times 计提比率 \tag{2-7}$$

7. 利息支出

利息支出指生产经营期间发生的利息净支出、金融机构手续费。它包括长期借款和短期借款利息。

8. 其他费用

其他费用是制造费用、管理费用和销售费用之和中扣除上述计入各科目的费用后其他所有费用的统称。

矿山企业按制造成本与按费用要素划分的成本构成的关系如表 2-1 所列。

表 2-1 按制造成本与按费用要素划分的成本构成的对应关系

序号	费用要素	制造成本				管理费用	财务费用	销售费用	总成本费用
		直接材料费	直接工资	其他直接支出	制造费用				
1	外购原料、主要材料	√							√
2	外购辅助材料	√			√	√		√	√
3	外购燃料及动力	√			√	√		√	√
4	工资及福利		√	√	√	√		√	√
5	修理费				√	√		√	√
6	折旧费				√	√		√	√
7	井巷工程基金				√				√
8	维简费				√				√
9	摊销费					√		√	√
10	地面塌陷补偿费				√				√
11	利息支出						√		√
12	其他费用				√	√		√	√
13	总成本费用	√	√	√	√	√	√	√	√

注："√"表示存在对应关系。

（三）按生产过程划分的成本构成

这是按生产或服务过程各主要环节所发生的费用来计算制造成本的方法，常见于露天开采的矿山企业。露天矿的生产过程包括穿爆、采装、运输、排土、供电及维修等生产环节。这些环节各时期发生的费用随剥采总量（当产量一定时，随生产剥采比、装岩硬度、运输距离等）的变化而变化。因此，在成本估算与成本分析中能比较准确地反映生产条件的变化对成本的影响。

露天矿山按制造成本与按生产过程划分的成本构成的关系见表2-2。

表2-2　按制造成本与按生产过程划分的成本构成的对应关系

序号	费用要素	制造成本				管理费用	财务费用	销售费用	总成本费用
		直接材料费	直接工资	其他直接支出	制造费用				
1	穿爆	√	√	√	√				√
2	采装	√	√	√	√				√
3	运输	√	√	√	√				√
4	排土	√	√	√	√				√
5	地面生产系统	√	√	√	√				√
6	辅助车间	√	√	√	√				√
	其中疏干排水								
7	管理费用					√			√
8	财务费用						√		√
9	销售费用							√	√
10	总成本费用	√	√	√	√	√	√	√	√

注："√"表示存在对应关系。

【延伸阅读】　**作业成本分析法(ABC成本法)**

三、成本费用中的折旧费与摊销费

（一）折旧费

1. 固定资产折旧及其影响因素

(1) 固定资产折旧

固定资产折旧是指固定资产在使用过程中因损耗而转移到产品中去的那部分价值的一种补偿方式。

固定资产的损耗分为有形损耗和无形损耗。有形损耗是指固定资产由于使用和自然力作用而引起的使用价值和价值的损失，也称为实际损耗或物理损耗；无形损耗是指机器设备由于技术进步而引起的价值损失。无论是有形损耗还是无形损耗，都使固定资产使用的经济性下降，严重的有形损耗甚至会破坏固定资产的正常使用，只能采取修理或更新的方法恢复其功能。为了保持固定资产使用的经济性，必须对其损耗进行合理的价值补偿，这就是折旧。

(2) 影响固定资产折旧的因素

在工程实践中，影响固定资产折旧的因素主要体现在以下几方面。

① 固定资产原值：是指固定资产的原始价值或重置价值，即固定资产在投入使用时的初始价值。在不同的情况下，固定资产原值包括的内容也不相同：一是对新建项目，固定资产原值包括勘察设计费、场地准备费、设备及工器具购置费、建筑安装工程费、建设期利息

等;二是对于改建、扩建或技术改造项目,其原值是指改进、扩建或技术改造前的原值,加上改建、扩建或技术改造过程中的费用支出,减去不需要和报废的原值后的价值;三是指购买的固定资产原值,等于购置、运输、安装、调试等费用之和。

② 固定资产净残值:是指固定资产预计使用寿命已满,企业从该项固定资产处置中获得的扣除预计处置费用后的金额,是指估计残值与估计清理费用之差,一般为原始价值的3%~5%。

③ 固定资产使用年限:是指固定资产可用于企业运营的时间长度。使用年限也叫服务年限,可能与固定资产的使用寿命不一致。企业确定固定资产使用年限时,应当考虑下列因素:

a. 该项资产预计生产能力或实物产量;

b. 该项资产预计有形损耗,如设备使用中发生磨损、房屋建筑物受到自然侵蚀等;

c. 该项资产预计无形损耗,如新技术的出现使现有的资产技术水平相对陈旧、市场需求变化使产品过时等;

d. 法律或者类似规定对该项资产使用的限制。

正确运用固定资产使用年限应综合反映有形损耗和无形损耗。如果使用年限估计过长,固定资产得不到更新,企业无发展后劲;如果使用年限估计过短,使补偿有余,导致人为增加成本,利润减少,缴纳所得税相应减少,并可能提前报废固定资产,造成浪费。

④ 固定资产减值准备:是指固定资产的可收回金额低于其账面价值。会计准则规定:当资产可收回金额低于其账面价值时,应当将资产的账面价值减记至可收回金额,减记的金额确认为资产减值损失,计入当期损益,同时计提相应的资产减值准备。

2. 固定资产折旧的计算方法

我国现行的固定资产折旧方法,包括平均年限法、工作量法、双倍余额递减法和年数总和法,其中,双倍余额递减法和年数总和法统称为加速折旧方法。固定资产折旧方法的选用直接影响到企业成本、费用的确定,也影响到企业收入和纳税,进而影响到国家的财政收入,因此,国家历来对折旧方法的选用有比较严格的规定。以前国家规定采用平均年限法或工作量法,现在为了鼓励企业采用新技术,加快科学技术向生产力的转化,增强企业的后劲,国家允许某些行业和企业经批准后采用加速折旧的计算方法。

计算固定资产折旧的基本公式为:

$$\text{应计提折旧额} = \text{折旧率} \times \text{折旧基数} \tag{2-8}$$

(1) 平均年限法

平均年限法也称直线折旧法,是使用最广泛的一种折旧计算方法。按照平均年限法,固定资产年折旧额的计算公式为:

$$\text{年折旧额} = \frac{\text{固定资产原值} - \text{固定资产净残值}}{\text{折旧年限}} \tag{2-9}$$

$$\text{固定资产净残值} = \text{固定资产残值} - \text{清理费用} \tag{2-10}$$

实际工作中常用折旧率计算固定资产折旧额:

$$\text{年折旧率} = \frac{1}{\text{折旧年限}} \times 100\% \tag{2-11}$$

$$\text{年折旧额} = \text{年折旧率} \times (\text{固定资产原值} - \text{固定资产净残值}) \tag{2-12}$$

企业固定资产折旧方法一般采用平均年限法,该方法尤其适用于科技含量相对较低的房屋、仓库等建筑物性质的固定资产。由于生产企业各种生产性、非生产性固定资产往往成百上千，要分别计算其折旧额，工作量较大，也不容易准确，所以，平均年限法在实际应用时又有分类折旧和综合折旧两种方法。分类折旧法是按固定资产的某种性质、特征进行分类，确定不同类别固定资产的使用年限，再分别计算各类固定资产折旧额；综合折旧法是以综合考虑的项目(部门)全部固定资产的平均使用年限为所有固定资产的计算使用年限，项目(部门)所有的固定资产均以此年限作为计算折旧基础，无须按每项、每类固定资产计提折旧，使折旧计算更为简便，但准确性较差。

平均年限法因计算简便而应用较广，但该方法也有不足之处，主要体现在按期平均计提折旧额上。因为通常情况下，固定资产使用初期效率较高、产出较多、维修费较低，所以应当向产品中转移较多的价值，分摊的折旧额也应适当提高；而在使用后期，效率下降、产出降低、维修费上升，所以分摊到产品中的折旧额也应适当减少。此外，一旦发生无形磨损，平均年限法下尚未分摊折旧的价值更大，对企业造成的经济损失也更大。显然，在固定资产使用期内平均计提折旧并不合理。

(2) 工作量法

工作量法一般用于计算某些专业设备和交通运输车辆的折旧，是以固定资产完成的工作量(如行驶里程、工作小时、工作台班、生产的产品数量)为单位计算折旧额。其计算公式为：

$$\text{单位工作量折旧额} = \frac{\text{固定资产原值} - \text{固定资产净残值}}{\text{预计使用期限内可以完成的工作量}} \tag{2-13}$$

$$\text{年折旧额} = \text{单位工作量折旧额} \times \text{年实际完成工作量} \tag{2-14}$$

工作量法按照实际使用过程磨损程度计算折旧费用，能正确反映运输工具、精密机床等设备的使用程度，而且把折旧费用与业务成果联系起来。但这种方法也存在一些缺点：① 即使每年的折旧费用是变动的，工作量法也仍然类似于直线法。因为它假定每一服务单位分配等量的折旧费，但是，假定每一服务单位的成本相等是没有根据的。② 未能考虑到修理和维修费用的递增，以及操作效率或收入的递减等因素。

(3) 年数总和法

采用年数总和法计算折旧，折旧率是逐年递减的，各年折旧率的计算公式为：

$$\text{年折旧率} = \frac{\text{折旧年限} - \text{固定资产已使用年数}}{\text{折旧年限} \times (\text{折旧年限} + 1) \div 2} \times 100\% \tag{2-15}$$

式(2-15)的分子是固定资产尚可使用的年数，分母是固定资产折旧年限内各年年数的总和。例如，若固定资产折旧年限为 5 年，则年数总和为：

$$1+2+3+4+5=\frac{5\times(5+1)}{2}=15$$

第三年的折旧率为：

$$\frac{5-2}{15}\times 100\%=20\%$$

按照年数总和法，各年固定资产折旧额的计算公式为：

$$\text{年折旧额} = (\text{固定资产原值} - \text{固定资产净残值}) \times \text{当年折旧率} \tag{2-16}$$

(4) 双倍余额递减法

按双倍余额递减法计算各年折旧额是在不考虑固定资产净残值的情况下用年初固定资产净值(即固定资产价值余额)乘以直线折旧率的 2 倍。其计算公式为：

$$年折旧率 = \frac{2}{折旧年限} \times 100\% \tag{2-17}$$

$$年折旧额 = 固定资产净值 \times 年折旧率 \tag{2-18}$$

折旧年限到期前的最后 2 年,年折旧额的计算公式为:

$$年折旧额 = \frac{固定资产净值 - 固定资产净残值}{2} \tag{2-19}$$

采用双倍余额递减法,不能使末年固定资产账面净值低于其预计残值。为简化起见,应当在固定资产折旧年限到期前 2 年内,将固定资产净值平均摊销。

【例 2-1】 某企业有一台总价 10 万元的设备,设备残值率选定 2%,折旧年限为 10 年。试分别采用平均年限法、年数总和法和双倍余额递减法 3 种折旧方法计算每年的折旧额。

解 计算公式见式(2-9)~式(2-19),主要参数及计算结果见表 2-3。

表 2-3 平均年限法、年数总和法和双倍余额递减法计算的每年折旧额

折旧方法	折旧年份	折旧基数/万元	折旧率/%	折旧额/万元	折旧额累计/万元	折余价值/万元
平均年限法	1	9.8	10	0.98	0.98	8.82
年数总和法		9.8	18.18	1.78	1.78	8.02
双倍余额递减法		10	20	2.00	2.00	8.00
平均年限法	2	9.8	10	0.98	1.96	7.84
年数总和法		9.8	16.36	1.60	3.38	6.42
双倍余额递减法		8.00	20	1.60	3.60	6.40
平均年限法	3	9.8	10	0.98	2.94	6.86
年数总和法		9.8	14.55	1.43	4.81	4.99
双倍余额递减法		6.40	20	1.28	4.88	5.12
平均年限法	4	9.8	10	0.98	3.92	5.88
年数总和法		9.8	12.73	1.25	6.06	3.74
双倍余额递减法		5.12	20	1.02	5.90	4.10
平均年限法	5	9.8	10	0.98	4.90	4.90
年数总和法		9.8	10.91	1.07	7.13	2.67
双倍余额递减法		4.10	20	0.82	6.72	3.28
平均年限法	6	9.8	10	0.98	5.88	3.92
年数总和法		9.8	9.09	0.89	8.02	1.78
双倍余额递减法		3.28	20	0.66	7.38	2.62
平均年限法	7	9.8	10	0.98	6.86	2.94
年数总和法		9.8	7.27	0.71	8.73	1.07
双倍余额递减法		2.62	20	0.52	7.90	2.10
平均年限法	8	9.8	10	0.98	7.84	1.96
年数总和法		9.8	5.45	0.53	9.26	0.54
双倍余额递减法		2.10	20	0.42	8.32	1.68
平均年限法	9	9.8	10	0.98	8.82	0.98
年数总和法		9.8	3.64	0.36	9.62	0.18
双倍余额递减法		1.48	最后 2 年平均	0.74	9.06	0.74
平均年限法	10	9.8	10	0.98	9.8	0
年数总和法		9.8	1.82	0.18	9.8	0
双倍余额递减法		0.74	最后 2 年平均	0.74	9.8	0

图 2-5 所示为 3 种折旧方法的折旧效果。

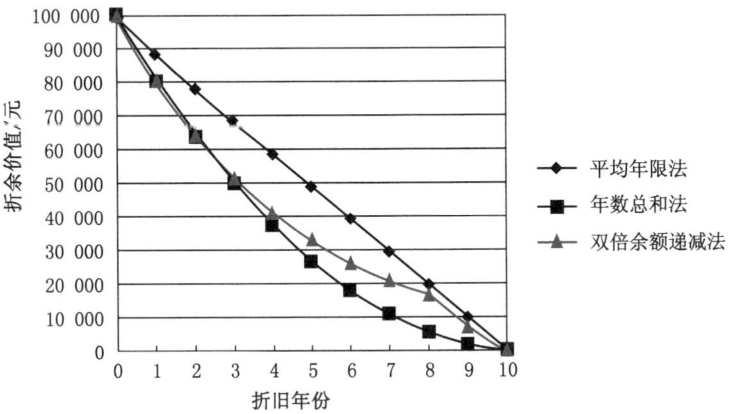

图 2-5　3 种折旧方法的折旧效果

上述 3 种方法提取的总折旧额都是 98 000 元,但是每年提取的折旧金额不同,加速折旧法在前面几年提取的折旧额多,双倍余额递减法最多。如果考虑资金的时间价值以及折旧的税前扣除效果,采用加速折旧法可以帮助企业在设备使用前期充分利用资金,同时也可以尽量避免生产力发展导致设备发生第Ⅱ种无形磨损的潜在风险,因此,加速折旧法要优于直线折旧法。从微观意义上看,加速折旧法可以帮助企业快速回收企业固定资产投资,有利于固定资产更新和经济效益提高;从宏观上看,加速折旧有利于科技进步和整个国民经济的发展。

（二）摊销费

1. 无形资产摊销费

无形资产从开始使用之日起,应按照有关的协议、合同在受益期内分期平均摊销,没有规定受益期的按不少于 10 年的期限分期平均摊销。

2. 其他资产摊销费

其他资产中的开办费应在企业开始生产经营之日起,按照不短于 5 年的期限分年平均摊销。租入固定资产改良及大修理支出应当在租赁期内分年平均摊销。

固定资产折旧费与无形资产、其他资产摊销费在技术经济分析中具有相同的性质。虽然在会计中折旧费与摊销费被计入费用和成本,但在作现金流量分析时,折旧费与摊销费既不属于现金流出也不属于现金流入。

【延伸阅读】

《中华人民共和国企业所得税法实施条例》(2019 年修订版)第六十条关于固定资产计算折旧的最低年限的规定:除国务院财政、税务主管部门另有规定外,固定资产计算折旧的最低年限如下:

(一) 房屋、建筑物,为 20 年;

(二) 飞机、火车、轮船、机器、机械和其他生产设备,为 10 年;

(三) 与生产经营活动有关的器具、工具、家具等,为 5 年;

（四）飞机、火车、轮船以外的运输工具，为 4 年；

（五）电子设备，为 3 年。

四、经济分析中的有关成本概念

1. 经营成本

经营成本（operating cost）是指总成本费用扣除固定资产折旧费、维简费（矿山企业从成本中提取，专项用于维持简单再生产的资金）、摊销费和利息支出以后的费用，反映产品生产经营和管理过程中的物料、能源动力和人力消耗，真实体现企业经营管理水平高低，故称经营成本。经营成本是技术经济学中特有的概念。

$$经营成本 = 总成本 - 折旧费 - 维简费 - 摊销费 - 利息支出 \tag{2-20}$$

经营成本中不包括折旧费、维简费、摊销费及利息支出的原因如下：

(1) 现金流量表反映项目在计算期内逐年发生的现金流入和流出。与常规会计方法不同，现金收支在何时发生就在何时计入，不做分摊。由于投资已在其发生的时间作为一次性支出被计入现金流出，所以不能再以折旧和摊销的方式计入现金流出，否则会发生重复计算。因此，作为经常性支出的经营成本中不包括折旧和摊销费，同理也不包括矿山“维简费”。

(2) 项目投资现金流量表是以全部投资作为计算基础的，利息支出不作为现金流出，而资本金现金流量表中已将利息支出单列。因此，经营成本中也不包括利息支出。

2. 固定成本和可变成本

产品成本按其与产量变化的关系可分为固定成本和可变成本。

固定成本（fixed cost）是指在一定生产规模限度内，不随产品产量变化而变化的费用。它一般包括在制造费用成本项目中，如生产单位的固定资产折旧费、修理费、管理人员工资及福利费、办公费和差旅费等。这些费用的特点是产品产量增加时，费用总额保持不变，而反映在单位产品成本上，这些费用减少；同样，当产品产量减少时，费用总额并不减少，而反映在单位产品成本上却有所增加。

可变成本（variable cost）是指产品成本中随产品产量的增减而成比例地增减的费用，如直接原材料费、直接燃料和动力费、产品包装费等。这些费用的特点是产品产量变动时，费用总额成比例地变化，而反映在单位产品成本中的费用是固定不变的。

固定成本和可变成本的构成，如图 2-6 所示。

3. 机会成本与沉没成本

机会成本（opportunity cost）是指由于将有限资源使用于某种特定的用途而放弃的其他各种用途的最高收益。机会成本这个概念的产生来源于这样一个现实：资源是稀缺的。资源的稀缺性决定了人类只有充分考虑了某种资源用于其他用途的潜在收益后，才能作出正确的决策，使有限的资源得到有效的利用。

由此可见，机会成本并不是实际发生的成本，而是由于方案决策时所产生的观念上的成本，因此，它在会计账本上是找不到的，但对于决策却非常重要。例如，某企业有一台多用机床，可以自用，也可以出租，出租可以获得 7 000 元的年净收益，自用可产生 6 000 元的年净收益。当舍弃出租方案而采用自用方案时，其机会成本为 7 000 元，其利益为 −1 000 元；当舍去自用方案而采用出租方案时，其机会成本为 6 000 元，利益为 1 000 元。很显然，

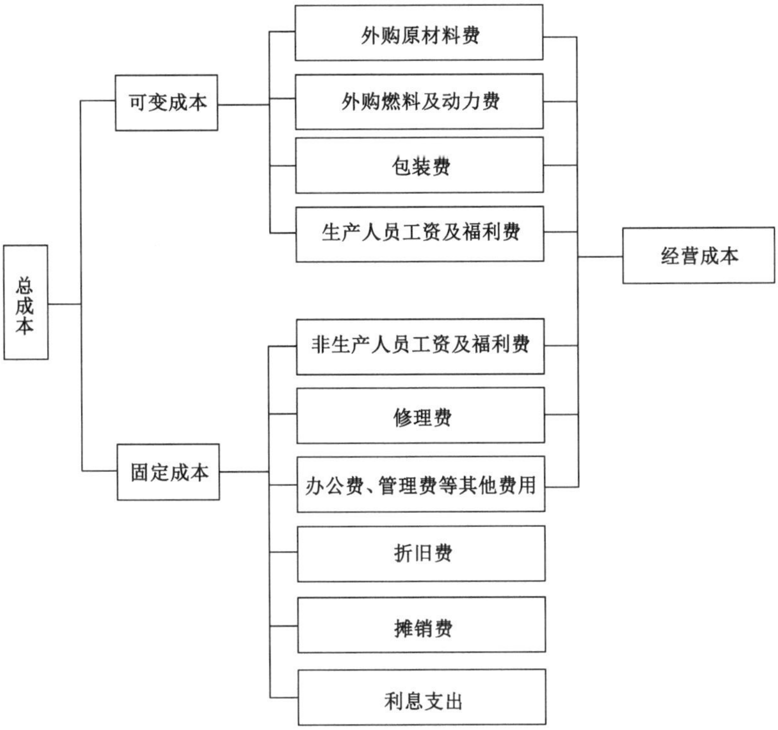

图 2-6　固定成本和可变成本的构成

应采用出租方案。

沉没成本(sunk cost)是指过去已经支出而现在无法得到补偿的成本。它对企业决策不起作用,主要表现为过去发生的事情,费用已经支付,事后尽管可能认识到这项决策是不明智的,但木已成舟,今后的任何决策都不能取消这项支出。例如,你投资一个工程项目,原计划投入 2 000 万元,可是刚投入 1 000 万元建设了一半的时候,市场忽然发生变化,继续投入建成后生产的产品已经被新产品淘汰,你是继续投入 1 000 万元建成呢,还是承认之前的 1 000 万元投资失败呢? 这时你一定会保住剩下的真正属于自己的 1 000 万元,之前投入的 1 000 万元已经变成报废的未完工工程——沉没成本。

4. 边际成本

边际成本(marginal cost)是指在一定产量水平下,增加或减少 1 个单位产量所引起的成本总额的变动数,用以判断增减产量在经济上是否合算。由于固定成本与产量增减无关,在进行短期增减产量决策时,不必考虑固定成本因素,所以边际成本实际上就是单位产品变动成本。例如,当产量为 1 500 t 时,总成本为 450 000 元;当产量为 1 501 t 时,总成本为 450 310 元,则第 1 501 t 产量的边际成本等于 310 元。

【延伸阅读】　**煤炭生产成本的构成**

第三节 营业收入与利润

一、营业收入

营业收入是指项目建成投入使用后，销售产品或提供服务的所得。一般销售产品的所得称为销售收入，提供服务的所得称为营业收入。这里的营业收入是两者的统称。

营业收入估算的基础数据包括产品或服务的数量，两者均与市场预测密切相关。在估算营业收入时，应对市场预测的相关结果以及建设规模、产品或服务方案进行详细论证，特别应对采用价格的合理性进行说明。

对于生产类项目，年营业收入即为年产品销售收入，其计算公式为：

$$\text{年营业收入} = \text{产品年销售数量} \times \text{产品销售单价} \tag{2-21}$$

计算营业收入时，假定当期的产品当期全部售出，也就是当期生产量等于当期销售量。销售价格一般采用出厂价格，也可根据需要采用送达用户的价格或离岸价格。

项目的各年产品产出量应根据市场预测的结果，结合项目性质、技术掌握的难易程度、产品的成熟度及市场的开发程度来确定，一般开始投产时产出负荷较低，以后各年逐步提高。

某些项目还应按有关规定估算企业可能得到的补贴收入。补贴收入仅包括与收益相关的政府补助，如先征后返的增值税、按销量或工作量计算并按期给予的定额补贴，不包括与资产相关的政府补助（企业取得的、用于购建或以其他方式形成长期资产的政府补助）。

二、利润

利润（profit）是企业在一定时期内全部生产经营活动的最终成果。利润的实现表明企业的生产耗费得到了补偿，亦取得了盈利。企业利润既是国家财政收入的基本来源，又是企业扩大再生产的重要资金来源。利润指标能够综合反映出企业经营水平和管理水平。

项目投产后所获得的利润可分为利润总额和税后利润两个层次。

1. 利润总额

按照现行会计制度规定，利润总额等于营业利润、投资净收益、补贴收入及营业外收支净额的代数和。营业利润等于主营业务利润加上其他业务利润。在进行项目经济分析时，为简化计算，假定不发生其他业务利润，也不考虑投资净收益、补贴收入和营业外收支净额，则利润总额的估算公式为：

$$\text{利润总额} = \text{营业收入} - \text{营业税金及附加} - \text{总成本费用} \tag{2-22}$$

2. 税后利润

税后利润又称净利润，是利润总额减去所得税的余额。企业的利润总额是劳动者为社会创造的新价值，其中一部分由国家以税收形式无偿征收，作为国家的财政收入，另一部分就是企业的净利润。税后利润计算公式为：

$$税后利润 = 利润总额 - 所得税 \tag{2-23}$$

税后利润一般按下列优先顺序进行分配：

(1) 弥补以前年度亏损。按照税法规定，企业发生的年度亏损，可以用下一纳税年度所得税前的利润弥补；下一纳税年度的所得不足弥补的，可以逐年延续弥补。延续弥补最长不得超过5年，5年后用税后利润弥补。

(2) 提取盈余公积金。企业当期实现的净利润，加上年初未分配利润（或减去年初未弥补亏损）和其他转入的余额，为可供分配的利润。从可供分配的利润中提取的盈余公积金分为两种：一是法定盈余公积金，一般按当期实现净利润的10%提取，累计金额达到注册资本的50%后，可以不再提取；二是法定公益金，按当期实现净利润的5%～10%提取。

(3) 向投资者分配利润或股利。可供分配的利润减去应提取的法定盈余公积金、法定公益金等后，即为可供投资者分配的利润。此时，企业应首先支付优先股股利，然后提取任意盈余公积金（比例由企业自主决定），最后支付各投资方利润。

(4) 未分配利润。可供投资者分配利润减去优先股股利、任意盈余公积金和各投资方利润后，所剩部分为未分配利润。

第四节　税收与税金

税收是国家凭借政治权力参与国民收入分配和再分配的一种形式，具有强制性、无偿性和固定性三大特点。

我国目前的工商税制分为流转税类、所得税类、资源税类、财产和行为税类、特别目的税类等。其中与技术方案经济性评价有关的主要税种是：① 从营业收入中扣除的增值税、消费税、资源税、城市维护建设税和教育费附加；② 计入总成本费用的房产税、土地使用税、车船使用税、印花税等；③ 从利润中扣除的企业所得税等。

一、增值税

1. 增值税含义

增值税是以商品（含应税劳务）在流转过程中产生的增值额作为计税依据而征收的一种流转税。从计税原理上看，增值税是以商品在生产、流通、劳务服务等各个环节的新增价值或商品的附加值为征税对象实行的价外计税，由消费者负担，有增值才征税，无增值不征税。

2. 纳税人和纳税对象

在中华人民共和国境内销售货物、提供加工修理修配劳务、销售服务、销售无形资产、销售不动产以及进口货物的单位和个人，为增值税的纳税人。增值税纳税人按其经营规模大小以及会计核算是否健全，划分为一般纳税人和小规模纳税人。一般纳税人是指年增值税销售额（包括出口销售额和免税销售额），对于工业企业在50万元以上，对于商业企业在80万元以上的企业。小规模纳税人是指年销售额在规定标准以下，并且会计核算不健全，不能按规定报送有关税务资料的增值税纳税人。

3. 税率及应纳税额计算

(1) 对一般纳税人，就其销售（或进口）货物或者提供加工、修理修配劳务的增加值征税，基本税率为13%；交通运输、建筑、基础电信服务等行业及农产品等货物的增值税税率为9%；提供现代服务业服务(有形动产租赁服务除外)税率为6%；出口货物为0(国务院另有规定的除外)。

计税公式如下：

$$\text{应纳增值税额} = \text{当期销项税额} - \text{当期进项税额} \tag{2-24}$$

式中，当期销项税额是按照当期销售额和规定的增值税税率计算的增值税额；当期进项税额是购进货物或接受应税劳务应负担的增值税额。准予从销项税额中抵扣的进项税额是指增值税扣税凭证(增值税专用发票及海关提供的完税凭证)上注明的增值税额。

(2) 对小规模纳税人，实行简易方法计算应纳增值税额，征收税率为3%，计税公式如下：

$$\text{应纳增值税额} = \text{销售额} \times \text{增值税税率} \tag{2-25}$$

二、消费税

1. 消费税含义

消费税是以特定消费品为课税对象所征收的一种税，属于流转税的范畴。

2. 纳税人

消费税的纳税人是我国境内生产、委托加工、零售和进口《中华人民共和国消费税暂行条例》规定的应税消费品的单位和个人。

消费税征税范围如下：

第一类：一些过度消费会对人类健康、社会秩序、生态环境等方面造成危害的特殊消费品，如烟、酒、鞭炮、焰火等；

第二类：奢侈品、非生活必需品，如贵重首饰、化妆品等；

第三类：高能耗及高档消费品，如小轿车、摩托车等；

第四类：不可再生和替代的石油类消费品，如汽油、柴油等；

第五类：具有一定财政意义的产品，如汽车轮胎、护肤护发品等。

3. 税率

2019年消费税税率共有13个档次，最低3%，最高56%。

4. 计税依据

消费税的计税依据分别采用从价和从量两种计税方法。实行从价计税办法征税的应税消费品，计税依据为应税消费品的销售额。实行从量定额办法计税时，通常以每单位应税消费品的重量、容积或数量为计税依据。

5. 应纳税额计算

消费额价内税是价格的组成部分，实行从价定率法和从量定额法两种计算方法。

(1) 从价定率法

$$\text{应纳税额} = \text{应税消费品销售额} \times \text{适用税率} \tag{2-26}$$

(2) 从量定额法

$$\text{应纳税额} = \text{应税消费品销售数量} \times \text{适用税额标准} \tag{2-27}$$

三、资源税

1. 资源税含义

资源税是以开采各种应税自然资源为课税对象，为了调节资源级差收入并体现国有资源有偿使用而征收的一种税。

2. 征税范围与税率

根据《中华人民共和国资源税法》的规定，征收资源税的矿产分为能源矿产、金属矿产、非金属矿产、水气矿产和盐5类。其中能源矿产的资源税税率为：原油6%，天然气6%，煤炭2%～10%等。

3. 应纳税额计算

从价定率法：

$$应纳税额 = 销售额 \times 适用税率 \tag{2-28}$$

从量定额法：

$$应纳税额 = 销售量 \times 单位税额 \tag{2-29}$$

四、城乡维护建设税

1. 城市维护建设税含义

城市维护建设税（简称城建税）是以纳税人实际缴纳的增值税、消费税的税额为计税依据依法计征的一种税。

2. 纳税义务人

在中华人民共和国境内缴纳增值税、消费税的单位和个人，为城市维护建设税的纳税人。

3. 征税范围

城市维护建设税的征税范围包括城市、县城、建制镇以及税法规定征税的其他地区。

4. 计税依据

城市维护建设税是以纳税人实际缴纳的流转税税额为计税依据征收的一种税，纳税环节确定在纳税人缴纳的增值税、消费税环节上，从商品生产到消费流转过程中只要发生增值税、消费税当中一种税的纳税行为，就要以这种税为依据计算缴纳城市维护建设税。

5. 税率及应纳税额计算

根据《中华人民共和国城市维护建设税法》的规定，城市维护建设税税率如下：

（1）纳税人所在地在市区的，税率为7%；

（2）纳税人所在地在县城、镇的，税率为5%；

（3）纳税人所在地不在市区、县城或镇的，税率为1%。

$$应纳税额 = (增值税 + 消费税) \times 适用税率 \tag{2-30}$$

五、教育费附加和地方教育费附加

1. 教育费附加含义

教育费附加是由税务机关负责征收，同级教育部门统筹安排，同级财政部门监督管理，专门用于发展地方教育事业的预算外资金。

2. 纳费范围

教育费附加的缴纳范围为缴纳增值税、消费税的单位和个人。

3. 费率及应纳费额计算

教育费附加费率为3%,地方教育费附加费率为2%。

$$应纳费额=(增值税+消费税)\times 费率 \tag{2-31}$$

六、企业所得税

1. 所得税含义

所得税又称为所得课税、收益税,是指国家对法人、自然人和其他经济组织在一定时期内各种所得征收的一类税收,所得税主要包括企业所得税和个人所得税。

2. 纳税人和纳税对象

企业所得税的纳税人是指企业或其他取得收入的组织,可分为居民企业和非居民企业。

居民企业是指依法在我国境内成立,或者依照外国(地区)法律成立但实际管理机构在我国境内的企业。居民企业应当就其来源于我国境内、境外的所得缴纳企业所得税。

非居民企业是指依照外国(地区)法律成立且实际管理机构不在我国境内,但在我国境内设立机构、场所的,或者在我国境内未设立机构、场所,但有来源于我国境内所得的企业。

3. 计税依据

企业所得税的计税依据为应纳税所得额,即企业每一纳税年度的收入总额,减除不征税收入、免税收入、各项扣除以及允许弥补的以前年度亏损后的余额。

4. 税率及应纳税额计算

企业所得税税率为25%。符合条件的小型微利企业,减按20%的税率征收企业所得税。国家需要重点扶持的高新技术企业,减按15%的税率征收企业所得税。

$$\begin{aligned}应纳税所得额=&收入总额-不征税收入-免税收入-\\&各项扣除-弥补以前年度亏损\end{aligned} \tag{2-32}$$

$$应纳所得税=应纳税所得额\times 所得税税率 \tag{2-33}$$

七、营业收入、成本、税金及利润的关系

建设项目投资、营业收入、成本、税金和利润是项目各阶段经济活动的体现,是技术经济分析的基本要素。

项目投资者首先投资,通过建造(或购置)建设项目形成资产(如固定资产、无形资产和其他资产)。资产用于生产经营,生产产品或提供服务产生营业收入。营业收入取得应首先向国家缴纳营业税金,然后扣除总成本,得到利润总额。企业在取得利润后,须向税务部门申报缴纳所得税,所得税后利润作为企业净利润,可用于弥补以前年度亏损、提取盈余公积金、向投资者分配利润等。

项目从每次营业收入中扣除总成本,总成本中的折旧与摊销用于补偿固定资产、无形资产和其他资产的磨损或耗损,回收项目投资;总成本中的经营成本所含原材料费、燃料和动力费用于补偿当期产品生产中原材料、燃料和动力等流动资产投入。

营业收入、成本、税金及利润的关系,如图2-7所示。

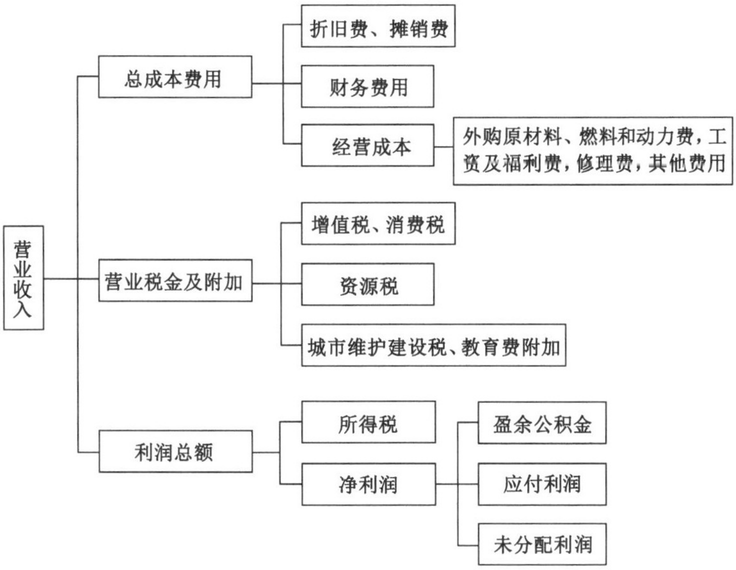

图 2-7　营业收入、成本、税金及利润的关系

【延伸阅读】 **全球最低公司税税率设置在 15%**

【案例分析】 **港珠澳大桥投资构成**

思考与练习题

一、思考题

1. 建设项目总投资由哪几部分构成？

2. 什么是固定资产、无形资产、其他资产和流动资产？

3. 折旧计算方法有几种？加速折旧法有什么优点？

4. 什么是成本费用？企业的总成本费用由哪几部分组成？

5. 什么是经营成本、机会成本、沉没成本？它们在项目经济分析中有何意义？

6. 经营成本与总成本费用的关系是什么？

7. 总成本费用、固定成本、可变成本有何区别与联系？

8. 为什么经营成本中不包括折旧费、维简费、摊销费及利息支出？

9. 营业税金包括哪些？

10. 什么是增值税？一般纳税人的增值税如何计算？

二、练习题

1. 某项目建设期为 3 年，从第 4 年开始投产，第 4 年达产率为 80%，第 5 年达产率为 90%，从第 6 年到项目寿命期止，达产率为 100%。若该项目设计产量为 40 万 t，单价为 850 元/t，试计算各年营业收入。

2. 一座建筑物投资原值为 80 万元，服务年限为 50 年，期末残值为零。试分别用直线折旧法、年数总和法和双倍余额递减法确定其第 5 年和第 10 年的折旧费？

3. 某企业用 10 000 元购入一台设备，预计设备的残值为 500 元，最佳使用年限为 5 年。

(1) 试用直线折旧法、年数总和法和双倍余额递减法计算设备使用期内各年的折旧费用；

(2) 作图说明设备账面价值（折余价值）的递减速度。

4. 某工业企业为一般纳税人，2022 年 5 月发生以下业务：

(1) 采用交款提货方式销售货物 100 万元，并开具增值税专用发票，发票注明销售额为 88.495 6 万元，增值税额为 11.504 4 万元。

(2) 采用赊销方式销售货物 50 万元，开具普通发票。

(3) 购进货物，增值税专用发票上注明材料款为 60 万元，进项税额为 7.8 万元。

请计算该企业当月应缴纳增值税额。

5. 位于市区内的某汽车轮胎生产企业 12 月销售汽车轮胎的销售收入为 400 000 元，该企业当月允许抵扣的进项税额为 4 000 元，已知汽车轮胎适用的消费税税率为 3%，增值税税率为 13%。试求该企业 12 月要缴纳的营业税金及附加。

第三章　资金时间价值及其等值计算

【学习目标】

(1) 理解资金时间价值的含义；
(2) 理解资金时间价值的相关概念；
(3) 掌握现金流量含义与现金流量图的绘制方法；
(4) 掌握资金等值计算(一次支付、等额支付计算)；
(5) 掌握名义利率与实际利率的计算。

【思维导图】

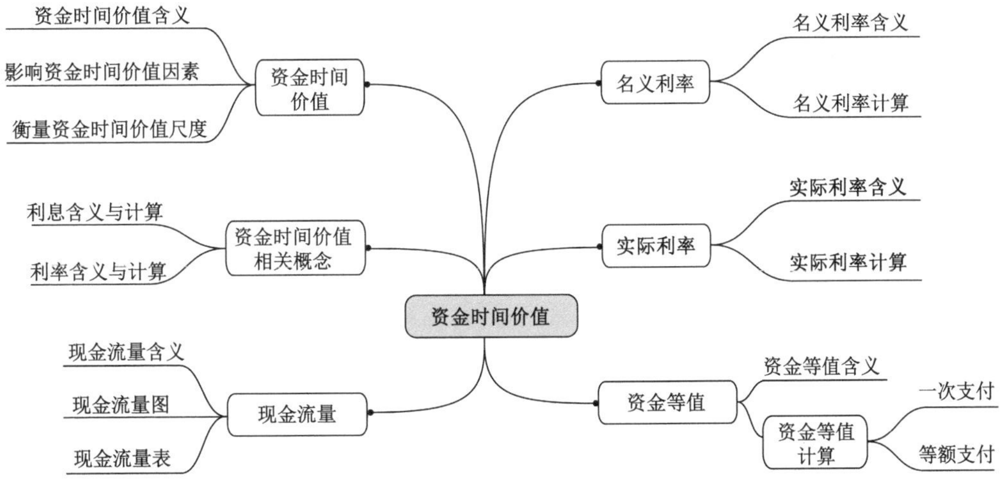

第一节　资金时间价值

一、资金时间价值的概念

资金的价值不仅表现在数量上，而且表现在时间上。资金时间价值是对技术方案进行科学分析与评价的基础。在进行技术经济分析时，为了保证各投资方案在不同的时间上所发生的费用及效益具有可比性，引入资金时间价值的概念，以消除各方案的费用及收益在时间上的差异。

资金时间价值(time value of money)是指等额货币在不同时点上具有不同的价值，即资金在扩大再生产及其循环周转过程中，随着时间变化而产生的增值。它是社会劳动创造价值能力的一种表现形式。也就是说，一般资金并不会自己增值，只有同劳动结合且有时间上的推移的资金才具有时间价值。资金时间价值的内涵可以从投资者和消费者两个角度来理解：

（1）从投资者的角度来看，将资金用作某项投资时，在资金的“流通—生产—流通”运动过程中可获得一定的收益或利润，其价值产生了增值，而增值的实质是劳动力在生产过程中创造了剩余价值。因此，资金的时间价值体现为资金的增值。

（2）从消费者的角度来看，资金一旦用于某项投资，就不能进行现期消费，而牺牲现期消费是为了能在将来得到更多的消费资金。因此，资金的时间价值体现为对放弃现期消费的损失所应给予的必要补偿。

由于资金具有时间价值，因此必须要用动态的而不是静止的观点去看待资金。一定数额的资金，在不同的时点上具有不同的价值，资金必须与时间结合，才能表示出其真正的价值意义。今天的1万元资金与一年后的1万元资金虽然数量上相同，但其价值却是不同的。因此，在对工程项目进行经济性计算和比较时，必须对方案的收益与费用进行时间价值计算，即将不同时点上的资金换算成同一时点上的价值，才能使它们具有加和性与可比性，这就是资金时间价值原理。

资金运动的规律是资金的价值随着时间的变化而变化，影响资金时间价值的因素主要有：

（1）资金的使用时间。在单位时间资金增值率一定的条件下，资金使用时间越长，资金的时间价值就越大；反之，资金的时间价值就越小。

（2）资金数量的大小。在其他条件不变的情况下，资金数量越大，资金的时间价值就越大；反之，资金的时间价值就越小。

（3）资金投入和回收的特点。在总投资一定的情况下，前期投入的资金越多，资金的负效益越大；反之，后期投入的资金越多，资金的负效益就越小。而在资金回收额一定的情况下，离现在越近的时间回收的资金越多，资金的时间价值就越大；反之，离现在越远的时间回收的资金越多，资金的时间价值就越小。

（4）资金周转的速度。资金周转越快，在一定的时间内等量资金的时间价值就越大；反之，资金的时间价值就越小。

总之，资金的时间价值是客观存在的，投资经营的一项基本原则就是充分利用资金的时间价值并最大限度地获得其时间价值，这就要求企业加速资金周转，早期回收资金，并不断进行高利润的投资活动；而任何积压资金或闲置资金不用，就是白白地损失资金的时间价值。

资金的时间价值与因通货膨胀产生的货币贬值是性质不同的概念。通货膨胀是指由于货币的发行量超过商品流通实际需要量而引起的货币贬值和物价上涨现象。货币的时间价值是客观存在的，是商品生产条件下的普遍规律，是资金与劳动相结合的产物。只要有商品生产存在，资金就具有时间价值。

二、衡量资金时间价值的尺度

1. 衡量资金时间价值的绝对尺度

利息和纯收益（盈利或利润）都是资金时间价值的基本形式，都是资金增值的一部分，是社会劳动在不同部门的再分配。纯收益一般用于表示由生产经营、流通部门产生的资金增值;利息一般用于表示通过金融机构产生的资金增值,是以信贷为媒介的资金使用权的报酬。可见,两者都是资金随着时间的推移而产生的增值。对于投资者来说,利息和纯收益都是一种收入,是投资得到的报酬总额,因而,称为衡量资金时间价值的绝对尺度。

2. 衡量资金时间价值的相对尺度

利率是在一定时期内获得的利息与最初的存款或贷款总额的比率。收益率(盈利率或利润率)是在一定时期内获得的盈利或利润与最初的投入资金总额的比率。它们反映了资金随时间变化增值速度的快慢,因而是衡量资金时间价值的相对尺度。

应注意的是,利息和纯收益、利率和收益率都是衡量资金时间价值的尺度,在计算资金时间价值时,这些概念具有通用性。在实际工作中,一般在研究某项投资的经济效果时,往往使用纯收益和收益率的概念;在计算与分析信贷资金的效果时,习惯使用利息和利率的概念。

三、研究资金时间价值的意义

资金的时间价值是技术经济分析中的重要概念之一,是用动态分析的方法对项目投资方案进行对比、选择的依据和出发点。

资金的时间价值是客观存在的。要对投资项目进行正确评价,不仅要考虑项目的投资额和投资成果的大小,而且要考虑投资额和投资成果发生的时间。

只有决策者认识到资金具有时间价值,才会合理、有效地使用资金,很好地利用"资金只有运作才能增值"这一规律去取得更好的经济效果。总的来说,研究资金时间价值,宏观上可以促进有限的资金得到更合理的利用,微观上可使方案的评价更加切合实际、更加合理。

第二节　利息和利率

资金的时间价值体现为资金运动所带来的利润或利息,它是衡量资金时间价值的绝对尺度。资金在单位时间内产生的增值(利润或利息)与投入的资金额(本金)之比,称为"利率"或"收益率",它是衡量资金时间价值的相对尺度,记作 i。利率(或收益率)越大,表明资金增值越快。

一、单利和复利

1. 利息

利息指债务人占用资金所付出的代价或对债权人放弃现时消费所得的价值补偿。通常是指货币关系中借方支付给贷方的报酬,数值上等于资金占用者(债务人)偿还给资金提供者(债权人)的全部资金与本金的差额,即

$$I = F - P \tag{3-1}$$

式中　I——利息;

F——目前债务人应付总金额(或债权人应收总金额);

P——借款金额,称为本金。

技术经济分析中，利息常被看作资金的机会成本，相当于债权人放弃了资金的使用权，也放弃了利用资金获取收益的机会。

2. 利率

利率是指在一个计息周期内（年、半年、季、月、周、日等）所得利息额与本金之比，它反映了资金随时间变化的增值率，即

$$i = I/P \tag{3-2}$$

式中 i——利率。

通常将计算利息的时间单位称为计息周期，有年、季、月或日等。因为计息周期不同，所以表示利率时应注明时间单位，年息通常以"%"表示。

利率的高低由以下几种因素决定：

① 社会平均利润率的高低，并随之变动。当其他条件不变时，社会平均利润率提高，利率也会相应提高；反之，利率会相应下降。

② 在社会平均利润率不变的情况下，取决于金融市场上借贷资本的供求情况，供大于求时利率降低；反之，利率升高。

③ 贷出资本承担风险的大小，风险越大，利率越高。

④ 借款时间的长短，借款时间越长，不可预见因素越多，利率越大。

此外，商品价格水平、银行费用开支、社会习惯、国家利率水平、国家经济政策与货币政策等因素也会对利率高低有影响。

3. 利息的计算

计算利息的方法有单利法和复利法两种。

(1) 单利法

单利(simple interest)仅以本金为基数计算利息，即不论年限有多长，每年均按原始本金计息，而已取得的利息不再计息。

设贷款额（本金）为 P，贷款年利率为 i，贷款年限为 n，本金与利息之和用 F 表示，则计算单利的公式推导过程如表 3-1 所列。由表可知，n 年末本利和的单利计算公式为：

$$F = P(1 + n\,i) \tag{3-3}$$

表 3-1 单利法计算公式的推导过程

年 份	年初欠款	年末欠利息	年末欠本利和
1	P	Pi	$P+Pi=P(1+i)$
2	$P(1+i)$	Pi	$P(1+i)+Pi=P(1+2i)$
3	$P(1+2i)$	Pi	$P(1+2i)+Pi=P(1+3i)$
⋮	⋮	⋮	⋮
n	$P[1+(n-1)i]$	Pi	$P[1+(n-1)i]+Pi=P(1+ni)$

【例 3-1】 某人拟从证券市场购买一年前发行的 3 年期年利率为 6%（单利）、到期一次还本付息、面额为 100 元的国债，若此人要求在余下的 2 年中获得 5% 的年利率（单利），问

此人应该以多少的价格买入?

解 设该人以 P 元买入此国债,则

$$P(1+5\%\times 2)=100\times(1+6\%\times 3)$$

$$P=107.27\text{ 元}$$

所以,此人若以不高于 107.27 元的价格买入此国债,能保证在余下的 2 年中获得 5% 以上的年利率。

单利法虽然考虑了资金的时间价值,但对以前已经产生的利息没有转入计息基数而累计计息,因此,单利法计算资金的时间价值是不完善的。目前我国发行的国债及银行存款采用的就是单利法计息。

(2) 复利法

复利(compound interest)以本金与累计利息之和为基数计算利息,即"利滚利"。本利和的复利计算公式为:

$$F=P(1+i)^n \tag{3-4}$$

式(3-4)的推导过程见表 3-2。

表 3-2 复利法计算公式的推导过程

年 份	年初欠款	年末欠利息	年末欠本利和
1	P	Pi	$P+Pi=P(1+i)$
2	$P(1+i)$	$P(1+i)i$	$P(1+i)+P(1+i)i=P(1+i)^2$
3	$P(1+i)^2$	$P(1+i)^2i$	$P(1+i)^2+P(1+i)^2i=P(1+i)^3$
⋮	⋮	⋮	⋮
n	$P(1+i)^{n-1}$	$P(1+i)^{n-1}i$	$P(1+i)^{n-1}+P(1+i)^{n-1}i=P(1+i)^n$

【例 3-2】 某人以复利方式借款 5 000 元,年利率为 10%,则 5 年后应还款多少元?

解 $F_5=P(1+i)^n=5\,000\times(1+10\%)^5=8\,052.55$(元)

所以,此人 5 年后应还款 8 052.55 元。

由于复利计息比较符合资金在社会再生产过程中运动的实际状况,在技术经济分析中,一般采用复利计息。我国商业银行的贷款是按复利计息的。

二、名义利率和实际利率

在实际经济活动中,计息周期有年、半年、季、月、周、日等多种。通常将计息周期实际发生的利率称为计息周期实际利率(effective interest rate),计息周期的利率乘以每年计息周期数就得到名义利率(nominal interest rate)。

假如按月计算利息,月利率为 1%,通常称为"年利率 12%,每月计息一次"。这个年利率 12%就称为名义利率。按单利计息,名义利率与实际利率是一致的。但是,按复利计息,上述"年利率 12%,每月计息一次"的实际年利率则不等于名义利率,而是比 12%略大的一个数。不同计息周期情况下实际利率的计算比较见表 3-3。

表 3-3 不同计息周期情况下实际利率的计算比较

计息周期	一年计息周期数(m)	年名义利率(r)/%	期利率(r/m)/%	年实际利率(i)/%
年	1	12.00	12.00	12.000
半年	2	12.00	6.00	12.360
季度	4	12.00	3.00	12.551
月	12	12.00	1.00	12.683
周	52	12.00	0.230 8	12.736
日	365	12.00	0.032 88	12.748
连续计息	∞	12.00	$\to 0$	12.750

从表 3-3 可知,复利计息周期越短,年名义利率与年实际利率差别越大,年实际利率越高。

设名义利率为 r,一年中计息次数为 m,则一个计息周期的利率应为 r/m,一年后本利和为:

$$F=P(1+r/m)^m$$

按利率定义得年实际利率 i 为:

$$i=\frac{P(1+r/m)^m-P}{P}=(1+r/m)^m-1$$

名义利率与实际利率的换算关系为:

$$i=(1+r/m)^m-1 \tag{3-5}$$

当 $m=1$ 时,名义利率等于实际利率;当 $m>1$ 时,实际利率大于名义利率。若 $m\to\infty$,即一年之中无限多次计息,称为连续复利计息,连续复利计息的实际利率 i 为:

$$i=\lim_{m\to\infty}\left[\left(1+\frac{r}{m}\right)^m-1\right]=\lim_{m\to\infty}\left[\left(1+\frac{r}{m}\right)^{\frac{m}{r}}\right]^r-1=e^r-1 \tag{3-6}$$

【延伸阅读 1】 **复利的威力**

【延伸阅读 2】 **拿破仑的玫瑰花悬案**

第三节 现金流量和资金等值计算

一、资金等值的概念

资金等值(economic equivalence)是指在考虑资金时间价值因素后,不同时点上数额不等的资金在一定利率条件下具有相等的价值。例如,现在的 100 元与一年后的 112 元,其数额并不相等,但如果年利率为 12%,则两者是等值的,因为一年后的本金与资金时间价值两者之和为 112 元;同样,一年后的 112 元在年利率为 12%的情况下等值于现在的 100 元。不同时点上数额不等的资金如果等值,则它们在任何相同时点上的数额必然相等。

影响资金等值的因素有三个，即资金额大小、资金发生的时间和利率，它们构成资金等值的三要素。

利用等值概念，将一个时点发生的资金金额换算成另一时点的等值金额，这一过程叫作资金等值换算。进行资金等值换算还需建立以下几个概念：

(1) 贴现(discount)与贴现率。把将来某一时点的资金金额换算成现在时点的等值金额称为贴现或折现。贴现时所用的利率称为贴现率或折现率。

(2) 现值(present value)。现值是指资金"现在"的价值。需要说明的是，现值是一个相对的概念，一般地说，将 $t+k$ 时点上发生的资金折现到第 t 时点，所得的等值金额就是第 $t+k$ 时点上资金金额在 t 时点的现值。现值用符号 P 表示。

(3) 终值(future value)。终值是现值在未来时点上的等值资金，用符号 F 表示。

(4) 等年值(annual value)。等年值是指分期等额收支的资金值，用符号 A 表示。

二、现金流量与现金流量图

由于资金时间价值的存在，使不同时间上发生的货币无法直接比较。一定量的资金必须赋予相应的时间，才能表达其确切的量的概念。为了便于对项目进行经济评价和对技术方案进行比较，反映项目和各技术方案费用、效益的大小及相应发生的时间，需要用一个平面坐标系来反映项目经济活动的全过程。现金流量图就是一种有效工具。

1. 现金流量

现金流量(cash flow)是指某一系统(如某投资项目或方案)在某一定时期内(如一年)，向该系统流入或由该系统流出的金额。它的具体内容应包括现金流入(cash inflow，用符号 CI_t 表示)及现金流出(cash outflow，用符号 CO_t 表示)两部分。同一时期内，系统的现金流入与现金流出之差称为净现金流量[net cash flow，用符号 $(CI-CO)_t$ 表示]。净现金流量以"正""负"数值表示，"正"值表示流入大于流出，"负"值则表示流入小于流出。

以投资项目的经济评价来说，系统就是指项目，在评价时要对其计算期限从建设期、生产期直到寿命终结的各年经济流量进行分析。投资(包括固定资产投资和流动资金投资)、成本(经营成本)、税金等，均应属于从项目系统流出的金额，所以应算作不同年内的现金流出；而营业收入、期末固定资产残值回收、流动资金回收等，是项目在不同年内所得的收益，所以应列为不同年内的现金流入。将每一年现金流入与现金流出相抵即得项目在该年的净现金流量。将每年净现金流量加以累计，则可得累计净现金流量，从而获得项目某种意义上的经济效果值。

为了形象、直观地表达某项目在计算期内的现金流量，可以采用现金流量图。

2. 现金流量图

现金流量图(cash flow diagram)是某一系统在某一定时期内各个时间现金流量的直观图示方法。现金流量图可以形象地将该系统不同时间点的收益与费用清楚地表达出来。现金流量图的画法如图 3-1 所示。

(1) 先作一水平线为时间坐标(横坐标)，按单位时间分段(等分)，自左向右为时间的递增，表示时间的历程。时间一般以年为单位，用 0，1，2，3，…，n 表示。在分段点所定的时间通常表示该时点末(一般表示为年末)，同时也表示下一个时点初(下一年的年初)。如图 3-1中，时点 1 表示第 1 年的年末或第 2 年的年初。

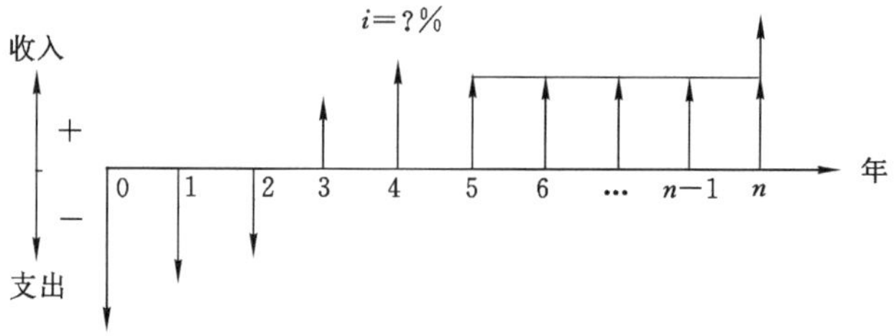

图 3-1　现金流量图

(2) 垂直线表示时点上系统所发生的现金流量，即实际收益或费用的情况，其中箭头向下表示现金流出(费用)，箭头向上则表示现金流入(收益)，线段的长度代表发生的金额大小，按比例画出。

(3) 在现金流量图中，箭线长短要能适当体现各时点现金流量数值的差异，并在各箭线上方(或下方)注明其现金流量的数值。

(4) 箭线与时间轴的交点即为现金流量发生的时间。

为计算方便，常将上述现金流入与现金流出所发生的具体时间定在期初(年初)或期末(年末)。例如，将项目投资定在年初发生，将逐年发生的经营成本(费用)、营业收入(收益)均定在年末发生。

从以上步骤可知，要正确绘制现金流量图，必须把握好现金流量的三要素，即现金流量的大小(资金数额)、方向(资金流入或流出)和作用点(资金的发生时点)。

在绘制现金流量图时有几种简略画法。当现金流量图中某一时点的现金流量远大于其他时点的现金流量时，可以用延长现金流表示，图 3-2 表示期初投资远大于后期的现金流量；当出现每期都发生大小相等、方向相同的现金流时，可用图 3-3 表示；当出现每期都发生大小相等、方向相同的现金流，并且期数很多时，可用图 3-4 表示。

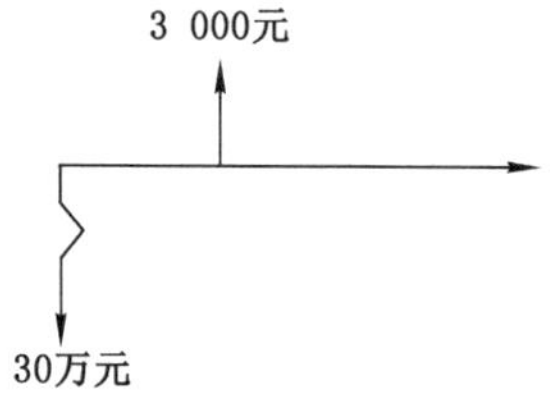

图 3-2　延长现金流量图

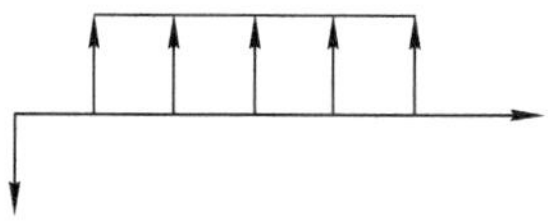

图 3-3　等额现金流量图

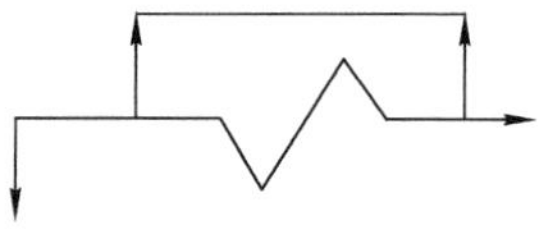

图 3-4　长期等额现金流量图

【例 3-3】 某项贷款为 5 000 元，偿还期为 5 年，年利率为 10%，偿还方式有两种：一是到期本利一次偿还；二是每年付息，到期一次还本。现就这笔借贷资金作现金流量图。

解 从贷款者角度，该系统的现金流量图按照不同偿还方式分别如图 3-5(a)、(b)所示。

从借款者角度，该系统的现金流量图中的资金流入、流出方向应相反，如图 3-6(a)、(b)所示。

【例 3-4】 某工程项目预计初始投资 1 000 万元，第 3 年开始投产，每年营业收入抵扣经营成本后为 300 万元，第 5 年追加投资 500 万元，当年见效且每年营业收入抵扣经营成本

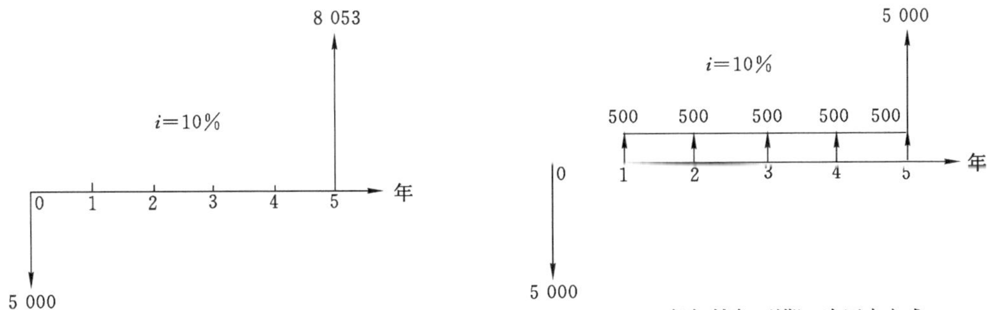

(a) 本利一次偿还方式　　(b) 每年付息，到期一次还本方式

图 3-5　贷款者的现金流量图(单位:元)

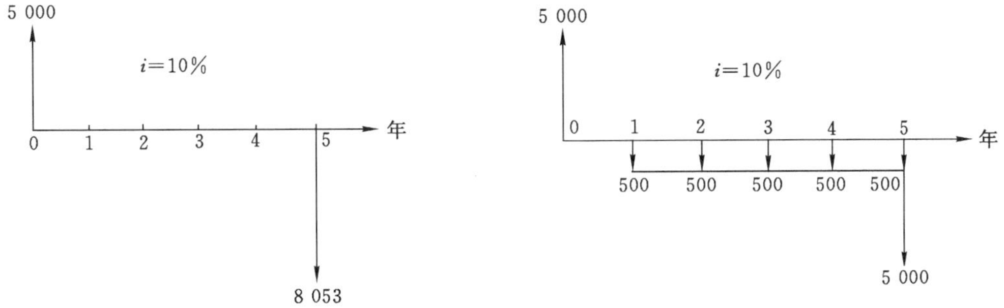

(a) 本利一次偿还方式　　(b) 每年付息，到期一次还本方式

图 3-6　借款者的现金流量图(单位:元)

后为 750 万元，该项目的经济寿命为 10 年，残值为 100 万元，试绘制该项目的现金流量图。

解　由题意可知，该项目整个寿命周期为 10 年。初始投资 1 000 万元发生在第 1 年的年初，第 5 年追加投资 5 00 万元(发生在年初)；其他费用或收益均发生在年末，其现金流量如图 3-7 所示。

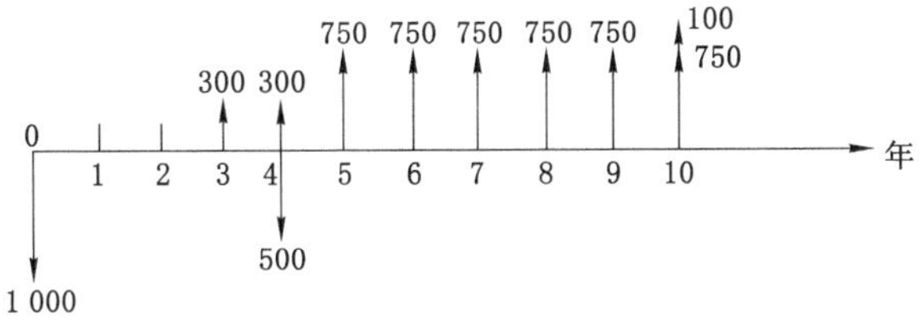

图 3-7　例 3-4 的现金流量图(单位:元)

3. 累计现金流量图

累计现金流量图反映工程项目从开始建设至寿命终结全过程累计资金的活动情况。绘制累计现金流量图时，首先计算各时间点处的净现金流量的累计值，然后将其在各点上表示出来。累计现金流量图能够反映整个研究周期的累计现金收支情况。

图 3-8 为某工程项目累计现金流量图。项目开始前，其现金流量为零(A 点)。项目的初期要进行开发、设计和其他准备工作，故累计现金流量曲线下降到 B 点。接着是项目的

主要建设投资期，即建设厂房和购买生产装置以及其他设备，于是曲线更陡地下降到 C 点。随后要使用流动资金进行试车到交付正式生产，曲线到达了 D 点，D 点表示项目的最大累计支出。过了这个时期，由于销售产品获得的收入超过了生产成本及其他业务费用，所以曲线转而上升，当到达 F 点时，全部收入正好与以前花在该项目上的支出相平衡。过 F 点后，曲线继续上升，表明现金流为正值，有净收入。最后到该项目的有效寿命期的末尾，现金流入可能会因一些原因而下降，如生产成本增加、产品售价由于竞争而下降、产品品种落后导致销售量减少等。如果有流动资金回笼或者固定资产还有残值，则在该项目的寿命末期还有资金流入。从整个工程项目来看，初期的现金流量常是负值，后期的现金流量常为正值。

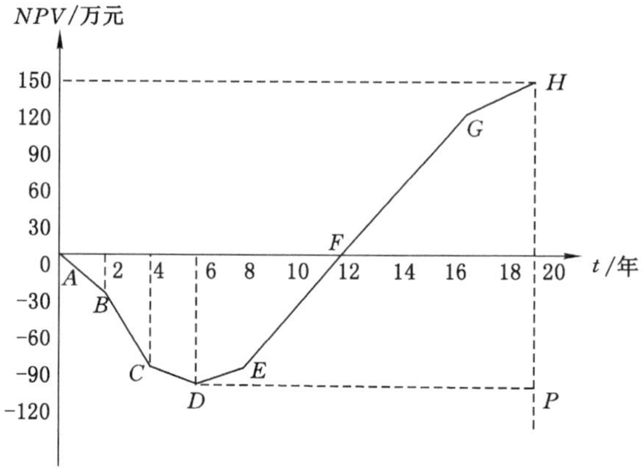

图 3-8 某工程项目累计现金流量图

4. 现金流量表

现金流量表是指用表格的形式描述不同时点上发生的各种现金流量的大小和方向。它是表示现金流量的工具之一。

【例 3-5】 已知某项目寿命期为 15 年，项目期初一次性投资 5 800 万元，建设期为 1 年，第 2 年、第 3 年分别按设计生产能力的 50%、75%投产试用，第 4 年达到设计生产能力，正常生产年份的现金流出为 880 万元，现金流入为 2 400 万元，期末回收残值 400 万元。试用现金流量表表示该项目寿命期内各年的现金流量。

解 该项目的现金流量表见表 3-4。

表 3-4 例 3-5 的现金流量表

寿命期/年	0	1	2	3	4	…	14	15
现金流入/万元	0	0	1 200	1 800	2 400	…	2 400	2 800
现金流出/万元	5 800	0	440	660	880	…	880	880
净现金流量/万元	−5 800	0	760	1 140	1 520	…	1 520	1 920

三、资金等值计算公式

在技术经济分析中，为了考察投资项目的经济效果，必须对项目寿命期内不同时间发生的全部费用和全部收益进行计算和分析。在考虑资金时间价值的情况下，不同时间发生的收入或支出，其数值不能直接相加或相减，只能通过资金等值计算将它们换算到同一时间点上进行分析。资金等值计算公式和复利计算公式的形式是相同的。

1. 一次支付类型

一次支付又称整付（single payments），是指所分析系统的现金流量，无论是流入还是流出，均在一个时点上一次发生。其典型现金流量图如图 3-9 所示。

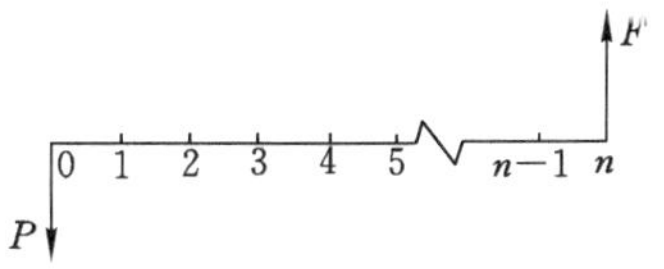

图 3-9　一次支付现金流量图

对于所分析系统来说，如果在考虑资金时间价值的条件下，现金流入恰恰能补偿现金流出，则 F 与 P 就是等值的。

一次支付的等值计算公式有两个：

（1）一次支付终值公式

如果现在存入银行 P 元，年利率为 i，n 年后本利和为多少？

计算公式：

$$F = P(1+i)^n \tag{3-7}$$

这是一次支付终值公式，系数 $(1+i)^n$ 称为一次支付终值系数，可用符号 $(F/P,i,n)$ 表示，其值可由书后附表查出。因此，公式(3-7)又可写成：

$$F = P(F/P,i,n)$$

（2）一次支付现值公式

已知 n 年后一笔资金 F，在年利率 i 下，相当于现在多少钱？

计算公式：

$$P = F(1+i)^{-n} \tag{3-8}$$

这是一次支付终值公式的逆运算，系数 $(1+i)^{-n}$ 称为一次支付现值系数，记为 $(P/F,i,n)$，其值可由书后附表查出。

【例 3-6】 某人计划 30 年后从银行提取 1 万元，如果银行年利率为 12%，现在应存入银行多少钱？

解　$P = F(1+i)^{-n} = 1\times(1+12\%)^{-30} = 0.033\,4$（万元）

所以，该人现在需存款 334 元。

也可查复利现值系数表（见书后附表），得 $(P/F,12\%,30)=0.033\,38$，故可求得 $P = F(P/F,12\%,30) = 1\times 0.033\,38 = 0.033\,4$（万元）。

这意味着在年利率为 12%时，30 年后的 10 000 元相当于现在的 334 元。

该例用电子表格计算，如图 3-10 所示。

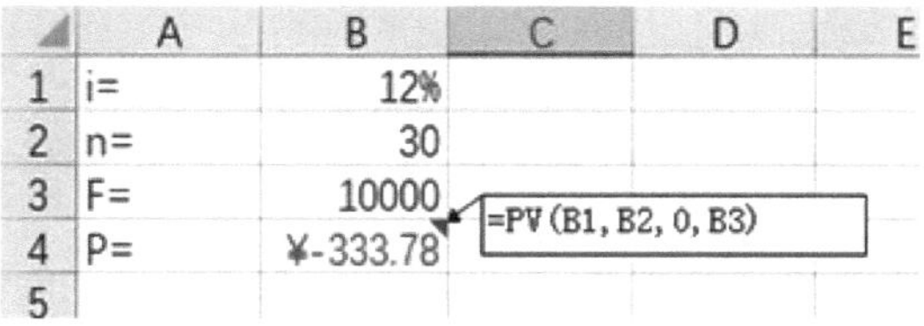

	A	B	C	D	E
1	i=	12%			
2	n=	30			
3	F=	10000			
4	P=	¥-333.78			
5					

图 3-10　例 3-6 电子表格解法

类似于例 3-6，本书各章的大多数例题提供了电子表格的解法，用插注的形式注明所使用的财务函数。应用电子表格财务函数公式时，要特别注意的是输入现金流的正负号和返回值的正负号，以及输入现金流和返回值所处的时间点。

2. 等额分付类型

等额分付(uniform series payments)是多次支付形式中的一种。多次支付是指现金流入和流出在多个时点上发生，而不是集中在某个时点上；现金流数额的大小可以是不等的，也可以是相等的。若现金流序列是连续的且数额相等，则称之为等额系列现金流。下面介绍等额系列现金流的4个等值计算公式。

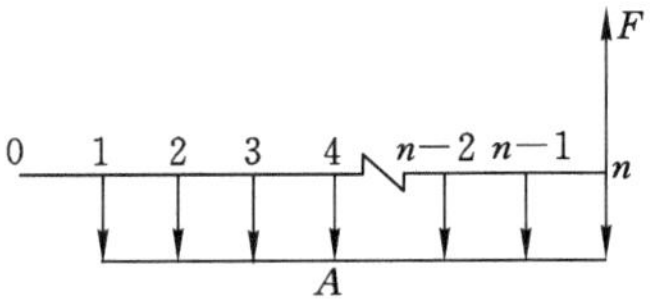

图 3-11 等额分付现金流(之一)

(1) 等额分付终值公式

如果某人每年年末存入资金 A 元，年利率为 i，n 年后资金的本利和为多少？现金流量如图 3-11 所示。

由图 3-11 可看出，第 n 年年末资金的终值总额 F 等于各年存入资金 A 的终值总和，即

$$F=A(1+i)^{n-1}+A(1+i)^{n-2}+\cdots+A(1+i)+A$$

上式中$[1+(1+i)+(1+i)^2+\cdots+(1+i)^{n-1}]$为等比级数，其公比为$(1+i)$，根据等比级数求和公式，它等于$\dfrac{1-(1+i)^n}{1-(1+i)}$，因此

$$F=A\,\frac{(1+i)^n-1}{i} \tag{3-9}$$

式中，系数$\dfrac{(1+i)^n-1}{i}$称为等额分付终值系数，记为$(F/A,i,n)$，其值可由书后附表查出。

【例 3-7】 某人从 30 岁起每年年末向银行存入 8 000 元，连续 10 年，若银行年利率为 8%，问 10 年后共有多少本利和？

解 直接应用式(3-9)，计算可得：

$$F=A\,\frac{(1+i)^n-1}{i}=8\ 000\times\frac{(1+8\%)^{10}-1}{8\%}=115\ 892.50(\text{元})$$

所以，该人 10 年后共有 115 892.50 元。

该例用电子表格计算，如图 3-12 所示。

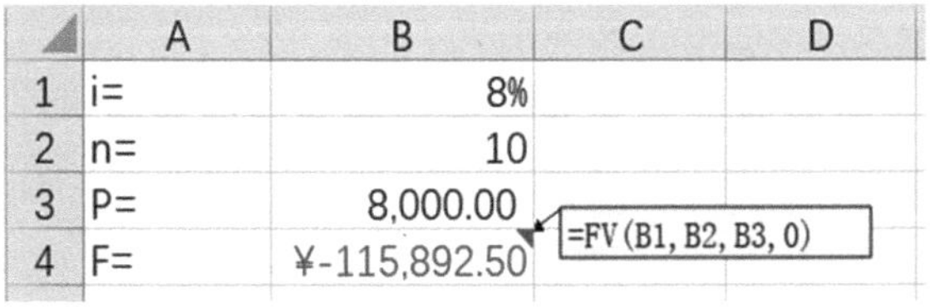

	A	B	C	D
1	i=	8%		
2	n=	10		
3	P=	8,000.00		
4	F=	¥-115,892.50	=FV(B1, B2, B3, 0)	

图 3-12 例 3-7 电子表格解法

(2) 等额分付偿债基金公式

等额分付偿债基金公式是等额分付终值公式的逆运算，即已知终值 F，求与之等值的等额年金 A。由式(3-9)可直接导出：

$$A = F\frac{i}{(1+i)^n - 1} \tag{3-10}$$

式中，系数$\frac{i}{(1+i)^n-1}$称为等额分付偿债基金系数，记为$(A/F, i, n)$，其值可由书后附表查出。

偿债基金的含义是：希望在未来某一时刻需要一笔资金 F 用于偿债，从现在起每年年末应存一笔等额款项 A 作为偿债基金。

【例 3-8】 某厂欲积累一笔设备更新基金，用于 4 年后更新设备。此项投资总额为 500 万元，银行年利率为 12%，问每年年末至少要存款多少？

解　由式(3-10)可得：

$$A = F\frac{i}{(1+i)^n - 1} = 500 \times \frac{12\%}{(1+12\%)^4 - 1} = 104.62(\text{万元})$$

所以，该厂每年年末至少要存款 104.62 万元。

该例用电子表格计算，如图 3-13 所示。

	A	B	C	D
1	i=	12%		
2	n=	4		
3	F=	500.00	=PMT (B1, B2, 0, B3)	
4	A=	¥-104.62		

图 3-13　例 3-8 电子表格解法

(3) 等额分付现值公式

如图 3-14 所示，从第 1 年年末到第 n 年年末有一等额的现金流序列，每年的金额均为 A，这一等额年金序列在年利率为 i 的条件下，其现值是多少？

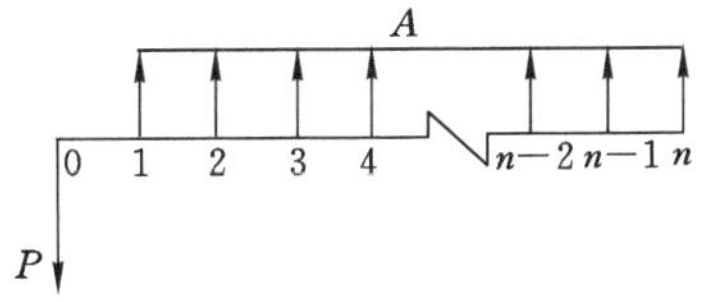

图 3-14　等额分付现金流(之二)

根据图 3-14，可把等额年金序列视为 n 个一次支付的组合，利用一次支付现值公式推导等额分付现值公式：

$$P = \frac{A}{(1+i)} + \frac{A}{(1+i)^2} + \cdots + \frac{A}{(1+i)^n}$$

这是公比为$(1+i)^{-1}$的等比级数和，利用等比级数求和公式得：

$$P = A\frac{(1+i)^n - 1}{i(1+i)^n} \tag{3-11}$$

这是等额分付现值公式，系数$\frac{(1+i)^n-1}{i(1+i)^n}$称为等额分付现值系数，记为$(P/A, i, n)$，其值可由书后附表查出。

【例 3-9】 某设备经济寿命为 8 年，预计年净收益为 20 万元，残值为 0，若投资者要求的收益率为 20%，问投资者最多愿意出多少价格购买该设备？

解　这一问题等同于在银行年利率为 20%条件下，若存款者连续 8 年每年从银行取出 20 万元，则现在应存入银行多少钱？

$$P = A\frac{(1+i)^n - 1}{i(1+i)^n} = 20 \times \frac{(1+20\%)^8 - 1}{20\% \times (1+20\%)^8} = 76.74\ (\text{万元})$$

所以，投资者最多愿意出 76.74 万元。

该例用电子表格计算，如图 3-15 所示。

	A	B	C	D
1	i=	20%		
2	n=	8		
3	A=	20.00		
4	P=	¥-76.74	=PV(B1, B2, B3, 0)	
5				

图 3-15 例 3-9 电子表格解法

（4）等额分付资本回收公式

银行现提供贷款 P 元，年利率为 i，要求在 n 年内等额分期回收全部贷款，问每年年末应回收多少资金？这是已知现值 P 求年金 A 的问题。

根据等额分付现值公式(3-11)可得：

$$A = P\frac{i(1+i)^n}{(1+i)^n - 1} \tag{3-12}$$

这是等额分付资本回收公式，系数$\frac{i(1+i)^n}{(1+i)^n-1}$称为等额分付资本回收系数，记为$(A/P, i, n)$，其值可由书后附表查出。

【例 3-10】 某投资项目贷款 200 万元，银行 4 年内等额收回全部贷款，已知贷款年利率为 10%，问该项目每年的净收益不应少于多少万元？

解 根据式(3-12)得：

$$A = P\frac{i(1+i)^n}{(1+i)^n - 1} = 200 \times \frac{10\% \times (1+10\%)^4}{(1+10\%)^4 - 1} = 63.09(\text{万元})$$

所以，该项目每年净收益至少应为 63.09 万元。

该例用电子表格计算，如图 3-16 所示。

	A	B	C	D
1	i=	10%		
2	n=	4		
3	P=	200.00		
4	A=	¥-63.09	=PMT(B1, B2, B3, 0)	

图 3-16 例 3-10 电子表格解法

四、资金等值计算公式的应用

资金时间价值原理和资金等值计算公式广泛应用于财务管理、投资决策、资产估价等领域。为了查阅方便，现将资金等值计算公式列于表 3-5，并通过几个例题使读者对资金时间价值和资金等值计算公式有进一步的理解。

表 3-5　6 个常用资金等值公式

类别		已知	求	现金流量图	计算公式	复利系数名称与符号
一次支付	终值	P	F	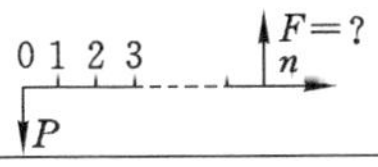	$F=P(1+i)^n$	一次支付终值系数 $(1+i)^n$ $(F/P,i,n)$
	现值	F	P	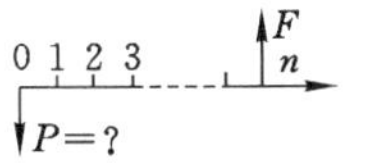	$P=F(1+i)^{-n}$	一次支付现值系数 $\frac{1}{(1+i)^n}$ $(P/F,i,n)$
等额分付	终值	A	F	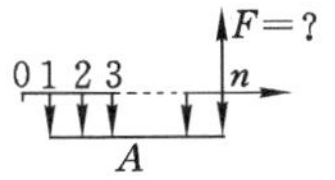	$F=A\frac{(1+i)^n-1}{i}$	等额分付终值系数 $\frac{(1+i)^n-1}{i}$ $(F/A,i,n)$
	偿债基金	F	A	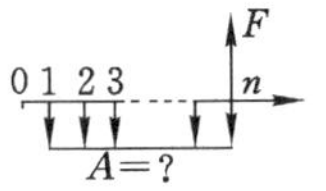	$A=F\frac{i}{(1+i)^n-1}$	等额分付偿债基金系数 $\frac{i}{(1+i)^n-1}$ $(A/F,i,n)$
	现值	A	P	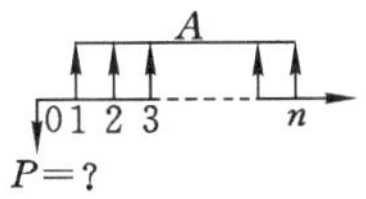	$P=A\frac{(1+i)^n-1}{i(1+i)^n}$	等额分付现值系数 $\frac{(1+i)^n-1}{i(1+i)^n}$ $(P/A,i,n)$
	资本回收	P	A	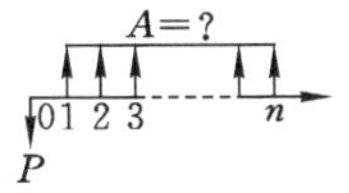	$A=P\frac{i(1+i)^n}{(1+i)^n-1}$	等额分付资本回收系数 $\frac{i(1+i)^n}{(1+i)^n-1}$ $(A/P,i,n)$

【例 3-11】 某投资者 5 年前以 200 万元价格买入一处房产，在过去的 5 年内每年获得年净现金收益 25 万元，现在该房产能以 250 万元出售。若该投资者要求的年收益率为 20%，问此项投资是否合算？

解　判断该项投资合算的标准是达到 20%的年收益率。

方法一：现金流量图如图 3-17 所示。

按 20%的年收益率，投资 200 万元应该获得：

$$F_1 = 200 \times (F/P,20\%,5) = 498(\text{万元})$$

而实际收益

$$F_2 = 25 \times (F/A,20\%,5) + 250 = 436(\text{万元})$$

$F_2 < F_1$，则此项投资没有达到 20%的收益率，故不合算。

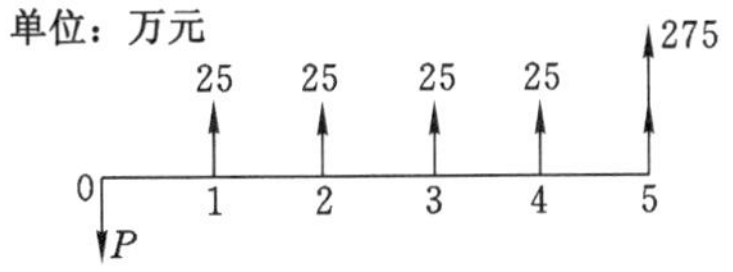

图 3-17　例 3-11 的现金流量图

方法二：将收益折算成现值

$$P_2 = 25 \times (P/A,20\%,5) + 250(P/F,20\%,5) = 175.25(\text{万元})$$

若按 20%的收益率，获得这样收益的投资额只需 175.25 万元，而实际投资了 200 万元，因此是不合算的。

【例 3-12】 某工程项目贷款 1 000 万元，在 5 年内必须还清，已知年利率为 6%，现可以采用以下 4 种不同方式还款：

① 在每年年末只还利息，到第 5 年年末连本带利一齐还清；

② 第 5 年年末一次还清本利和；

③ 将所借本金作分期均匀摊还，即每年年末偿还本金 200 万元，同时偿还到期利息；

④ 每年年末等额偿还本息。

试分析各种还款方式每年的债务情况，并说明哪种方式最优。

解 画出 4 种偿还方式的现金流量图，如图 3-18～图 3-21 所示。

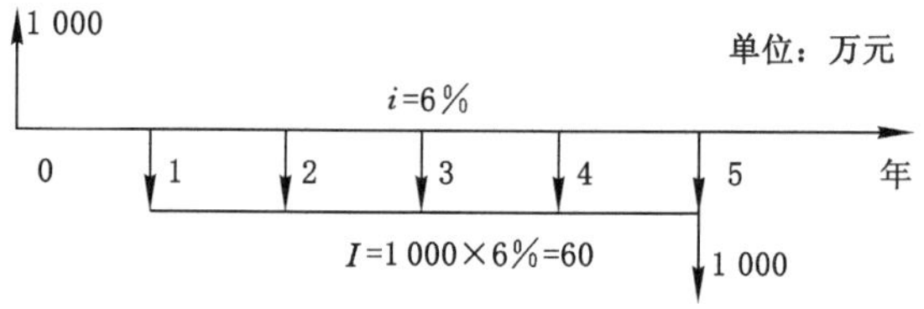

图 3-18 还款方式①的现金流量图

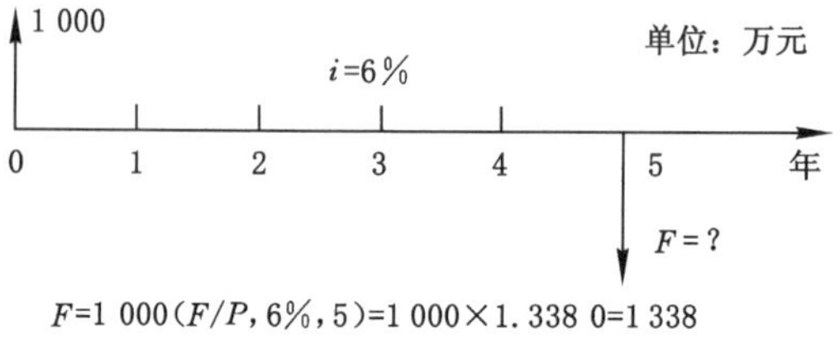

图 3-19 还款方式②的现金流量图

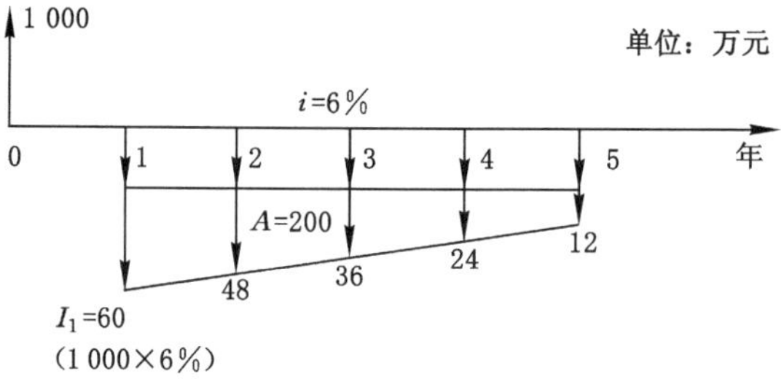

图 3-20 还款方式③的现金流量图

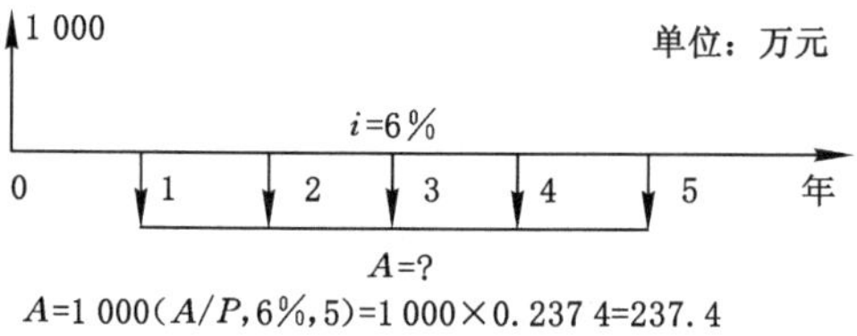

图 3-21 还款方式④的现金流量图

4 种偿还方式 5 年偿还给银行的累计金额如下：

① 1 300 万元(60×5＋1 000)

② 1 338 万元

③ 1 180 万元(200×5＋60＋48＋36＋24＋12)

④ 1 187 万元(237.4×5)

根据等值的概念，4 种方式是等价的。但是对企业来说，如果其投资收益率＞银行利率，企业应该负债经营，不应过早地还债，因此第二种方式最优；如果其投资收益率＜银行利率，企业应尽早还贷，以免负债累累，这时第三种方式最优。

【例 3-13】 某工程项目计划 3 年完成，3 年中每年年初分别贷款为 100 万元，年利率为 8%，若建成后分 3 年每年年末等额偿还，每年应偿还多少？

解　先画现金流量图如图 3-22 所示。

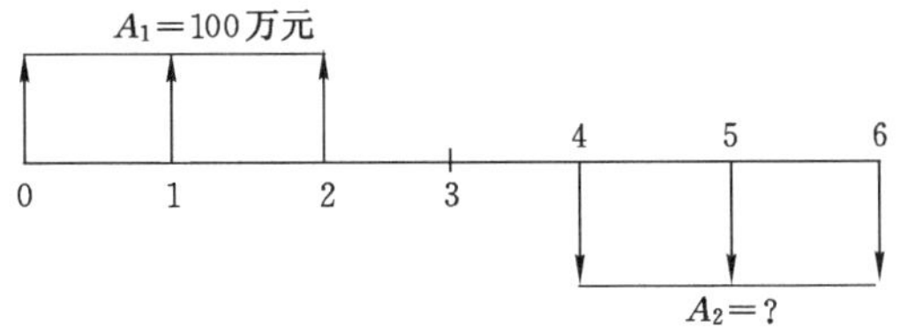

图 3-22　例 3-13 的现金流量图

方法一：折算到“3”时点的贷款额应等于折算到“3”时点的还款额：

$$A_1(F/P,8\%,3)+A_1(F/P,8\%,2)+A_1(F/P,8\%,1)=A_2(P/A,8\%,3)$$

解得：$A_2=1\ 360.05$(万元)

方法二：$A_1(1+8\%)\times(F/A,8\%,3)=A_2(P/A,8\%,3)$

解得：$A_2=1\ 360.05$(万元)

误区：$A_1(F/A,8\%,3)=A_2(P/A,8\%,3)$

【例 3-14】 某人贷款 10 000 元，年利率为 10%，分 5 年于每年年末等额偿还完全部贷款，每年应偿还利息与本金各多少？

解　画现金流量图如图 3-23 所示。

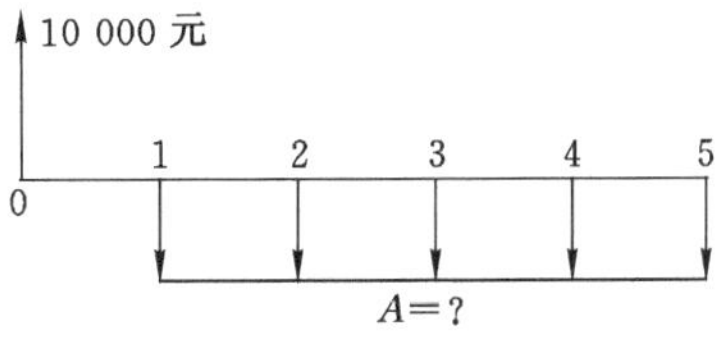

图 3-23　例 3-14 的现金流量图

$$A=10\ 000\times(A/P,10\%,5)=2\ 638(\text{元})$$

每年应偿还利息与本金列于表 3-6。

表 3-6　每年应偿还利息与本金　单位：元

年份 ①	年初欠款额 ②	本年利息 ③=②×10%	年末欠款额 ④=②+③	年末偿还额 ⑤=A	余额 ⑥=④−⑤	偿还本金 ⑦=⑤−③
1	10 000	1 000	11 000	2 638	8 362	1 638
2	8 362	836	9 198	2 638	6 560	1 802
3	6 560	656	7 216	2 638	4 578	1 982
4	4 578	458	5 036	2 638	2 398	2 180
5	2 398	240	2 638	2 638	0	2 398
合计		3 190		13 190		10 000

【例 3-15】 某公司欲为某大学的某专业设立每年 5 万元的奖学金，期限是无限，在年利率为 10%的条件下，问该公司现在应出资多少？

解 现金流量图如图 3-24 所示。

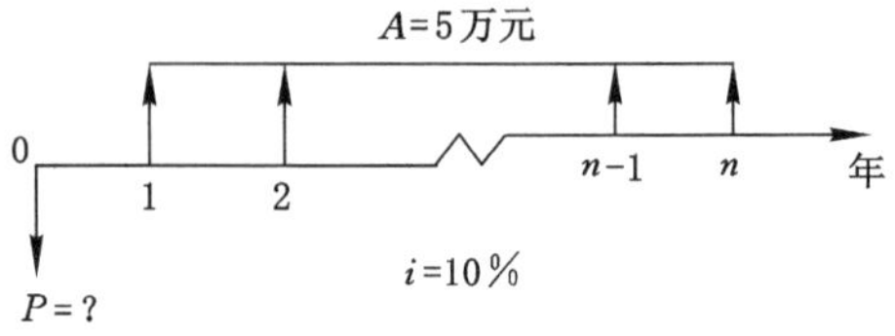

图 3-24 例 3-15 的现金流量图

已知：$A=5$ 万元，$i=10\%$，$n\to\infty$，所以

$$P=A(P/A,10\%,\infty)=A\times\frac{1}{i}=5\times\frac{1}{10\%}=50(\text{万元})$$

即该公司现在出资 50 万元就可以保证每年提供 5 万元的奖学金。

【案例分析】

项目建设期贷款利息及运营期贷款本金和利息偿还的计算

背景：某新建项目的基础数据如下：

(1) 项目建设期 2 年，运营期 10 年，建设投资 3 600 万元，预计全部形成固定资产。

(2) 项目建设投资来源为自有资金和贷款，贷款总额为 2 000 万元，贷款年利率为 6%（按年计息）。贷款合同约定运营期第 1 年按项目最大偿还能力还款，运营期第 2～5 年将未偿还款项等额本息偿还。自有资金和贷款在建设期内均衡投入。

(3) 项目固定资产使用年限为 10 年，残值率为 5%，采用直线法折旧。

(4) 项目生产所必需的流动资金 250 万元由项目自有资金在运营期第 1 年投入。

(5) 运营期间正常年份的营业收入为 850 万元，经营成本为 280 万元，增值税附加税税率按照营业收入的 0.8%估算，所得税税率为 25%。

(6) 运营期第 1 年达到设计产能的 80%，该年的营业收入、经营成本均为正常年份的 80%，以后均达到设计产能。

(7) 在建设期贷款偿还完成之前，不计提盈余公积金，不分配投资者股利。

(8) 假定建设投资中无可抵扣固定资产进项税额，上述其他各项费用及收入均为不含增值税价格。

问题：

(1) 计算项目建设期贷款利息。

(2) 计算项目运营期第 1 年偿还的贷款本金和利息。

(3) 计算项目运营期第 2 年应偿还的贷款本息额，并通过计算说明项目能否满足还款要求。

(4) 项目资本金现金流量表中运营期第 1 年、第 2 年和最后 1 年的净现金流量分别是多少？

(计算结果保留 2 位小数)

解析：

问题(1)：

建设期利息的计算见表 3-7。

表 3-7 建设期利息的计算

年初发生	每年年末支付利息：建设期利息＝Σ年初本金×利率
	不支付利息：建设期利息＝Σ(年初本金＋以前年度的利息)×利率
均衡发生	每年年末支付利息：建设期利息＝Σ(年初本金＋当年借款÷2)×利率
	不支付利息：建设期利息＝Σ(年初本金＋以前年度的利息＋当年借款÷2)×利率

注：① 要注意借款发生在年初还是在年末，发生在年初正常计算，当年全年计息；发生在年末，按下一年的年初考虑；没有特殊说明的，就按贷款均衡发放。

② 一般建设期只计息，不还息，所以还款初值一般为运营期初的本息总额；没有特殊说明的，建设期只计息不还本金和利息，都按复利计算。

第 1 年利息＝1 000÷2×6％＝30(万元)

第 2 年利息＝(1 000＋30＋1 000÷2)×6％＝91.80(万元)

建设期贷款利息＝30＋91.80＝121.80(万元)

建设期末的贷款本息额＝2 000＋121.80＝2 121.80(万元)

问题(2)：

就项目自身收益而言，可用于偿还建设期贷款本金(包含已经本金化的建设期贷款利息)的资金来源包括回收的折旧、摊销和未分配利润。运营期第 1 年按照项目最大偿还能力还款也就是将项目回收的所有折旧、摊销资金以及税后利润均优先用于还款。

需要注意的是，由于运营期各年产生的贷款利息已经计入相应年份的总成本费用，也就是说通过计入总成本费用，偿还运营期各年贷款利息所需资金已经得到了落实，因此回收的折旧、摊销和未分配利润只需要考虑对建设期期末借款余额的偿还。

固定资产原值＝建设投资＋建设期贷款利息＝3 600＋121.80＝3 721.80(万元)

年折旧＝固定资产原值×(1－残值率)/使用年限＝3 721.8×(1－5％)/10＝353.57(万元)

年摊销＝0

运营期第 1 年的税前利润＝营业收入－总成本费用－增值税附加税＋补贴

其中：营业收入＝850×80％＝680(万元)

总成本费用＝折旧＋摊销＋利息＋经营成本＝353.57＋0＋127.31＋280×80％＝704.88(万元)

增值税附加税＝850×80％×0.8％＝5.44(万元)

运营期第 1 年的税前利润＝680－704.88－5.44＋0＝－30.32(万元)(不需缴纳所得税)

运营期第 1 年可偿还本金＝折旧＋摊销＋未分配利润(税后利润)＝353.57＋0－30.32＝323.25(万元)

运营期第 1 年可偿还利息＝2 121.80×6％＝127.31(万元)

问题(3)：

运营期第 1 年年末借款本利和＝项目运营期第 2 年的贷款余额＝2 000＋121.80－323.25＝1 798.55(万元)

运营期第 2～5 年每年等额本息偿还额 $A=P(A/P, 6\%, 4)$＝1 798.55×0.288 6＝519.06(万元)

运营期第 2 年应偿还的贷款利息＝1 798.55×6％＝107.91(万元)

运营期第 2 年应偿还的贷款本金＝519.06－107.91＝411.15(万元)

运营期第 2 年总成本＝280＋353.57＋107.91＝741.48(万元)

运营期第 2 年税前利润＝营业收入－增值税附加税－总成本＝850×(1－0.8％)－741.48＝101.72(万元)

运营期第 2 年应纳所得税＝(101.72－30.32)×25％＝17.85(万元)

运营期第 2 年税后利润＝101.72－17.85＝83.87(万元)

运营期第 2 年可供还款的资金为 353.57＋83.87＝437.44 万元＞411.15 万元，能满足还款要求。

问题(4)：

项目资本金现金流量表部分计算公式如下：

$$净现金流量 = 现金流入 - 现金流出 \tag{3-13}$$

$$\begin{aligned}现金流入 = {} & 营业收入(不含销项税额) + 增值税销项税额 + 补贴收入 + \\ & 回收固定资产余值 + 回收流动资金\end{aligned} \tag{3-14}$$

$$\begin{aligned}现金流出 = {} & 资本金 + 借款本金偿还 + 借款利息支付 + 经营成本(不含进项税额) + \\ & 增值税进项税额 + 增值税及附加 + 维持运营投资 + 所得税\end{aligned} \tag{3-15}$$

运营期第 1 年净现金流量＝850×80％－(0＋323.25＋127.31＋280×80％＋0＋850×80％×0.8％＋250＋0)＝－250(万元)

说明：因运营期第 1 年是按照最大偿还能力还款，因此本年的净现金流量一定是流出的流动资金，其他流入和流出的现金流量必定相互抵销。

运营期第 2 年年末的现金流出为：借款本金偿还 411.15 万元、借款利息支付 107.91 万元、增值税附加税为 6.8 万元、经营成本 280 万元、所得税 17.85 万元。

运营期第 2 年年末净现金流量＝850－411.15－107.91－6.8－280－17.85＝26.29(万元)

运营期最后 1 年：

固定资产余值＝残值＝(3 600＋121.80)×5％＝186.09(万元)

总成本＝280＋353.57＋0＋0＝633.57(万元)

所得税＝(营业收入－总成本－增值税附加税)×所得税率＝(850－633.57－850×0.8％)×25％＝52.41(万元)

即运营期最后 1 年年末，现金流入为：营业收入 850 万元，回收固定资产余值 186.09 万元，回收流动资金 250 万元。现金流出为：增值税附加税 6.8 万元、经营成本 280 万元，所得税 52.41 万元。

运营期最后 1 年净现金流量＝(850＋186.09＋250)－(6.8＋280＋52.41)＝946.88(万元)

（摘自王付宇、汪和平、王治国主编：《工程造价典型案例分析》，机械工业出版社，2021）

思考与练习题

一、思考题

1. 什么是资金的时间价值？它是如何产生的？怎样衡量资金的时间价值？

2. 单利和复利的区别是什么？

3. 如何理解资金等值？影响资金等值的因素有哪些？

4. 构成现金流量的基本经济要素有哪些？

5. 什么是资金等值换算？常用的资金等值换算公式有哪几个？

6. 怎样绘制现金流量图？在技术经济分析中，为什么要使用现金流量图？

7. 名义利率和实际利率的关系是什么？

8. 什么是现金流量的现值和终值？

二、练习题

1. 图 3-25 中，考虑资金时间价值后，总现金流出等于总现金流入。试利用各种资金等值计算系数，用已知项表示未知项。

(1) 已知 A_1, A_2, P_1, i，求 P_2；

(2) 已知 P_1, P_2, A_1, i，求 A_2；

(3) 已知 P_1, P_2, A_2, i，求 A_1。

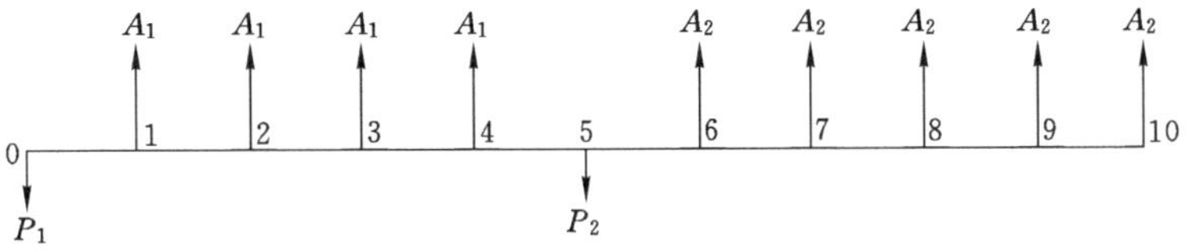

图 3-25 练习题 1 的现金流量图

2. 某厂准备今天一次存入银行 800 万元，希望从存款的第 3 年年末开始，连续 7 年年末等额取完存款本利，若银行年利率 $i=10\%$，打算每年等额取出 250 万元现金，问能否实现？

3. 假设开始时支出 10 000 元，10 年年末又支出 10 000 元，20 年年末又支出 10 000 元，以及 30 年内每年年末支出 2 000 元，请问与之等值的 30 年期限的等额年支出额为多少？假设利率为 10%。

4. 某厂购买一台机床，估计能使用 15 年，每 3 年要大修一次，每次大修费用为 800 元，设年利率为 10%。问：

(1) 现在应在银行存多少钱，恰好支付 15 年寿命期间的大修费用支出？

(2) 若现在存入 2 000 元，问 15 年后除去大修费用还能得到多少钱？

5. 张某为女儿上大学筹划资金，从其女儿 5 岁生日开始，每年生日存款 200 元，直至 16 岁生日，年利率为 10%。所有存款的本利和打算在其女儿上大学期间即 18、19、20、21 岁这 4 年全部用完。试问其女儿每年可获得多少资金？

6. 某大学生的四年大学生活费通过银行贷款解决。合同规定学生每年年初向工商银行借款 12 000 元，年利率 5%，在校期间不计利息，毕业后前 2 年只还到期利息，以后 10 年每年年末等额偿还本息。要求：

(1) 画出该问题的现金流量图。

(2) 如果基准时间点在第 16 年年末，则年扣还额应为多少？

(3) 如果基准时间点在第 1 年年初，则年扣还额应为多少？

(4) 如果基准时间点在第 4 年年末，则年扣还额应为多少？

(5) 如果基准时间点在第 6 年年末，则年扣还额应为多少？

(6) 比较以上 4 种计算结果，并分析原因。

7. 某投资项目第 1 年投资 1 000 万元，第 2 年投资 2 000 万元，第 3 年投资 100 万元，第 4 年收益为 500 万元，第 5 年收益为 800 万元，第 6 年至第 7 年收益为 1 000 万元，第 8 年至第 12 年收益为 1 200 万元。试画出该项目的现金流量图。

8. 某企业兴建一工业项目，第 1 年投资 1 000 万元，第 2 年投资 2 000 万元，第 3 年投资 1 500 万元，投资均在年初发生，其中第 2 年和第 3 年的投资为银行贷款，年利率为 8%。该项目从第 3 年起开始获利，连续 10 年内每年年末获净收益 1 000 万元；与此同时开始偿还贷款，银行贷款分 5 年等额偿还。问每年应偿还银行多少万元？画出该企业的现金流量图。

9. 以按揭贷款方式购房，贷款 20 万元，年名义利率为 12%，10 年内按月等额分期付款，则每月应付多少？

10. 某永久性投资项目，预计建成后年净收益为 5 600 万元，若期望投资收益率为 12%，求允许的最大投资现值是多少？

11. 某公司贷款购买一套设备，总支出 500 万元，在贷款后 6 年内每半年偿还一次，年名义利率为 10%。试问：

(1) 如果每半年复利计算一次，该公司的分期付款额为多少？

(2) 如果每月复利计算一次，其分期付款额又是多少？

12. 假定某人在 21 岁时开始为其退休后的生活准备一笔钱，每年存入银行 1 000 元，年利率为 8%，问到该人 60 岁时，这笔钱有多少？假设 40 年内平均每年通货膨胀率为 5%，那么到该人 60 岁时，这笔钱相当于现在的多少元？若该人 60 岁退休后，均匀使用这笔款 20 年，年利率为 10%，问每年可支取多少？

13. 某企业获得一笔 80 000 元的贷款，偿还期为 4 年，有四种还款方式：

(1) 每年年末偿还 20 000 元本金及所欠利息；

(2) 每年年末只偿还所欠利息，第 4 年年末一次还清本金；

(3) 在 4 年中每年年末等额偿还本息；

(4) 在第 4 年年末一次还清本息。

按 10% 的年利率计算复利，试计算各种还款方式所付出的总金额。

14. 某建设项目的相关基础数据如下：

(1) 项目建设期 2 年，运营期 6 年，建设投资 2 000 万元，预计全部形成固定资产。

(2) 项目资金来源为自有资金和贷款。建设期内，每年均衡投入自有资金和贷款各 500 万元，贷款年利率为 6%(按年计息)。流动资金 300 万元，全部用项目资本金支付，于运营期第 1 年年初投入。

(3) 固定资产使用年限为 8 年，采用直线法折旧，残值为 100 万元。

(4) 项目贷款在运营期的 6 年间，按照等额还本、利息照付的方法偿还。

(5) 项目运营期第 1 年不含税的营业收入和经营成本分别为 700 万元和 250 万元，第 2 年不含税的营业收入和经营成本分别为 900 万元和 300 万元，以后各年不含税的营业收入和经营成本分别为 1 000 万元和 320 万元。

(6) 企业所得税税率为 25%，假设增值税附加税为营业收入的 1%。不考虑固定资产可抵扣进项税。

试解决以下问题：

(1) 计算建设期贷款利息、固定资产年折旧费和计算期第 8 年的固定资产余值。

(2) 计算各年还本、付息额及总成本费用，并将数据填入表 3-8 和表 3-9 中。

(3) 计算计算期第 3 年的所得税。

(4) 从资本金出资者的角度，计算计算期第 3 年的净现金流量。

(5) 从资本金出资者的角度，计算计算期第 8 年的净现金流量。

(计算结果均保留 2 位小数)

表 3-8　还本付息计算表

项目名称	计算期							
	1	2	3	4	5	6	7	8
年初借款余额								
当年借款								
当年计息								
当年付息								
年当还本								
年末借款余额								

表 3-9　总成本费用计算表

序号	项目名称	计算期					
		3	4	5	6	7	8
1	经营成本						
2	折旧费						
3	利息						
4	总成本						

第四章 技术经济评价指标

【学习目标】

(1)了解投资项目经济评价指标的分类;
(2)掌握静态投资回收期、动态投资回收期的计算方法;
(3)掌握净现值、净年值、费用现值和费用年值的计算方法;
(4)掌握净现值率、内部收益率的计算方法;
(5)熟悉基准收益率的含义与测定方法。

【思维导图】

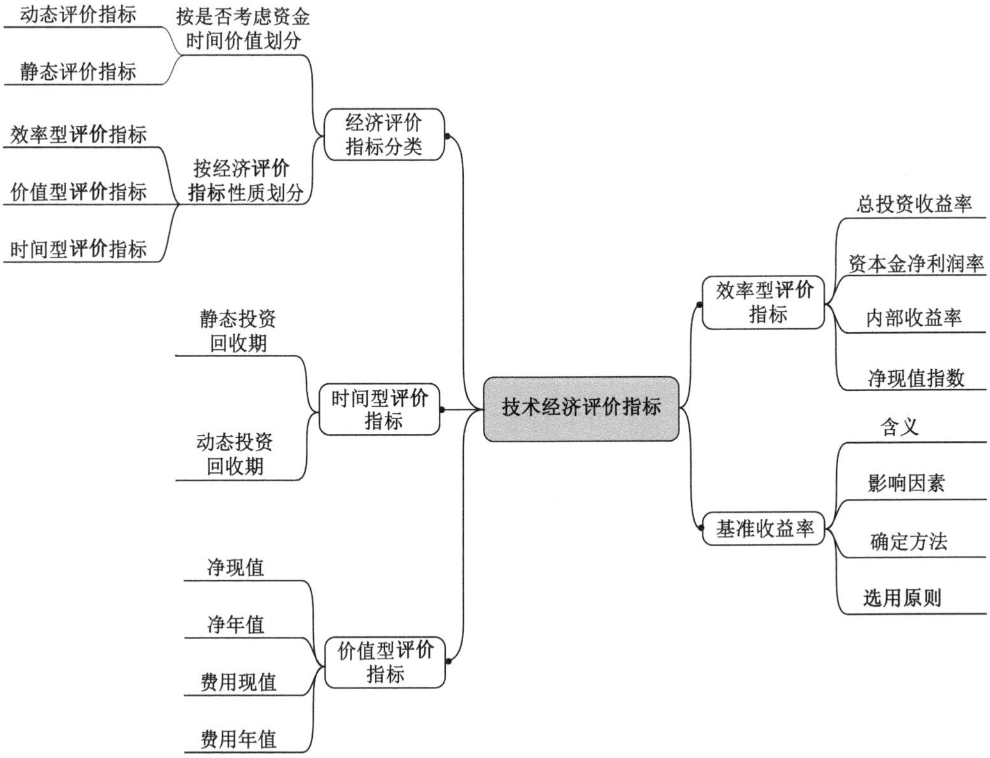

第一节　技术经济评价指标体系

经济评价是投资项目经济分析的核心内容，其目的在于确保决策的正确性和科学性，避免或最大限度地降低投资方案的风险，明确投资方案的经济效果水平，最大限度地提高项目投资的综合经济效益，为项目的投资决策提供科学的依据。因此，正确选择经济评价方法与评价指标是十分重要的。任何一个具体评价指标，都只能从某个方面或某些方面反映项目的经济性。为了使评价工作系统而全面，就需要采用一系列指标，从多方面进行分析和考察。这些既相互联系又有其相对独立性的评价指标，就构成了工程项目经济评价的指标体系。

投资项目方案经济评价效果的好坏，一方面取决于基础数据的完整性和可靠性，另一方面则取决于选取的评价指标体系的合理性。只有选取正确的评价指标体系，经济评价的结果才能与客观实际情况相吻合，才具有实际意义。一般来讲，投资项目的经济评价指标不是唯一的，可根据不同的评价深度要求、可获得资料的多少及项目本身所处的条件不同，选用不同的指标，这些指标可以从不同侧面反映工程项目的经济效果。根据不同的划分标准，可以对投资项目经济评价指标进行分类。

一、按投资项目经济评价是否考虑资金时间价值分类

根据投资项目经济评价指标是否考虑资金时间价值，分为静态评价指标和动态评价指标，如图 4-1 所示。

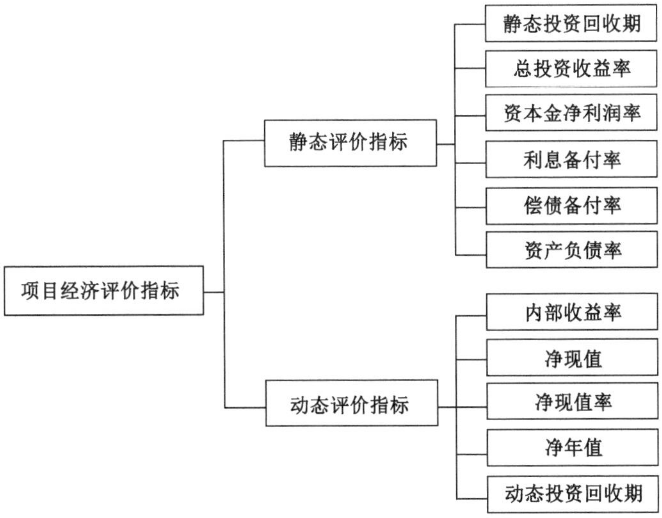

图 4-1　投资项目经济评价指标分类之一

（1）静态评价指标：不考虑资金时间价值的评价指标，如静态投资回收期、总投资收益率、资本金净利润率等。静态评价指标的最大特点是计算简便，适用于评价短期投资项目和逐年收益大致相等的项目；另外，对方案进行初选评价时也常采用。

(2) 动态评价指标:考虑资金时间价值的评价指标,如动态投资回收期、净现值、内部收益率等。动态评价指标能较全面地反映投资方案整个计算期的经济效果,适用于详细可行性研究、对项目整体效益评价的融资前分析,或对计算期较长以及处在终评阶段的技术方案进行评价。

动态评价指标和静态评价指标通常配合使用、相互补充;以动态评价指标为主,静态评价指标为辅。

二、按投资项目经济评价指标性质分类

项目的经济性一般表现在项目投资的回收速度、投资的盈利能力和资金的使用效率等方面,相应地将评价指标划分为时间型评价指标、价值型评价指标和效率型评价指标,如图 4-2所示。

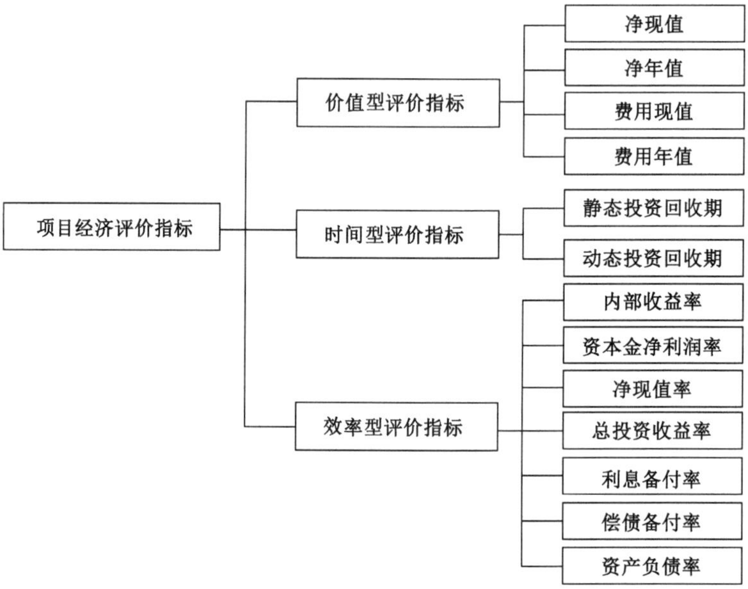

图 4-2 投资项目经济评价指标分类之二

(1) 时间型评价指标:用时间长短来衡量项目的投资回收能力的指标。如静态投回收期、动态投资回收期等。

(2) 价值型评价指标:反映项目投资的净收益绝对量大小的指标。它是以货币为计量单位,反映的是一个绝对值,如净现值、净年值、费用现值、费用年值等。

(3) 效率型评价指标:反映资金利用效率的指标。它反映的是一个相对值,如总投资收益率、内部收益率等。

由于这些指标是从不同角度来考察项目的经济性的,因此在对建设项目方案进行经济效益评价时,当尽量同时选用这三类指标而不是单一指标。

三、按投资项目经济评价内容分类

根据投资项目经济评价内容,可将评价指标分为盈利能力分析指标、清偿能力分析指

标和财务生存能力分析指标，如图 4-3 所示。

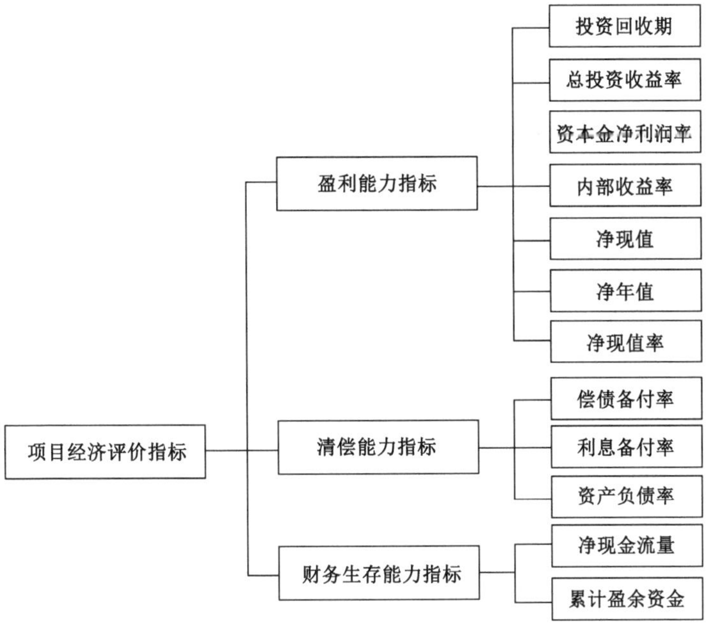

图 4-3　投资项目经济评价指标分类之三

在投资项目经济评价指标体系中，净现值、内部收益率和投资回收期是最常用的项目经济评价指标。由于净现值指标反映了项目投资所获得净收益的现值价值大小，净现值最大化与企业经济评价目标是一致的。因此，净现值是项目经济评价时的首选评价指标，并且常用来检验其他评价指标。

下面将常用的项目经济评价指标汇总成表 4-1。

表 4-1　项目经济评价常用指标分类表

	时间型评价指标	价值型评价指标	效率型评价指标
静态评价指标	静态投资回收期	—	总投资收益率 资本金净利润率
动态评价指标	动态投资回收期	净现值 净年值 费用现值 费用年值	净现值率 内部收益率

第二节　时间型评价指标

投资回收期是重要的时间型指标，它反映项目投资回收的速度。根据是否考虑资金时间价值，投资回收期分为静态投资回收期和动态投资回收期两类。

一、静态投资回收期

1. 静态投资回收期的概念

静态投资回收期是指投资回收的期限，也就是用项目的净收益抵偿全部投资所需要的时间。对于投资者来说，静态投资回收期越短越好，从而降低投资的风险。

静态投资回收期的表达式：

$$\sum_{t=0}^{T_{\mathrm{P}}}(CI-CO)_t=0 \tag{4-1}$$

式中 T_{P}——静态投资回收期；

$(CI-CO)_t$——第 t 年净现金流量。

静态投资回收期从工程项目开始投入之日算起，即包括建设期，单位通常用“年”表示。

2. 静态投资回收期的计算

根据投资及净现金流量的情况不同，静态投资回收期的计算公式有以下几种。

(1) 项目(或方案)在期初一次性支付全部投资 K，当年产生收益，每年的净收益相等为 M，此时静态投资回收期 T_{P} 的计算公式为：

$$T_{\mathrm{P}}=\frac{K}{M} \tag{4-2}$$

例如，投资 1 000 元，当年收益，每年的净现金流量为 400 元，则静态投资回收期 $T_{\mathrm{P}}=\frac{1\ 000}{400}=2.5$(年)。

(2) 项目在期初一次性支付投资 K，但每年的净现金流量由于生产及销售情况的变化而不一样，设第 t 年的净现金流量为 $(CI-CO)_t$，则能使下式成立的 T_{P} 即为静态投资回收期。

$$K=\sum_{t=1}^{T_{\mathrm{P}}}(CI-CO)_t \tag{4-3}$$

(3) 如果投资在建设期 m 年内分期投入，第 t 年的投资假如为 K_t，第 t 年的净现金流量仍为 $(CI-CO)_t$，则能使下式成立的 T_{P} 即为静态投资回收期。

$$\sum_{t=0}^{m}K_t=\sum_{t=m+1}^{T_{\mathrm{P}}}(CI-CO)_t \tag{4-4}$$

第(2)、(3)种情况通常采用财务现金流量表计算静态投资回收期，其计算公式为：

$$T_{\mathrm{P}}=T-1+\frac{|\text{第 } T-1 \text{ 年累计净现金流量}|}{\text{第 } T \text{ 年净现金流量}} \tag{4-5}$$

式中 T——累计净现金流量开始出现正值的年份。

【例 4-1】 已知某项目收支情况如表 4-2 所列。依据这些数据计算该项目的静态投资回收期。

解 首先依据表 4-2 前三行数据计算该项目第 t 年的净现金流量和累计净现金流量，计算结果见表 4-2。

表 4-2　某项目的净现金流量　　单位:万元

项目	年份						
	0	1	2	3	4	5	6
(1) 总投资	6 000	4 000					
(2) 收入			5 000	6 000	8 000	8 000	7 500
(3) 支出			2 000	3 000	3 000	3 500	3 500
(4) 净现金流量	−6 000	−4 000	3 000	3 000	5 000	4 500	4 000
(5) 累计净现金流量	−6 000	−10 000	−7 000	−4 000	1 000	5 500	9 500

由表 4-2 可以看出,累计净现金流量在 3 年到 4 年由负值变为正值,说明静态投资回收期在 3～4 年之间,这时采用公式(4-5)计算静态投资回收期。

$$T_P=3+\frac{|-4\ 000|}{5\ 000}=3.8(\text{年})$$

3. 静态投资回收期的方案判别准则

采用静态投资回收期进行单方案评价时,应将计算的静态投资回收期 T_P 与标准的投资回收期 T_b 进行比较,只有当 $T_P \leqslant T_b$ 时才认为该方案是合理的。

标准投资回收期 T_b 可以是国家或部门制定的标准,也可以是企业自己制定的标准,其制定的主要依据是全社会或全行业投资回收期的平均水平,或者是企业期望的投资回收期水平。

静态投资回收期指标的优点是:① 概念明确,简单易用;② 不仅在一定程度上反映项目的经济性,而且反映项目风险的大小。项目决策者面临着未来不确定性因素的干扰,这种不确定性所带来的风险随着时间的延长而增加,因为离现实越远,人们所能确知的东西就越少。为了降低这种风险,静态投资回收期越短越好。静态投资回收期短,表明项目投资回收快,抗风险能力强。

由于静态投资回收期指标具有上述优点,因此人们容易接受和乐于使用这种评价方法。但是,静态投资回收期指标只能作为一种辅助指标,而不能单独使用,原因是:① 它没有考虑资金时间价值;② 它仅以投资的回收快慢作为决策依据,没有考虑投资回收以后的情况,也没有考虑方案在整个计算期内的总收益和获利能力,因而静态投资回收期是一个短期指标;③ 在方案选择时,仅依据静态投资回收期指标排序可能导致错误的结论。

二、动态投资回收期

动态投资回收期是指考虑资金时间价值,在给定的基准收益率(i_0)下,用项目各年净收益的现值来回收全部投资的现值所需要的时间。动态投资回收期一般从投资开始年算起,若从项目投产开始年计算,应予以特别注明。

动态投资回收期是能使下式成立的 T_P^* :

$$\sum_{t=0}^{T_P^*}(CI-CO)_t(1+i_0)^{-t}=0 \tag{4-6}$$

式中　T_P^*——动态投资回收期;

i_0——基准收益率；

其他符号含义同前。

与求静态投资回收期相似，通常也采用财务现金流量表计算动态投资回收期 T_P^*，其计算公式为：

$$T_P^* = T-1+\frac{|\text{第 } T-1 \text{ 年累计净现金流量折现值}|}{\text{第 } T \text{ 年净现金流量折现值}} \tag{4-7}$$

式中 T——累计净现金流量折现值开始出现正值的年份。

如果项目为一次性投资，投资额为 K，并且当年投产，每年净收益相等为 M，基准收益率为 i_0，则动态投资回收期为满足下式的 T_P^*：

$$K=M(P/A,i_0,T_P^*)$$

经整理，得：

$$T_P^* = \frac{\lg M-\lg(M-i_0K)}{\lg(1+i_0)} \tag{4-8}$$

动态投资回收期 T_P^* 评价投资项目的可行性需要与根据同类项目的历史数据和投资者意愿确定的基准动态投资回收期相比较。设基准动态投资回收期为 T_b^*，判别准则为：若 $T_P^* \leqslant T_b^*$，则项目可以被接受；若 $T_P^* > T_b^*$，则项目应予以拒绝。

例如，仍按表 4-2 的原始数据，若取基准折现率为 10%，则动态投资回收期的计算过程如表 4-3 所列。

表 4-3 某项目的累计净现金流量折现值 单位：万元

项目	年份						
	0	1	2	3	4	5	6
(1) 总投资 K_t	6 000	4 000					
(2) 收入 CI_t			5 000	6 000	8 000	8 000	7 500
(3) 支出 CO_t			2 000	3 000	3 000	3 500	3 500
(4) 净现金流量 CI_t-CO_t	−6 000	−4 000	3 000	3 000	5 000	4 500	4 000
(5) 净现金流量折现值($i_0=10\%$)	−6 000	−3 636	2 479	2 254	3 415	2 794	2 258
(6) 累计净现金流量折现值($i_0=10\%$)	−6 000	−9 636	−7 157	−4 903	−1 488	1 306	3 564

从表 4-3 可见，该项目的动态投资回收期应在 4～5 年之间，采用公式(4-7)计算 T_P^*：

$$T_P^* = 4+\frac{|-1\ 488|}{2\ 794}=4.53(\text{年})$$

动态投资回收期的计算公式表明，在给定的折现率 i_0 下，要经过 T_P^* 年，才能使累计的现金流入折现值抵消累计的现金流出折现值。

与静态投资回收期相比，动态投资回收期的优点是考虑了资金时间价值，但计算却复杂得多，并且在投资回收期不长和基准收益率不大的情况下，两种投资回收期的差别不大，不至于影响方案的选择，因此，动态投资回收期指标不常用。只有在静态投资回收期较长和基准收益率较大的情况下，才需要计算动态投资回收期。

投资回收期指标没有考虑投资项目整个寿命期的经济效益，因此通常只作为其他评价指标的辅助指标，而不单独使用。此外，投资回收期只反映了本方案投资回收的速度，而不能反映方案之间的比较结果，因此不能用于两个或两个以上方案的比较评价。

【延伸阅读】 三峡工程投资回收期

第三节　价值型评价指标

价值型评价指标用于评价项目的盈利能力，用项目寿命期内的净现值或净年值表示。如果项目寿命期内的净现值或净年值大于或等于0，则项目可行；如果项目寿命期内的净现值或净年值小于0，则项目不可行。

一、净现值与净年值

（一）净现值

1. 净现值指标及其评价准则

方案的净现值（net present value，NPV），是指方案在寿命期内各年的净现金流量按照基准折现率 i_0 折现到建设期初时的现值之和，其表达式为：

$$NPV = \sum_{t=0}^{n} (CI - CO)_t (1 + i_0)^{-t} \tag{4-9}$$

式中　NPV——净现值；

$(CI-CO)_t$——第 t 年的净现金流量；

i_0——基准收益率（或基准折现率）；

n——项目计算期，$n \leqslant 30$ 年。

项目计算期也称为项目的经济寿命周期，它是指对拟建项目进行现金流量分析时应确定的项目服务年限。对建设项目来说，项目计算期分为建设期和生产期两个阶段。

（1）项目建设期：建设项目从开始施工至全部建成投产所需的时间。项目建设期的长短与投资规模、行业性质及建设方式有关，应根据实际情况加以确定。

（2）项目生产期：建设项目从建成投产到主要固定资产报废为止所经历的时间，它包括投产期（投产后未达到100%设计能力）和达产期。

项目寿命期的确定，主要考虑主体结构的经济性、维护的可行性、关联设施的实用性、经济计划管理的适应性及预测精度等方面综合确定。在计算经济评价指标过程中，如计算内部收益率时，一般取项目主体工程的寿命期。项目计算期确定得是否合理，对方案经济分析有较大影响。

净现值表示在规定的折现率 i_0 下，方案在不同时点发生的净现金流量，折现到建设期初时，整个寿命期内所能得到的净收益。如果方案的净现值等于0，表示方案正好达到了规定的基准收益率水平；如果方案的净现值大于0，表示方案除能达到规定的基准收益率水平之外，还能得到超额收益；如果净现值小于0，则表示方案达不到规定的基准收益率水平。因此，用净现值指标评价单个方案的准则是：若 $NPV \geqslant 0$，则方案是经济合理的；若 $NPV < 0$，

则方案应予以否定。

多方案比较时，在可行的单个方案中选择净现值大的方案。

【例 4-2】 某设备的购价为 40 000 元，每年的运行收入为 15 000 元，年运行费用为3 500元，4 年后该设备可以按 5 000 元转让，如果基准折现率 $i_0=20\%$，问此项设备投资是否值得？

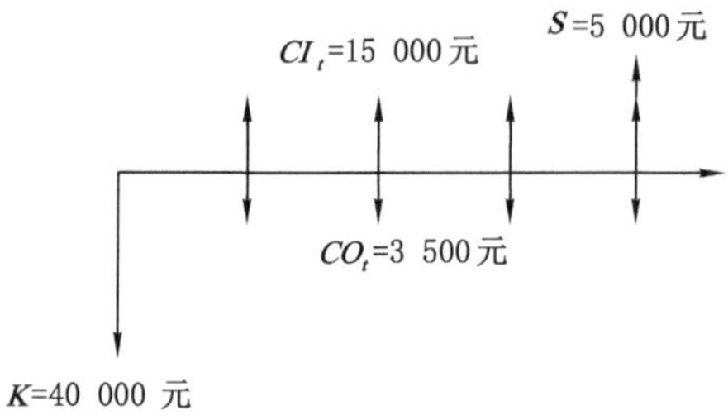

图 4-4 例 4-2 的现金流量图

解 ① 画出现金流量图，如图 4-4 所示。

② 采用净现值指标进行评价：

$$NPV(20\%)=-40\ 000+(15\ 000-3\ 500)(P/A,20\%,4)+5\ 000(P/F,20\%,4)$$
$$=-40\ 000+11\ 500\times 2.588\ 734+5\ 000\times 0.482\ 253=-7\ 818.29(\text{元})$$

由于 $NPV(20\%)<0$，所以，此项设备投资经济上不合理。

用电子表格解法如图 4-5 所示。

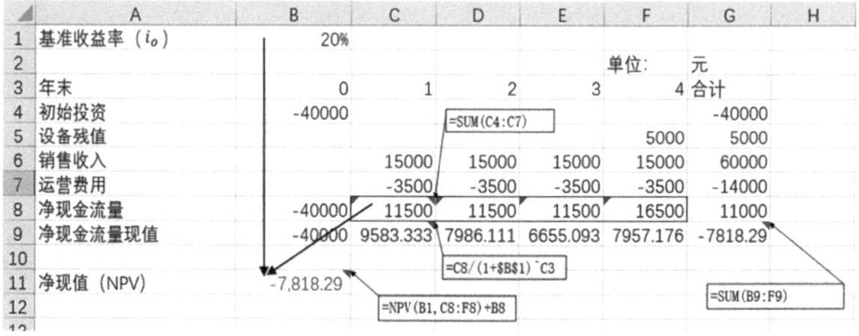

	A	B	C	D	E	F	G	H
1	基准收益率（i_0）	20%						
2						单位:	元	
3	年末	0	1	2	3	4	合计	
4	初始投资	-40000					-40000	
5	设备残值					5000	5000	
6	销售收入		15000	15000	15000	15000	60000	
7	运营费用		-3500	-3500	-3500	-3500	-14000	
8	净现金流量	-40000	11500	11500	11500	16500	11000	
9	净现金流量现值	-40000	9583.333	7986.111	6655.093	7957.176	-7818.29	
10								
11	净现值（NPV）	-7,818.29						
12								

图 4-5 例 4-2 的电子表格解法

【例 4-3】 在例 4-2 中，若其他情况相同，基准折现率 $i_0=5\%$，问此项投资是否值得？

解 按上述原理计算净现值：

$$NPV(5\%)=-4\ 000+(15\ 000-3\ 500)(P/A,5\%,4)+5\ 000(P/F,5\%,4)$$
$$=-40\ 000+11\ 500\times 3.545\ 95+5\ 000\times 0.822\ 7=4\ 891.94(\text{元})>0$$

当基准收益率为 5%时，此项投资的净现值大于零，该项目是合理的。

可见，基准收益率取值大小会影响评价结果。

2. 净现值函数

一般情况下，同一净现金流量的净现值随着折现率 i 的增大而减小，且二者呈非线性关系。因此，基准折现率 i_0 定得越高，能被接受的方案就越少，二者关系如图 4-6 所示。

图 4-6 中，在 $i^*=9.870\%$时，净现值曲线与横坐标轴相交，表示该折现率下的净现值 $NPV=0$；而当 $i_0<i^*$ 时，$NPV(i_0)>0$；$i_0>i^*$ 时，$NPV(i_0)<0$。i^* 是一个具有重要经济意义的折现率临界值，被称为内部收益率，后面将做详细分析。

从这里也可以看出，基准收益率 i_0 对方案的评价起着重要的作用。i_0 定得较高，计算的 NPV 比较小，容易小于 0，使方案不容易通过评价标准，容易否定投资方案；反之，i_0 定得较低，计算的 NPV 比较大，不容易小于 0，使方案容易通过评价标准，容易接受投资方案。例 4-2、例 4-3 的评价结果证明了这一点。基准折现率是衡量项目投资经济效益的一个重

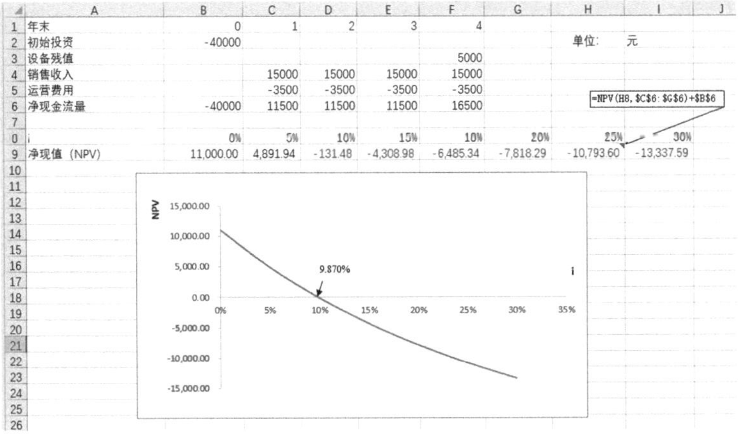

图 4-6　净现值与折现率的关系

要合理性尺度。影响基准折现率大小的主要因素有平均投资收益率、通货膨胀率和风险程度等。因此,国家正是通过制定并颁布各行业的基准收益率,作为投资调控的手段。国家按照企业和行业的平均投资收益率,并考虑产业政策、资源劣化程度、技术进步和价格变动等因素,分行业确定并颁布基准收益率。

3. 净现值指标的优缺点及适用范围

净现值法的优点:

(1) 计算较简便且全面、科学,既考虑了资金的时间价值,又考虑了项目整个寿命期内的现金流入和流出情况。

(2) 计算结果稳定,不会因现金流量换算方法的不同而带来任何差异。项目净现值的计算能避免重复计算和漏算,所以,无论采用总收入和总成本分别贴现之差,还是采用净收益贴现,结果总是一样的。

净现值法的缺陷:

(1) 需要预先给定折现率,这给项目决策带来了困难。因为若折现率定得过高,可行项目就可能被否定;反之,折现率定得过低,不合理的项目就可能被选中,如例 4-2、例 4-3 的结果。由此可见,净现值法的运用,折现率 i_0 对方案的取舍影响很大,必须对折现率 i_0 有较为客观的估计。

(2) 净现值指标用于多方案比较时,没有考虑各方案投资额的大小,因而不能直接反映资金的利用效率,当方案间的初始投资额相差较大时,可能出现失误。因为一个勉强合格的大型项目的正净现值可以比一个很好的小型项目的正净现值大得多,这样决策时就有可能选择大项目,造成失误。

(3) 对于寿命期不同的技术方案,不宜直接使用净现值指标评价。

净现值指标的适用范围:

(1) 以营利为目的的投资项目。

(2) 投资额和寿命期相等的项目或方案的评价。

(二) 净年值

1. 净年值指标及其评价准则

与净现值指标相类似的还有一个评价指标是净年值(net annual value,NAV),是指通过资金等值计算,将项目的净现值分摊到寿命期内各年的等额年值,其表达式为:

$$NAV = NPV(A/P, i_0, n) = \left[\sum_{t=0}^{n}(CI - CO)_t(1 + i_0)^{-t}\right](A/P, i_0, n) \quad (4\text{-}10)$$

由于$(A/P, i_0, n) > 0$,若 $NPV \geqslant 0$,则 $NAV \geqslant 0$,方案在经济效果上可以接受;若 $NPV < 0$,则 $NAV < 0$,方案在经济效果上应予以否定。因此,净年值与净现值是等效评价指标。

2. 净年值指标的优缺点及适用范围

净年值指标的优点:

(1) 考虑了资金时间价值,科学性较强。

(2) 考虑了整个寿命期的经济性,并进行了完整的评价。

(3) 考虑了寿命期不等的方案的不可比情况,并将不可比情况转化为可比情况。

净年值指标的缺点:

(1) 倾向于投资大的项目。

(2) 失去了直观反映追求利润最大化的作用。

净年值指标的适用范围:

(1) 以营利为目的的投资项目。

(2) 投资额和寿命期不等的项目或方案的评价。

(3) 一般作为辅助指标使用,因为它失去了直观反映追求利润最大化的作用。

由式(4-9)和式(4-10)可知,对于某特定项目而言,用净现值、净年值指标来评价,结论是等效(价)的,无论采用哪一个评价指标,对同一方案的经济评价结论是一致的。但是在实际中,人们多习惯于使用净现值指标,净年值指标通常用在寿命期不同的多个项目的经济比较中。

二、费用现值与费用年值

在对多个方案比较选优时,如果诸方案产出价值相同,或者诸方案能够满足同样需要,但其产出效益难以用价值形态计量(如环保、教育、保健、国防项目)时,可以通过对各方案费用现值(present value of cost,PC)或费用年值(annual value of cost,AC)的比较进行选择。

(一) 费用现值

费用现值就是把不同方案计算期内的各年成本按基准收益率换算成基准年的现值和,再加上方案的总投资现值。费用现值越小,方案经济效益越好。

费用现值的计算公式为:

$$PC = \sum_{t=0}^{n} CO_t(P/F, i_0, t) \quad (4\text{-}11)$$

式中 PC——费用现值;

CO_t——第 t 年的现金流出;

n——方案寿命年限；

i_0——基准收益率(或基准折现率)。

费用现值只能用于多个方案的比选，其评判准则是：费用现值最小的方案为优。

费用现值指标的优点：

(1) 考虑了资金的时间价值，科学性较强。

(2) 该指标的设定仅从项目支出费用上考虑，因此适合于非经济类项目或社会公共项目的评价。

(3) 该指标的设定从反方向看，与企业追求收益或价值最大化的要求相一致，所以也可以应用于现金流入无法确定的经济项目的评价。

费用现值指标的缺点：在对公共事业项目的评价上表现不理想。对于公共事业来讲，一方面表现为财政支出，另一方面表现为项目寿命期较长甚至很长。对于财政支出来讲，政府一般是通过年度财政预算来控制的，而对于寿命期较长的项目通过费用现值表现其经济性并不直观。

费用现值指标的适用范围与条件：

(1) 适用于非经济类项目或无法确定收入的经济类项目的评价。

(2) 适用于寿命期相同的项目或方案的比较评价。

(3) 一般作为中间过程指标使用。

(二) 费用年值

已知费用现值，可以计算费用年值：

$$AC = PC(A/P, i_0, n) = \left[\sum_{t=0}^{n} CO_t(P/F, i_0, t)\right](A/P, i_0, n) \tag{4-12}$$

式中　AC——费用年值；

其他符号含义同前。

费用年值只能用于多个方案的比选，其评判准则是：费用年值最小的方案为优。

费用年值指标的优点：

(1) 考虑了资金的时间价值，科学性较强。

(2) 该指标的设定考虑了寿命期不等方案的不可比情况，并将不可比的情况转化为可比情况。

(3) 适用于直接对公共事业项目进行评价与控制。

费用年值指标的缺点：使用该指标进行评价，一般是假设不同方案所带来的效用相等；如果不等，则应该按照满足需要可比原则进行转换处理。

费用年值指标的适用范围与条件：

(1) 适用于无法确定收入的经济类项目的评价。

(2) 适用于寿命期相同和不同的项目方案的比较评价。

(3) 一般作为公共事业项目的主要经济性评价指标。

根据费用现值与费用年值的关系，费用现值最小的方案即为费用年值最小的方案，二者是等效(价)评价指标。二者除了指标含义不同外，使用各有所长。比如费用现值适用于多个方案寿命相同情况的比选，当各个方案寿命不等时，则可采用费用年值指标。

【例 4-4】 有 3 个设备投资方案均可满足道路施工需要，各方案的投资与年运营费用见表 4-4,设备使用寿命为 10 年,基准折现率取 15%。问哪个方案最好?

表 4-4 3 个方案的投资与年运营费用

方案	Ⅰ	Ⅱ	Ⅲ
投资/万元	25	21	23
年运营费用/万元	3	4.5	5

解 ① 费用现值法

各方案的费用现值如下:

$PC_{Ⅰ}=25+3\times(P/A,15\%,10)=40.056$(万元)

$PC_{Ⅱ}=21+4.5\times(P/A,15\%,10)=43.584$(万元)

$PC_{Ⅲ}=23+5\times(P/A,15\%,10)=48.094$(万元)

显然,方案Ⅰ为最优方案。

② 费用年值法

$AC_{Ⅰ}=25\times(A/P,15\%,10)+3=7.981$(万元)

$AC_{Ⅱ}=21\times(A/P,15\%,10)+4.5=8.684$(万元)

$AC_{Ⅲ}=23\times(A/P,15\%,10)+5=9.583$(万元)

同理,方案Ⅰ为最优方案。

根据费用最小的选优原则,费用现值和费用年值的计算结果都表明方案Ⅰ是最优方案。费用现值与费用年值的关系,正如前述净现值和净年值的关系一样,所以就评价结论而言,二者是等效评价指标。

第四节 效率型评价指标

效率型评价指标是反映投资使用效率高低,并以比率形式体现的一类经济评价指标,主要有总投资收益率、项目资本金净利润率、净现值指数、内部收益率等指标。

一、静态效率型指标

1. 总投资收益率

总投资收益率(ROI)表示总投资的盈利水平,是指项目达到设计能力后正常年份的年息税前利润或营运期内年平均息税前利润(EBIT)与项目总投资(TI)的比率。其计算公式如下:

$$ROI=\frac{EBIT}{TI} \tag{4-13}$$

式中 $EBIT$——项目正常年份的年息税前利润或营运期内年平均息税前利润;

TI——项目总投资。

总投资收益率是衡量项目投资盈利能力的静态指标之一,适用于简单且产出变化不大的项目的初步经济评价和优选。一般情况下,当计算出的总投资收益率大于或等于同行业(或部门)的标准投资收益率时,则认为投资方案是可接受的。

总投资收益率是考虑全部投资经济效果的指标。由于评价目的不同，在计算总投资收益率时，公式的分子和分母可能有不同的内涵。因此，同一项目可依据不同的出发点计算不同的总投资收益率，当进行方案比较时，一定要考虑该指标的可比性问题。

2. 项目资本金净利润率

项目资本金净利润率(ROE)表示项目资本金的盈利水平，是指项目正常年份的年净利润或营运期内年平均净利润(NP)与项目资本金(EC)的比率。其计算公式如下：

$$ROE = \frac{NP}{EC} \tag{4-14}$$

式中 NP——项目正常年份的年净利润或营运期内年平均净利润；

EC——项目资本金。

项目资本金净利润率高于同行业的净利润率参考值，表明用项目资本金净利润率表示的盈利能力满足要求。

二、动态效率型指标

(一) 净现值指数

1. 净现值指数指标及其评价准则

净现值用于多个方案比较时，没有考虑各方案投资额的大小，因而不直接反映资金的利用效率。为了考察资金的利用效率，通常用净现值指数(index of net present value, NPVI)作为净现值的辅助指标。

净现值指数也称净现值率，是按基准收益率求得的方案在计算期内的净现值与其全部投资现值的比率，是一种效率型指标。净现值指数的计算公式为：

$$NPVI = \frac{NPV}{K_P} = \frac{\sum_{t=0}^{n}(CI-CO)_t(1+i_0)^{-t}}{\sum_{t=0}^{m}K_t(1+i_0)^{-t}} \tag{4-15}$$

式中 K_P——全部投资现值；

K_t——第 t 年投资额。

净现值指数的经济含义是单位投资现值所能带来的净现值。净现值指数的最大化，有利于实现有限投资取得净贡献的最大化。

采用净现值指数进行单个方案评价时，其判别准则为：

若 $NPVI>0$，说明方案不仅能实现预期的收益率目标，还能获取超额收益率，方案可行；

若 $NPVI=0$，说明方案刚好实现预期的收益率目标，方案可行；

若 $NPVI<0$，说明方案不能实现预期的收益率目标，方案不可行。

由上述判别准则可以看出，净现值指数指标与净现值指标判别结果相同。净现值指数更多的是用来辅助净现值进行多方案比较，在多方案比较时，净现值指数较大的方案为优。

【例 4-5】 某投资项目有 A、B 两个方案，有关数据如表 4-5 所列，若基准折现率为 10%，问哪个方案较优？

表 4-5 A、B 两个方案有关数据

项目	投资/万元	年净收益/(万元/年)	寿命/年	残值/万元
A 方案	15	3.1	10	1.5
B 方案	3	1.1	10	0.3

解 ① 采用净现值指标评价方案

对于方案 A:

$$NPV_A = -15 + 3.1(P/A, 10\%, 10) + 1.5(P/F, 10\%, 10)$$
$$= -15 + 3.1 \times 6.144 + 1.5 \times 0.3855 = 4.62(\text{万元})$$

对于方案 B:

$$NPV_B = -3 + 1.1(P/A, 10\%, 10) + 0.3(P/F, 10\%, 10)$$
$$= -3 + 1.1 \times 6.144 + 0.3 \times 0.3855 = 3.87(\text{万元})$$

因为 $NPV_A > NPV_B$,所以 A 方案优于 B 方案。

A 方案投资是 B 方案的 5 倍,而其净现值仅比 B 方案多 0.75 万元,就是说 B 方案与 A 方案的经济效果相差很小。如果仅依据净现值的大小判断 A 方案优于 B 方案,显然是不合理的。由此看来,当两个方案投资额相差很大时,仅以净现值的大小来决定方案的取舍可能会导致错误的选择。此时采用净现值指数评价比较合理。

② 采用净现值指数指标进行方案选择

对于方案 A:

$$NPVI_A = \frac{NPV_A}{K_{PA}} = \frac{4.62}{15} = 0.308$$

对于方案 B:

$$NPVI_B = \frac{NPV_B}{K_{PB}} = \frac{3.87}{3} = 1.29$$

因为 $NPVI_B > NPVI_A$,所以 B 方案要优于 A 方案。

2. 净现值指数指标的优缺点及适用范围

净现值指数指标的优点:

(1) 考虑了资金时间价值,科学性较强。

(2) 考虑了整个寿命期的经济性,并进行了完整的评价。

(3) 该指标的设定考虑了投资额不等的方案不可比情况,并将不可比情况转化为可比情况。

净现值指数指标的缺点:

(1) 倾向于寿命期长的项目。

(2) 失去了直观反映追求利润最大化的作用。

净现值指数指标的适用范围:

(1) 以营利为目的的投资项目。

(2) 寿命期相等而投资额不等的项目或方案的评价。

(3) 一般作为辅助指标使用。

（二）内部收益率

1. 内部收益率指标及其评价准则

净现值指标虽然简单易行，但必须事先给定一个基准收益率，而且采用净现值法得到的结论只是项目是否达到或超过基准收益水平，并没有准确计算项目的收益率。内部收益率法的计算无须事先给定基准收益率，而是直接求出项目实际能达到的投资效率（内部收益率）。因此，在所有经济评价指标中，内部收益率是最重要的评价指标之一。

内部收益率（internal rate of return，IRR）就是项目现值为零时的折现率。从图 4-6 中可以看出，随着折现率的增大，净现值减小，当折现率取 i^* 时，净现值为 0。此时的折现率 i^* 即为内部收益率。

根据前述原理，可以通过求解下述方程得到内部收益率：

$$\sum_{t=0}^{n}(CI-CO)_t(1+IRR)^{-t}=0 \tag{4-16}$$

式中　IRR——内部收益率；

其他符号含义同前。

式(4-16)是一个高次方程，不容易直接求解，通常采用线性内插法求 IRR 的近似解。从图 4-7 可以看出，IRR 在 i_1 与 i_2 之间，当 i_2 与 i_1 的距离控制在一定范围内时，用 i^* 近似代替 IRR，可以达到要求的精度。具体计算步骤如下：

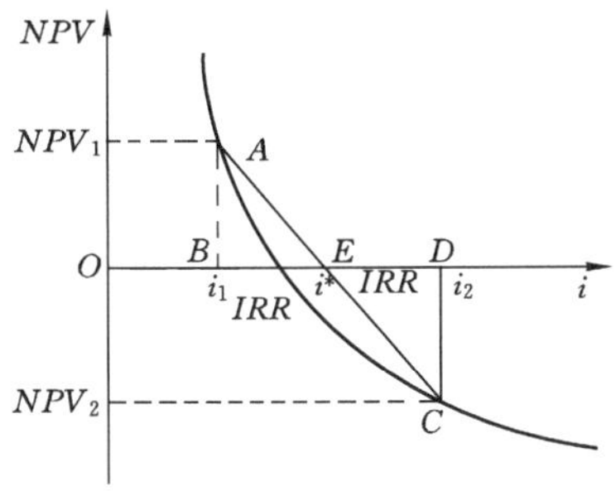

图 4-7　线性内插法求 IRR 图解

(1) 设初始折现率值 i_1，一般可以先取行业的基准收益率 i_0 作为 i_1，并计算对应的净现值 $NPV(i_1)$；

(2) 若 $NPV(i_1)\neq0$，则根据 $NPV(i_1)$ 是否大于 0，再设 i_2。若 $NPV(i_1)>0$，则设 $i_2>i_1$；若 $NPV(i_1)<0$，则设 $i_2<i_1$。i_2 与 i_1 的差距取决于 $NPV(i_1)$ 绝对值的大小，较大的绝对值可以取较大的差距；反之，取较小的差距。计算对应的 $NPV(i_2)$。

(3) 重复步骤(2)，直到出现 $NPV(i_1)>0$，$NPV(i_2)<0$ 或 $NPV(i_1)<0$，$NPV(i_2)>0$ 时，用线性内插法求得 IRR 近似值，即

$$IRR=i_1+\frac{NPV(i_1)}{NPV(i_1)+|NPV(i_2)|}(i_2-i_1) \tag{4-17}$$

(4) 计算的误差取决于 (i_2-i_1) 的大小，为此，一般控制在 $|i_2-i_1|<0.05$ 之内。

对于复杂的技术方案，采用人工试算法求内部收益率很费时间，需经过多次的大量计算才能成功。利用 Excel 中的 IRR 函数进行计算，就比较简便。

设基准收益率为 i_0，用内部收益率指标 IRR 评价单个方案的判别准则是：

若 $IRR\geqslant i_0$，表明项目的收益率已达到或超过设定的收益率水平，项目可行；

若 $IRR<i_0$，表明项目的收益率未达到设定的收益率水平，项目应予否定。

一般情况下，当 $IRR\geqslant i_0$ 时，会有 $NPV(i_0)\geqslant0$；反之，当 $IRR<i_0$ 时，则 $NPV(i_0)<0$。因此，对于单个方案的评价，内部收益率准则与净现值准则的评价结论是一致的。

【例 4-6】 某项目的净现金流量如表 4-6 所列。当基准折现率 $i_0=12\%$ 时，试用内部收益率指标判断该项目在经济效果上是否可以接受。

表 4-6 某项目的净现金流量表

年	0	1	2	3	4	5
净现金流量/万元	−100	20	30	20	40	40

解 设 $i_1=5\%$，$i_2=10\%$，分别计算净现值：

$$NPV_1=-100+20(P/F,5\%,1)+30(P/F,5\%,2)+20(P/F,5\%,3)+40(P/F,5\%,4)+40(P/F,5\%,5)=27.78\text{（万元）}>0$$

$$NPV_2=-100+20(P/F,10\%,1)+30(P/F,10\%,2)+20(P/F,10\%,3)+40(P/F,10\%,4)+40(P/F,10\%,5)=10.16\text{（万元）}>0$$

因为要求 $NPV_1>0$，$NPV_2<0$，故重设 $i_1=10\%$，$i_2=15\%$，分别计算净现值：

$$NPV_1=10.16\text{（万元）}>0$$

$$NPV_2=-100+20(P/F,15\%,1)+30(P/F,15\%,2)+20(P/F,15\%,3)+40(P/F,15\%,4)+40(P/F,15\%,5)=-4.02\text{（万元）}<0$$

内插法求内部收益率 IRR：

$$IRR=10\%+(15\%-10\%)\times\frac{10.16}{10.16+4.02}=13.5\%>i_0=12\%$$

因此，该项目是可以接受的。

用电子表格解法如图 4-8 所示。

	A	B	C	D	E	F	G	H
1	年末		0	1	2	3	4	5
2	净现金流量（万元）		-100	20	30	20	40	40
3								
4	内部收益率（IRR）		13.5%	=IRR（C2：H2）				
5								

图 4-8 例 4-6 的电子表格解法

内部收益率被普遍认为是项目投资的盈利率，反映了投资的使用效率，概念清晰明确，是实际经济工作者喜欢采用的指标。

在计算净现值或净年值时都需事先给定基准收益率，这是一个既困难又易引起争论的问题。而内部收益率不是事先外生给定的，是由项目现金流计算出来的，这是采用内部收益率指标的另一个优点。

当基准折现率 i_0 不易被确定为单一值，而是落入一个小区间时，若内部收益率落在该小区间之外，则使用内部收益率指标的优越性是显而易见的。如图 4-9 所示，在基准收益率满足 $i_1\leqslant i_0\leqslant i_2$ 时，若 $IRR>i_0$ 或 $IRR<i_0$，根据 IRR 的判别准则，很容易判断项目的取舍。

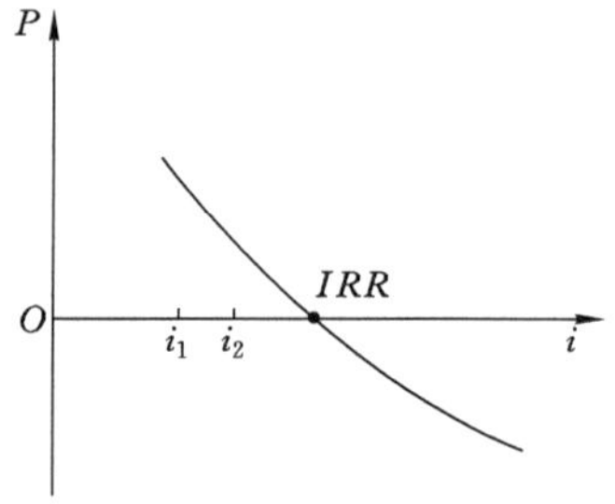

图 4-9 IRR 与 i_0 为一区间时的比较

2. 内部收益率的经济含义

内部收益率的经济含义可以这样理解：在项目运行过

程中，按利率 $i=IRR$ 计算，始终存在未能收回的投资，而在项目寿命期结束时，投资恰好被完全收回。也就是说，在项目寿命期内，项目始终处于"偿付"未被收回的投资的状况。因此，项目的"偿付"能力完全取决于项目内部，故有"内部收益率"之称谓。

在例 4-6 中，计算出其内部收益率为 13.5%，且是唯一的。下面按此利率计算收回全部投资的年限，如表 4-7 所列。

表 4-7　以 *IRR* 为利率的投资回收计算表　　单位：万元

年	净现金流量①（年末发生）	年初未回收资金②	年初未回收投资到年末的金额③ ③=②×(1+*IRR*)	年末未回收投资④ ④=③-①
0	-100			
1	20	100	113.5	93.5
2	30	93.5	106.1	76.1
3	20	76.1	86.3	66.3
4	40	66.3	75.2	35.2
5	40	35.2	40.0	0

根据表 4-7 画出现金流量图，如图 4-10 所示。

由表 4-7 和图 4-10 不难理解内部收益率 *IRR* 的经济含义的另外一种表达，即它是项目寿命期内没有回收的投资的盈利率。*IRR* 不是初始投资在整个寿命期内的盈利率，因而它不仅受项目初始投资规模的影响，而且受项目寿命期内各年净收益大小的影响。

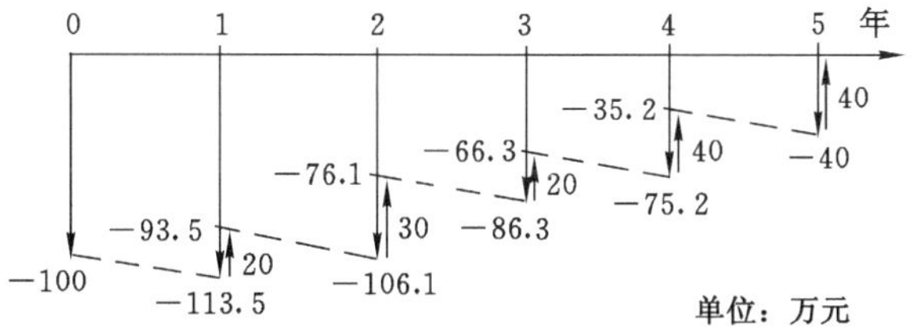

图 4-10　反映 *IRR* 经济含义的现金流量图

现金流量、折现值、投资回收期、内部收益率之间的关系如图 4-11 所示。

当项目各年净现金流量以基准收益率 i_0 折现时，累计折现值曲线 AD'、EF 与横坐标轴交于点 E，这条曲线反映了项目逐年累计折现值随时间的变化。BD' 表示总投资现值；静态投资回收期为 $AC(P_t)$；动态投资回收期为 $AE(P_D)$；项目寿命期期末的累计折现值 FH 为项目的净现值（NPV）。

当项目各年净现金流量以内部收益率 *IRR* 折现时，在项目寿命期内，累计折现值始终为负值，意味着始终存在未被回收的投资，到项目寿命期结束时，投资恰被全部回收。这意味着若以内部收益率为折现率，则项目净现值为零。

3. 内部收益率的几种特殊情况

(1) 内部收益率不存在

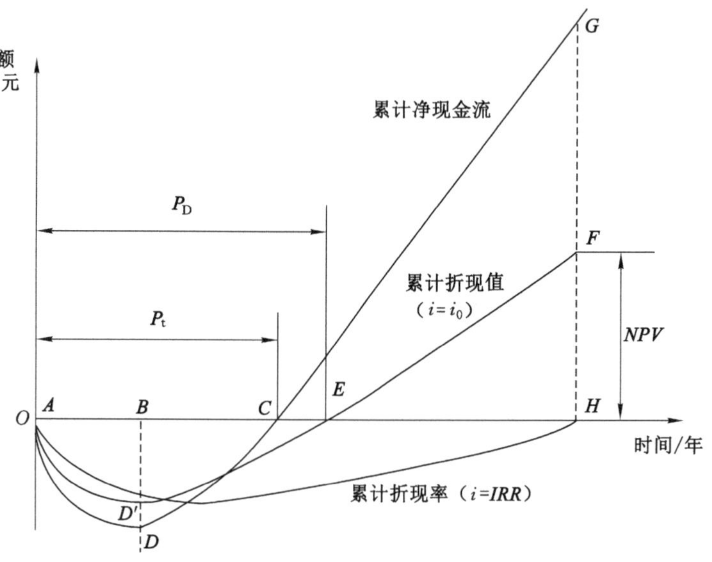

图 4-11　现金流量折现值投资回收期内部收益率之间的关系

如图 4-12 所示的 3 种现金流量，都不存在有明确经济含义的内部收益率，这是容易理解的。

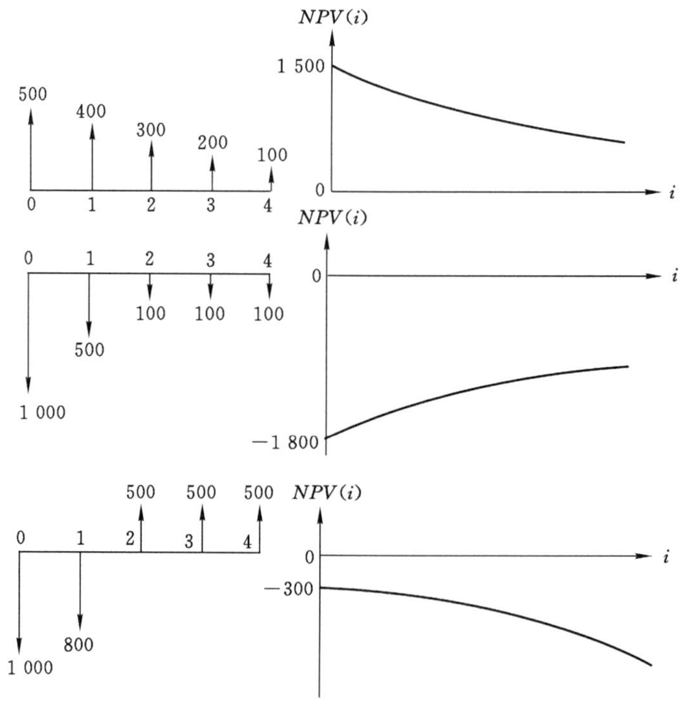

图 4-12　不存在内部收益率的情况(单位:元)

(2) 非投资情况

这是一种比较特殊的情况，先从项目中取得资金，然后偿付项目的有关费用。例如设备租赁、项目转让、补偿贸易等属于这种情况。图 4-13 所示的现金流量就是一种非投资的情况，此时的决策准则与正常投资情况刚好相反，即若 IRR 小于基准收益率，则方案可行，否则方案不可行。

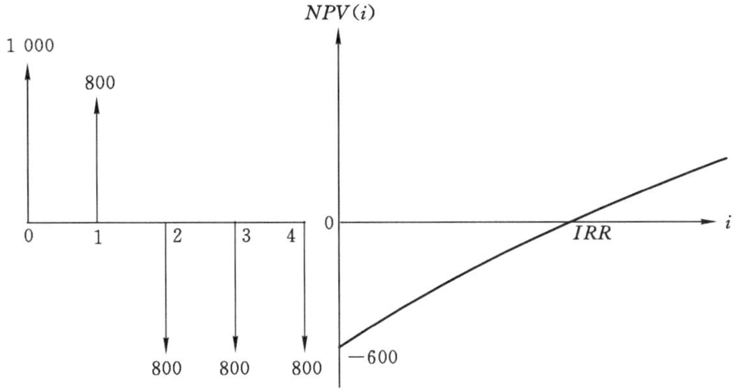

图 4-13　非投资情况(单位:元)

【例 4-7】　某工厂用租赁设备生产，每年可获利 1 000 元，租金于 10 年末一次偿付 17 548.7元，若基准贴现率为 10%，试用内部收益率法决策这项业务活动的可行性。

解　此项业务活动的现金流量图如图 4-14 所示。

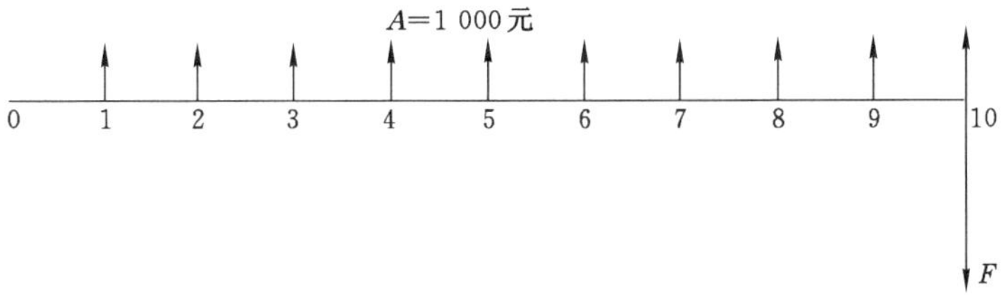

图 4-14　现金流量图(单位:元)

取 $i_1=10\%$，计算净现值：

$$NPV(i_1)=1\,000(P/A,10\%,10)-17\,548.7(P/F,10\%,10)$$

$$=1\,000\times6.144\,6-17\,548.7\times0.385\,5=-620.423\,9(\text{元})$$

$$1\,000(F/A,IRR,10)-17\,548.7=0$$

可得：$(F/A,IRR,10)=17.548\,7$

查表得 $IRR=12\%$，大于基准贴现率 10%，因此，此项业务不可行，如图 4-15 所示。

(3) 具有多个内部收益率的情况

以上讨论的项目方案都有一个共同的规律，即其现金流量正负号的变化只有一次，要么先正后负，要么先负后正，这时内部收益率的值如果存在必是唯一的(图 4-12 中的三种情况不存在)，这是由内部收益率计算公式的数学特性决定的。

实际上，求解内部收益率的方程式(4-16)是一个高次方程。为清楚起见，令$\dfrac{1}{(1+IRR)}$

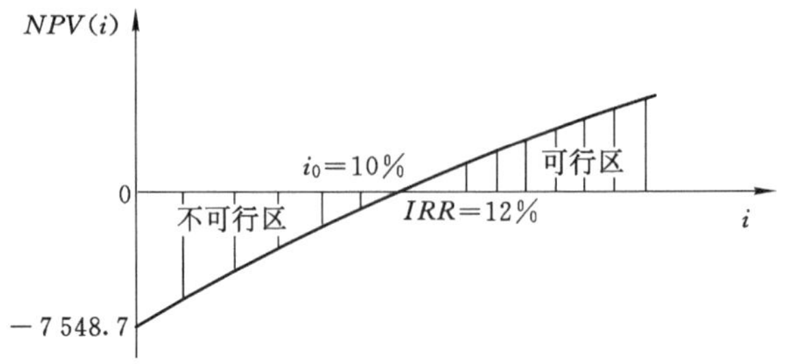

图 4-15　NPV 与 i 关系图

$=x$，$(CI-CO)_t=a_t(t=0,1,2,\cdots,n)$，则式（4-16）可写成：

$$a_0+a_1x+a_2x^2+\cdots+a_nx^n=0 \tag{4-18}$$

这是一个 n 次方程，必有 n 个根（包括复数根和重根），其正实数根可能不止一个。根据笛卡尔符号法则，若方程的系数序列$\{a_0,a_1,a_2,\cdots,a_n\}$的正负号变化次数为 p，则方程的正根个数（1 个 k 重根按 k 个根计算）等于 p 或者比 p 少一个正偶数，当 $p=0$ 时，方程无正根，当 $p=1$ 时，方程有且仅有一个单正根。也就是说，在 $-1<IRR<\infty$ 的域内，若项目净现金流序列 $(CI-CO)_t(t=0,1,2,\cdots,n)$ 的正负号仅变化一次，内部收益率方程肯定有唯一解；而若净现金流序列的正负号有多次变化，内部收益率方程可能有多解。

净现金流序列符号只变化一次的项目称作常规项目，如例 4-6 的项目；净现金流序列符号变化多次的项目称作非常规项目，如表 4-8 中的方案 C、方案 D。

就典型情况而言，在项目寿命期初（投资建设期和投产初期），净现金流量一般为负值（现金流出大于流入），项目进入正常生产期后，净现金流量就会变成正值（现金流入大于流出）。所以，绝大多数投资项目属于常规项目。只要项目的累计净现金流量大于 0，IRR 就有唯一的正数解。

非常规项目 IRR 方程可能有多个正实数根，这些根中是否有真正的内部收益率呢？这需要按照内部收益率的经济含义进行检验：以这些根作为盈利率，看在项目寿命期内是否始终存在未被回收的投资。例如在表 4-8 给出的 4 个方案中，方案 A 和方案 B 至多有 1 个内部收益率（$IRR_A=20\%$，$IRR_B=10\%$），方案 C 最多有 2 个内部收益率，方案 D 最多有 3 个内部收益率。

表 4-8　4 个方案的现金流量　　单位：万元

年末	方案 A	方案 B	方案 C	方案 D
0	−1 000	−1 000	−2 000	−1 000
1	500	−500	0	4 700
2	400	−500	10 000	− 7200
3	300	−500	0	3 600
4	200	1 500	0	0
5	100	2 000	−10 000	0

对于方案 C，可以得到图 4-16 所示的净现值函数曲线。从图中可以看出，这个现金流量有 2 个不同的正根，分别为 9.8% 和 111.5%。当 $9.8\%<i<111.5\%$ 时，其净现值为正。

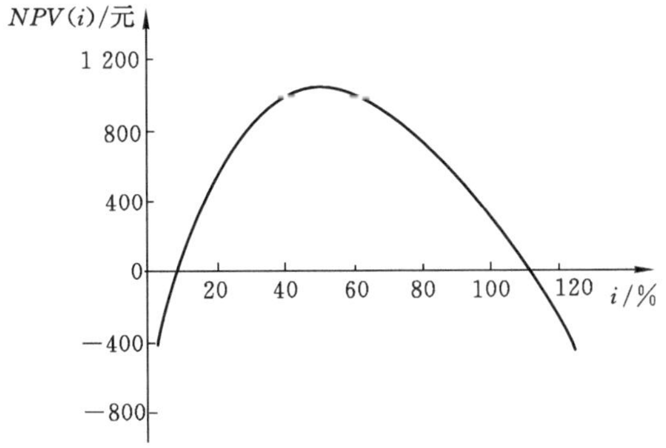

图 4-16　方案 C 的净现值函数曲线

对于方案 D，同样可以得到其净现值函数曲线，见图 4-17。从图中可以看出，它有 3 个正根，分别为 20%、50% 和 100%，且当 $i<20\%$ 或 $50\%<i<100\%$ 时，其净现值为正。以 $i=20\%$ 为例，表示投资回收过程的现金流量图如图 4-18 所示。

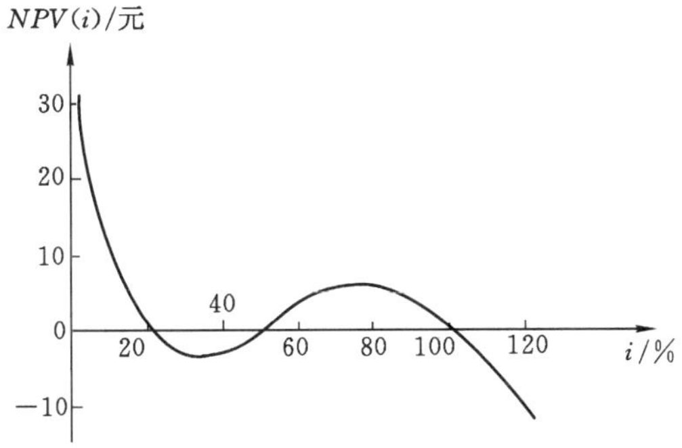

图 4-17　方案 D 的净现值函数曲线

在图 4-18 中，初始投资 100 万元在第 1 年年末全部回收，并且项目有净盈余 350 万元；第 2 年年末又有未回收投资 300 万元，第 3 年年末即寿命期末又全部回收。根据内部收益率的经济含义可知，第 2 年年初的 350 万元净盈余，其 20% 的盈利率不是在项目之内，而是在项目之外获得的，所以这 20% 不是项目的内部收益率。同理，对 $i_2=50\%$，$i_3=100\%$ 进行类似的计算，就会发现寿命期内都存在初始投资不仅全部回收还有盈余的情况，所以它们都不是项目的内部收益率。

可以证明，对于非常规项目，只要 *IRR* 方程式存在多个正根，则所有的根都不是真正的项目内部收益率。但若非常规项目的 *IRR* 方程式只有一个正根，则这个根就是项目内部收益率。

在实际工作中，对于非常规项目可以用通常的办法（如试算内插法）先求出一个 *IRR* 的解，对这个解按照内部收益率的经济含义进行检验，若满足内部收益率经济含义的要求（项

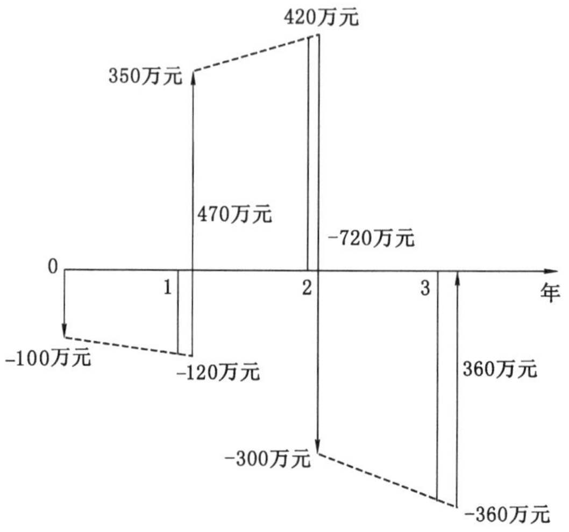

图 4-18 以 20%利率回收投资的现金流量图

目寿命期内始终存在未被回收的投资)，则这个解就是内部收益率的唯一解；否则，项目无内部收益率，不能使用内部收益率指标进行评价。

对非常规项目 *IRR* 解的检验，既可以采用类似于图 4-10 的图示法，也可以采用下面的递推公式法。

令第 t 年年末未回收资金为 F_t，则有：

$F_0=(CI_0-CO_0)(1+i)^0$

$F_1=(CI_0-CO_0)(1+i)^1+(CI_1-CO_1)(1+i)^0$

$F_2=(CI_0-CO_0)(1+i)^2+(CI_1-CO_1)(1+i)^1+(CI_2-CO_2)(1+i)^0$

……

$F_t=(CI_0-CO_0)(1+i)^t+(CI_1-CO_1)(1+i)^{t-1}+(CI_2-CO_2)(1+i)^{t-2}+\cdots+(CI_{t-1}-CO_{t-1})(1+i)^1+(CI_t-CO_t)(1+i)^0$

整理，得：

$$F_t=\sum_{j=0}^{t}(CI_j-CO_j)(1+i)^{t-j} \tag{4-19}$$

式中，i 是根据项目现金流序列试算出的 *IRR* 的解；F_t 是项目从 0 年至 t 年的净现金流量以 i 折现率求得的第 t 年的终值之和。

若 F_t 能满足如下两个条件：

① 当 $t=0,1,2,\cdots,n-1$ 时，$F_t=\sum_{j=0}^{t}(CI_j-CO_j)(1+i)^{t-j}<0$，以及

② 当 $t=n$ 时，$F_t=\sum_{j=0}^{t}(CI_j-CO_j)(1+i)^{t-j}=0$ (4-20)

则 i 就是项目唯一的内部收益率 *IRR*；否则，i 就不是项目内部收益率，这个项目也不再有其他的具有经济意义的内部收益率。

综上所述，非常规项目主要包括以下三种情况：

(1) 只有现金流入或现金流出的方案。此时不存在具有明确经济意义的 IRR。

(2) 非投资情况，即先从方案取得收益，然后用收益偿付有关费用，如设备租赁。这时可以采用 IRR 指标，但在这种情况下，由于是取得收益而非投资，所以只有 $IRR \leqslant i_0$ 的方案才可接受。

(3) 当方案的净现金流量的正负符号改变不止一次时，就会出现多个使净现值等于零的折现率，而这些折现率并不是真正意义上的 IRR。

4. 内部收益率的评价

内部收益率(IRR)和净现值(NPV)都是反映投资项目投资经济效果的主要指标，它们之间虽然有很大的关联性，但仍有许多不同。从形式上看，NPV 反映的是项目的绝对经济效果，IRR 反映的是项目的相对经济效果。采用这两个指标评价项目投资，应该根据两者的特点进行有针对性的选择。

(1) 从项目投资的目的考虑。对于新建项目，通常希望它在整个经济寿命周期内的盈利水平比较高，因此如果重在考虑项目本身的盈利水平，一般优先使用 IRR 进行评价。对于改建项目或者更新项目，投资者更关心能否维持或增加原有的盈利水平，这时可以优先采用 NPV 进行经济评价。

(2) 从指标本身的特点考虑。IRR 不能反映项目的寿命期及其规模的不同，所以不适于互斥方案的经济评价。这时需要采用 NPV 对项目进行排队，选择互斥方案中的最优方案。

在实际工作中，经常将 IRR 和 NPV 指标结合起来使用。

内部收益率指标的优点：

(1) 指标比较直观，概念清晰明确，并可直接表明项目投资的盈利能力和反映投资使用效率的水平。

(2) 是内生决定的，即由项目的现金流量系统特征决定，不是事先外生给定的。

这与净现值法和净年值法等都需要事先设定一个基准收益率才能进行计算和比较，操作难度小，容易决策，而基准收益率的确定则是十分困难的。目前国家已编制和确定的一些行业的基准收益率可参照使用，还有大量的行业和部门至今未制定可以参照的基准收益率。

内部收益率指标的缺点：

(1) 计算烦琐，对于非常规项目存在多解或无解问题，分析、检验和判别比较复杂。

(2) 虽然能明确表示出项目投资的盈利能力，但实际上当项目的内部收益率过高或过低时，往往失去实际意义。

(3) 适用于独立方案的经济评价和可行性判断，但在多方案分析时，一般不能直接用于比较和选优。

内部收益率的适用范围：

(1) 适用于经济类项目的评价，并作为主要的经济性评价指标。

(2) 适用于投资额不等的方案的评价。

(3) 适用于寿命期相等的方案的评价。

第五节 基准收益率

基准收益率(benchmark yield)也称基准折现率，是企业或行业或投资者以动态的观点所确定的、可接受的投资项目最低标准的收益水平，即选择特定的投资机会或投资方案必须达到的预期收益率。基准收益率的确定既受到客观条件的限制，又有投资者的主观愿望。基准收益率表明投资决策者对项目资金时间价值的估价，是投资资金应当获得的最低盈利率水平，是评价和判断投资方案在经济上是否可行的依据，是一个重要的经济参数。它不仅取决于资金来源的构成、资金成本和未来的投资机会，还要考虑项目风险和通货膨胀等因素的影响。

一、基准收益率的影响因素

1. 综合资金成本

资金来源主要有借贷资金和自有资金两种。借贷资金要支付利息；自有资金要满足基准收益率。因此，资金费用是项目借贷资金的利息和项目自有资金基准收益的总和，其大小取决于资金来源的构成及其利率的高低。

(1) 资金来源是借贷时，基准收益率必须高于贷款利率。如果投资者能实现基准收益率，则说明投资者除了归还贷款利息外还有盈余，是成功的。基准收益率高于贷款利率是负债经营的先决条件。

(2) 投资来源是自有资金时，基准收益率由企业自行决定，一般取同行业的基准收益率。这是该行业的最低期望收益率，表明如果不投资于本项目，投资者可以投资于其他项目，从而得到起码的收益。

(3) 如果资金来源是兼有贷款和自有资金时，则按照两者所占资金的比例及其利率求取加权平均值，即综合利率作为基准收益率。

例如，表 4-9 列出了资金费用的计算过程和结果。

表 4-9 资金费用计算表

资金来源	年利率	年最低期望盈利率	年资金费用/万元	资金费用率
银行贷款 40 万元	9%		3.6	
自有资金 60 万元		15%	9.0	
资金合计 100 万元			12.6	12.6%

由表 4-9 可知，资金费用率是项目借贷资金利息和自有资金最低期望盈利的综合费用率，其值为 12.6%。由此可以得出结论：基准收益率＞资金费用率＞借贷利率。

2. 投资的机会成本

投资的机会成本是指投资者把有限的资金不用于该投资项目而用于其他投资项目所创造的收益。投资者总是希望得到最佳的投资机会，从而使有限的资金取得最佳的经济效益。因此，项目的基准收益必然要大于它的机会成本，而投资的机会成本必然高于资金费用，否则，日常的投资活动就无法进行了。因此可出结论：基准收益＞投资的机会成本＞资金费用。

3. 投资的风险补贴率

任何项目投资都存在一定的风险。进行项目投资，投资决策在前，实际建设和生产经营在后。在未来项目建设和生产经营的整个项目寿命期内，内外经济环境可能会发生难以预料的变化，从而使项目的收入和支出与原先预期的有所不同。不利的变化会给投资决策带来风险，为了补偿可能发生的风险损失，投资者要考虑一个适当的风险补贴率，才愿意进行投资。投资具有风险性，这是客观事实，而且往往是利润越大的项目风险也越大。投资者敢于冒风险，但对所冒的风险要求得到一定的补偿，因而他们会在风险和利润之间做一折中的选择。假如投资者对一笔能得到5%利润率的无风险投资感到满意的话，那么当风险度为0.5时，投资者就会要求有7%的利润率，其中2%用于补偿该种程度的风险，称为风险补贴率；而当风险度为1.0时，投资者会要求利润率达到10%，其中5%为风险补贴率。利润率差额的大小取决于项目风险的大小和投资者的要求。国外的风险补贴率一般取2%～5%。

一般说来，资金密集项目的风险高于劳动密集的项目；资产专用性强的项目的风险高于资产通用性强的项目；以降低生产成本为目的的风险低于以扩大产量、扩大市场份额为目的的风险；此外，资金雄厚的投资主体的风险低于资金拮据者的投资主体。随着国际，国内市场竞争的日益激烈，项目投资的风险会越来越大，因此风险补贴率是投资者必须考虑的问题。

4. 通货膨胀率

在预期未来存在着通货膨胀的情况下，如果项目的支出和收入是按预期的各年时价计算的，项目资金的收益率中包含有通货膨胀率。为了使被选项目的收益率不低于实际期望水平，就应在实际最低期望收益率水平上，加上通货膨胀率的影响。如果项目支出和收入在整个项目寿命期内是按不变价格计算的，就不必考虑通货膨胀对基准收益率的影响。

二、基准收益率的确定方法

《建设项目经济评价方法与参数(第三版)》提出财务基准收益率的测定可采用资本资产定价模型法(CAPM)、加权平均资金成本法(WACC)、典型项目模拟法、德尔菲(Delphi)专家调查法等方法，也可采用多种方法进行测算，将不同方法测算的结果互相验证，经协调后确定。

1. 资本资产定价模型法

资本资产定价模型(capital asset pricing model，CAPM)的基本思路是：权益资本的收益由无风险投资收益和风险投资收益(又称风险溢价)两部分构成，资金投入不同的行业具有不同的风险，因而风险溢价也不同。在假设资本完全处于市场自由化的前提下，在行业内抽取若干具有代表性的企业样本数据，通过测算行业投资收益变动与市场总的投资收益变动的关系，可分析判断行业投资风险的相对大小。在测定行业风险系数β值的基础上可计算权益资金成本，得出权益投资应得的最低收益率。其计算公式为：

$$k = K_i + \beta(K_m - K_i) \tag{4-21}$$

式中 k——权益资金成本；

K_i——市场无风险投资收益率；

β——风险系数；

K_m——市场平均风险投资收益率。

长期政府债券的利率可视为无风险投资收益率。市场平均风险投资收益率是指市场全部风险资产组合的预期收益率，可以根据国家有关部门发布的相关数据确定。公式(4-21)中的(K_m-K_i)是市场平均风险报酬率。β系数是指特定投资方案（项目）所在行业风险报酬率、企业特有风险（包括经营风险和财务风险）报酬率和投资方案（项目）特殊风险报酬率（这三项构成被评估投资方案的风险报酬率）总的调整系数，它是被评估投资方案的风险报酬率与市场平均风险报酬率的比率。

在国外，有专门的机构根据上市公司的经营状况编制行业和公司的β系数，而我国尚无类似的机构编制行业的β系数和单个企业的β系数，使得β系数法的应用尚有困难。并且，市场平均投资收益率也是很难求得的数据。目前，可以采用一些替代方法计算基准投资收益率，例如：

(1) 采用根据国家公布的有关数据计算出的行业平均投资收益率作为市场平均风险投资收益率，β系数则仅考虑企业或项目相对于行业的风险调整系数。

(2) 采用所有投资者对股权投资资金所期望的最低收益率的加权平均作为资本金资金成本。

(3) 采用累加法计算基准收益率，即基准收益率为无风险投资收益率、行业风险报酬率、企业特有风险报酬率和投资方案（项目）特殊风险报酬率等四者之和。

运用上述方法计算出的收益率作为权益资金行业财务基准收益率的下限，再综合考虑采用其他方法测算的行业基准收益率并进行协调，最终可确定权益资金行业财务基准收益率的取值。

2. 加权平均资金成本法

加权平均资金成本法(weighted average cost of capital，WACC)普遍应用于投资决策中。企业的资金由权益资金(equity)和债务资金(debt)构成，权益资金成本取决于行业特点与风险，债务资金成本取决于资本市场利率水平、企业违约风险、所得税税率等因素，这两者按合理的比例加权计算的取值作为全部投资行业财务基准收益率的下限，再结合其他方法计算的取值加以协调，最终可确定全部投资行业财务基准收益率。其计算公式为：

$$WACC = K_e \frac{E}{E+D} + K_d \frac{D}{E+D} \tag{4-22}$$

式中 $WACC$——加权平均资金成本；

K_e——权益资金成本；

K_d——公司缴纳所得税后的债务资金成本；

E——股东权益；

D——企业负债。

权益资金与债务资金的比例可采用行业统计平均值，或由投资者进行合理设定。权益资金成本可采用资本资产定价模型法确定。

3. 典型项目模拟法

典型项目模拟法是通过选取行业内一定数量有代表性的、已进入正常生产运营状态的建设项目，进行实际调查并做必要的价格调整后，计算其财务内部收益率，在此基础上确定行业财务收益率的基准值。

4. 专家调查法

专家调查法是由一定数量的专家对项目收益率取值进行分析判断，经过几轮调查逐步集中专家意见，最终形成结论性取值结果。

应用以上方法需注意在测算分析的基础上进行必要的调整，最终取值应是综合权衡的结果，而不仅仅是简单的计算结果。

三、基准收益率选用的原则

(1) 政府投资项目的评价必须采用国家行政主管部门发布的行业基准收益率。

一般情况下，项目产出物或服务属于非市场定价的项目，其基准收益率的确定与项目产出物或服务的定价密切相关，是政府投资所要求的收益水平上限，但不是对参与非市场定价项目的其他投资者的收益率要求。

参与非市场定价项目的其他投资者的财务收益率，通过参加政府招标或与政府部门协商确定。

(2) 企业投资者等其他各类建设项目的评价中所采用的行业基准收益率，既可使用由投资者自行测定的项目最低可接受收益率，也可选用国家或行业主管部门发布的行业基准收益率。

根据投资者意图和项目的具体情况，项目最低可接受收益率的取值可高于、等于或低于行业基准收益率。

(3) 在中国境外投资的建设项目基准收益率的测定，应首先考虑国家风险因素。

【延伸阅读】　**部分行业财务基准收益率**

【案例分析】

某煤化工项目盈利能力分析

某项目为新建年产 30 万 t 煤化工项目。项目建设期为 2 年，运营期为 14 年，计算期为 16 年，项目总投资 95 016 万元，其中建设投资 68 634 万元，建设期借款利息为 3 332 万元，流动资金为 23 050 万元。

该项目形成固定资产 68 066 万元，无形资产原值 3 300 万元，其他资产 600 万元，固定资产残值为零。

该项目第 1 年年初建设投资 32 369 万元，第 2 年年初建设投资 36 265 万元。项目第 3 年投产，于第 3 年、第 4 年年初分别投入流动资金 16 135 万元和 6 915 万元。

该项目产品年产销量为 30 万 t，预测销售价格为 10 650 元/t，项目正常年份的营业收入为 319 500 万元。产品增值税税率为 13%，城市维护建设税和教育费附加税分别按增值税的 7%和 3%计。项目正常年份的进项税为 34 203 万元，项目正常年份的经营成本为 272 486万元。

该项目投产的第 1 年生产能力仅为设计生产能力的 70%，这一年的销售收入、经营成本和进项增值税均按照正常年份的 70%估算。投产的第 2 年及其以后各年的生产均达到设计生产能力。项目各年的销售收入、经营成本和销售税金及附加税均在年末发生。该行业的基准静态投资回收期为 6 年,基准动态投资回收期为 8 年,基准收益率为 14%。以下是对该项目的经济评价过程。

解析:(1) 根据企业的投资、成本、销售收入和销售税金及附加税情况编制现金流量表,见表 4-10。

表 4-10 案例分析现金流量表 单位:万元

项目	合计	建设期		生产运营期					
		第 0 年	第 1 年	第 2 年	第 3 年	第 4 年	第 5~12 年	第 13~15 年	第 16 年
现金流入	4 400 200				223 650	319 500	319 500	319 500	342 550
营业收入	4 377 150				223 650	319 500	319 500	319 500	319 500
回收固定资产余值									
补贴收入									
回收流动资金	23 050								
现金流出	3 834 784	32 369	36 265	16 135	198 168	273 219	273 219	273 219	273 219
建设投资	68 634	32 369	36 265						
流动资金	23 050			16 135	6 915				
经营成本	3 733 058				190 740	272 486	272 486	272 486	272 486
增值税金及附加税	10 042				513	733	733	733	733
维持运营投资									
净现金流量	565 416	−32 369	−36 265	−16 135	25 482	46 281	46 281	46 281	69 331
累计净现金流量		−32 369	−68 634	−84 769	−59 287	−13 006	33 275	79 556	148 887

(2) 静态投资回收期计算

根据表 4-10 中的数据,按以下公式计算项目的静态投资回收期:

静态投资回收期=累计净现金流量首次出现正值的年份−1+出现正值年份上一年累计净现金流量的绝对值÷当年的净现金流量

$$=5-1+\frac{|-13\ 006|}{46\ 281}=4.28(\text{年})$$

(3) 动态投资回收期计算

根据表 4-10 中的数据,计算各年现金流量折现值和累计折现值,见表 4-11。

表 4-11 案例分析净现金流量计算表 单位:万元

项目	时点						
	0	1	2	3	4	5	6
净现金流量	−32 369	−36 265	−16 135	25 482	46 281	46 281	46 281
净现金流量折现值	−32 369	−31 811	−12 415	17 200	27 402	24 037	21 085
累计净现金流量折现值	−32 369	−64 180	−76 595	−59 395	−31 933	−7 956	13 129

按以下公式计算项目的动态投资回收期：

动态投资回收期＝累计净现金流量折现值首次出现正值的年份－1＋出现正值年份上一年累计净现金流量折现值的绝对值÷当年的净现金流量折现值

$$=6-1+\frac{|-7\ 956|}{21\ 085}=5.38(\text{年})$$

(4) 净现值的计算

根据表 4-11 中的数据，计算出该项目财务净现值为 73 465.48 万元，如图 4-19 所示。

	A	B	C	D	E	F	G	H	I	J	K	L	M	N	O	P	Q	R
1	年份	0	1	2	3	4	5	6	7	8	9	10	11	12	13	14	15	16
2	净现值	-32369	-32369	-36265	-16135	25482	46281	46281	46281	46281	46281	46281	46281	46281	46281	46281	46281	69331
3	NPV	¥73,465.48																

=NPV(0.14,C2:R2)+B2

图 4-19　案例分析净现值计算

(5) 内部收益率的计算

根据表 4-11 中的数据，计算出该项目内部收益率为 23%，如图 4-20 所示。

	A	B	C	D	E	F	G	H	I	J	K	L	M	N	O	P	Q	R
1	年份	0	1	2	3	4	5	6	7	8	9	10	11	12	13	14	15	16
2	净现值	-32369	-32369	-36265	-16135	25482	46281	46281	46281	46281	46281	46281	46281	46281	46281	46281	46281	69331
3	IRR	23%																

=IRR(B2:R2)

图 4-20　案例分析内部收益率计算

根据以上经济评价指标的计算结果可以得出以下结论：项目净现值为 73 465.48 万元，大于零；内部收益率为 23%，大于行业基准收益率 14%；静态投资回收期为 4.28 年，动态投资回收期为 5.38 年，均小于行业基准投资回收期。因此，该项目的财务盈利能力可满足要求。

案例思考：在财务盈利能力分析的全部投资现金流量表中，固定资产投资为什么不包括建设期的贷款利息？

（改编自凤亚红主编：《工程经济学》，中国矿业大学出版社，2020）

思考与练习题

一、思考题

1. 静态指标和动态指标的区别是什么？
2. 什么是静态投资回收期？什么是动态投资回收期？
3. 怎样计算净现值？如何使用净现值进行方案评价？
4. 净现值与净现值指数的区别是什么？
5. 怎样计算净年值？如何使用净年值进行方案评价？
6. 怎样计算内部收益率？它的经济含义是什么？如何用于方案评价？
7. 费用现值和费用年值的使用条件是什么？
8. 基准收益率的影响因素有哪些？
9. 确定基准收益率的方法有哪些？

二、练习题

1. 某工程一次性投资 7 000 万元，每年净收益见表 4-12。该工程投资回收期是多少年？

表 4-12 每年的净收益

年份	1	2	3	4	5	6～10
净收益/万元	700	800	900	2 000	2 000	3 000

2. 某投资工程，建设期为 2 年(第 1 年投资 2 000 万元)，生产期为 13 年，投产后预计年均收益 400 万元，生产期末残值为 200 万元，若 $i_0=10\%$，试回答：

(1) 净现值是多少？

(2) 项目的 *IRR* 是多少？

(3) 项目是否可行？

3. 某企业的投资方案的净现金流量有关数据如表 4-13 所列，基准收益率为 10%，试计算方案的净年值。

表 4-13 投资方案的净现金流量

年份	0	1	2	3	4
净现金流量/万元	－4 000	2 000	3 000	－1 000	6 000

4. 某油井开采方案，初始投资 500 万元，以后每年净收入 200 万元，估计可采 12 年。油井在第 12 年报废时从技术上必须开支 500 万元的清理费。试求该油井的内部收益率，并图示其投资回收过程、解释内部收益率的经济含义。

5. 画出下列方案的净现值函数曲线(见表 4-14)，并判别其内部收益率的个数？

表 4-14 各方案的净现金流量

年末	0	1	2
A 方案/元	－1 000	2 230	－1 242
B 方案/元	－70 000	170 000	－102 300

6. 某新产品开发方案，投资在起始点，各年的净收益均相等，若静态投资回收期为 3 年，投资贷款利率为 8%，试求动态投资回收期。

7. 当某项投资计划报酬率为 12%时，其现金流量现值为 10 万元；报酬率为 15%时，其现金流量现值为－3.5 万元，求使其现金流量现值为 0 时的报酬率。

8. 某投资方案，初始投资为 120 万元，年营业收入为 100 万元，寿命为 6 年，年经营费用为 50 万元。要求：

(1) 试求方案的内部收益率。

(2) 若以内部收益率为基准收益率，求该方案的动态投资回收期。

9. 经测算某投资方案在计算期内各年的现金流量如表 4-15 所列。要求：

(1) 计算该方案的净现值 *NPV*(请在表 4-15 上填写)。

(2) 计算结果 *NPV* 是否大于 0？如果 $NPV>0$，其经济含义是什么？如果 $NPV\leqslant 0$，

其经济含义又是什么？

(3) 如果表 4-15 中 0 年和 1 年的现金流出指投资额，2～11 年的现金流出指经营费用，2～11 年的现金流入指营业收入，计算 $NPV>0$ 时该方案的经济效果如何？

(4) 分别计算折现率为 5%(银行贷款利率)和 15%(投资者期望的收益率)时方案的 NPV 值，并分别分析 $NPV>0$、$NPV=0$、$NPV<0$ 时的经济含义，分析 NPV 与折现率 i 的关系。

(5) 你认为影响投资方案 NPV 值的因素是哪些？

(6) 在表 4-15 中，当 NPV 的数据由负变正时所对应的时间是一个什么概念？

表 4-15　净现金流量和净现值计算表　　单位：亿元

年份 n	现金流出 ①	现金流出 ②	净现金流量 ③=②-①	净现金流量折现值 (i=10%) ④=③×$(1+i)^{-n}$	NPV ⑤=$\sum$④
0	2				
1	2				
2	2	3			
3	2	3			
4	2	3			
5	2	3			
6	2	3			
7	2	3			
8	2	3			
9	2	3			
10	2	3			
11	2	3			

10. 某项目现金流量图如图 4-21 所示。要求：

(1) 计算内部收益率；

(2) 如果基准收益率 $i_0=10\%$，其净现值为多少？动态投资回收期是几年？

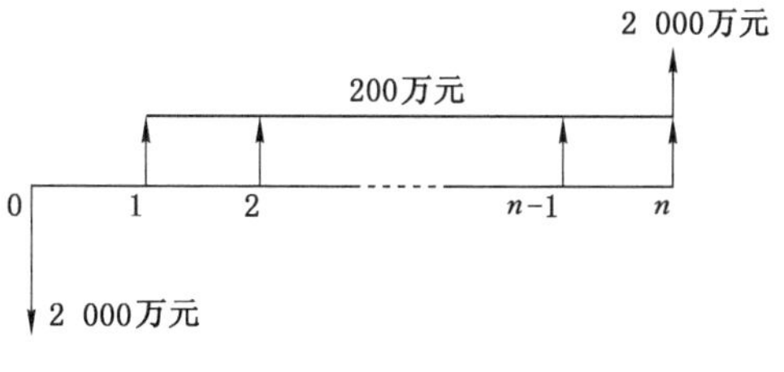

图 4-21　现金流量图

11. 某行业的平均风险投资收益率为 12%，该行业的风险系数为 1.1，政府发行国债利率为 5%。已知该行业的平均资产负债率为 0.5，负债资金的主要来源是银行借款，平均借款利率为 7%。要求：

(1) 该行业的权益资金财务基准收益率的下限是多少？

(2) 该行业的全部投资财务基准收益率的下限是多少？

第五章　投资项目多方案的比较和选择

【学习目标】

(1) 了解备选方案的类型；
(2) 掌握寿命期相同的互斥方案比较方法；
(3) 掌握寿命期不同的互斥方案比较方法；
(4) 掌握独立方案的比较方法；
(5) 了解混合方案的比较方法；
(6) 了解相关方案的比较方法；
(7) 了解多方案评价数学模型。

【思维导图】

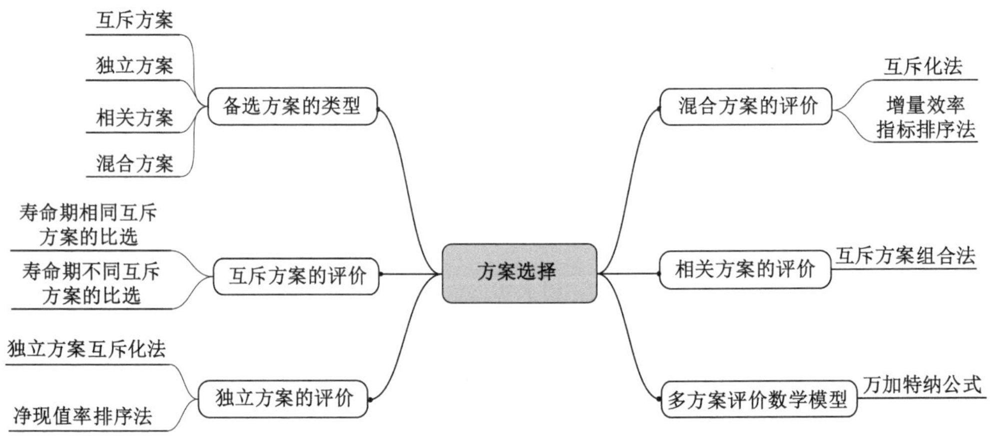

第一节　多方案之间的关系类型

投资项目的经济分析不仅涉及项目的经济可行性分析，而且涉及一系列可行方案的优选问题。由于技术进步，为实现某种目标会形成众多的工程技术方案，这些方案或是采用不同的技术工艺和设备，或是拥有不同的规模和坐落位置，或是利用不同的原料和半成品等，当这些方案在技术上都是可行的，经济上也合理时，经济分析的任务就是从中选择最好的方案；同时，在投资机会研究阶段还可能存在许多投资机会的选择问题。事实上，正是由于不同投资机会以及项目的不同方案之间的经济差异，才使得投资者不断地寻求投资机会，并创造更多方案以供其比较选择。

一、投资项目经济分析的基本内容

投资项目经济分析的基本内容包括单方案检验、多方案比选和不确定性分析等。

1. 单方案检验

单方案检验是指对某个初步选定的投资方案，根据项目收益与费用的情况，通过计算其经济评价指标，确定项目的可行性。单方案检验的方法比较简单，其主要步骤如下：

(1) 确定项目的现金流量情况，编制项目现金流量表或者绘制现金流量图；

(2) 根据公式计算项目的经济评价指标；

(3) 根据计算出的指标值以及相对应的判别准则确定项目的可行性。

单方案检验的主要内容就是根据项目的具体情况，计算项目的经济评价指标，然后根据各指标的判断准则判断项目是否可行。因此，单方案检验的关键就是经济评价指标的计算。

2. 多方案比选

与单方案相比，多方案的比选要复杂得多，可以说，多方案比选是一个复杂的系统工程，所涉及的影响因素不仅包括经济因素，还包括诸如项目本身以及项目内外部的其他相关因素。多方案比选的步骤如下：

(1) 通过绝对效果检验筛选可行方案

根据单方案的评价方法对各备选方案进行检验，剔除不可行的方案。也就是采用绝对效果评价标准检验方案自身的经济性，也称为绝对效果检验或绝对经济效果评价。凡通过绝对效果检验的方案，就认定为经济上可行，否则就应予以拒绝。

(2) 通过相对效果检验选择最优方案

① 对于互斥方案和混合方案，应根据多方案的类型以及可比性情况，如寿命周期、投资额度、收益等，选择适合的多方案比选方法。

② 互斥方案比较时，必须具备的可比性条件包括：a. 被比较方案的费用及效益计算口径一致；b. 被比较方案具有相同的计算期；c. 被比较方案现金流量具有相同的时间单位。如果这几个条件不能满足，各方案之间就不能进行直接比较，必须经过一定的转化后方能进行比较。

③ 依次计算各可行方案的经济效果指标，如增量净现值、增量内部收益率等，并按照多方案比选评判准则对各方案指标的计算结果从大到小排序，优胜劣汰，最终选择出综合性能最优的方案。

二、多方案之间的关系类型

通常一个项目中备选方案的关系类型主要有互斥型关系、独立型关系、混合型关系、互补型关系、条件关系、现金流量相关型关系等。投资方案关系分类如图 5-1 所示。

(一) 互斥型关系

互斥型关系是指各方案之间存在着互不相容、互相排斥的关系，各方案可以互相代替，具有排他性。方案比选时，在多个备选方案中只能选择一个，其余的均必须放弃，不能同时

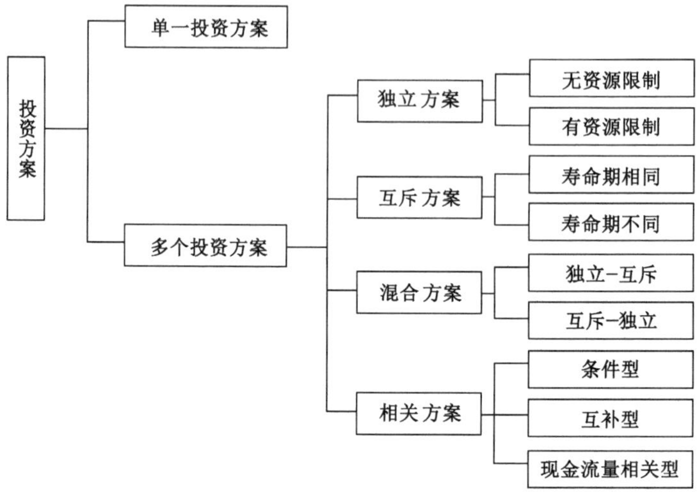

图 5-1 投资方案关系分类图

存在。例如,三峡大坝的蓄水高度有 170 m、175 m 和 180 m 三个可行方案可供选择,经过综合比较后选择了 175 m 的高度,其他两个方案则被拒绝。互斥方案可以指同一项目的不同备选方案,如一个建设项目的工厂规模、生产工艺流程、主要设备、厂址选择等;也可以指不同的投资项目,如是进行基础设施的投资,还是进行工业项目的投资;工业项目投资是投资传统工业项目,还是投资新能源项目等。

互斥方案可以按以下因素进行分类。

1. 按寿命期分类

(1) 寿命期相同的互斥方案。即参与比选的所有方案的寿命期均相同。

(2) 寿命期不同的互斥方案。即参与比选的所有方案的寿命期不全相同。

(3) 寿命期无限的互斥方案。即参与比选的方案中有永久性工程或寿命期很长可以看作寿命期无限的工程,如大型水坝、运河等。

2. 按规模分类

(1) 相同规模的方案。即参与比选的方案具有相同的产出量或容量,在满足相同功能和数量要求方面具有一致性和可比性。

(2) 不同规模的方案。即参与比选的方案具有不同的产出量或容量,在满足相同功能和数量要求方面不具有一致性和可比性。对于具有此类关系类型的互斥方案,通过评价指标的适当变换使其在满足功能和数量要求方面具有可比性。

总之,互斥方案的比选是项目经济评价的重要内容,也是其他关系类型方案比选的基础。

（二）独立型关系

独立型关系是指各个投资方案的现金流量是独立的,不具有相关性,选择其中的一个方案并不排斥接受其他方案,即一个方案的采用与否与其自身的可行性有关,而与其他方案是否采用没有关系。例如,某企业面临 A、B、C 三个投资项目选择机会,在没有资金约束的条件下，这三个方案之间不存在任何的制约和排斥关系，它们就是一组独立方案；或者某施工企业面临三个工程的招标，在企业资金、人员和机械设备足够的情况下，同时进行三个工程的施工正是施工企业所期望的结果。

独立方案的特点是具有“可加性”。比如，A 与 B 两个投资方案，只选择 A 方案时，投资 30 万元，净收益 36 万元；只选择 B 方案时，投资 40 万元，净收益 47 万元。当 A 与 B 方案起选择时，共需投资 30＋40＝70(万元)，得到净收益共为 36＋47＝83(万元)。那么，A 与 B 方案具有可加性，在这种情况下，认为 A 与 B 方案之间是独立的。

以上所述都是指在无资源约束情况下的独立方案，称之为无资源限制的独立方案。但在很多情况下，方案选择大多数可能会遇到资源(资金、人力、原材料等)的限制，这些方案之间的关系不是纯粹的独立关系，而是有资源限制的独立方案，也称之为组合-互斥方案，主要是因为它们的组合方案具有互斥性。

（三）混合型关系

在一组方案中，方案之间有些具有互斥型关系，有些具有独立型关系，则称这一组方案为混合方案。混合方案在结构上又可组织成两种形式。

(1) 在一组独立多方案中，每个独立方案下又有若干个互斥方案的形式。例如，某大型零售业公司现欲投资在两个相距较远的 A 城和 B 城各建一座大型仓储式超市，显然 A、B 是独立的。在 A 城有 3 个可行地点 A1、A2、A3 供选择；在 B 城有 2 个可行地点 B1、B2 供选择，则 A1、A2、A3 是互斥关系，B1、B2 也是互斥关系。这组方案的层次结构如图 5-2 所示。

(2) 在一组互斥多方案中，每个互斥方案下又有若干个独立方案的形式。例如，某房地产开发商在某市取得一块土地的使用权，按当地城市规划的规定，该地只能建住宅小区(方案 C)或建商业区(方案 D)，但对于它们的具体类型没有严格的规定，如建住宅小区可选择大户型 C1、经济适用小户型 C2、普通套型 C3 三种房型住房，建商业区可选择建写字楼 D1、商场 D2。显然，C、D 是互斥方案，C1、C2、C3 是一组独立方案，D1、D2 也是一组独立方案。这组方案的层次结构如图 5-3 所示。

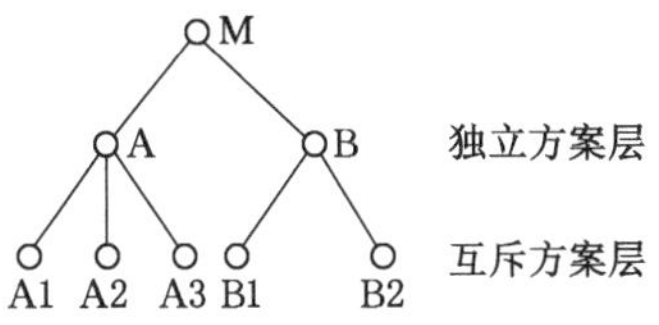

图 5-2　先独立后互斥关系图

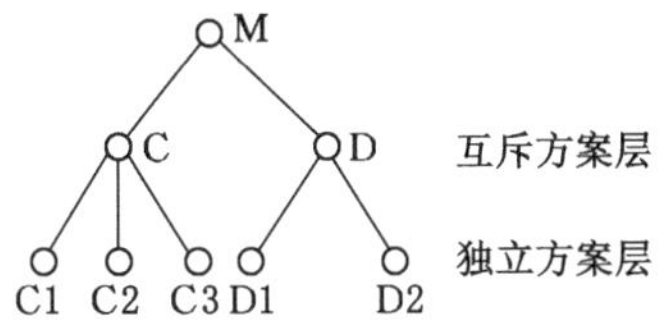

图 5-3　先互斥后独立关系图

（四）互补型关系

互补型关系是指实施一个方案会增加另一个方案的效益，方案之间存在互为利用、互为补充的关系。例如，在大型商场设置餐饮和儿童娱乐设施会增加商场的收益，但餐饮和儿童娱乐设施并非是商场项目的必备条件。

（五）条件关系

条件关系又称从属关系，是指某一方案的接受是以另一方案的接受为前提的。例如，若要建设煤矿，则必须同时建设铁路来完成煤炭的外运，那么铁路和煤矿项目无论在建设时间和建设规模上都应该彼此适应、相辅相成，缺少其中一个，另一个就无法运行，这两者之间就是条件关系。

互补型关系和条件关系的多方案可以合并为一个方案进行经济分析。

（六）现金流量相关型关系

现金流量相关型关系是指在一组方案中，方案之间不完全是互斥型关系，也不完全是独立型关系，但其中某一方案的采用与否会对其他方案的现金流量带来一定的影响，进而影响其他方案的采用或拒绝。例如，在两地之间修建铁路和（或）公路，其中铁路项目和公路项目的关系就是典型的现金流量相关型关系，铁路和公路可以单独修建，也可以同时修建，但与独立方案不同，如果两个项目同时选择，那么由于交通分流的影响，每个项目的现金流量与单独选择该项目时的现金流量是不同的，要充分考虑两个项目的相互影响，合理估计影响后的现金流量。

当然，一组方案之间的关系类型并不是一成不变的。当外部环境条件发生变化时，互斥型关系可转变为独立型关系，或者独立型关系转变为互斥型关系。例如，某个投资者投资完全不相关的两个行业的项目，如果有足够的资金，这是两个独立方案；如果资金至多只能满足一个项目的需要，则完全可以把它们当作互斥方案来处理，因为此时只能选择其中一个项目进行投资。

第二节　互斥方案的经济评价方法

对互斥方案的经济效果评价包含两部分内容：

（1）考察各方案自身的经济效果，用经济效果评价标准（如 $NPV\geqslant 0$，$NAV\geqslant 0$，$IRR\geqslant i_0$）检验方案自身的经济性，称为“绝对经济效果检验”。凡通过绝对经济效果检验的方案，就认为它在经济效果上是可以接受的，否则就应予以拒绝。

（2）考察哪个方案相对最优，称为“相对经济效果检验”。一般先用绝对经济效果检验方法筛选方案，然后以相对经济效果检验方法优选方案。

净现值、净年值、内部收益率均是绝对经济效果指标，而增量净现值、增量内部收益率则是相对经济效果指标。

互斥方案进行比较时，必须具备以下基本条件：

（1）被比较方案的费用和效益计算方式一致；

（2）被比较方案在时间上可比；

（3）被比较方案现金流量具有相同的时间特征。

如果以上条件不能满足，各方案之间就不能进行直接比较，必须经过一定转化后方能进行比较。

互斥方案的比选可以采用不同的评价指标，并且有许多方法。其中，通过计算增量净现金流量评价增量投资经济效果，也就是增量分析法，是互斥方案比选的基本方法。

互斥方案的经济评价按各方案的寿命是否相同可分为两类：第一类，各方案寿命相同；第二类，各方案寿命不同。第一类自动满足了时间可比性要求，可以直接比较；第二类需要借助某些方法进行时间上的变换，从而保证时间的可比性。

一、寿命期相同的互斥方案的选择

1. 直接比较法

对于寿命期相同的互斥方案，通常将计算期设定为其寿命期，这样能满足在时间上的可比性。互斥方案的评价与选择通常采用净现值法、净年值法和内部收益率比较法。

【例 5-1】 现有A、B两个互斥方案，寿命期相同，各年的净现金流量如表5-1所列。试评价与选择方案（$i_0=12\%$）。

解 分别计算A、B方案和增量投资的 NPV 和 IRR，计算结果列于表5-1。

$NPV_A(12\%)=-20+5.8(P/A,12\%,10)=12.8$（万元）

$NPV_B(12\%)=-30+7.8(P/A,12\%,10)=14.1$（万元）

由方程式：$\begin{cases}-20+5.8(P/A,IRR_A,10)=0\\-30+7.8(P/A,IRR_B,10)=0\end{cases}$，求得：$IRR_A=26\%$，$IRR_B=23\%$。

表 5-1 互斥方案 A、B 的净现金流量及评价指标

指标	0年	1～10年	NPV/万元	IRR/%
方案A的净现金流量/万元	−20	5.8	12.8	26
方案B的净现金流量/万元	−30	7.8	14.1	23
增量净现金流量/万元	−10	2	1.3	15

由于 NPV_A、NPV_B 均大于0，IRR_A、IRR_B 均大于基准收益率12%，所以A、B方案均达到了标准要求，就单个方案评价而言，都是可行的。

问题在于A与B是互斥方案，只能选择其中一个。按 NPV 最大准则，由于 $NPV_A<NPV_B$，则B优于A；但如果按 IRR 最大准则，由于 $IRR_A>IRR_B$，则A优于B。两种指标评价所得的结论是矛盾的。

实际上，投资额不等的互斥方案比选的实质是判断增量投资的经济效果，即投资大的方案相对于投资小的方案多投入的资金能否带来满意的增量收益。

2. 增量分析法

所谓增量，是指在两个互斥方案之间一个方案相对于另一个方案净现金流量的增量。增量分析法是在一组互斥方案中，以增量净现金流量为基础，计算增量的经济评价指标，如增量净现值、增量内部收益率等，通过与判别准则的比较，分析增量投资的经济合理性，即投资大的方案相对于投资小的方案多投入的资金能否带来满意的增量收益，从而选择合理方案。

增量分析法的理论基础是经济学中的边际原理。边际原理认为，边际收入等于边际成本时企业实现的利润最大。增量分析的目的是评价增量资源的效益是否大于增量资源的费用，当投资的边际效果达到或者超过标准要求时，说明仍有增加投资获得等于或者超过标准投资收益率的空间，这时，应该增加投资，选择投资大的方案；反之，应该选择投资小的方案。

增量分析法的具体步骤为：

(1) 计算一组互斥方案中每一个方案的经济评价指标值，如净现值、内部收益率等。符合判别准则的方案通过初选进入第二步;不符合者,直接淘汰,不再参与比较。

(2) 将经过初选的互斥方案按照投资数额从大到小的顺序排列,从投资最大的方案开始,求出与其相邻的投资较小的方案的净现金流量之差,即增量净现金流量。

(3) 以增量净现金流量为基础,计算其相应的经济评价指标,如增量净现值、增量内部收益率等,将增量指标同相应的检验标准进行比较,根据检验结果选择一个较优方案。

(4) 将此较优方案与其后面的投资规模更小的方案进行同样比较选择。按此顺序,通过两个方案的比较选择,最后胜出的方案即为最优方案。

反映增量现金流经济性的指标有增量净现值和增量内部收益率。

(1) 增量净现值

设 A、B 方案为投资额不等的互斥方案, B 方案比 A 方案投资大,两方案的增量净现值可由下式求出:

$$\Delta NPV = \sum_{t=0}^{n}[(CI_B - CO_B)_t - (CI_A - CO_A)_t](1+i_0)^{-t} = NPV_B - NPV_A \tag{5-1}$$

式中 ΔNPV——增量净现值;

$(CI_A - CO_A)_t$——方案 A 第 t 年的净现金流量;

$(CI_B - CO_B)_t$——方案 B 第 t 年的净现金流量;

NPV_A, NPV_B——方案 A、方案 B 的净现值。

采用增量净现值进行互斥方案比选时,若 $\Delta NPV \geqslant 0$,表明增量投资可以接受,投资大的方案经济效果好;若 $\Delta NPV < 0$,表明增量投资不可接受,投资小的方案经济效果好。

例 5-1 中,表 5-1 给出了方案 B 相对于方案 A 的增量净现金流量,同时计算了相应的增量净现值(ΔNPV)与增量内部收益率(ΔIRR)。

$$\Delta NPV_{B-A}(12\%) = -10 + 2(P/A, 12\%, 10) = 1.3(\text{万元})$$

计算结果表明:$\Delta NPV > 0$,增量投资有满意的经济效果,投资大的 B 方案优于投资小的 A 方案。

(2) 增量内部收益率

增量内部收益率就是使增量净现值等于 0 的折现率。

计算增量内部收益率的方程式为:

$$\sum_{t=0}^{n}(\Delta CI - \Delta CO)_t (1+\Delta IRR)^{-t} = 0 \tag{5-2}$$

式中 ΔCI——互斥方案 A、B 的增量现金流入,$\Delta CI = CI_B - CI_A$;

ΔCO——互斥方案 A、B 的增量现金流出,$\Delta CO = CO_B - CO_A$。

增量内部收益率的另一种表达方式是:两个互斥方案净现值相等时的折现率。其计算方程式可以写成:

$$\sum_{t=0}^{n}(CI_B - CO_B)_t (1+\Delta IRR)^{-t} - \sum_{t=0}^{n}(CI_A - CO_A)_t (1+\Delta IRR)^{-t} = 0$$

即

$$NPV_B(\Delta IRR) = NPV_A(\Delta IRR)$$

增量内部收益率的求解方法与内部收益率的求解方法相同。

采用增量内部收益率比选两个互斥方案的准则是:若 $\Delta IRR \geqslant i_0$,则增量投资部分达到了规定的要求，增加投资有利，投资（现值）大的方案为优；若 $\Delta IRR < i_0$，则投资（现值）小的方案为优。

例 5-1 中，由方程式：$-10+2(P/A,\Delta IRR,10)=0$，解得：$\Delta IRR=15\%$。

从表 5-1 中可见，$\Delta NPV_{B-A}>0$，$\Delta IRR>12\%$，因此，增加投资有利，投资大的 B 方案优于投资小的 A 方案，ΔIRR 法与 ΔNPV 法结论一致。

【例 5-2】 某公司为了增加生产量，计划进行设备投资，现有三个互斥方案，寿命期均为 6 年，不计残值，基准收益率为 10%。各方案的投资及净现金流量如表 5-2 所列，试进行方案选优。

表 5-2　互斥方案的现金流量及评价指标

方案	投资/万元	净现金流量/万元	NPV/万元	IRR/%
A	200	70	104.9	26.4
B	300	95	113.7	22.1
C	400	115	100.9	18.2

解　分别计算各方案的 NPV 与 IRR，计算结果列于表 5-2。由于各方案的 NPV 均大于 0，IRR 均大于 10%，从单个方案来看均是可行的。互斥方案比选应采用增量分析，分别采用增量净现值 ΔNPV 和增量内部收益率 ΔIRR 进行分析，计算过程及结果列于表 5-3。

表 5-3　增量现金流量与评价指标

方案比较	投资/万元	净现金流量/万元	ΔNPV/万元	ΔIRR/%
C－B	100	20	－12.8	5.5
B－A	100	25	8.8	13.0

① 先比较投资额大的方案 C 与方案 B：根据计算结果，$\Delta NPV_{C-B}<0$，$\Delta IRR_{C-B}<i_0$（10%），可知方案 B 优于方案 C。

② 再比较方案 B 与方案 A：由 $\Delta NPV_{B-A}>0$，$\Delta IRR_{B-A}>10\%$，可知方案 B 优于方案 A。

因此，方案 B 最优。

本例电子表格解法如图 5-4 所示。

根据 ΔNPV 的判别准则与 ΔIRR 的判别准则，其评价结论是一致的。显然，用增量分析法计算 ΔNPV 进行互斥方案比选，与分别计算 NPV，再根据 NPV 最大准则进行互斥方案比选，其结论是一致的。

因此，采用净现值指标比选互斥方案时，判别准则为：净现值最大且大于零的方案为最优方案。

类似的等效指标有净年值，即净年值最大且大于零的方案为最优方案。

当互斥方案的效果一样或者满足相同的需要时，仅需计算费用现金流，采用费用现值或费用年值指标比选，其判别准则为：费用现值或费用年值最小的方案为最优方案。

对于增量内部收益率指标，由于它并不等于内部收益率之差，所以内部收益率最大准

	A	B	C	D	E	F	G	H	I	J	K
1	(1) 投资额从从大到小的顺序排列为：C，B，A										
2	方案				年末净现金流量				IRR		
3		0	1	2	3	4	5	6			
4	C	-400	115	115	115	115	115	115	18.22%		
5	B	-300	95	95	95	95	95	95	22.12%		
6	A	-200	70	70	70	70	70	70	26.43%	=IRR(B6:H6)	
7	(2) 将C方案与B方案比较，由于 $\Delta IRR_{C-B}<10\%$ ，B方案为当前最优方案。										
8	(3) 将A方案与当前最优方案B比较，由于 $\Delta IRR_{B-A}>10\%$ ，B方案仍为当前最优方案。										
9	(4) 因所有方案比较完毕，所以B方案为最优方案。										
10	差额方案				年末净现金流量				ΔIRR		
11		0	1	2	3	4	5	6			
12	C-B	-100	20	20	20	20	20	20	5.47%		
13	B-A	-100	25	25	25	25	25	25	12.98%	=IRR(B13:H13)	
14											
15		=B5-B6									

图 5-4 例 5-2 电子表格解法

则并不能保证比选结论的正确性。另外需要注意的是，ΔNPV、ΔIRR 只能反映增量现金流的经济性（相对经济效果），并不能反映各方案自身的经济性（绝对经济效果）。因此，ΔNPV、ΔIRR 只能用于方案之间的比较（相对效果检验），不能仅根据 ΔNPV、ΔIRR 值的大小判定方案的取舍。如图 5-5 所示。

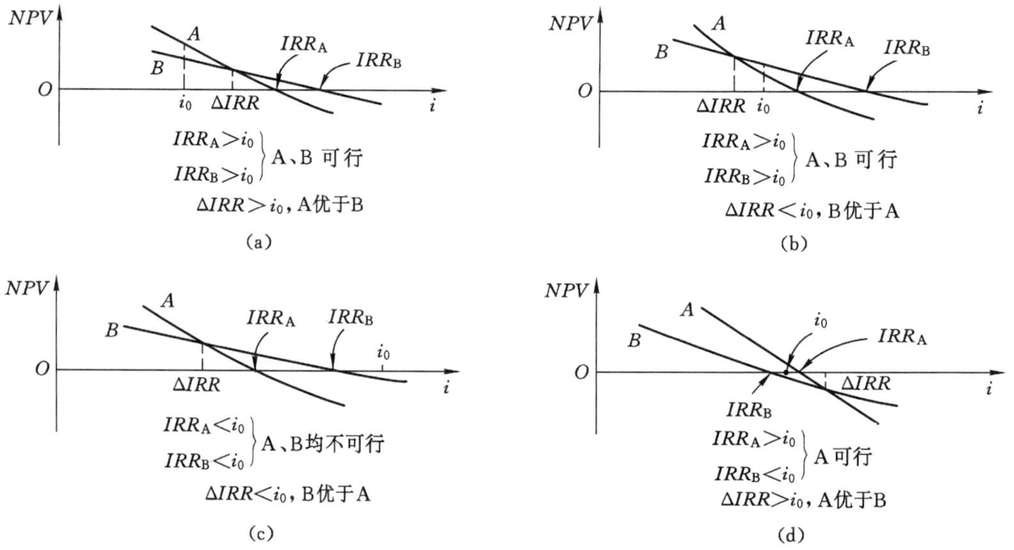

图 5-5 用内部收益率比选方案示意图

在图 5-5(a)、(b)所示的两种情况下，方案 A 与方案 B 均能通过绝对经济效果检验（$IRR_A>i_0$，$IRR_B>i_0$），可以根据 ΔIRR 与 i_0 的比较判定方案的取舍：(a)情况下，$\Delta IRR>i_0$，投资大的方案 A 优于投资小的方案 B；(b)情况下，$\Delta IRR<i_0$，方案 B 优于方案 A。在图 5-5(c)所示的情况下，方案 A 与方案 B 均不能通过绝对经济效果检验（$IRR_A<i_0$，$IRR_B<i_0$），故不管 ΔIRR 大小如何，两个方案都不应选取。在图 5-5(d)所示的情况下，只有方案 A 通过绝对经济效果检验（$IRR_A>i_0$），可以判定 A 方案为最优可行方案。

ΔIRR 也可用于仅有费用现金流的互斥方案的比选（效果相同），此时，把增量投资所导致的其他费用的节约看成是增量效益，其评价结论与费用现值法一致。

【例 5-3】 某项目有两个可行方案 A 和 B，两方案的产出相同，经测算两方案的投资、年经营成本及计算期末回收的投资见图 5-6。若基准收益率为 10%，试用增量内部收益率法进行比选。

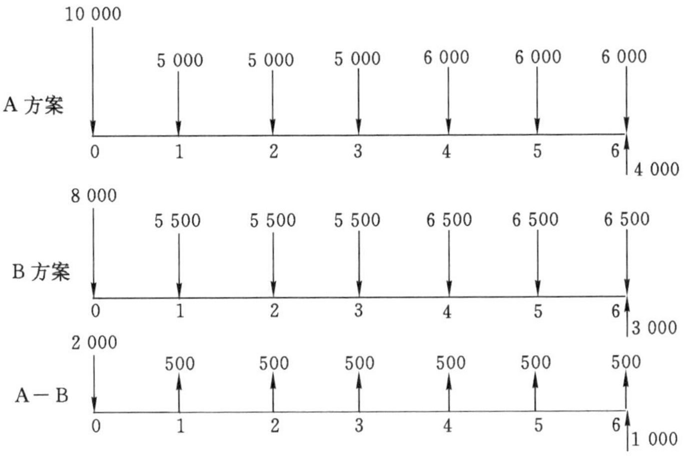

图 5-6　A、B 两方案的投资、年经营成本及计算期末回收的投资

解　① 计算两方案各年增量净现金流量，见图 5-6。两方案的产出相同，方案 A 比方案 B 多投资 2 000 万元，且每年节约经营成本 500 万元。

② 列出计算 ΔIRR 的方程式：

$$\Delta NPV=500(P/A,\Delta IRR,6)+1\ 000(P/F,\Delta IRR,6)-2\ 000=0$$

③ 试算，找出符合要求的 i_1 及 i_2：

令 $i_1=10\%$，$i_2=15\%$，则

$$\Delta NPV_1=500(P/A,10\%,6)+1\ 000(P/F,10\%,6)-2\ 000=742(\text{万元})>0$$

$$\Delta NPV_2=500(P/A,15\%,6)+1\ 000(P/F,15\%,6)-2\ 000=324.57(\text{万元})>0$$

试算结论：i 值取小了，可增大 i 值。

令 $i_1=15\%$，$i_2=20\%$，则

$$\Delta NPV_1=324.57(\text{万元})>0$$

$$\Delta NPV_2=500(P/A,20\%,6)+1\ 000(P/F,20\%,6)-2\ 000=-2.1(\text{万元})<0$$

通过以上试算可知该项目的增量内部收益率介于 15%与 20%之间。

④ 计算 ΔIRR：

$$\Delta IRR=i_1+(i_2-i_1)\frac{\Delta NPV_1}{\Delta NPV_1+|\Delta NPV_2|}$$

$$=15\%+(20\%-15\%)\times\frac{324.57}{324.57+|-2.1|}=19.96\%$$

⑤ 择优：

因为 $\Delta IRR>i_0(10\%)$，所以投资大的 A 方案优于投资小的 B 方案。

当互斥方案多于两个时，采用 ΔIRR 进行比选，其步骤如下：

(1) 根据每个方案自身的净现金流量，计算其内部收益率，淘汰不可行的方案。

(2) 按投资额由大到小排序，并计算前两个方案的 ΔIRR，若 $\Delta IRR>i_0$，则保留投资大的方案；若 $\Delta IRR<i_0$，则保留投资小的方案。

(3) 将保留的方案与下一个方案进行比较，计算 ΔIRR，若 $\Delta IRR>i_0$，则保留投资大的方案；若 $\Delta IRR<i_0$，则保留投资小的方案。

(4) 重复步骤(3)，直到比较完最后一个方案为止，最后保留的方案即为最优方案。

【例 5-4】 某项目有四个互斥方案，数据如表 5-4 所列，寿命期均为 10 年，基准收益率 $i_0=15\%$。试用增量内部收益率法选择方案。

表 5-4 四个互斥方案的基本数据

方案	A	B	C	D
总投资/万元	1 000	1 500	2 300	3 300
年净收益/万元	300	500	650	930

解 ① 计算四个方案的内部收益率：

$$-1\ 000+300(P/A,IRR_A,10)=0$$
$$-1\ 500+500(P/A,IRR_B,10)=0$$
$$-2\ 300+650(P/A,IRR_C,10)=0$$
$$-3\ 300+930(P/A,IRR_D,10)=0$$

解得：$IRR_A=27.3\%$，$IRR_B=31.4\%$，$IRR_C=25.3\%$，$IRR_D=25.2\%$

IRR_A、IRR_B、IRR_C、IRR_D 均大于 i_0，四个方案均为可行方案。

② 按总投资从大到小的顺序排列方案，见表 5-5。

表 5-5 按总投资从大到小排列的方案

方案	D	C	B	A
总投资/万元	3 300	2 300	1 500	1 000
年净收益/万元	930	650	500	300

计算 D 方案与 C 方案的增量内部收益率 ΔIRR_{D-C}：

$$[-3\ 300-(-2\ 300)]+[(930-650)(P/A,\Delta IRR_{D-C},10)]=0$$

解得：$\Delta IRR_{D-C}=25\%>i_0$

故 D 方案优于 C 方案。

③ 再计算 D 方案与 B 方案的 ΔIRR_{D-B}，解得：$\Delta IRR_{D-B}=20\%>i_0$

故 D 方案优于 B 方案。

同理，$\Delta IRR_{D-A}=24.4\%>i_0$，故 D 方案优于 A 方案。

④ 结论：D 方案为最优方案。

本例中如果采用 NPV 法，则有：

$NPV_A=505.7$ 万元，$NPV_B=1\ 009.5$ 万元，$NPV_C=962.4$ 万元，$NPV_D=1\ 367.7$ 万元

根据 NPV 最大准则，D 方案为最优方案，与 ΔIRR 评价结论是一致的。

二、寿命期不同的互斥方案的选择

寿命期不同的互斥方案进行比选，要求方案时间具有可比性。满足这一要求需要解决

两个方面的问题：一是设定一个合理的共同分析期；二是给寿命期不等于分析期的方案选择合理的方案接续假定或者残值回收假定。最常用的是年值法、最小公倍数法、增量内部收益率法和研究期法。

1. 年值法

在对寿命期不同的互斥方案进行比选时，年值法是最为简便的方法。因为这种方法不管项目方案的寿命期限各为多少，只要将各项目方案的现金流量都换算成年值，就可以在共同的时段“年”度内，用净年值或费用年值法进行比较了。在用年值法对寿命期不同的互斥方案进行比选时，实际上隐含着一种假设，即各备选项目方案在其寿命期结束时均可按原方案重复实施或以与原方案经济效果水平相同的方案接续。因为一个方案无论重复实施多少次，其年值是不变的。年值法包括净年值法和费用年值法。

设 m 个互斥方案，其寿命期分别为 $n_1, n_2, n_3, \cdots, n_m$，方案 $j(j=1,2,\cdots,m)$ 在其寿命期内的净年值为：

$$\begin{aligned} NAV_j &= NPV_j(A/P, i_0, n_j) \\ &= \left[\sum_{t=0}^{n_j}(CI_j - CO_j)_t(P/F, i_0, t)\right](A/P, i_0, n_j) \end{aligned} \tag{5-3}$$

在用净年值法进行方案比选时，其判别准则为：净年值最大且非负的方案是最优方案。如果仅有或仅需计算费用现金流量的互斥方案比选，采用费用年值指标，其判别准则为：费用年值最小的方案为最优方案。

【例 5-5】 A、B 两个互斥方案各年的现金流量如表 5-6 所列，基准收益率 $i_0=10\%$，试用年值法选择方案。

表 5-6　寿命期不同的互斥方案的现金流量

方案	投资/万元	年净现金流量/万元	残值/万元	寿命期/年
A	10	3	1.5	6
B	15	4	2	9

解　A、B 方案的现金流量图如图 5-7 所示。

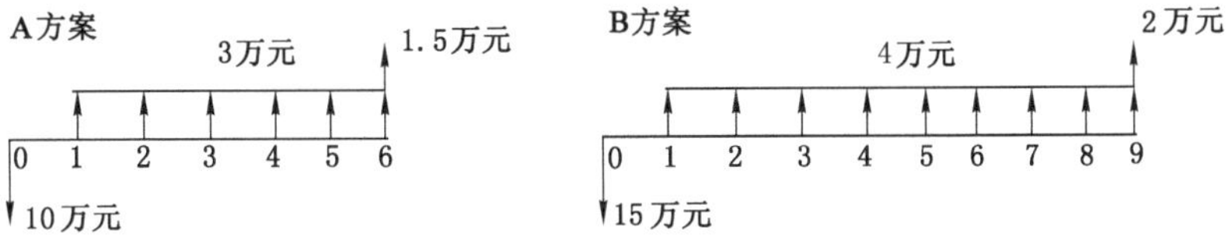

图 5-7　A、B 方案的现金流量图

用净年值作为评价指标，两方案的 NAV 为：

$NAV_A=3+1.5(A/F,10\%,6)-10(A/P,10\%,6)=0.90$(万元)

$NAV_B=4+2(A/F,10\%,9)-15(A/P,10\%,9)=1.54$(万元)

因为 $NAV_B>NAV_A>0$，故 B 方案优于 A 方案。

【延伸阅读】

设 n 为方案的寿命年限，m 为重复实施周期数，则在方案可以重复实施的假设条件下，有

$$NAV^{(n\times 1)}=NAV^{(n\times m)}$$

证明：设方案在第 k 个周期各年现金流量的净现值为 $NPV(k)$，$k=1,2,3,\cdots,m$，则

$$NPV(1)=\sum_{t=1}^{n}(CI-CO)_t(1+i_c)^{-t}$$
$$NPV(2)=NPV(1)\cdot(1+i_c)^{-n}$$
$$NPV(3)=NPV(1)\cdot(1+i_c)^{-n\times 2}$$
$$\cdots\cdots$$
$$NPV(m)=NPV(1)\cdot(1+i_c)^{-n\times(m-1)}$$

那么，m 个周期的总净现值为：

$$\begin{aligned}NPV^{(n\times m)}&=\sum_{k=1}^{m}NPV(k)\\&=NPV(1)+NPV(1)\cdot(1+i_c)^{-n}+NPV(1)\cdot(1+i_c)^{-n\times 2}+\cdots+\\&\quad NPV(1)\cdot(1+i_c)^{-n\times(k-1)}+\cdots+NPV(1)\cdot(1+i_c)^{-n\times(m-1)}\\&=NPV(1)\frac{1-(1+i_c)^{-n\times m}}{1-(1+i_c)^{-n}}\end{aligned}$$

延长 m 个周期的年值为：

$$\begin{aligned}NAV^{(n\times m)}&=NPV^{(n\times m)}\cdot(A/P,i_c,n\times m)\\&=NPV(1)\frac{1-(1+i_c)^{-n\times m}}{1-(1+i_c)^{-n}}\frac{i_c(1+i_c)^{n\times m}}{(1+i_c)^{n\times m}-1}\\&=NPV(1)\frac{1-(1+i_c)^{-n\times m}}{1-(1+i_c)^{-n}}\frac{i_c}{1-(1+i_c)^{n\times m}}\\&=NPV(1)\frac{i_c}{1-(1+i_c)^{-n}}\\&=NPV(1)\cdot(A/P,i_c,n)\\&=NAV^{(n\times 1)}\end{aligned}$$

证毕。

2. 最小公倍数法

最小公倍数法又称方案重复法，是以各备选方案寿命期的最小公倍数作为进行方案比选的共同的计算期，并假设各个方案均在这样一个共同的计算期内重复实施，对各个方案计算期各年的净现金流量进行重复计算，直至与共同的计算期相同。例如有 A、B 两个互斥方案，A 方案寿命期为 4 年，B 方案寿命期为 6 年，则其共同的计算期为 12 年(4 和 6 的最小公倍数为 12)，然后假设 A 方案将重复实施 3 次，B 方案将重复实施 2 次，分别对其净现金流量进行重复计算，在此共同的计算期内对方案进行比选。

最小公倍数法是基于重复型更新假设理论之上的。重复型更新假设理论包括两个方面：

(1) 在较长时间内，方案可以连续地以同种方案进行重复更新，直到多方案的最小公倍数寿命期或无限寿命期；

(2) 替代更新方案与原方案现金流量完全相同，延长寿命后的方案现金流量以原方案寿命为周期重复变化。

【例 5-6】 根据例 5-5 的资料，试用最小公倍数法比较方案。

解　以 A、B 方案的最小公倍数 18 年为计算期，则 A 方案重复实施 3 次，B 方案重复实施 2 次。A、B 方案重复实施后的现金流量图如图 5-8 所示。

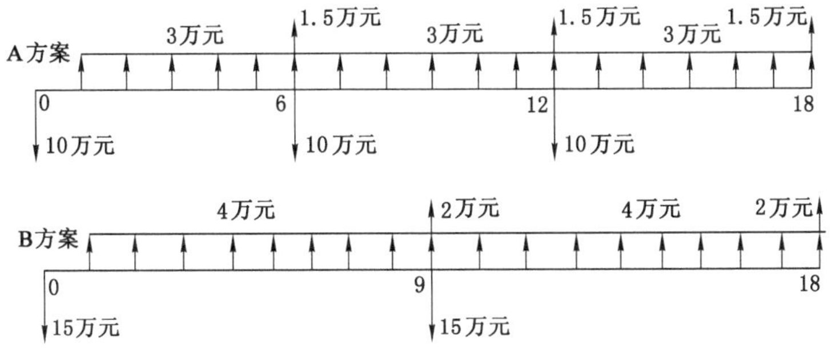

图 5-8　A、B 方案重复实施后的现金流量图

此时，如果以净现值为评价指标，在 18 年的计算期内各方案净现值分别为：

$$NPV_A = -10[1+(P/F,10\%,6)+(P/F,10\%,12)]+3(P/A,10\%,18)+ 1.5[(P/F,10\%,6)+(P/F,10\%,12)+(P/F,10\%,18)]=7.37(\text{万元})$$

$$NPV_B = -15[1+(P/F,10\%,9)]+4(P/A,10\%,18)+ 2[(P/F,10\%,9)+(P/F,10\%,18)]=12.65(\text{万元})$$

因为 $NPV_B > NPV_A > 0$，故 B 方案优于 A 方案。

最小公倍数法应用限制：某些不可再生资源开发型项目，方案可重复实施的假定不成立，不能用最小公倍数法确定计算期；有些互斥方案按最小公倍数法求得的计算期过长，甚至远远超过所需的项目寿命期或计算期的上限，降低了所计算方案经济效果指标的可靠性和真实性，也不适合用最小公倍数法；不适用于技术更新快的产品和设备方案的比较，在没有到共同的计算期之前，某些方案存在的合理性已经成了问题，也不适合用最小公倍数法。

3. 增量内部收益率法

寿命期不同的互斥方案之间的增量内部收益率是指两方案的净年值相等时所对应的折现率，增量内部收益率 ΔIRR 满足：$NAV_A(\Delta IRR)=NAV_B(\Delta IRR)$。增量内部收益率隐含了方案可重复实施的假定。

设互斥方案 A、B 的寿命期分别为 n_A，n_B，求解增量内部收益率 ΔIRR 的方程为：

$$\sum_{t=0}^{n_A}(CI_A - CO_A)_t(P/F,\Delta IRR,t)(A/P,\Delta IRR,n_A)$$
$$= \sum_{t=0}^{n_B}(CI_B - CO_B)_t(P/F,\Delta IRR,t)(A/P,\Delta IRR,n_B)$$

即

$$\Delta NAV(\Delta IRR)=0 \tag{5-4}$$

一般情况下，用增量内部收益率法进行寿命期不同的互斥方案比选，应满足下列条件之一：

(1) 初始投资额大的方案年平均净现金流量大，且寿命期长。

(2) 初始投资额小的方案年平均净现金流量小，且寿命期短。

$$\text{方案年均净现金流量} = \sum_{t=0}^{n}(CI - CO)_t/n \tag{5-5}$$

方案比选的判别准则：在 IRR 存在的情况下，若 $\Delta IRR > i_0$，则年平均净现金流量大的方案为优；若 $0 < \Delta IRR < i_0$，则年平均净现金流量小的方案为优。

【例 5-7】 设互斥方案 A、B 的寿命期分别为 5 年和 3 年，各自寿命期内的净现金流量如表 5-7 所列，若基准折现率为 10%，请用增量内部收益率判断哪个方案较好。

表 5-7　寿命期不同的互斥方案的现金流量　　单位：万元

方案	0	1	2	3	4	5
A	−300	96	96	96	96	96
B	−100	42	42	42		

解　$IRR_A = 18.14\%$，$IRR_B = 12.53\%$，都大于基准折现率 10%，方案均可行。

$$[-300+96(P/A,\Delta IRR,5)](A/P,\Delta IRR,5)-$$
$$[-100+42(P/A,\Delta IRR,3)](A/P,\Delta IRR,3)=0$$

$\Delta IRR = 20.77\% > i_0$

初始投资大的 A 方案的年均净现金流量 36 万元（−300/5+96=36）大于初始投资小的 B 方案的年均净现金流量 8.7 万元（−100/3+42=8.7），且 A 方案的寿命期长于 B 方案，所以 A 方案为优。

4. 研究期法

年值法、最小公倍数法及增量内部收益率法实质上都是延长寿命期以达到可比要求，这通常被认为是合理的。但在某些情况下并不符合实际，因为技术进步往往使完全重复不经济，甚至在实践中是不可能的。

处理这类问题的可行办法是研究期法。该方法就是选择一个合理的研究期，作为方案共同的分析期，建立可比的基础。

研究期的选择视具体情况而定，主要有以下几种类型：

(1) 以寿命期最短方案的寿命期作为各方案共同的计算期，寿命期长的方案在共同计算期末保留一定残值。

(2) 以寿命期最长的方案的寿命期作为各方案共同的计算期，寿命期短的方案在共同的计算期内重复实施，直到达到共同的服务年限为止，期末可能尚存一定残值。

(3) 统一规定方案的计划服务年限，计划服务年限不一定等同于各方案的寿命期。在达到服务年限时，有的方案需重复实施，有的方案可能存在残值。

通过上述处理方式解决了各方案寿命期不同的问题之后，就可采用各种方法进行比较了。

研究期法的优点是考虑了方案实施过程中的具体情况，弥补了最小公倍数法和净年值法单一的局限性。但该方法的最大问题是如何确定方案可能存在的残值，通常有以下几种处理方法：

① 完全承认未使用的价值，即将方案的未使用价值全部折算到研究期末。但是，将方案分析期之后的所有收入和支出全部折算成分析期末的价值，并以此作为方案分析期末的残值，显然是不合理的。

② 完全不承认未使用价值，即对于研究期后方案的未使用价值均忽略不计，这显然也有不合理性。

③ 对研究期末方案的未使用价值进行客观估计，以估计值作为研究期末的残值。尽管有一定道理，但如何估计未使用价值，却没有统一的方法。

【例 5-8】 根据例 5-5 的资料，试用研究期法比较方案。

① 以寿命期最短的 A 方案的寿命期 6 年作为各方案共同的计算期，完全承认 B 方案未使用的价值；

② 以寿命期最短的 A 方案的寿命期 6 年作为各方案共同的计算期，完全不承认 B 方案未使用的价值；

③ 以寿命期最短的 A 方案的寿命期 6 年作为各方案共同的计算期，预计第 6 年末 B 方案未利用价值为 4 万元。

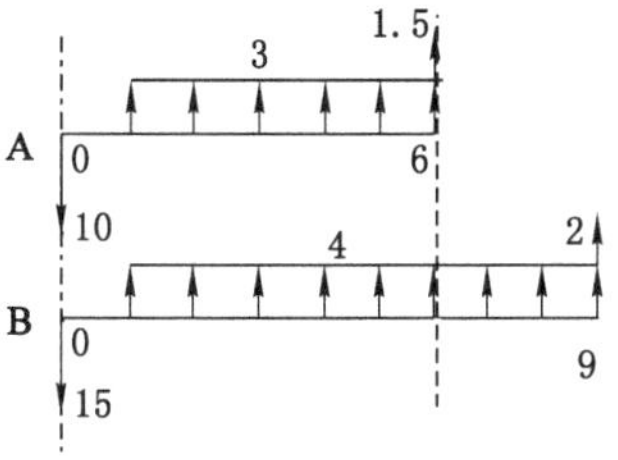

图 5-9　以 A 方案的寿命期 6 年作为各方案共同计算期的现金流量图(单位:万元)

解　① 以 A 方案的寿命期 6 年作为各方案共同的计算期，完全承认 B 方案未使用的价值，现金流量图如图 5-9 所示。

$NPV_A(10\%)=-10+3(P/A,10\%,6)+1.5(P/F,10\%,6)=3.9(万元)>0$

$NPV_B(10\%)=-15(A/P,10\%,9)(P/A,10\%,6)+4(P/A,10\%,6)+2(A/F,10\%,9)(P/A,10\%,6)=6.7(万元)>0$

$NPV_B(10\%)>NPV_A(10\%)$

因此，B 方案比 A 方案好。

② 以 A 方案的寿命期 6 年作为各方案共同的计算期，完全不承认 B 方案未使用的价值。

$NPV_A(10\%)=-10+3(P/A,10\%,6)+1.5(P/F,10\%,6)=3.9(万元)>0$

$NPV_B(10\%)=-15+4(P/A,10\%,6)=2.42(万元)>0$

$NPV_A(10\%)>NPV_B(10\%)$

因此，A 方案比 B 方案好。

③ 以 A 方案的寿命期 6 年作为各方案共同的计算期，预计第 6 年末 B 方案未利用价值为 4 万元。

$NPV_A(10\%)=-10+3(P/A,10\%,6)+1.5(P/F,10\%,6)=3.9(万元)>0$

$NPV_B(10\%)=-15+4(P/A,10\%,6)+4(P/F,10\%,6)=4.678(万元)>0$

$NPV_B(10\%)>NPV_A(10\%)$

因此，B 方案比 A 方案好。

由以上分析可见，对分析期末残值的处理方法不同，会影响方案的选择。

第四节　独立方案的经济评价方法

独立方案是指各方案的现金流是独立的，且采用任一方案不影响其他方案的采用。独立方案之间的效果具有可加性，其选择可能会出现以下两种情况：

(1) 资金对所有项目不构成约束，只要分别计算各项目的 NPV 或 IRR，选择所有满足 $NPV \geqslant 0$ 或 $IRR \geqslant i_0$ 的项目即可。

(2) 在资金约束条件下，应考虑如何选择一组项目组合，以便获得最大的总体效益，即 $\sum NPV$ 最大。若资金不足以分配到全部 $NPV \geqslant 0$ 的项目，则会形成所谓的资金约束条件下的优化组合问题。约束条件下的优化组合问题一般采用效率指标排序法和互斥方案组合法。

1. 无约束条件的独立方案的比选

独立方案采用与否，只取决于方案自身的经济性，且不影响其他方案采用与否。因此，在无其他约束条件下，多个独立方案的比选与单方案的评价方法是相同的，只进行绝对经济效果检验，即用经济效果评价标准(如 $NPV \geqslant 0$，$NAV \geqslant 0$，$IRR \geqslant i_0$ 等)直接判别该方案是否能被接受。

【例 5-9】 某公司进行设备投资预算，有六个独立方案 A、B、C、D、E、F 可供选择，寿命期均为 8 年，各方案的现金流量如表 5-8 所列，基准收益率 $i_0 = 12\%$，判断其经济性。

解　取 IRR 作为评价指标，将各方案的 IRR 计算结果列于表 5-8。如对于 E 方案，由方程式：

$$-180 + 47(P/A, IRR_E, 8) = 0$$

解得：$IRR_E = 20.1\%$。其他方案的 IRR 用同样方法求得。

从表 5-8 可见，$IRR_F < i_0(12\%)$，其他方案的 IRR 均大于 i_0。由于各方案相互独立，所以应拒绝 F 方案，可以同时接受其他五个方案。

表 5-8　六个独立方案的现金流量及 *IRR*

方案	初始投资/万元	年净收益/万元	*IRR*/%
A	100	34	29.7
B	140	45	27.6
C	80	30	33.9
D	150	34	15.5
E	180	47	20.1
F	170	32	10.1

2. 有约束条件的独立方案的比选

独立方案比选时，最常见的情况是受到资源限制。一般情况下，企业采用的方案数目多少会受到企业财力、物力和人力等经济条件的限制，这就使得独立方案的比选成为有约束条件的选择。例如，在资金总额约束的条件下，项目方案的选择在于根据现有资金总额，适当选取能够带来总收益最多的一组方案。此时，常用的方法有两种：第一种是根据各项指标的大小确定各方案的优先顺序；第二种是构造互斥方案。

(1) 净现值指数排序法

净现值指数排序法是在计算各方案的净现值指数的基础上，首先将净现值指数小于0的方案淘汰，然后将备选方案按净现值指数由大到小排序，并依次选取方案，直至所选取的众方案的投资总额最大限度地趋近于(但仍小于)或等于投资限额为止，这时在资金限额下可使所选方案合计净现值最大。

【例5-10】 某地区有一笔投资预算为15 000万元，可能的备选投资方案共有10个，寿命期均为10年，各方案的有关情况如表5-9所列，基准折现率为12%。问如何选择实施方案？

解 从表5-9可知，方案B、I的净现值均小于0，应予以淘汰；对于剩下的8个方案，按净现值指数排序，并依次选取方案，使合计投资总额小于或等于资金限额15 000万元，结果为选择方案C、F、A、E、H、J，所用资金总额为14 100万元，所得净现值为1 600.77万元。

表5-9 备选方案现金流量及有关指标

方案	初始投资/万元	年净收益/万元	净现值/万元	净现值指数	净现值指数排序
A	4 000	800	520.2	0.13	3
B	2 000	350	−22.4	−0.01	9
C	1 800	400	460.1	0.26	1
D	3 000	550	107.6	0.04	7
E	2 000	380	147.1	0.07	4
F	800	170	160.5	0.20	2
G	1 000	180	17.0	0.02	8
H	4 000	750	237.7	0.06	5
I	2 500	420	−126.9	−0.05	10
J	1 500	280	82.1	0.05	6

净现值指数排序法的指导思想是：单位投资创造的净现值越大，在一定资金限额内所获得的净现值总额也就越大。这种方法的主要优点是简便易算，但是有时不能保证现有资金的充分利用，因此最终选择不一定是最佳选择。只有满足下述条件之一，才能达到或接近于净现值最大的目标：

① 各方案的投资额占投资预算限额的比例很小；

② 各方案的投资额相差不大；

③ 所选方案投资总额与投资预算限额很接近。

(2) 互斥方案组合法

互斥方案组合法是把一组独立方案转化为互斥方案组合，再按互斥方案的评价准则，选择最佳的方案组合。其具体步骤为：

① 将 m 个非直接互斥方案列出各种可能的方案组合，即构造所有可能的互斥方案组合，共 2^m-1 个。

根据二项式定理：

$(1+x)^m = C_m^0 x^0 + C_m^1 x^1 + \cdots + C_m^{m-1} x^{m-1} + C_m^m x^m$

令 $x=1$，则

$C_m^0 + C_m^1 + C_m^2 + \cdots. + C_m^m = 2^m$

$C_m^1 + C_m^2 + \cdots. + C_m^m = 2^m - 1$

② 按各方案组合的总投资从小到大进行排列，并选出总投资额小于投资限额的方案组合。

③ 按互斥方案的比选原则，选择最佳的方案组合。

【例 5-11】 独立方案 A、B、C 的投资分别为 100 万元、70 万元和 120 万元，计算各方案的净年值分别为 30 万元、27 万元和 32 万元。如果仅有 250 万元资金，问如何选择方案？

解 三个方案可能的组合数为 $2^3-1=7$ 个，各方案组合的投资及净年值计算列于表 5-10。

表 5-10 独立方案 A、B、C 的方案组合及净年值

序号	方案组合	投资/万元	净年值/万元
1	A	100	30
2	B	70	27
3	C	120	32
4	A+B	170	57
5	B+C	190	59
6	A+C	220	62
7	A+B+C	290	89

第 7 个方案组合的投资额超过了资金约束条件 250 万元，不可行；在资金允许的 1～6 个方案组合中，按互斥方案选择的准则，第 6 个方案组合(A+C)为最优选择，即选择 A 和 C 方案，达到有限资金的最佳利用，净年值总额为 62 万元。

【例 5-12】 某企业四个相互独立的投资方案，资金预算限额是 6 000 万元，基准收益率为 10%，各方案数据见表 5-11，问应该如何决策？

表 5-11 某企业独立投资方案的有关数据

方案	初始投资/万元	净现值/万元	净现值指数	净现值指数排序
A	2 100	180	0.085 714	1
B	2 400	200	0.083 333	2
C	1 800	120	0.066 667	4
D	2 000	150	0.075	3

解 从表 5-11 中可见，如果按照净现值指数排序法，则中选方案为 A、B 方案，其投资总额为 4 500 万元，净现值为 380 万元。但若按互斥方案组合法进行选择，则不一定如此。

首先，找出全部可能的互斥方案组合，共有 $2^4-1=15$ 个，将它们的有关数据列入表 5-12中。

表 5-12　互斥方案组合的评价结果

序号	方案组合				初始投资/万元	净现值/万元	投资限额约束
	A	B	C	D			
1	*				2 100	180	√
2		*			2 400	200	√
3			*		1 800	120	√
4				*	2 000	150	√
5	*	*			4 500	380	√
6	*		*		3 900	300	√
7	*			*	4 100	330	√
8		*	*		4 200	320	√
9		*		*	4 400	350	√
10			*	*	3 800	270	√
11	*	*	*		6 300	500	×
12	*	*		*	6 500	530	×
13	*		*	*	5 900	450	√
14		*	*	*	6 200	470	×
15	*	*	*	*	8 300	650	×

由表 5-12 可知,第 11、12、14、15 号方案组合的投资总额均超过了 6 000 万元资金约束,应予以淘汰。在剩下的 11 个方案组合中,第 13 号方案组合的净现值最大,为最优方案,即最后应选择方案 A、C、D,其投资总额为 5 900 万元,净现值为 450 万元。这个结果与净现值指数排序法的结果不一致,而互斥方案组合法得出的选择才是正确决策。

在对具有资金限制的独立方案进行比选时,互斥方案组合法和净现值指数排序法各有其优劣。

净现值指数排序法的优点是:计算简便,选择方法简明扼要;缺点是:由于投资方案的不可分性,经常会出现资金没有被充分利用的情况,因而不一定能保证获得最佳方案组合。

互斥方案组合法的优点是:在各种情况下均能保证获得最佳方案组合;缺点是:在方案数目较多时,其计算比较烦琐。

在实际运用中,应该综合考虑各种因素,选用适当的方法进行方案比选。

第五节　混合方案的经济评价方法

混合方案的评价选择,是实际工作中经常遇到的一类问题。混合方案的评价选择与独立方案的评价选择一样,可以分为资金无限制和资金有限制两类。如果资金无限制,只要从各独立方案中选择净现值(净年值、增量内部收益率)最大且不小于零的互斥方案加以组合即可。如果资金有限制,通常先采用一定的处理方法将其转化为其他类型的方案组合,再进行评价选择。

1. 互斥化法

互斥化法就是先将混合方案群转化为相互排斥的方案，然后再进行评价选择。

【例 5-13】 某企业现有 A、B 两个独立投资项目，项目 A 有 2 个互斥方案（A_1，A_2）供选择，项目 B 也有 2 个互斥方案（B_1，B_2）供选择。混合方案互斥化后的方案组合如表 5-13 所列。

表 5-13 混合方案互斥化后的方案组合

互斥方案	A_1	A_2	B_1	B_2
1				
2				*
3			*	
4		*		
5	*			
6		*		*
7		*	*	
8	*			*
9	*		*	

如果 m 代表相互独立的项目数，N_i 代表第 i 个独立项目中的互斥方案数，则互斥化后组成的方案个数为：

$$N=\prod_{i=1}^{m}(N_i+1)=(N_1+1)(N_2+1)\cdot\cdots\cdot(N_m+1) \tag{5-6}$$

若有 5 个独立项目，每个独立项目又分别有 2 个互斥方案供选择，则一共有 $(2+1)^5=243$ 种方案组合，互斥方案的数目越多，方案组合数就越多。因此，该方法不适用备选方案较多的混合方案群。

2. 增量效率指标排序法

增量效率指标排序法首先计算各方案现金流量差额效率指标，然后将各方案按照增量效率的高低排序，并按此顺序选择最佳方案组合。

采用增量效率指标排序法（以 ΔIRR 为例）进行混合方案群选优的基本步骤为：

(1) 淘汰无资格方案。

(2) 计算有资格方案的 ΔIRR。

(3) 按 ΔIRR 由大到小排列，并绘制直方图。

(4) 若需要，还应计算资金成本率，由小到大排列并绘图。

(5) 标注限制条件。

(6) 比选最优方案组合。

【例 5-14】 某企业有三个相互独立的部门 A、B、C，每个部门提出了若干个互斥投资方案，见表 5-14。假设项目寿命期均为 10 年，$i_0=10\%$。请在下列情况下进行方案选择：

① 若资金无限制，如何选择方案？

② 若资金限制在 500 万元之内，如何选择方案？

③ 假如资金供应渠道不同，其资金成本有差别，现有三种来源分别是：甲方式的资金成本为 10%，乙方式的资金成本为 12%，丙方式的资金成本为 15%。三种渠道最多可供应的资金均为 300 万元，此时如何选择方案？

④ 当 B 部门的投资方案是与安全有关的设备更新方案，不管效益如何，B 部门提出的方案必须优先投资，此时如何选择方案[资金供应同(3)]？

表 5-14　混合方案的现金流量

部门	方案	0 年/万元	1～10 年/万元	*IRR*/%
A	A_1	−100	27.2	24
	A_2	−200	51.1	22.1
B	B_1	−100	12.0	3.5
	B_2	−200	30.1	12
	B_3	−300	45.6	8.5
C	C_1	−100	50.9	50
	C_2	−200	63.9	28.8
	C_3	−300	87.8	26.2

解　上述四个问题采用内部收益率指标来分析。

① 由于资金供应无限制，A、B、C 三个部门之间相互独立，此时实际上是各部门内部互斥方案的比选，分别计算 ΔIRR 如下：

对于 A 部门，由方程式：

$$-100+27.2(P/A,IRR_{A_1},10)=0$$

解得：$IRR_{A_1}=24\%>i_0(10\%)$，$\Delta IRR_{A_2-A_1}=20\%>i_0(10\%)$。

所以 A_2 方案优于 A_1 方案，应选择 A_2 方案。

对于 B 部门，同样方法可求得：

$IRR_{B_1}=3.5\%<i_0$，B_1 是无资格方案；同理，B_3 也是无资格方案；

$IRR_{B_2}=12\%>i_0$，所以应选 B_2 方案。

对于 C 部门，求得 $IRR_{C_1}=50\%>i_0$，$\Delta IRR_{C_2-C_1}=5\%<i_0$，$C_1$ 方案优于 C_2 方案；

$\Delta IRR_{C_3-C_1}=13.1\%>i_0$，$C_3$ 方案优于 C_1 方案，所以应选择 C_3 方案。

因此，资金没有限制时，A、B、C 三个部门应分别选择方案 A_2、B_2、C_3，即对 A 与 B 部门分别投资 200 万元，对 C 部门则投资 300 万元。

② 由于存在资金限制，三个部门投资方案的选择过程如图 5-10 所示。

由图 5-10 可见，当资金限制在 500 万元以内时，可接受的方案包括 C_1-0，A_1-0，A_2-A_1，C_3-C_1，因为这四个投资方案的 ΔIRR 均大于 i_0，且投资额为 500 万元。因此，应选择的方案组合为 A 部门的 A_2 和 C 部门的 C_3（A 部门投资 200 万元，C 部门投资 300 万元，B 部门不投资）。

③ 由于不同的资金供应存在资金成本的差别，将资金成本低的资金优先投资于效率高的方案，即在图 5-10 上将资金成本按从小到大画成曲线，当投资方案的 ΔIRR 小于资金成

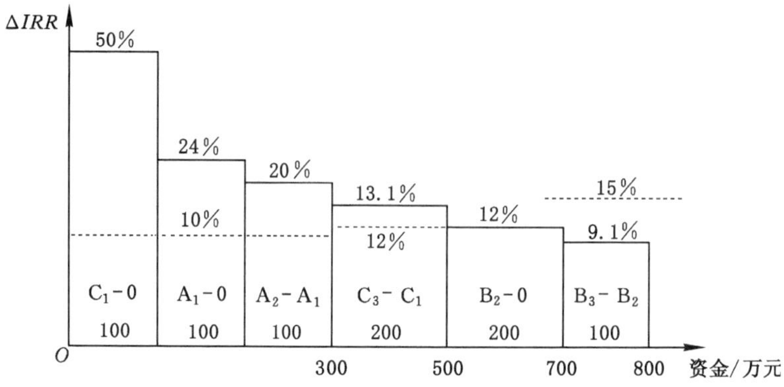

图 5-10 混合方案的 ΔIRR(示意图)

本时，该方案不可接受。

由图 5-10 可见，投资额在 500 万元之前的投资方案的 ΔIRR 均大于所对应资金供应的资金成本(即 10%和 12%)，因此，这些方案均可接受，所选择的方案组合为 A_2、C_3。而且，应将资金供应的甲方式的 200 万元投资于 A_2 方案，将甲方式的其余 100 万元和乙方式的 200 万元投资于 C_3 方案。

④ B 部门必须选取一个方案投资(即 B_2 方案必须优先选择)，此时图 5-10 变成图 5-11。

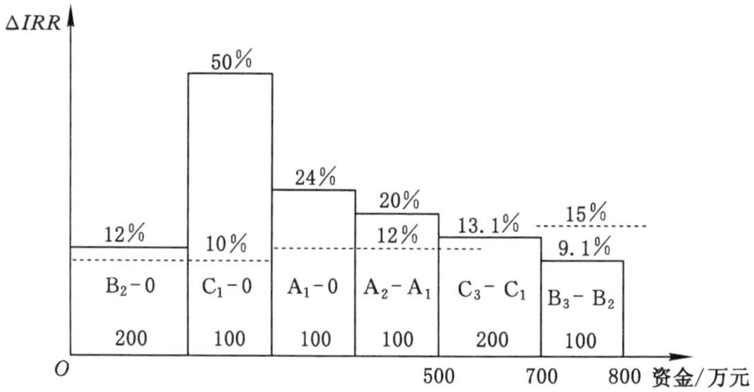

图 5-11 有优先选择的混合方案的 ΔIRR(示意图)

由图 5-11 可知，三个部门的方案组合应选择 $B_2+C_1+A_2$，即 B 部门投资 200 万元，A 部门投资 200 万元，C 部门投资 100 万元，而且甲方式的 300 万元投资于 B 部门 200 万元和 C 部门 100 万元，乙方式的 200 万元投资于 A 部门。

第六节 相关方案的经济评价方法

所谓相关方案，是指在多个方案之间，如果接受或拒绝某一方案，会显著改变其他方案的现金流量，或者会显著影响对其他方案的评判。

当各方案间具有现金流量相关性，但并不完全互斥时，不能简单地按独立方案或互斥方案的评价方法进行决策，而应该先用“互斥方案组合法”将各方案组合成互斥方案并计算其各自的现金流量，再按互斥方案的评价方法进行比选。

互斥方案组合法的基本步骤如下：

(1) 确定方案之间的相关性，对其现金流量之间的相互影响作出准确的估计。

(2) 对现金流量之间有正影响的方案，等同于独立方案看待；对现金流量之间有负影响的方案，等同于互斥方案看待。

(3) 根据方案之间的关系，把方案组合成互斥的组合方案，然后按照互斥方案的评价方法进行组合方案比选。

【例 5-15】 在甲、乙两地间要修建交通通道，既可以建铁路，又可以建高速公路，还可以同时修建铁路和高速公路。单独修建铁路或高速公路时的净现金流量如表 5-15 所列；如果同时修建铁路和高速公路，由于客货分流的影响，两项目净收入都将减少，其净现金流量如表 5-16 所列。若基准折现率为 10%，应如何决策？

表 5-15　单独修建铁路或高速公路时的净现金流量　　单位：万元

方案	0 年	1 年	2 年	3～30 年
铁路 A	−30 000	−20 000	−20 000	12 000
高速公路 B	−20 000	−15 000	−15 000	8 500

表 5-16　同时修建铁路和高速公路时的净现金流量　　单位：万元

方案	0 年	1 年	2 年	3～30 年
铁路 A	−30 000	−20 000	−20 000	9 000
高速公路 B	−20 000	−15 000	−15 000	7 000
A+B	−50 000	−35 000	−35 000	16 000

解　这是两个现金流量相关方案，所以先将其组合成三个互斥方案，再分别计算其各自的净现值，结果如表 5-17 所列。

表 5-17　组合互斥方案的净现金流量及净现值　　单位：万元

方案	0 年	1 年	2 年	3～30 年	净现值
铁路 A	−30 000	−20 000	−20 000	12 000	27 582
高速公路 B	−20 000	−15 000	−15 000	8 500	19 241
A+B	−50 000	−35 000	−35 000	16 000	12 313

由于 $NPV_A > NPV_B > NPV_{A+B} > 0$，所以 A 方案为最佳方案，即在甲、乙两地间应该只建设铁路。

第七节　投资项目多方案比选决策的数学模型

本节介绍多方案比选的基本数学模型——万加特纳公式。

目标函数：

$$\max\sum_{j=1}^{m}\sum_{t=0}^{n_j}Y_{tj}(1+i)^{-t}x_j \tag{5-7}$$

式中，j 是项目序数（$j=1,2,3,\cdots,m$）；m 是备选项目个数；t 是周期数（$t=0,1,2,\cdots,n_j$）；n_j 是第 j 个项目的计算期；Y_{tj} 是第 j 个项目在第 t 周期末的净现金流量；i 是基准贴现率；x_j 是决策变量（仅采用 0 或 1 两个值，采纳该项目取 1，否则取 0）。

根据式(5-7)分析，其中 $\sum\limits_{t=0}^{n_j}Y_{tj}(1+i)^{-t}$ 就是第 j 个项目的净现值。因此，上述目标函数就是在 m 个备选项目中，寻求净现值之和最大的项目集合。这也是多个投资项目选择的最终目标。

约束条件：

（1）资源约束：

$$\sum_{j=1}^{m}c_{tj}(x_j)\leqslant B_t \tag{5-8}$$

式中，c_{tj} 是第 j 个项目在第 t 周期内所需消耗的资源量；B_t 是某种资源在第 t 周期内的可获得量。在投资项目选择中，B_t 可理解为在第 t 周期内的资金预算。

（2）互斥约束：

$$x_{\mathrm{a}}+x_{\mathrm{b}}+x_{\mathrm{c}}+\cdots+x_{\mathrm{k}}\leqslant 1 \tag{5-9}$$

式中，$x_{\mathrm{a}},x_{\mathrm{b}},x_{\mathrm{c}},\cdots,x_{\mathrm{k}}$ 是 a，b，c，…，k 项目的决策变量。由于决策变量 x_j 的取值仅为 0 或 1 两个值，因此，约束条件式(5-9)的含义是：在 a，b，c，…，k 项目中只能选择其中一个项目（或一个也不选）。这是典型的互斥项目约束条件。

（3）依赖约束：

$$x_{\mathrm{a}}-x_{\mathrm{b}}\leqslant 0 \tag{5-10}$$

此约束条件的含义是：a 项目的实施以 b 项目的实施为先决条件，即如果采纳 b 项目（$x_{\mathrm{b}}=1$），a 项目才可以实施（$x_{\mathrm{a}}=1$）或不实施（$x_{\mathrm{a}}=0$）；如果不采纳 b 项目（$x_{\mathrm{b}}=0$），x_{a} 也必须为 0，即 a 项目不得采纳。

（4）互补约束：

$$x_{\mathrm{c}}-x_{\mathrm{d}}=0 \tag{5-11}$$

此约束条件的含义是：要求 c 项目和 d 项目同时被采纳（$x_{\mathrm{c}}=1$ 同时 $x_{\mathrm{d}}=1$），或者都不被采纳（$x_{\mathrm{c}}=0$ 同时 $x_{\mathrm{d}}=0$）。式(5-11)表示 c 项目和 d 项目紧密互补。

但也有时两项目间不要求紧密互补，如 e 项目和 f 项目不要求紧密互补，这样，可以将其构造成 3 个互斥项目，即 e、f、ef 项目。参照式(5-9)，可以将约束条件写为：

$$x_{\mathrm{e}}+x_{\mathrm{f}}+x_{\mathrm{ef}}\leqslant 1 \tag{5-12}$$

（5）项目不可分约束：

$$x_j=0 \text{ 或 } 1\ (j=1,2,3,\cdots,m) \tag{5-13}$$

此约束条件要求是：要么所有项目都被选中（$x_j=1$），要么没有任何项目被选中（$x_j=0$）。在这种约束条件下，不允许采用项目的某个部分或局部。

这是一个 0-1 整数规划问题，其中所有关系都是线性的。这个问题可以用整数线性规划问题的任何一种解法来解答。满足所有约束条件的最优解将为多个投资项目的选择提供咨询建议。

【案例分析】

设备更新项目案例分析

某公司仓库内现有的搬运设备已经陈旧，故障时有发生，影响正常作业。现要研究选用修理或更换的方案。

A. 修理方案：修理费 700 万元，修理后预计使用 3 年，年经营费用为 400 万元。

B. 更换成简易运输设备：初始投资 2 500 万元，年经营费用为 820 万元，预计使用 10 年。

C. 更换成正式运输设备：初始投资 3 200 万元，年经营费用为 560 万元，预计使用 15 年。

假如现在采用 A 方案，随后也要再考虑采用 B 方案或 C 方案。如果现在就更换成新设备，旧设备的处理收入为 600 万元；如果继续使用旧设备 3 年后处理，则处理收入为 0。另外，假定 B、C 方案的两种设备在预计使用寿命之后的残值为 0。

试分析该公司应采取什么投资决策(基准贴现率 $i_0=6\%$)。

解析：设备更新问题属于典型的互斥方案的比选问题。根据案例背景分析，若立即更新，可以选择更换成简易运输设备(B 方案)或更换成正式运输设备(C 方案)。若采用修理方案(A 方案)，随后也要再考虑采用 B 方案或 C 方案。因此，本案例共包含四个互斥方案，即 B 方案、C 方案、A-B 方案和 A-C 方案。

首先分析 B 方案和 C 方案，两个方案的现金流量图如图 5-12 和图 5-13 所示。

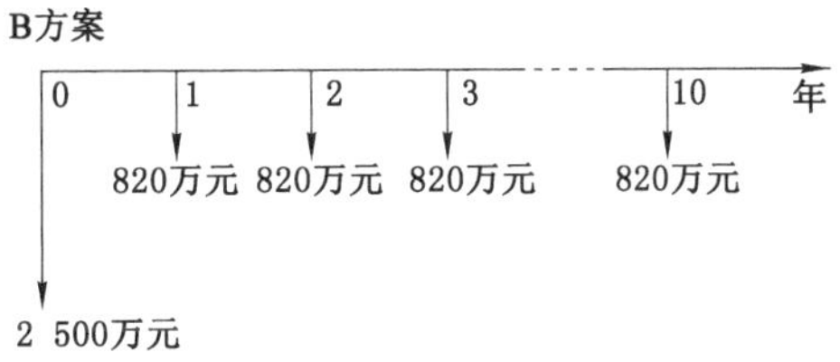

图 5-12　B 方案的现金流量图

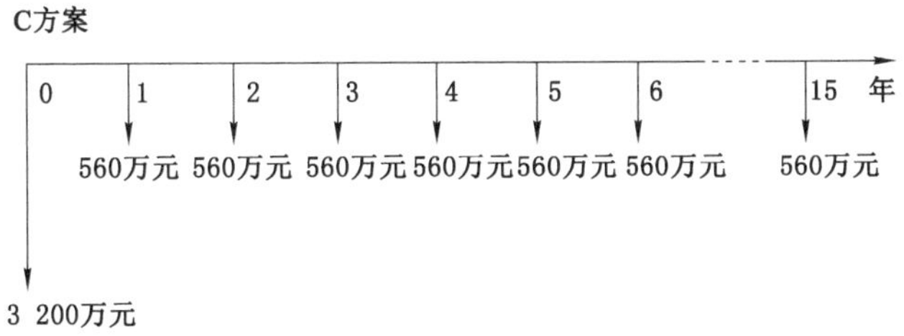

图 5-13　C 方案的现金量图

根据项目计算期不同的互斥方案选择方法(一般均以重复更新假设为条件)，采用费用年值法进行比较。两方案的费用年值计算如下：

$AC_B=820+2\ 500(A/P,6\%,10)=1\ 160$(万元)

$AC_C=560+3\ 200(A/P,6\%,15)=889.5$(万元)

因为 $AC_C<AC_B$,所以 C 方案优于 B 方案。因此也可以推定 A-C 方案优于 A-B 方案。此时,只要再比较 C 方案和 A-C 方案的优劣即可。

A-C 方案的现金流量图如图 5-14 所示。图中,A 方案投资包括修理费 700 万元和立即更新时旧设备的处理收入 600 万元(继续使用旧设备的机会成本或从第三方评价角度理解为旧设备的购置费)。经比较图 5-13 与图 5-14 发现,若项目计算期趋于无穷(C 项目可重复更新),则 A-C 方案与 C 方案只在前 3 年存在差异,3 年后两项目的费用年值完全相同(即 AC_C)。因此只需比较两方案前 3 年的费用年值即可。费用年值计算如下:

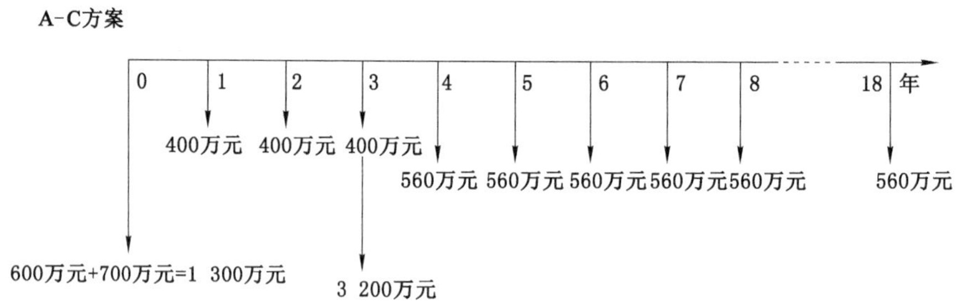

图 5-14　A-C 方案的现金流量图

$AC_A=400+(600+700)(A/P,6\%,3)=886.3$(万元)

$AC_C=560+3\ 200(A/P,6\%,15)=889.5$(万元)

因为 $AC_A<AC_C$,所以 A-C 方案优于 C 方案。两方案相比,A-C 方案在前 3 年中每年可节约费用 3.2 万元,3 年后两方案相同。

因此,该公司应采取的投资决策为:将旧设备修理使用 3 年后,再更换成正式运输设备。

思考与练习题

一、思考题

1. 方案比较时,寿命期不同的处理方法有哪些?
2. 投资方案之间的相互关系有哪几种?
3. 独立方案的特点是什么? 如何进行评价?
4. 互斥方案的特点是什么? 如何进行评价?
5. 混合方案的特点是什么? 如何进行评价?
6. 用 *IRR* 方法和 *NPV* 方法评价多方案时,所得结论是否完全一致? 为什么?
7. 为什么不能用内部收益率的高低进行方案的比较,而必须采用增量内部收益率进行比较?
8. 试述 *NPV* 最大准则在多方案比选中的合理性。

二、练习题

1. 一家航空公司计划使用一种新型飞机,有三种机舱座位安排方式可以选择,每一种方式的收益和成本如表 5-18 所列。飞机的寿命为 15 年,基准折现率为 25%,每种座位安排方式下飞机的残值均为500万元。这家航空公司应该选择哪种方式？

表 5-18　各方案的有关资料

机舱座位安排	A 经济舱250个 头等舱65个	B 经济舱300个 头等舱30个	C 经济舱350个
初始成本/万元	23 110	23 170	23 260
年净收益/万元	6 730	6 745	6 771

2. 有三个可行的互斥方案A、B、C，其寿命期均为5年，相关数据如表5-19所列，基准收益率为8%。试用增量收益率法选择最优方案。

表 5-19　三个互斥方案的有关资料

方案	A	B	C
初始投资/元	5 000	7 000	8 500
年净收益/元	1 319	1 942	2 300

3. 互斥方案A、B的投资、年净收益和寿命期见表5-20。试进行方案选优(各方案均无残值，基准收益率 $i_0=10\%$)。

表 5-20　互斥方案A、B的有关资料

方案		A	B
建设期/年		2	2
其中	第1年投资/万元	1 200	200
	第2年投资/万元	0	800
生产期/年		16	14
投产后年均净收益/万元		240	220

4. 互斥方案A、B的初始投资、年净现金流量和寿命期见表5-21，基准收益率 $i_0=10\%$。试用下列方法选择方案。

(1) 年值法；

(2) 最小公倍数法；

(3) 研究期法，要求完全承认方案未使用的价值，即将方案的未使用价值全部折算到研究期末。

表 5-21　互斥方案A、B的有关资料

方案	初始投资/万元	年净现金流量/万元	服务寿命/年
A	100	50	4
B	200	70	6

5. 某企业拟建一个大型项目，该项目包括 A、B、C、D 四个组成部分，每个组成部分又有几个方案供选择，A 和 B 必须同时考虑，各方案投资及收益情况如表 5-22 和表 5-23 所列。基准收益率 $i_0=25\%$，此项目运行 10 年。

(1) 预算资金为 6 000 万元时，应选择哪个方案组合？

(2) 预算资金为 5 800 万元时，应选择哪个方案组合？

表 5-22 各方案所需投资

方案	A_1	A_2	A_3	B_1	B_2	C_1	C_2	D_1	D_2
投资/万元	500	800	1 800	700	1 000	1 000	1 500	2 000	2 500

表 5-23 各方案所获收益

方案	A_1-B_1	A_1-B_2	A_2-B_1	A_2-B_2	A_3-B_1	A_3-B_2	C_1	C_2	D_1	D_2
年收益/万元	400	450	480	500	900	780	500	600	1 000	1 250

6. 为满足运输需要，可在两地间建一条公路或架一座桥梁，也可既建公路又架桥。若两个项目都建，由于运输量分流，两个项目收入都将减少，其现金流量如表 5-24 所列。当 $i_0=10\%$ 时，请选择最佳方案。

表 5-24 各方案的现金流量 单位：万元

方案	0 年	1 年	2～10 年
建公路	−200	−100	120
架桥梁	−100	−50	60
建公路和架桥梁	−300	−150	150

7. 有六个可供选择的独立方案，各方案寿命期均为 10 年，初始投资及每年净收益如表 5-25所列。当资金预算分别为 1 950 万元和 2 700 万元时，按净现值指数排序法对方案作出选择（$i_0=12\%$）。

表 5-25 各方案的有关资料 单位：万元

方案	A	B	C	D	E	F
初始投资	600	640	700	750	720	680
每年净收益	250	280	310	285	245	210

8. 有四个独立方案 A、B、C、D，其初始投资和每年净收益如表 5-26 所列，四个方案计算期均为 10 年，$i_0=10\%$。

(1) 当投资限额为 900 万元时，最优方案是什么？

(2) 当投资限额为 1 000 万元时，最优方案是什么？

(3) 当投资限额为 1 125 万元时，最优方案是什么？

(4) 当投资限额为 1 300 万元时，最优方案是什么？

(5) 当投资限额为 1 600 万元时，最优方案是什么？

表 5-26　独立型方案 A、B、C、D 的有关资料　单位：万元

方案	A	B	C	D
初始投资	300	375	450	560
每年净收益	86	94	120	130

9. 有 A、B、C、D 四个方案，有关资料如表 5-27 所列。

表 5-27　方案 A、B、C、D 的有关资料

方案(j)	初始投资/元	IRR/%	增量内部收益率 ΔIRR/%(j 方案－k 方案)		
			k 为 A 时	k 为 B 时	k 为 C 时
A	100 000	19	—	—	—
B	175 000	15	9	—	—
C	200 000	18	17	23	—
D	250 000	16	12	17	13

(1) 如果这四个方案是互斥的，当基准收益率为 15% 时，应选哪个方案？

(2) 如果这四个方案是独立的，当基准收益率为 16% 时，应选哪些方案？(资金不限)

10. 某投资项目有 A、B、C、D 四个方案。已知 i_0 为 10%，资金不受限制，如果用 NPV 法、NAV 法和 IRR 法进行方案比较，试问这些方法的计算结果是否一致？为什么？四个方案的基本数据见表 5-28(为了简化计算，表中所列的初始投资是指全部投资均发生在生产期初，寿命期是指生产期，也是指计算期)。

表 5-28　四个方案的基本数据

方案	A	B	C	D
初始投资/元	170 000	260 000	300 000	330 000
年收入/元	114 000	120 000	130 000	147 000
年费用/元	70 000	71 000	64 000	79 000
寿命期/年	10	10	10	10

11. 有三个方案 A、B、C(不相关方案)，各方案的投资、年净收益和寿命期如表 5-29 所列。预先的计算表明，各方案的 IRR 均大于基准收益率 15%。已知总投资限额是 30 000 元，问应当怎样选择方案？

表 5-29 A、B、C 方案的有关数据

方案	投资(生产期初)/元	年净收益/元	寿命期/年
A	12 000	4 300	5
B	10 000	4 200	5
C	17 000	5 800	10

12. 某工程项目有一组共六个可供选择的方案，其中有两个是互斥方案，其余为独立方案。基准收益率为10%，其投资、净现值及净现值指数指标如表5-30所列。试问：

(1) 若该项目投资限额为1 000万元，如何选择方案？

(2) 若该项目投资限额为2 000万元，如何选择方案？

表 5-30 混合方案比选

投资方案		投资/万元	净现值/万元	净现值指数
互斥型	A	500	250	0.500
	B	1 000	300	0.300
独立型	C	500	200	0.400
	D	1 000	275	0.275
	E	500	175	0.350
	F	500	150	0.300

13. 某工程项目的运输系统有汽车运输方案和铁路运输方案。汽车运输方案投资44万元，年经营成本28万元，计算期为5年；铁路运输方案投资134万元，年经营成本15万元，计算期为10年。基准收益率为10%，试选择最优方案。

14. 某桥梁工程，初步拟定两个结构方案备选：A方案为钢筋混凝土结构，初始投资为1 500万元，年维护费为10万元，每5年大修一次，费用为100万元；B方案为钢结构，初始投资为2 000万元，年维护费为5万元，每10年大修一次，费用为100万元。基准收益为5%，问哪个方案更经济？

15. 某建设工程有两个可行方案，每个方案均按两期进行建设。

方案1：第一期工程初始投资100万元，年经营费用5万元，服务期10年，期末残值5万元；第二期工程自第6年开始生产，第6年年初二期工程投资30万元，年经营费用2万元，服务期5年，期末残值为0。

方案2：第一期工程初始投资80万元，年经营费用6万元，服务期10年，期末残值3万元；第二期工程自第5年开始生产，第5年年初二期工程投资40万元，年经营费用3万元，服务期6年，期末残值为0。

设两个方案完成的功能是相同的(收益相同)，基准收益率为10%，请选择方案。

16. 为了满足两地交通运输增长的需求，拟在两地之间新建一条铁路或新开一条高速公路，也可以考虑两个项目同时上。如果两个项目同时上，由于分流的影响，两个项目的现金流量将会受到影响。基准收益率为10%，有关数据见表5-31。问如何选择方案？(注：括

号内的数据为两个项目同时上的现金流量）

表 5-31 两个项目的有关数据 单位：万元

方案	年末			
	0	1	2	3～32
铁路	−20 000	−20 000	−20 000	13 000（10 000）
高速公路	−12 000	−12 000	−12 000	9 000（5 000）

第六章　不确定性与风险分析

【学习目标】

（1）掌握不确定性含义、影响因素；
（2）掌握盈亏平衡分析含义、类型以及盈亏平衡分析的计算；
（3）掌握敏感性分析的含义、单因素敏感性分析的步骤以及计算；
（4）了解并掌握决策含义、决策过程、决策的种类以及决策树作图。

【思维导图】

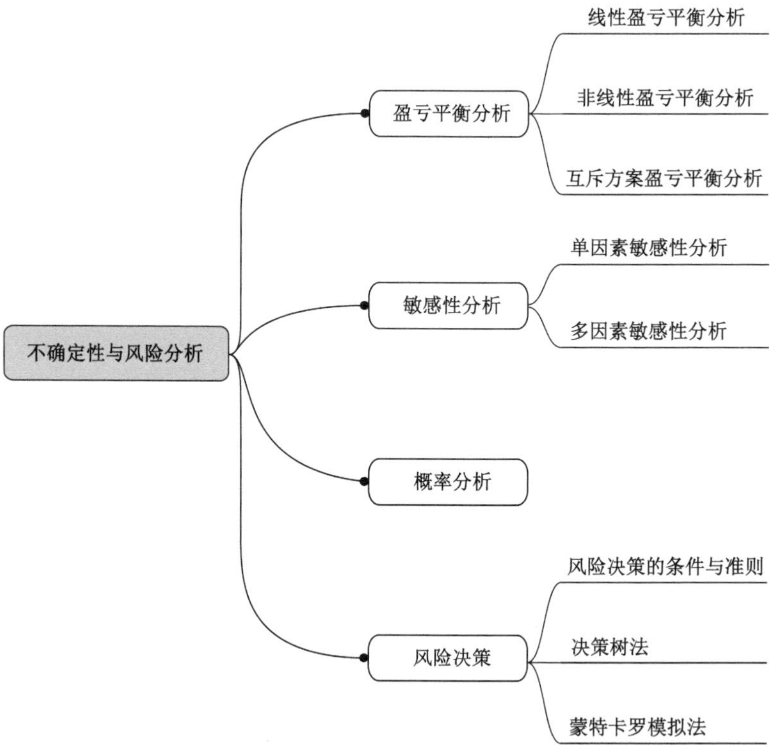

第一节 不确定性与风险分析概述

一、不确定性的概念

所谓不确定性，一是指影响工程方案经济效益的各种因素（比如各种价格）的未来变化带有不确定性；二是指在测算工程方案现金流量时的各种数据（比如投资额、产量）由于缺乏足够的信息或测算方法上的误差，使得方案经济效益评价指标值带有不确定性。不确定性的直接后果是使方案经济效益的实际值与评价值相偏离，从而按评价值作出的经济决策带有风险。不确定性分析主要分析各种外部条件发生变化或者测算数据误差对方案经济效益的影响程度，以及方案本身对不确定性的承受能力。

工程项目评价所采用的数据，大部分来自对未来的预测及估算。由于工程项目所处的环境条件及分析人员主观预测能力的局限性，一个工程项目的实际效果与投资评价的结论不可避免地会出现偏差。因此，投资者基于投资评价结论而作出的决策必然会承担一定程度的风险。从理论上讲，风险与不确定性是有区别的，风险是指由于随机原因所引起的项目总体实际值与预期值之间的差异，其结果可用概率分布来描述；而不确定性是指缺少足够信息估计变化的因素对项目实际值与预期值造成的偏差，其结果无法用概率分布规律来描述。然而，从工程项目评价的实用性角度来看，区别风险与不确定性没有多大实际意义。因此，一般把未来可能变化的因素对工程项目效果的影响分析统称为不确定性分析。

二、不确定性产生的主要原因

影响项目经济效果的各种因素的未来变化带有不确定性，而且测算项目现金流量时，各种数据缺乏足够信息或测算方法的误差，使得项目经济效果评价指标值带有不确定性。可以说，不确定性是所有项目固有的内在特性。一般情况下，产生不确定性的主要原因有如下几方面。

1．项目基础数据的偏差

项目经济评价都是基于确定的数据进行的，如项目总投资、建设期、年销售数量、产品价格、年经营成本、年利率、固定资产残值等基础数据。由于项目经济评价的着眼点是“未来”，而“未来”始终存在不确定性因素，因此，对项目基础数据的预测与估计肯定存在偏差，这将影响到项目经济评价的结果。

2．通货膨胀

通货膨胀的存在会引起物价浮动，并影响项目评价中所用的价格，进而导致诸如建设投资、年销售收入、年经营成本、基准收益率等数据与实际发生偏差。

3．技术进步

技术进步会引起新老产品和工艺技术的交替更新，从而根据原有技术条件和生产水平所估计的年销售收入等指标就会与实际值发生偏差。

4．市场供求结构的变化

市场供求结构的变化会影响到产品的市场供求状况，进而对某些指标值产生影响。

5. 其他外部影响因素

如政府政策的变化、新的法律法规的颁布、国际政治经济形势的变化等,均会对项目的经济效果产生一定的甚至是难以预料的影响。

在投资经济分析中要全面分析这些因素的变化所造成的影响是十分困难的,实际上也是不必要的。由于不同因素变化的可能性及影响程度大小不同,只要把握那些对项目影响最大的关键因素,就能够取得较好的评价效果。

三、不确定性分析的作用

不确定性因素的存在影响投资决策正确性的逻辑关系如图 6-1 所示。

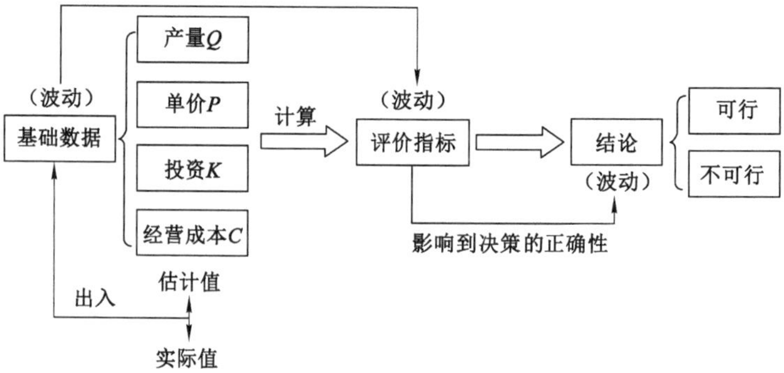

图 6-1 不确定性因素影响决策的逻辑关系图

由图 6-1 可以看出,投资方案的分析与评价过程是:首先确定基础数据,如产量、单价、投资、经营成本等;然后据此计算评价指标;最后根据指标评价准则得出项目可行与不可行的结论。在这个过程中,由于各种不确定性因素或风险因素的存在,导致估计值与实际值之间有出入,从而引起基础数据的波动,此波动将直接影响到评价指标的计算结果,可能最终使得方案由可行变为不可行。也就是说,不确定性因素或风险的存在,影响到了投资决策的正确性。

为了分析不确定性因素对方案经济评价指标的影响,应根据拟建项目的具体情况,分析各种外部条件发生变化或者测算数据误差对方案经济评价效果的影响程度,以估计项目可能承担的风险及其承受能力,确保项目在经济上的可靠性,并采取相应的对策力争把风险降低到最小。为此,必须对经过了确定性评价的投资方案或项目再进行不确定性分析,以明确影响项目经济效果的各种不确定性因素。

(1) 进行不确定性分析在一定程度上可以避免投资决策的失误。项目经济评价都是以项目未来的基础数据进行的,由于不确定性因素的存在,这些基础数据的预测值与实际值之间往往存在着差异,甚至存在很大的差距,仅根据一些基础数据所做的确定性分析取舍项目,有可能会导致投资决策失误。

(2) 进行不确定性分析可以掌握不确定性因素对项目经济评价的影响程度。通过预测不确定性因素的变化范围,分析这些因素变化对项目经济效果的影响程度,可以找出影响项目经济评价效果的不确定性因素,分析项目抗风险的程度。

(3) 进行不确定性分析可以为提出防范项目风险的措施提供依据。通过不确定性分析所找出的不确定性因素，可以提出相应的防范措施以减少不确定性。

四、不确定性分析的内容与方法

经济评价的不确定性分析就是要研究各种变量或参数发生变化时，项目经济效益的变化范围，分析项目对主要影响因素发生不利变化的承受能力，分析项目经济效益的概率分布，全面评价项目的风险，提出项目风险的预警、预报和相应的对策，为项目投资决策和管理提供依据。

目前项目经济评价中常见的不确定性分析方法有盈亏平衡分析、敏感性分析和概率分析。在《建设项目经济评价方法与参数(第三版)》中提到“不确定性分析主要进行盈亏平衡分析和敏感性分析”“根据项目特点可有选择地使用其他风险分析方法，如蒙特卡罗分析法”。

盈亏平衡分析一般只用于财务评价，而敏感性分析和概率分析可同时用于财务评价和国民经济评价。

五、不确定性分析的步骤

(1) 鉴别不确定性因素。尽管项目运行中涉及的所有因素都具有不确定性，但它们在不同条件下的不确定性程度是不同的。对项目进行不确定性分析时没有必要对所有的不确定性因素进行分析，而应找出不确定性程度较大的关键因素作为分析的重点。

(2) 界定不确定性的性质。不确定性包括不可测定的不确定性与可测定的不确定性。对不可测定的不确定性因素，应界定其变化的幅度、变化的范围，确定其边界值；对可测定的不确定性因素，应确定其概率分布状况。

(3) 选择不确定性分析的方法。根据不确定性因素的性质，选择不确定性分析的方法。一般情况下，盈亏平衡分析与敏感性分析适用于不可测定的不确定性分析；概率分析适用于可测定的不确定性分析。

(4) 确定分析的结果。不确定性分析中，根据分析的需要和依据的指标不同，其分析的结果可以为平衡点确定、不同区间的方案选择、不同方案的比选、敏感度与敏感因素的界定、风险预测等。

【延伸阅读】 **杭州湾跨海大桥投资额调整情况**

第二节 盈亏平衡分析

一、盈亏平衡分析的概念

盈亏平衡分析(break-even analysis)是通过测算项目投产后的盈亏平衡点(break-even point,BEP)来分析项目方案对风险的承受能力的一种方法。盈亏平衡点一般是根据正常生产年份的产品产量或销售量、固定成本、可变成本、产品价格和营业税金等数据计算确定的。在盈亏平衡点上，营业收入等于生产成本，此时企业既不盈利也不亏损。因此，平衡点又称保本点，盈亏平衡分析又称为收支平衡分析。盈亏平衡点通常是用产量表示的，也可用生产能力的利用率、销售价格或营业收入等表示。

盈亏平衡点可以有多种表达方式，一般是从营业收入等于总成本费用即盈亏平衡方程式导出。

二、线性盈亏平衡分析

当投资项目的营业收入和成本费用都是产量的线性函数时，盈亏平衡分析称为线性盈亏平衡分析。

1. 假定条件

由于成本费用与生产规模、生产负荷密切相关，因此要通过产量—成本—盈利的相关分析，求得各个不确定因素的单因素临界值。为了分析线性关系下的盈亏状态，有以下的假定条件：

(1) 产量等于销售量，即假设无产品积压；

(2) 总成本费用是产量的线性函数，即单位可变成本不随产量变化；

(3) 产品销售价格不随销售量变化，即营业收入是销售量的线性函数；

(4) 只生产单一产品，或者生产多种产品但可换算为单一产品计算，即不同产品负荷率的变化是一致的。

2. 营业收入与产量之间的关系

设企业的销售价格 P 不变，则营业收入为：

$$B=PQ \tag{6-1}$$

式中 B——税后营业收入（从企业角度看）；

P——单位产品价格（完税价格）；

Q——产品销售量。

3. 总成本费用与产量之间的关系

企业的总成本费用 C，从决策用的成本概念来看，包括固定成本（C_f）和变动成本（C_vQ），即

$$C=C_f+C_vQ \tag{6-2}$$

式中 C_v——单位产品变动成本；

C_f——固定成本。

4. 盈亏平衡状态及其表示

当盈亏平衡时，则有

$$PQ^*=C_f+C_vQ^* \tag{6-3}$$

式中，Q^* 表示盈亏平衡点对应的产量。

将式(6-1)、式(6-2)和式(6-3)在同一坐标上表达，如图 6-2 所示。

从图 6-2 可见，若企业在小于 Q^* 的产量下组织生产，则项目亏损；若在大于 Q^* 的产量下组织生产，则项目盈利。显然 Q^* 是 BEP 的一个重要表达。

由式(6-3)可知

$$Q^*=\mathrm{BEP}(Q)=\frac{C_f}{P-C_v} \tag{6-4}$$

式中，$P-C_v$ 表示每销售一个单位产品补偿了变动成本之后的剩余，称为单位产品的边际贡献。

如果项目设计生产能力为 Q_0，BEP 也可以用盈亏平衡生产能力利用率 BEP(φ)来表达：

$$\mathrm{BEP}(\varphi)=\frac{\mathrm{BEP}(Q)}{Q_0}\times 100\%=\frac{C_f}{(P-C_v)Q_0}\times 100\% \tag{6-5}$$

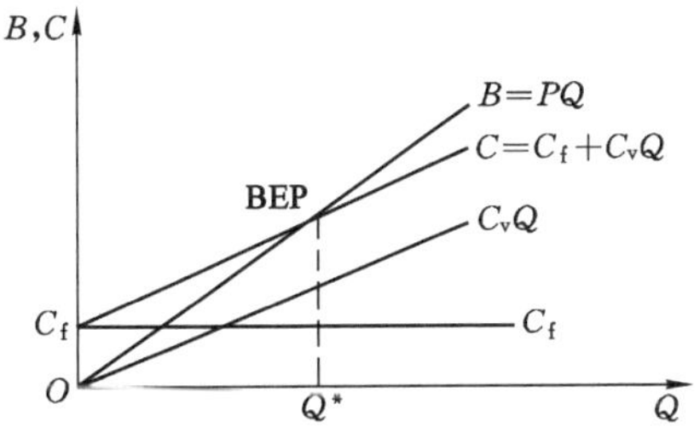

图 6-2　盈亏平衡分析图

1－BEP(φ)称为经营安全率。若 1－BEP(φ)＞30%，说明经营安全性好；若 1－BEP(φ)＜20%，说明经营安全性差。所以，BEP(φ)越小，也就是 BEP 越低，说明项目盈利的可能性越大，造成亏损的可能性越小。

如果按设计生产能力进行生产和销售，盈亏平衡点还可以由盈亏平衡单位产品价格 BEP(P)来表达，即由式(6-3)可知：

$$\mathrm{BEP}(P)=C_v+\frac{C_f}{Q_0} \tag{6-6}$$

若按设计生产能力进行生产和销售，且产品销售价格、固定成本不变，则盈亏平衡单位产品变动成本 BEP(C_v)为：

$$\mathrm{BEP}(C_v)=P-\frac{C_f}{Q_0} \tag{6-7}$$

【例 6-1】 某工业项目年设计生产能力为年产某种产品 3 万件，单位产品销售价格为 3 000元，总成本费用为 7 800 万元，其中固定成本 3 000 万元，总变动成本与产品产量成正比例关系。求以产量、生产能力利用率、单位产品销售价格、单位产品变动成本表示的盈亏平衡点。

解　首先计算单位产品变动成本：

$$C_v=\frac{(7\ 800-3\ 000)\times 10^4}{3\times 10^4}=1\ 600\ (\text{元/件})$$

盈亏平衡产量：

$$\mathrm{BEP}(Q)=\frac{3\ 000\times 10^4}{3\ 000-1\ 600}=21\ 400(\text{件})$$

盈亏平衡生产能力利用率：

$$BEP(\varphi)=\frac{3\ 000\times 10^4}{(3\ 000-1\ 600)\times 3\times 10^4}\times 100\%=71.43\%$$

盈亏平衡单位产品销售价格：

$$BEP(P)=1\ 600+\frac{3\ 000\times 10^4}{3\times 10^4}=2\ 600(\text{元/件})$$

盈亏平衡单位产品变动成本：

$$BEP(C_v)=3\ 000-\frac{3\ 000\times 10^4}{3\times 10^4}=2\ 000(\text{元/件})$$

通过计算盈亏平衡点，结合市场预测，可以对投资方案发生亏损的可能性作出大致判断。在例 6-1 中，如果未来的产品销售价格及生产成本与预期值相同，项目不发生亏损的条件是年销售量不低于 21 400 件，生产能力利用率不低于 71.43%；如果按设计生产能力生产并能全部销售，生产成本与预期值相同，项目不发生亏损的条件是产品销售价格不低于2 600元/件；如果销售量、产品价格与预期值相同，项目不发生亏损的条件是产品变动成本不高于2 000元/件。

以上盈亏平衡点分析采用的是完税价格和税后营业收入，如果采用的是含税价格和税前营业收入，设单位产品营业税金及附加为 t，则盈亏平衡方程变为：

$$PQ^* = C_f + C_v Q^* + tQ^* \tag{6-8}$$

公式(6-4)～式(6-7)变为：

$$\mathrm{BEP}(Q) = \frac{C_f}{P - C_v - t} \tag{6-9}$$

$$\mathrm{BEP}(\varphi) = \frac{\mathrm{BEP}(Q)}{Q_0} \times 100\% = \frac{C_f}{(P - C_v - t)Q_0} \times 100\% \tag{6-10}$$

$$\mathrm{BEP}(P) = C_v + \frac{C_f}{Q_0} + t \tag{6-11}$$

$$\mathrm{BEP}(C_v) = P - \frac{C_f}{Q_0} - t \tag{6-12}$$

【例6-2】 某项目年设计生产能力为15万件，每件产品价格为600元，单位变动成本为200元，单位产品税金为150元，年固定成本为1 800万元。求：

① 达到设计生产能力时的盈利(即最大利润)是多少？

② 以产量表示的盈亏平衡点和以生产能力利用率表示的盈亏平衡点各为多少？

③ 年利润为1 500万元时要求的年产量是多少？

④ 当市场需求为8万件时，企业可接受的最低销售单价为多少？如保持销售单价不变，此时可接受的最高单位变动成本为多少？

解 ① 最大利润：

$$E = PQ - C_v Q - tQ - C_f = 600 \times 15 - 200 \times 15 - 150 \times 15 - 1\,800 = 1\,950\text{(万元)}$$

② 产量表示的盈亏平衡点：

$$\mathrm{BEP}(Q) = \frac{C_f}{P - C_v - t} = \frac{1\,800}{600 - 200 - 150} = 7.2\text{(万件)}$$

生产能力利用率表示的盈亏平衡点：

$$\mathrm{BEP}(\varphi) = \frac{\mathrm{BEP}(Q)}{Q_0} \times 100\% = \frac{7.2}{15} \times 100\% = 48\%$$

③ 年利润为1 500万元时的年产量：

$$Q = \frac{C_f + E}{P - C_v - t} = \frac{1\,800 + 1\,500}{600 - 200 - 150} = 13.2\text{(万件)}$$

④ 企业可接受的最低销售单价：

$$\mathrm{BEP}(P) = C_v + \frac{C_f}{Q_0} + t = 200 + \frac{18\,000\,000}{80\,000} + 150 = 575\text{(元)}$$

企业可接受的最高单位变动成本：

$$\mathrm{BEP}(C_v) = P - \frac{C_f}{Q_0} - t = 600 - \frac{18\,000\,000}{80\,000} - 150 = 225\text{(元)}$$

三、互斥方案盈亏平衡分析

上述是对单个方案的盈亏平衡分析，通过BEP分析方案的盈利与亏损的可能性。当不确定性因素同时对两个互斥方案的经济效益产生影响时，就可以采用盈亏平衡分析方法，帮助互斥方案在不确定性条件下进行比选，也称优劣平衡分析。

设两个互斥方案的经济效益都受到某不确定性因素 x 的影响，把 x 看作一个变量，把两个方案的经济效益指标表示为 x 的函数：

$$E_1 = f_1(x)$$
$$E_2 = f_2(x)$$

式中，E_1，E_2分别为方案 1 和方案 2 的经济效益指标。当两个方案的经济效益相同时，有

$$f_1(x) = f_2(x)$$

从方程中解出 x 的值，即为方案 1 和方案 2 的优劣平衡点，也就是决定这两个方案优劣的临界点。结合对不确定性因素 x 未来取值范围的预测，就可以作出相应的决策。

【例 6-3】 某企业生产某种产品有三种工艺方案，采用方案 1 时，年固定成本为 800 万元，单位产品变动成本为 10 元；采用方案 2 时，年固定成本为 500 万元，单位产品变动成本为 20 元；采用方案 3 时，年固定成本为 300 万元，单位产品变动成本为 30 元。分析这三种方案的适用生产规模。

解　三个方案的年总成本均可表示为产量 Q 的函数：

$$TC_1 = C_{f1} + C_{v1}Q = 800 + 10Q$$
$$TC_2 = C_{f2} + C_{v2}Q = 500 + 20Q$$
$$TC_3 = C_{f3} + C_{v3}Q = 300 + 30Q$$

各方案的年总成本函数曲线如图 6-3 所示。由图可以看出，三条成本线分别相交于 L、M、N 三点，其中 M 点对应的 Q_M 产量是方案 2 和方案 3 的优劣分界点；同理，Q_L 是方案 1 和方案 3 的优劣分界点；Q_N 是方案 1 和方案 2 的优劣分界点。将成本方程两两联立，可以求解出 $Q_M = 20$ 万件，$Q_L = 25$ 万件，$Q_N = 30$ 万件。

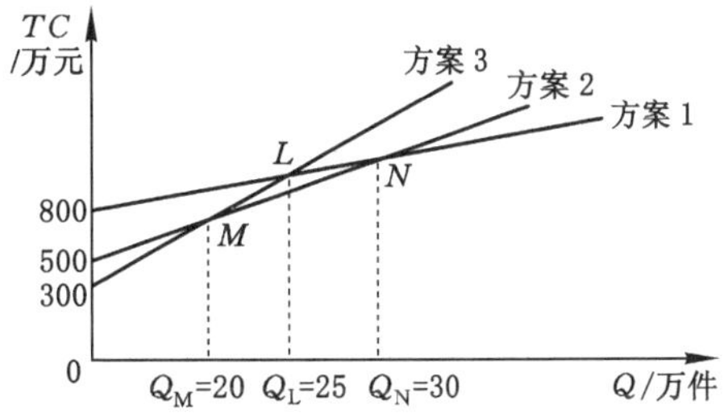

图 6-3　各方案年总成本函数曲线

显然，当预期产量低于 20 万件时，应采用方案 3；当产量在 20 万～30 万件时，应选择方案 2；当产量高于 30 万件时，方案 1 最好。

例 6-3 中采用产量作为优劣平衡分析的共有变量。根据实际需要，也可以用投资额、产品价格、经营成本、贷款利率、项目寿命期、期末固定资产余值、折现率等作为分析的共有变量，用净现值、净年金、内部收益率等动态指标衡量和比较方案的经济效益。

【例 6-4】 某工厂为加工一种产品，有 A、B 两种设备供选用，两种设备的投资及加工费见表 6-1。基准收益率为 12%。试问：

① 使用年限均为 8 年，每年产量为多少时，选用 A 设备有利？

② 年产量均为 13 000 个，设备使用年限多长时，选用 A 设备有利？

表 6-1　两种设备的投资及加工费

设备	初始投资/万元	加工费/(元/个)
A	2 000	800
B	3 000	600

解 ① 此问求 A、B 两种设备的产量优劣平衡点，考虑资金的时间价值，两种方案的年固定成本为：

$$TFC_A = 2\ 000(A/P,12\%,8)$$
$$TFC_B = 3\ 000(A/P,12\%,8)$$

根据优劣平衡点的定义，有 $TC_A = TC_B$，则

$$TFC_A + 800Q = TFC_B + 600Q$$

即 $$2\ 000(A/P,12\%,8) + 800Q = 3\ 000(A/P,12\%,8) + 600Q$$

解得：$Q = 1.006\ 5$ 万个/年

因此，当产量小于 1.006 5 万个/年时，选用 A 设备有利。

② 此问分析的不确定性因素是使用年限 n，由 $TC_A = TC_B$ 得：

$$2\ 000(A/P,12\%,n) + 800\times1.3 = 3\ 000(A/P,12\%,n) + 600\times1.3$$

化简得：$(A/P,12\%,n) = 0.26$

解得：$n = 5.46$ 年

因此，当设备的使用年限小于 5.46 年时，选用 A 设备有利。

【例 6-5】 某企业生产两种产品分别是 X 与 Y，可以采用三种设备 A、B、C 进行生产，三种设备可视为三个互斥方案，其每月的生产费用如表 6-2 所列。产品 X 的单价为 12 元，Y 的单价为 16 元。假如产品 X 与 Y 的月销售量是不确定性因素，应如何选择生产设备？

表 6-2 互斥方案的生产费用 单位：元

设 备	固定费用/元	单位变动费用/(元/件)	
		X 产品	Y 产品
A	20 000	7	11
B	30 000	3	11
C	70 000	3	5

解 采用优劣平衡分析方法比选互斥方案，设 x 与 y 分别是产品 X 与 Y 的月销售量，各设备生产产品的每月平均盈利分别为 G_A、G_B、G_C，则

$$G_A = (12-7)x + (16-11)y - 20\ 000$$
$$G_B = (12-3)x + (16-11)y - 30\ 000$$
$$G_C = (12-3)x + (16-5)y - 70\ 000$$

三个方案分别进行两两比较，当方案优劣平衡时，即两方案设备生产产品的月平均盈利相等，可以求得两方案的优劣平衡方程：

$$G_A = G_B,\ G_B = G_C,\ G_A = G_C$$

将 G_A、G_B、G_C 代入并简化，得

$$\begin{cases} x = 2\ 500 \\ y = 6\ 667 \\ 4x + 6y = 50\ 000 \end{cases}$$

将上述方程作成图 6-4 所示的优劣平衡线。

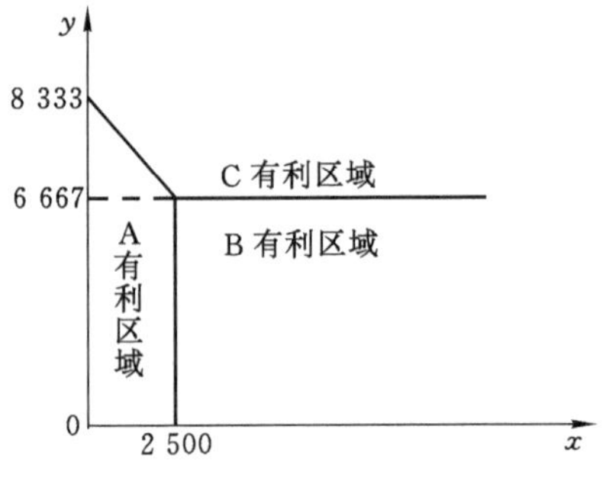

图 6-4 优劣平衡线

图 6-4 分成三个区域。B 有利区域是指：当不确定性因素 x 与 y 落在该区域时，由于此时 $G_B>G_C$，$G_B>G_A$，因此采用 B 设备最优；同理，A 有利区域是指采用 A 设备最优；C 有利区域是指采用 C 设备最优。

因此，有了优劣平衡图，当产品 X 与 Y 的销售量互相独立时，对不同的销售量 x 和 y 采用何种设备便可以一目了然。

四、非线性盈亏平衡分析

在实际生产经营过程中，投资项目的产品价格与成本不一定是常数。例如，当项目的产量在市场中占有较大的比例时，其产量的高低可能明显影响市场供求关系，使市场价格随产量的变化而变化，此时营业收入与产量的关系呈非线性关系。同样，变动成本在不同的生产规模下也不一定是保持不变的，如原材料价格可能与采购数量有关，一些辅助性生产费用随产量变化而呈梯形分布，这些成本通常称为半变动成本。因此，总成本函数与产量的关系也可能是非线性关系。当营业收入函数与成本函数都是非线性函数时，盈亏平衡分析称为非线性盈亏平衡分析，可用图 6-5 表示。

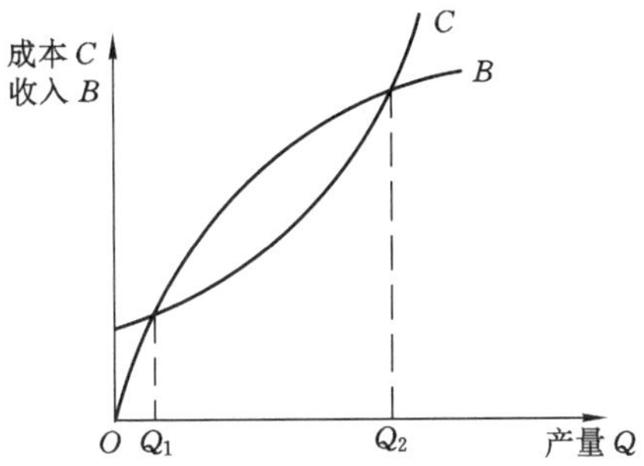

图 6-5 非线性盈亏平衡图

在图 6-5 中，当产量小于 Q_1 或大于 Q_2 时，项目都处于亏损状态，盈利区域所对应的产量范围为：$Q_1<Q<Q_2$。由于利润 $\pi=B-C$，所以利润最大时的产量可由下式给出：

$$\frac{d\pi}{dQ}=\frac{dB}{dQ}-\frac{dC}{dQ}=0 \tag{6-13}$$

【例 6-6】 某公司拟投资生产一种新产品，预计该产品的年营业收入 $B=3\ 100Q-0.6Q^2$，年总成本 $C=3\ 187\ 500+600Q-0.2Q^2$。试确定该项目的盈亏平衡点。

解 当达到盈亏平衡点时，$B=C$，即

$$3\ 100Q-0.6Q^2=3\ 187\ 500+600Q-0.2Q^2$$

$$0.4Q^2-2\ 500Q+3\ 187\ 500=0$$

解上述方程可得：$Q_1=1\ 785$ 件，$Q_2=4\ 465$ 件，即当 $1\ 785<Q<4\ 465$ 时，该项目可实现盈利。

利润最大时的产量可由式(6-13)求出，即 $Q=3\ 125$ 件。

五、盈亏平衡分析的评价

盈亏平衡分析是对拟建项目进行不确定性分析的方法之一。这是因为，一方面需要对项目的一些主要参数如销售量(产量)、销售价格和成本等作出决定，而另一方面某些经济数据(如总投资、收益率等)还不易确定。因此，用盈亏平衡分析法粗略地对高度敏感的销售量(产量)、销售价格、成本和利润等因素进行分析，有助于确定项目的各项经济指标，了解项目可能承担风险的程度。

盈亏平衡分析除了有助于确定项目的合理生产规模外，还可以用于对设备不同(生产能力不同)、工艺流程不同的方案进行选择。设备生产能力的变化会引起固定成本的变化，

同样,工艺流程的变化则会影响单位产品的可变成本。当采用技术上先进的工艺流程时,由于效率提高,原材料和劳动力都会有所节约而使单位产品的可变成本降低。所以,通过对这些参数值的计算,可以为方案选择提供有用的信息。

盈亏平衡分析不仅可用于多个互斥项目的优选,而且还可用于具有多个不确定性因素的多个互斥项目的比较和分析。

盈亏平衡分析的缺点有两个:一是它建立在生产量等于销售量的基础上,即产品能全部销完而无积压;二是它所用的一些数据是以类似厂家正常生产年份的历史数据修正得出的,其精确度不高。因此,盈亏平衡分析最适合用于现有项目的短期分析。由于建设项目是一个长期的过程,所以用盈亏平衡分析很难得到一个全面的结论。

尽管盈亏平衡分析存在上述缺点,但由于它计算简单和可直接对项目的关键因素(盈利性)进行分析,因此,至今仍作为项目不确定性分析的方法之一而被广泛采用。

第三节 敏感性分析

一、敏感性分析的概念

敏感性分析(sensitivity analysis)是分析各种不确定性因素变化一定幅度时(或者变化到何种幅度)对方案经济效益的影响程度(或者改变对方案的选择)。把不确定性因素当中对方案经济效益影响程度较大的因素,称为敏感性因素。

敏感性分析可提高对建设项目经济效益评价的准确性和可靠性。通过敏感性分析,可研究相关因素变动时引起经济效益评价指标的变动幅度,区别不同项目方案的敏感性大小,以便选取敏感性小的方案,减小项目的风险性。

二、敏感性分析的一般步骤

1. 选定不确定性因素,设定其变化范围

影响项目方案经济效益的因素众多,不可能也没有必要对全部不确定性因素逐个进行分析。在选定需要分析的不确定性因素时,可从两个方面考虑:① 这些因素在可能的变化范围内,对投资效果影响较大;② 这些因素发生变化的可能性较大。通常设定的不确定性因素有:产品价格、产量,项目总投资、年经营成本,项目寿命期、建设期及达产期,基准收益率,主要原材料和动力的价格等。

2. 确定分析指标

由于投资效果可用多种指标表示,在进行敏感性分析时,首先必须确定分析指标。一般而言,经济评价指标体系中的一系列评价指标,都可以成为敏感性分析指标。在选择时,应根据经济评价深度和项目的特点选择一种或两种评价指标进行分析。需要注意的是,选定的分析指标必须与确定性分析的评价指标相一致,这样便于进行对比说明问题。在技术经济分析评价实践中,最常用的敏感性分析指标有净现值和内部收益率。

3. 计算因素变动对分析指标影响的数量结果

假定其他设定的不确定性因素不变,一次仅变动一个或几个不确定性因素,重复计算各种可能的不确定性因素的变化对分析指标影响的具体数值;然后采用敏感性分析计算表或分析图的形式，把不确定性因素的变动与分析指标的对应数量关系反映出来，以便于测定敏感因素。

不确定性因素对经济评价指标影响程度的大小用敏感度系数 S_k 表示。敏感度系数是项目经济效益评价指标的变化率与不确定性因素的变化率之比，其计算公式为：

$$S_k = \frac{\Delta V_k}{\Delta x_k} \tag{6-14}$$

式中　ΔV_k——评价指标的变化率；

Δx_k——不确定性因素的变化率。

当 $S_k>0$ 时，表示评价指标与不确定性因素同方向变化；当 $S_k<0$ 时，表示评价指标与不确定性因素反方向变化。敏感度系数 S_k 绝对值越大，其敏感度越高，表明项目经济效益对该不确定性因素敏感度高，提示应重视该不确定性因素对项目经济效益的影响。

4. 确定敏感因素

敏感因素是指能引起分析指标产生相应较大变化的因素。测定某特定因素敏感与否，可采用两种方式进行。第一种是相对测定法，即设定要分析的因素均从基准值开始变动，且各因素每次变动幅度相同，比较在同一变动幅度下各因素的变动对经济效益指标的影响，就可以判别出各因素的敏感程度。相对测定法具体的评判方法是：斜率越大越敏感。第二种是绝对测定法，即设定各因素均向降低投资效果的方向变动，并设该因素达到可能的“最坏”值，然后计算在此条件下的经济效益指标是否已达到使项目在经济上不可取的程度，如果项目已不能接受，则该因素就是敏感因素。绝对测定法的一个变通方式是先设定有关经济效益指标为其临界值，如令净现值等于零，令内部收益率为基准折现率，然后求各因素的最大允许变动幅度，并与其可能出现的最大允许变动幅度相比较，如果某因素可能出现的变动幅度超过最大允许变动幅度，则表明该因素是敏感因素。绝对测定法的评判方法是：敏感度系数的绝对值越大越敏感。

5. 结合确定性分析进行综合评价，选择可行的比选方案

根据敏感因素对项目方案评价指标的影响程度，结合确定性分析的结果作出进一步的综合评价，寻求对主要不确定性因素变化不敏感的比选方案。

在项目方案分析比较中，对主要不确定性因素变化不敏感的方案，其抵抗风险能力比较强，获得满意经济效益的潜力比较大，优于敏感方案，应优先考虑接受。有时，还根据敏感性分析的结果，采取必要的调控对策。

敏感性分析可以分为单因素敏感性分析和多因素敏感性分析。单因素敏感性分析是假定只有一个不确定性因素发生变化，其他因素不变；多因素敏感性分析是在不确定性因素两个或多个同时变化时，分析对方案经济效益的影响程度。

三、敏感性分析的用途

敏感性分析是显示项目的经济效益对各项因素变动的敏感程度，是对投资项目可靠性进行检验的一种手段。其主要用途有以下几点：

（1）比较选择方案。通过各投资方案的敏感性分析，比较敏感程度大小，可以选择敏感程度小，即风险小的投资方案。

（2）调整完善方案。对于经济效益好而敏感程度大的方案，可以吸取其他方案的优点，

调整完善方案，力求减少风险。

(3) 控制不利因素。通过全面了解主要因素变化引起项目经济评价指标变动的情况，从而掌握风险程度，积极采取措施，控制不利因素，以减少或避免风险。

四、敏感性分析的方法

1. 单因素敏感性分析

单因素敏感性分析是假设各个不确定性因素之间相互独立，每次只选择一个因素，其他因素保持不变，分析这个可变因素对经济评价指标的影响程度和敏感程度。

以下通过实例应用说明单因素敏感性分析方法的步骤和要点。

【例 6-7】 某矿山公司发现一种矿石，可采储量约 3 亿 t。该公司欲投资开采这种矿石，估计需要投资 7.2 亿元(设在 1 年内建成)，年产销量估计为 1 000 万 t，矿石价格估计为 60 元/t，年经营成本为 3.2 亿元。为简便起见，这里假设其他现金流量为 0。若该公司要求基准收益率为 15%，矿石储量、投资额和矿石价格均为不确定性因素，试就这三个不确定性因素进行单因素敏感性分析：

① 分析各因素的变化对项目经济效益的影响；

② 确定敏感因素。

解 选择净现值作为分析指标，并设矿石储量、投资额和矿石价格作为不确定性因素时的净现值分别记为 NPV_1、NPV_2、NPV_3(单位：亿元)，矿石储量、投资额和矿石价格的变化率分别记为 X、Y、Z，则净现值的计算式为：

$$NPV_1 = -7.2 + (0.1\times 60 - 3.2)[P/A, 15\%, 3\times(1+X)\div 0.1]$$
$$= -7.2 + 2.8\times[P/A, 15\%, 30\times(1+X)]$$

$$NPV_2 = -7.2\times(1+Y) + (0.1\times 60 - 3.2)(P/A, 15\%, 3\div 0.1) = 11.18 - 7.2Y$$

$$NPV_3 = -7.2 + [0.1\times 60\times(1+Z) - 3.2](P/A, 15\%, 3\div 0.1) = 11.18 + 39.396Z$$

令变化率 X、Y、Z 均取值 0、±10%、±20%，得净现值如表 6-3 所列。

表 6-3 某矿石开采项目的敏感性分析表

变化率	−20%	−10%	0	+10%	+20%
因素	净现值/亿元				
矿石储量	10.81	11.04	11.18	11.28	11.34
投资额	12.62	11.90	11.18	10.46	9.74
矿石价格	3.31	7.25	11.18	15.12	19.06

根据表 6-3 中的数据，画出敏感性分析图，如图 6-6 所示。由图可以看出，矿石价格是最敏感的因素，其他两个因素的变化对净现值的影响不大。

另外，由图 6-6 中还可以看出，各因素在±20%范围内变化时，净现值都大于 0，项目均可行。而且经过计算可得，敏感因素矿石价格的最大允许下降幅度为 28.4%，在市场价格波动不大的情况下，该项目的风险比较小。当然，经营者必须密切关注价格的变化，并防止价格下降的幅度超过临界值。

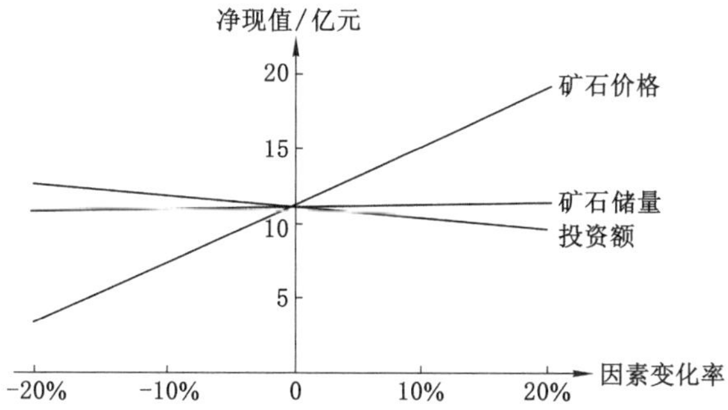

图 6-6　某矿石开采项目的敏感性分析图

2. 多因素敏感性分析

如果考虑每次变动的不确定性因素超过一个，这就成为多因素敏感性分析。多因素敏感性分析要考虑各种不确定性因素可能发生的不同变化幅度的多种组合。多因素的组合关系有多种，分析起来非常困难，通常情况下，多因素敏感性分析假定同时变动的因素是相互独立的。

【例 6-8】 某项目固定资产投资为 1 500 万元，年营业收入为 300 万元，年经营费用 45 万元，项目寿命期为 10 年，固定资产残值为 50 万元，基准收益率 $i_0=10\%$。试对该项目的净现值进行敏感性分析(关键的不确定性因素为投资和年营业收入)。

解　设 x 表示投资变化率，y 表示年营业收入变化率，则

$$NPV(10\%)=-1\,500(1+x)+300(1+y)(P/A,10\%,10)-45(P/A,10\%,10)+50(P/F,10\%,10)=86.15-1\,500x+1\,843.38y$$

如果 $NPV(10\%)>0$，则 $86.15-1\,500x+1\,843.38y>0$，化简得：

$$y>-0.046\,7+0.813\,7x$$

把上述不等式绘于投资变化率 x 和年营业收入变化率 y 的平面图上(见图 6-7)，直线 $y=-0.046\,7+0.813\,7x$ 为临界线，即 $NPV(10\%)=0$，临界线以上的区域 $NPV(10\%)>0$。临界线以下的区域 $NPV(10\%)<0$。

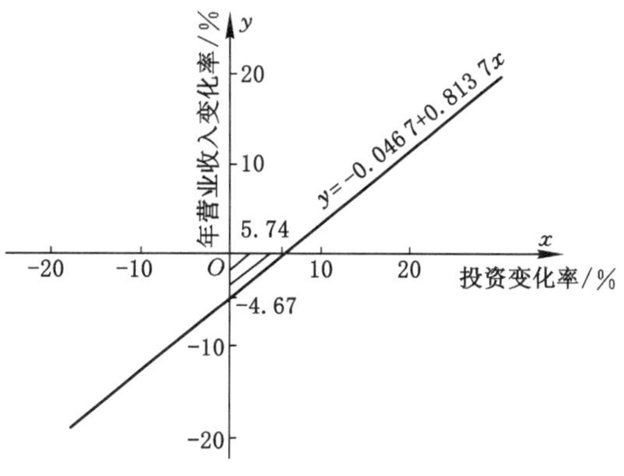

图 6-7　双因素敏感性分析

本例中，要保持项目 $NPV(10\%)>0$，能满足此要求的投资增加变化率、年营业收入减少变化率的范围为图中阴影部分，此区域比较小，说明项目对两个影响因素的变动都较为敏感，项目的风险比较大；反之，若形成的阴影区域较大，则项目的风险较小。

由 $NPV(10\%)=86.15-1\ 500x+1\ 843.37y$ 还可以看出，y 的系数为 1 843.37，x 的系数为 $-1\ 500$，即年营业收入增加 1%，NPV 增加 18.43 万元，投资增加 1%，NPV 减少 15 万元，项目对年营业收入的变化更为敏感。因此，进行双因素敏感性分析时，可以比较经济指标计算公式两个变量前的系数，系数的绝对值越大，说明该变量对经济指标的影响越大。

如果把同时发生变化的因素扩大到三个，则需要列出三维的敏感性分析数学表达式，但也可以用降维的方法简单地表示。

五、敏感性分析的评价

敏感性分析能够指明不确定性因素变动对项目经济效益的影响，有助于确定项目对因素的不利变动所能承受的风险程度，有助于鉴别哪些是敏感性因素并能够尽早地加以关注，针对敏感性因素制定管理和应变的措施，以达到尽量降低风险、提高决策可靠性的目的。

敏感性分析的局限性在于，没有考虑各因素发生变动的可能性有多大。敏感性分析假定各因素在未来的变动率相等，这并不完全符合实际。在实际中，各不确定性因素发生相应变动的概率不尽相同，两个同样敏感的因素，只有发生的可能性较大的因素才能给项目带来更大的风险，这是敏感性分析无法解决的问题，只能求助于概率分析方法。

第四节　概 率 分 析

一、概率分析及其步骤

概率分析(probabilistic analysis)是研究各种不确定性因素按一定概率值变动时对项目方案经济评价指标影响的一种定量分析方法。其目的是在不确定情况下为投资项目方案的决策提供科学依据。

概率分析的关键是确定各种不确定性因素变动的概率。概率分析的内容应该根据经济评价的要求和项目方案的特点确定。一般是计算项目方案某个确定性分析指标(如净现值)的期望值；计算使方案可行时指标取值的累计概率；通过模拟法测算分析指标的概率分布等。概率分析所选定的分析指标，应与确定性分析的评价指标一致。

概率分析一般按下列步骤进行：

(1) 选定需要进行概率分析的不确定性因素，通常有产品价格、销售量、主要原材料价格以及投资额等。针对项目的不同情况，通过敏感性分析，选择最为敏感的因素作为概率分析的不确定性因素。

(2) 确定概率分析的指标。通常以内部收益率、净现值等作为评价指标。

(3) 预测不确定性因素变化的取值范围及概率分布。在单因素概率分析中，设定一个因素变化，其他因素均不变化，即只有一个自变量；在多因素概率分析中，设定多个因素同时变化，对多个自变量进行概率分析。

(4) 根据测定的不确定性因素取值和概率分布，计算评价指标的相应取值和概率分布。

(5) 计算评价指标的期望值和项目可接受的概率。

(6) 分析计算结果，判断其可接受性，研究减轻和控制不利影响的措施。

二、投资方案经济效益的概率描述

严格来讲，影响方案经济效益的大多数因素都是随机变量，我们可以预测其未来可能的取值范围，估计各种取值或值域发生的概率，但不可能肯定地预知它们取什么值。

要完整地描述一个随机变量，需要确定其概率分布的类型和参数。在经济分析评价中使用最普遍的是均匀分布与正态分布。

1. 经济效益的期望值

投资方案经济效益的期望值是指在一定概率分布下，投资效果所能达到的概率平均值。期望值的一般表达式为：

$$E(x)=\sum_{i=1}^{n}x_iP_i \tag{6-15}$$

式中　$E(x)$——变量 x 的期望值，变量可以是各分析指标；

P_i——变量 x_i 的取值概率。

【例 6-9】 某方案的净现值及其概率如表 6-4 所列，试计算该方案净现值的期望值。

表 6-4　某方案的净现值及其概率

净现值/万元	23.5	26.2	32.4	38.7	42	46.8
概率	0.1	0.2	0.3	0.2	0.1	0.1

解　$E(NPV)=23.5\times0.1+26.2\times0.2+32.4\times0.3+38.7\times0.2+42\times0.1+46.8\times0.1$

$=31.68$(万元)

即该方案净现值的期望值为 31.68 万元。

2. 经济效益的标准差

标准差反映了一个随机变量(如经济效益)实际值与其期望值偏离的程度。这种偏离在一定意义上反映了投资方案风险的大小。标准差的一般计算公式为：

$$\sigma(x)=\sqrt{\sum_{i=1}^{n}P_i\left[x_i-E(x)\right]^2} \tag{6-16}$$

式中　$\sigma(x)$——变量 x 的标准差。

【例 6-10】 利用例 6-9 中的数据，试计算该方案的净现值的标准差。

解　$\sum_{i=1}^{n}P_i\left[x_i-E(x)\right]^2$

$=0.1\times(23.5-31.68)^2+0.2\times(26.2-31.68)^2+0.3\times(32.4-31.68)^2+$
$0.2\times(38.7-31.68)^2+0.1\times(42-31.68)^2+0.1\times(46.8-31.68)^2$

$=56.22$

$\sigma(x)=\sqrt{56.22}=7.498$(万元)

3. 经济效益的离散系数

标准差虽然可以反映随机变量的离散程度，但它是一个绝对量，其大小与变量的数值及其期望值大小有关。一般而言，变量的期望值越大，其标准差也越大。特别是需要对不同方案的风险程度进行比较时，标准差往往不能准确反映风险程度的差异。为此引入另一个指标——离散系数，它是标准差与期望值之比，即

$$C=\frac{\sigma(x)}{E(x)} \tag{6-17}$$

由于离散系数是一个相对量，不会受变量和期望值的绝对值大小的影响，所以能更好地反映投资方案的风险程度。

当对两个投资方案进行比较时，如果期望值相同，则标准差较小的方案风险较低；如果两个方案的期望值与标准差均不相同，则离散系数较小的方案风险较低。

三、投资方案的概率分析

概率分析的基本原理是在对参数值进行概率估计的基础上，通过投资效果指标的期望值、累计概率、标准差及离散系数来反映方案的风险程度。

在对投资方案进行不确定性分析时，有时需要估算方案经济效益指标发生在某一范围的可能性。例如，净现值大于或等于零的累计概率越大，表明方案的风险越小；反之，则风险越大。

【例 6-11】 某投资方案经济参数及其概率分布如表 6-5 所列，假设市场特征已定，试求：

① 净现值大于或等于零的概率；

② 净现值大于 50 万元的概率；

③ 净现值大于 80 万元的概率。

表 6-5　某投资方案经济参数值及其概率

投资额/万元		年净收入/万元		折现率		寿命期/年	
数值	概率	数值	概率	数值	概率	数值	概率
120	0.3	20	0.25	10%	1.00	10	1.00
150	0.5	28	0.40				
175	0.2	33	0.20				
		36	0.15				

解　根据经济参数的不同数值，共有 12 种可能的组合状态，每种状态的组合概率及所对应的净现值计算结果如表 6-6 所列。

表 6-6　某投资方案所有组合状态的概率及净现值

组合	投资/万元	175				150				120			
	年净收入/万元	20	28	33	36	20	28	33	36	20	28	33	36
组合概率		0.05	0.08	0.04	0.03	0.125	0.20	0.10	0.075	0.075	0.12	0.06	0.045
净现值/万元		−52.12	−2.97	27.75	46.18	−27.12	22.03	52.75	71.18	2.88	50.03	82.75	101.18

以投资 175 万元为例计算：

年净收入为 20 万元：组合概率为两者概率之积，即 $0.2\times0.25=0.05$

$$\text{净现值}=-175+20(P/A,10\%,10)=-52.12(\text{万元})$$

年净收入为 28 万元：组合概率 $=0.2\times0.40=0.08$

$$\text{净现值}=-175+28(P/A,10\%,10)=-2.97(\text{万元})$$

以此类推，可以得出表 6-6 中其他的数据。

将表 6-6 中数据按净现值大小重新排列，可进行累计概率分析，如表 6-7 所列。

表 6-7　净现值累计概率分布

净现值/万元	−52.12	−27.12	−2.97	2.88	22.03	27.75	46.18	50.03	52.75	71.18	82.75	101.18
概率	0.05	0.125	0.08	0.075	0.20	0.04	0.03	0.12	0.10	0.075	0.06	0.045
累计概率	0.05	0.175	0.255	0.33	0.53	0.57	0.60	0.72	0.82	0.895	0.955	1.00

根据表 6-7 可以得出：

① 净现值大于或等于零的概率为：

$$P(NPV\geqslant0)=1-0.255=0.745$$

② 净现值大于 50 万元的概率为：

$$P(NPV>50)=1-0.60=0.40$$

③ 净现值大于 80 万元的概率为：

$$P(NPV>80)=1-0.895=0.105$$

上述分析是在已知参数的概率分布条件下进行的。然而，在实际投资评价中，往往会遇到缺少足够的信息来判断参数的概率分布，或者概率分布无法用典型分布来描述。在这种情况下，可采用蒙特卡罗模拟方法对方案进行风险分析。

概率分析对不确定性因素发生变化以及由此带来的风险的可能性大小做了更为详细的定量描述，从而使决策者能够对项目的风险水平作出比较准确的判断。通过计算和比较方案经济效益的期望值、标准差和离差系数，概率分析能给决策者提供一个更加符合实际的风险决策模型。但是，应用于概率分析中的概率分布大多是靠历史经验预测出来的，不可避免地带有一定的主观随意性，因为未来的变化不会是历史事实的简单重复。因此，在实际运用概率分析方法对项目进行审查和决策时，要综合运用多种方法，做到尽量使估测接近实际。

第五节　风险决策

概率分析可以给出方案经济效果指标的期望值和标准差以及经济效果指标的实际值发生在某一区间的概率，为决策者在风险条件下决定方案取舍提供了依据。但是，概率分析并没有给出在风险条件下方案取舍的原则和多方案比选的方法，这需要通过风险决策来完成。风险决策(risk decision)就是在概率分析的基础上，明确风险决策的条件，确定风险决策的准则，根据风险与收益的辩证关系，寻求利益最大化、风险损失最小化的投资方案的决策。

一、风险决策的条件与准则

1. 风险决策的条件

(1) 存在决策者希望达到的目标(如收益最大或损失最小);

(2) 存在两个或两个以上的方案可供选择;

(3) 存在两个或两个以上不以决策者的主观意念为转移的自然状态(如不同的市场条件或者经营条件);

(4) 可以计算出不同方案在不同自然状态的损益值(损益值是对损失或收益的度量结果,在技术经济决策中即经济效果指标);

(5) 在可能出现的不同自然状态中,决策者不能肯定未来将出现哪种状态,但能确定每种状态出现的概率。

2. 风险决策的准则

要解决风险决策问题,首先要确定风险决策的准则,通常包括四个方面:满意度准则、期望值准则、最小方差准则和期望值方差准则。

(1) 满意度准则

在工程实践中,由于决策者理性的有限性和时空的限制,既不能找到一切方案,也不能比较一切方案,并非人们不喜欢"最优",而是取得"最优"的代价太高。因此,最优准则只存在于纯粹的逻辑推理中,在实践中只能遵循满意度准则进行决策。

满意度准则既可以是决策者想要达到的收益水平,也可以是决策者想要避免的损失水平,因此它对风险厌恶和风险偏爱决策者都适用。

当选择最优方案代价过高或在没有得到其他方案的有关资料之前,就必须决策的情况下,应采用满意度准则进行决策。

【例 6-12】 有 A、B、C 三个方案,在不同状态下的净现值见表 6-8。满意度准则为:① 可能的收益有机会至少为 16 万元;② 可能的损失不大于 8 万元。试选择最佳方案。

表 6-8 满意度准则风险决策 单位:万元

方案	状态 1 净现值	状态 2 净现值	状态 3 净现值
	概率 $P(1)=0.3$	概率 $P(2)=0.5$	概率 $P(3)=0.2$
A	20	12	−12
B	16	16	−10
C	12	12	−8

解 当按准则①选择方案时,方案 A 和方案 B 有等于或大于 16 万元的可能净现值,但方案 B 取得净现值 16 万元的概率更大一些,因此应选择方案 B。

当按准则②选择方案时,只有方案 C 的损失不超过 8 万元,所以应选择方案 C。

(2) 期望值准则

期望值准则是指根据各方案指标损益值的期望大小进行决策时,如果指标为越大越好的损益值,则应选择期望值最大的方案;如果指标为越小越好的损益值,则应选择期望值最小的方案。由于不考虑方案的风险，实际上隐含了风险中性的假设，所以只有当决策者风险态度为中性时，此准则才能适用。

【例 6-13】 对例 6-12 的决策问题，利用期望值准则进行决策，选择最佳方案。

解　期望值准则风险决策结果见表 6-9。

表 6-9　期望值准则风险决策结果

方案	各类方案的期望值
A	20×0.3+12×0.5−12×0.2=9.6(万元)
B	16×0.3+16×0.5−10×0.2=10.8(万元)
C	12×0.3+12×0.5−8×0.2=8(万元)

因此，应选择期望值最大的方案 B。

(3) 最小方差准则

一般而言，方案指标值的方差越大，方案的风险就越高。所以，风险厌恶决策者有时倾向于利用此准则选择风险较低的方案。最小方差准则是一种避免最大损失而不是追求最大收益的准则，具有保守的特点。

方差计算公式可表述如下：

$$\sigma^2 = \sum_{i=1}^{n} P_i[x_i - E(x)]^2 = \sum_{i=1}^{n} x_i^2 P_i - [E(x)]^2 \tag{6-18}$$

【例 6-14】 对例 6-12 的决策问题，利用最小方差准则进行决策，选择最佳方案。

解　最小方差准则风险决策结果见表 6-10。

表 6-10　最小方差准则风险决策结果

方案	各方案的方差
A	$20^2\times0.3+12^2\times0.5+(-12)^2\times0.2-9.6^2=128.64$
B	$16^2\times0.3+16^2\times0.5+(-10)^2\times0.2-10.8^2=108.16$
C	$12^2\times0.3+12^2\times0.5+(-8)^2\times0.2-8^2=64$

因此，应选择方差最小的方案 C。

(4) 期望值方差准则

期望值方差准则是指将期望值和方差通过风险厌恶系数 A 化为一个标准值 Q 进行决策的准则。其表达式如下：

$$Q = E(x) - A\sigma \tag{6-19}$$

风险厌恶系数 A 的取值为 0～1，越厌恶风险，A 取值越大。通过对 A 取值范围的调整，可以使 Q 值适合于任何风险偏好决策者。

【例 6-15】 对于例 6-12 的决策问题，利用期望值方差准则进行决策，选择最佳方案。

解　期望值方差准则风险决策结果见表 6-11。风险厌恶系数 A 取值为 0.7。

表 6-11　期望值方差准则风险决策结果

方案	各方案的 Q 值
A	$9.6-0.7\times\sqrt{128.64}=1.66$
B	$10.8-0.7\times\sqrt{108.16}=3.52$
C	$8-0.7\times\sqrt{64}=2.4$

因此，应选择 Q 值最大的方案 B。

可见，同一个决策问题，采用不同的决策准则，决策结果是不一样的，这正是风险决策最显著的特点。

二、风险决策方法

1. 决策树法

风险决策问题可以利用一种树形决策网络描述与求解，称为决策树法。它是在已知各种情况发生概率的基础上，通过构成决策树来求取净现值的期望值大于等于零的概率，评价项目风险、判断其可行性的决策分析方法。决策树法特别适用于多阶段决策分析。

决策树一般由决策点、方案枝、状态点、概率枝（见图 6-8）等组成，其绘制方法如下。

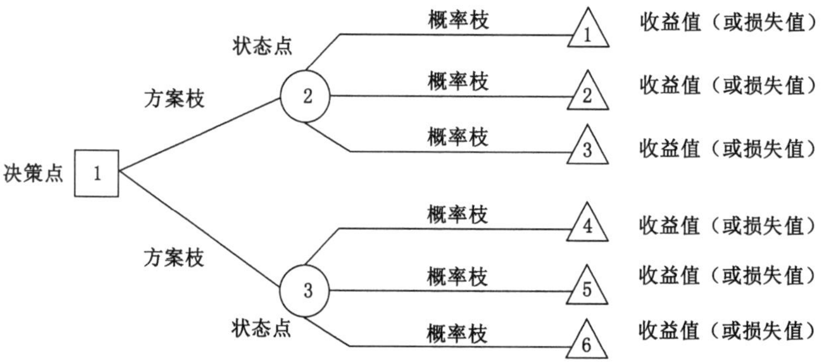

图 6-8　决策树的基本形式图

首先确定决策点，决策点一般用“□”表示；然后从决策点引出若干条直线，代表各方案，这些直线称为方案枝；方案枝后面连接一个“○”，称为状态点；从状态点画出的各条直线，称为概率枝，代表将来的不同状态；概率枝后面的“△”表示可能的结果点，代表各种自然状态下的可能结果。为了便于计算，对决策树中的“□”（决策点）、“○”（状态点）和“△”（可能的结果点）均进行编号，编号的顺序是从左到右、从上到下。

在绘制决策树时，应按照图的结构规范由左向右逐步绘制、逐步分析。其步骤如下：

(1) 以初始决策点为树根出发，从左至右分别选择决策点、方案枝、状态点、概率枝等，画出决策树；

(2) 从右至左逐步计算各状态点的期望收益值或期望损失值，将其数值标在各状态点上方；

(3) 在决策点将各状态点上的期望值加以比较，选取期望收益值最大的方案，对落选的方案要进行“剪枝”，即在效益差的方案枝上画上“//”符号，最后留下一条效益最好的方案。

【例 6-16】 某公司拟开发一种新产品，预计市场需求情况的概率为：销路好的概率为0.6，销路不好的概率为0.4，若前3年销路不好，则后7年销路必然不好。为了开发这种新产品，公司的投资决策部门设想了三种方案：方案1，建一个新车间，使用期为10年；方案2，对现有设备进行更新改造，既维持原来生产，又组成新产品的生产线，使用期为10年；方案3，前期与方案2相同，如果市场需求量大，3年后进行扩建，使用期为7年。该企业要求的收益率为10%。有关数据见表6-12。

表 6-12　项目收益表

方案	投资额/万元		年收益/万元			
	当前	3年后	前3年		后7年	
			销路好	销路不好	销路好	销路不好
1	240	—	80	−20	80	−20
2	120	—	30	20	30	20
3	120	180	30	20	90	20

解　① 根据题设条件，画出决策树，如图6-9所示。

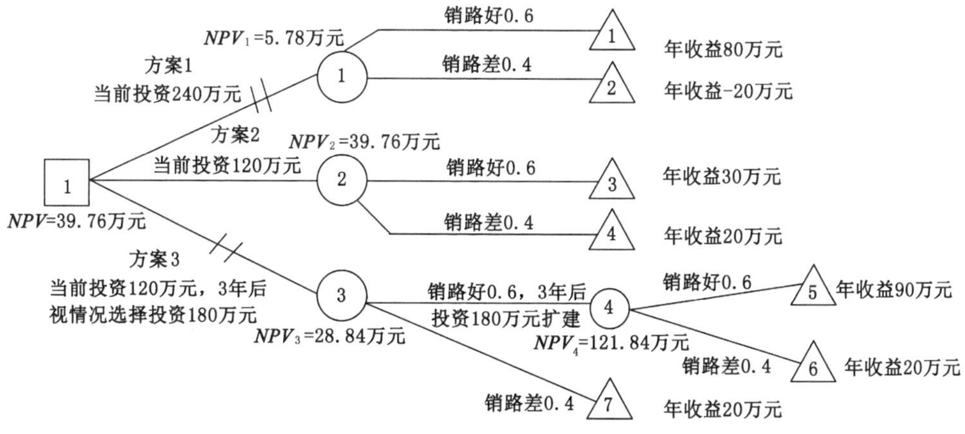

图 6-9　例 6-16 的决策树

② 计算各状态点的期望净现值。

状态点4的期望净现值(以第3年年末为基准时点)：

$NPV_4=90\times(P/A,10\%,7)\times0.6+20\times(P/A,10\%,7)\times0.4-180=121.84$(万元)

状态点3的期望净现值：

$$NPV_3=20\times(P/A,10\%,10)\times0.4+[30\times(P/A,10\%,3)+(0.6\times90+0.4\times20)\times(P/A,10\%,7)(P/F,10\%,3)-180\times(P/F,10\%,3)]\times0.6-120$$

$=28.84$(万元)

状态点 2 的期望净现值：

$$NPV_2=30\times(P/A,10\%,10)\times0.6+20\times(P/A,10\%,10)\times0.4-120=39.76(\text{万元})$$

状态点 1 的期望净现值：

$$NPV_1=80\times(P/A,10\%10)\times0.6+(-20)\times(P/A,10\%,10)\times0.4-240$$
$$=5.78(\text{万元})$$

③ 比较各方案的期望净现值，由选择期望净现值最大的方案可知应选择方案 2。

2. 蒙特卡罗模拟法

蒙特卡罗模拟法是随机模拟的一种形式，它利用随机数对各种可能结果进行选择。该方法要求生成多组随机数对各种方案进行考察，在实际工作中，利用计算机程序生成多组随机数是最有效的方法。

蒙特卡罗模拟的前提是用概率分布对受不确定性因素影响的参数加以描述。在模拟中，生成了大量的项目假想情况来反映实际项目的特征。每一个模拟（或重复）通过从一个风险变量的概率分布中抽取的一个随机数来代表该变量。通常需进行至少 100 次重复以建立整体项目的频率分布，然后利用统计方法计算其置信区间等；部分结果通常用累计频率曲线来表示，通过这些曲线可以较容易地得出一个特定工作按时完成的可能性。

【案例分析】

背景：某投资项目的设计生产能力为年产 10 万台某种设备，主要经济参数的估算值为：初始投资额为 1 200 万元，预计产品价格为 40 元/台，年经营成本为 170 万元，运营年限为 10 年，运营期末残值为 100 万元，基准收益率为 12%。

问题：

(1) 以财务净现值为分析指标，就项目的投资额、产品价格和年经营成本等因素进行敏感性分析。

(2) 绘制财务净现值随投资、产品价格和年经营成本等因素的敏感性曲线。

(3) 在保证项目可行的前提下，计算产品价格允许下浮的百分比。

解析：

问题(1)：

解题思路：先确定评价指标，然后明确影响因素，再计算单因素敏感度，最后给出结论。本题的评价指标：净现值；本题的影响因素：投资，产品价格，年经营成本。

① 计算初始条件下的项目净现值

$$FNPV_0=-1\,200+(40\times10-170)(P/A,12\%,10)+100\times(P/F,12\%,10)$$
$$=-1\,200+230\times5.650\,2+100\times0.322\,0=131.75(\text{万元})$$

② 分别对投资额、单位产品价格和年经营成本在初始值的基础上按照±10%、±20%的幅度变动，逐一计算出相应的净现值。

a. 投资额在±10%、±20%范围内变动

$$FNPV_{10\%}=-1\,200\times(1+10\%)+(40\times10-170)(P/A,12\%,10)+100(P/F,12\%,10)$$
$$=-1\,320+230\times5.650\,2+100\times0.322\,0=11.75(\text{万元})$$

$$FNPV_{20\%}=-1\,200\times(1+20\%)+230\times5.650\,2+100\times0.322\,0=-108.25(\text{万元})$$

$FNPV_{-10\%}=-1\ 200\times(1-10\%)+230\times5.650\ 2+100\times0.322\ 0=251.75$(万元)

$FNPV_{-20\%}=-1\ 200\times(1-20\%)+230\times5.650\ 2+100\times0.322\ 0=371.75$(万元)

b. 单位产品价格在±10%、±20%范围内变动

$FNPV_{10\%}=-1\ 200+[40\times(1+10\%)\times10-170](P/A,12\%,10)+100(P/F,12\%,10)$
$=-1\ 200+270\times5.650\ 2+100\times0.322\ 0=357.75$(万元)

$FNPV_{20\%}=-1\ 200+[40\times(1+20\%)\times10-170]\times5.650\ 2+100\times0.322\ 0$
$=-1\ 200+310\times5.650\ 2+100\times0.322\ 0=583.76$(万元)

$FNPV_{-10\%}=-1\ 200+[40\times(1-10\%)\times10-170]\times5.650\ 2+100\times0.322\ 0$
$=-1\ 200+190\times5.650\ 2+100\times0.322\ 0=-94.26$(万元)

$FNPV_{-20\%}=-1\ 200+[40\times(1-20\%)\times10-170]\times5.650\ 2+100\times0.322\ 0$
$=-1\ 200+150\times5.650\ 2+100\times0.322\ 0=-320.27$(万元)

c. 年经营成本±10%、±20%变动

$FNPV_{10\%}=-1\ 200+[40\times10-170\times(1+10\%)](P/A,12\%,10)+100\times(P/F,12\%,10)$
$=-1\ 200+213\times5.650\ 2+100\times0.322\ 0=35.69$(万元)

$FNPV_{20\%}=-1\ 200+[40\times10-170\times(1+20\%)]\times5.650\ 2+100\times0.322\ 0$
$=-1\ 200+196\times5.650\ 2+100\times0.322\ 0=-60.36$(万元)

$FNPV_{-10\%}=-1\ 200+[40\times10-170\times(1-10\%)]\times5.650\ 2+100\times0.322\ 0$
$=-1\ 200+247\times5.650\ 2+100\times0.322\ 0=227.80$(万元)

$FNPV_{-20\%}=-1\ 200+[40\times10-170\times(1-20\%)]\times5.650\ 2+100\times0.322\ 0$
$=-1\ 200+264\times5.650\ 2+100\times0.322\ 0=323.85$(万元)

将计算结果列于表 6-13 中。

表 6-13 单因素敏感性分析表

变化幅度	−20%	−10%	0	10%	20%	平均+1%	平均−1%
因素	净现值/万元						
投资额	371.75	251.75	131.75	11.75	−108.25	−9.11%	−9.11%
单位产品价格	−320.27	−94.26	131.75	357.75	583.76	17.15%	−17.15%
年经营成本	323.85	227.80	131.75	35.69	−60.36	−7.29%	7.29%

由表 6-13 可以看出:

① 在变化率相同的情况下,单位产品价格的变动对净现值的影响最大。当其他因素均不发生变化时,单位产品价格每下降 1%,净现值下降 17.15%。

② 对净现值影响次大的因素是投资额。当其他因素均不发生变化时,投资额每上升 1%,净现值下降 9.11%。

③ 对净现值影响最小的因素是年经营成本。当其他因素均不发生变化时,年经营成本每增加 1%,净现值下降 7.29%。

综上所述,净现值对各个因素敏感程度的排序是:单位产品价格、投资额、年经营本。最敏感的因素是产品价格。

问题(2):

财务净现值对各因素的敏感性曲线如图 6-10 所示。财务净现值对单位产品价格最敏感,其次是投资额和年经营成本。

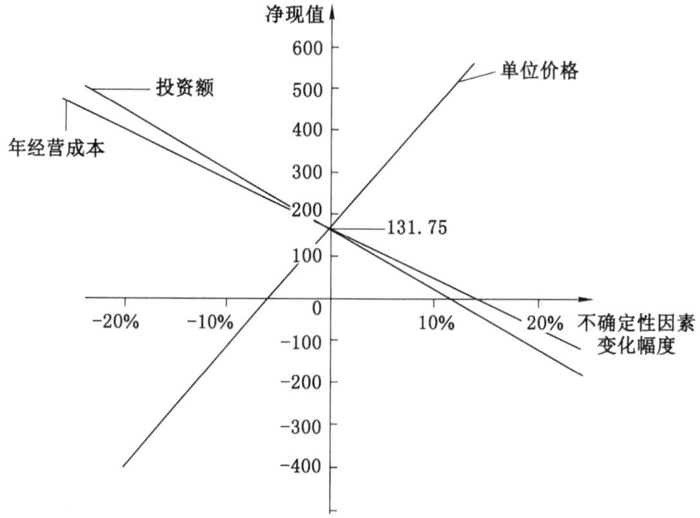

图 6-10 财务净现值对各因素的敏感性曲线

问题(3):

要想项目可行,则净现值应大于等于 0,所以要计算出净现值为 0 时所对应的单位产品价格的变化率。

方法一:357.75 ∶ 131.75 = (X+10%) ∶ X

X=5.83%

即该产品价格的临界值为−5.83%,即最多下浮 5.83%。

方法二:当价格降低幅度为多少时,$FNPV=0$

即 $0=-1\,200+[40\times(1-X)\times10-170](P/A,12\%,10)+100(P/F,12\%,10)$

解得:X=5.83%

结论:

① 当价格变动大于−5.83%时,财务净现值就小于 0,方案不可行;

② 当价格变动小于−5.83%时,财务净现值就大于 0,方案则可行;

③ 当净现值等于 0 时所对应的点为临界点。

(摘自王付宇、汪和平、王治国主编:《工程造价典型案例分析》,机械工业出版社,2021)

思考与练习题

一、思考题

1. 何谓不确定性分析?为什么要进行不确定性分析?

2. 试述盈亏平衡分析的基本原理。

3. 哪些因素变化会影响盈亏平衡点的位置？

4. 什么是敏感性分析？为什么要进行敏感性分析？敏感性分析包括哪几个步骤？

5. 什么是敏感性系数？如何计算？

6. 如何进行概率分析？

7. 敏感性分析与概率分析的目的有何不同？

8. 风险决策的准则是什么？

9. 确定性分析与不确定性分析各自解决的问题是什么？它们有什么关联？

二、练习题

1. 某设计方案年产量为12万t，已知每吨产品的销售价格为675元，每吨产品缴付的营业税税金为165元，单位可变成本为250元，年总固定成本是1 500万元。试求以产量、生产能力利用率、销售价格和单位产品可变成本表示的盈亏平衡点和允许降低(增加)率，并分析其风险性大小。

2. 某产品单位售价为750元，单位产品可变成本为500元，固定成本总额为100 000元，按营业收入征税的税率为20%。试分析：

(1) 盈亏平衡点；

(2) 年利润为50 000元时的产量及经营安全率；

(3) 售价降低10%时的盈亏平衡点。

3. 某企业投产后，年固定成本为60 000元，单位变动成本为25元，由于原材料整批购买，每多生产一件产品，单位变动成本可降低0.001元，单位售价为55元，销售量每增加一件产品，单位售价下降0.003 5元。试求盈亏平衡点及最大利润时的销售量。

4. 拟建某工程项目有三种方案，每一方案的产品成本见表6-14。试分析各种方案在各种生产规模下的优劣。

表6-14 成本数据表

方案	A	B	C
产品可变成本/(元/件)	10	12	16
产品固定成本/元	600	400	200

5. 有两种机器(A大型、B小型)，使用年限为10年，$i_0=10\%$，有关数据见表6-15。当产品销售单价为1 800元、产品寿命为10年时，B机器较为有利。问A、B机器的优劣分界点(产量)是多少？

表6-15 两种机器有关数据

机器	生产能力/(台/年)	投资/万元	可变成本/(元/台)
A	12 000	3 000	800
B	20 000	9 500	480

6. 某城与某煤矿目前靠一条沿河修建的三级砾石路面公路运输，公路全长约60 km，

煤矿所生产的煤炭主要由这条公路外运，拥挤现象严重，公路保养维修费用也在不断上升。现公路部门计划新建一条二级沥青路面公路来分流，并适当改进线路的走向。项目预计建设期2年，经济寿命为20年，期末无残值；项目预计投资3 970万元，建设期第1年年初和第2年年初各耗用50%；项目建成后，在经济寿命期内预计日常年养护维修成本为13万元，大修成本为575万元，大修在新线使用10年后进行；项目建成后年经济效益为2 540万元。项目经济效益和投资及成本（包括大修成本和日常维护成本）均有可能在±30%范围内变动。设基准折现率为10%，试分别就上述这两个不确定性因素，对*NPV*作敏感性分析。

7. 某项目的总投资为450万元，年经营成本为36万元，年营业收入为98万元，项目寿命周期为10年，基准折现率为12%。要求：

(1) 试找出敏感性因素；

(2) 试就投资与营业收入变动进行敏感性分析。

8. 假设某项目初始投资为1 000万元，当年建成并投产，预计可使用10年，年营业收入700万元，年经营费用400万元，设基准折现率为10%。如果可变因素为初始投资与年营业收入，并考虑它们同时发生变化，试通过净现值指标对该项目进行敏感性分析。

9. 某公司计划生产一种新产品。根据对市场和生产情况的预测，生产新产品而发生的现金流量可能出现三种情况，见表6-16。A代表该新产品销路逐年减少，B代表销路不变，C代表销路逐年增加。若基准收益率为10%，试对该新产品进行净现值的期望值分析。

表6-16 各方案现金流量及其概率

年	方案现金流量/元		
	A	B	C
	概率 $P(A)=0.1$	概率 $P(B)=0.3$	概率 $P(C)=0.6$
0	−30 000	−30 000	−30 000
1	11 000	11 000	4 000
2	10 000	11 000	7 000
3	9 000	11 000	10 000
4	8 000	11 000	13 000

10. 某企业生产测量仪器有A、B、C三个备选方案。A方案：全部采用国产设备，年固定成本为300万元，单位产品变动成本为200元。B方案：从国外引进关键设备，年固定成本为400万元，单位产品变动成本为150元。C方案：全部引进国外设备，年固定成本为600万元，单位产品变动成本为100元。试用优劣平衡法分析各种方案适用的生产规模和经济性。

11. 某厂生产线有四个方案，经济效益相当，其成本结构如表6-17所列。试问采用哪个方案经济合理。

表 6-17　某厂生产线方案成本结构　　单位:元

方案	F	V
A	5 000	6
B	10 000	4
C	13 000	2.5
D	18 000	1.25

12. 生产某种产品有两种方案,方案 A 初始投资为 50 万元,预期年净现金流量为 15 万元;方案 B 初始投资为 150 万元,预期年净现金流量为 35 万元。该产品的市场寿命具有较大的不确定性,如果给定基准折现率为 15%,不考虑期末资产残值,试计算两方案的项目寿命期取舍临界值。

13. 加工某产品有两种工艺方案,其有关费用见表 6-18。试用盈亏平衡法比较选择方案(i_0=12%)。

表 6-18　两种工艺方案的有关费用

方案	初始投资/万元	残值/万元	产品加工费用/(元/件)	寿命/年
A	20	2	8	6
B	30	3	6	8

14. 某房地产开发商拟投资开发建设住宅项目,建筑面积为 5 000～10 000 m^2,现有 A、B、C 三个方案,各方案的技术经济数据见表 6-19。现假设资本利率为 5%,试确定各方案经济合理的建筑面积范围。

表 6-19　各方案的技术经济数据

方案	造价/(元/m^2)	运营费用/万元	寿命期/年
A	1 200	35	50
B	1 450	25	50
C	1 750	15	50

15. 某企业要从 A、B、C 三个互斥方案中选择最优方案,各方案的净现值及概率如表 6-20所列。试用方差准则选择最优方案。

表 6-20　各方案净现值及概率数据表

市场销路	概率	方案净现值/万元		
		A	B	C
销路差	0.2	450	200	0
销路一般	0.5	520	570	500
销路好	0.3	720	750	1 000

第七章 项目融资与资金成本

【学习目标】

(1) 理解投资项目资本金含义;
(2) 了解投资项目资本金来源;
(3) 了解投资项目资本金的比例;
(4) 理解资金成本含义、构成;
(5) 掌握各种资金成本的计算方法;
(6) 理解资本结构含义与构成。

【思维导图】

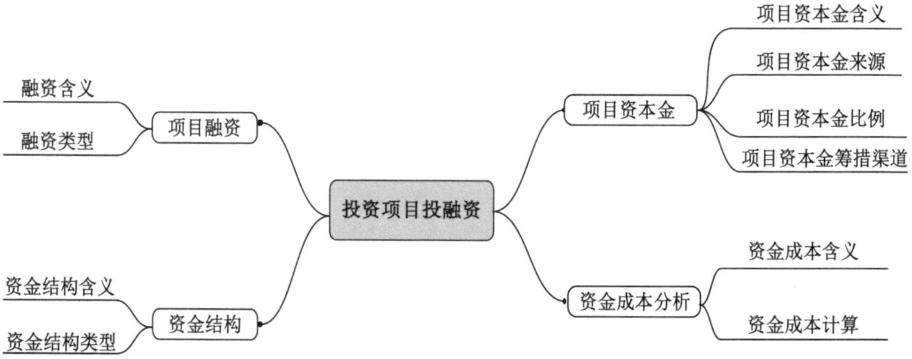

第一节 投资项目资金筹集概述

一、资金来源与资本金制度

(一) 资金来源

在项目资金筹措阶段,其所需资金的来源可以按资金权益性质的不同区分为自有资金和借入资金,如图 7-1 所示。

1. 自有资金

自有资金又称权益资本,是企业有权支配使用的、按规定可用于固定资产投资和流动资金的资金,主要由资本金、企业公积金、公益金和未分配利润组成。

(1) 资本金。资本金是指项目总投资中由投资者认缴的出资额。根据投资主体的不

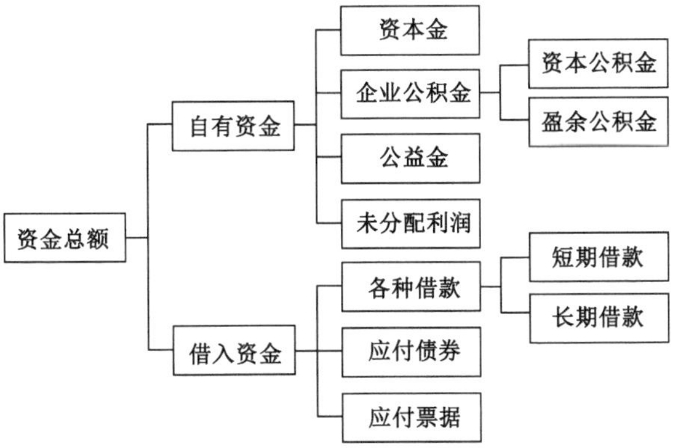

图 7-1　项目的资金来源

同,资本金的主要形式包括国家资本金、法人资本金、个人资本金及外商资本金等。

(2) 企业公积金。企业公积金是企业的一种长期资金,包括资本公积金和盈余公积金,它们均可按一定法律手续转增为企业资本金。企业公积金的筹集无须发生费用,也不会导致企业控制权分散问题。其中:① 资本公积金是指企业由于投入资本所引起的各种增值,来源主要包括差额资本溢价(即在资金筹措过程中投资者缴付的出资额超出资本合同的差额)、财产重估差价(即对企业固定资产重新估价时,重估价值与账面价值之间的差额)、接受捐赠资产(即社会团体、地方政府或个人以及外商赠予企业货币或实物等财产而增加的企业资产);② 盈余公积金是指企业按规定从税后利润(盈余)中提取的,属于所有者留存企业内部的资产或权益,主要用于弥补亏损、追加投资,股份公司还可按规定用于分配股利。

(3) 公益金。公益金是企业按照规定从其税后利润中提取的专门用于企业职工福利设施的准备金。

(4) 未分配利润。未分配利润是企业留待以后年度分配或待分配的利润,数值上等于税后利润扣除盈余公积金、公益金与可分配利润后的结余。

2. 借入资金

借入资金又称债务资本,是指企业从金融机构和资金市场依法筹措并依约使用、按期偿还的资金,包括短期借款、长期借款、应付债券和应付票据。

(1) 短期借款。短期借款是企业借入的偿还期限在一年以下的各种借款,主要用于维持企业正常生产经营活动。

(2) 长期借款。长期借款是企业借入的偿还期限在一年及以上的各种借款,主要用于基本建设、技术改造以及生产经营方面。

(3) 应付债券。应付债券是企业为筹集长期资金而实际发行的债券及应付的利息。由于发行债券时间长短不一样,发行时间不超过一年的债券为短期债券,发行时间超过一年的债券为长期债券。

(4) 应付票据。应付票据是企业在购买材料等经营活动中,采用商业汇票结算时,其所签发、承兑的商业汇票。企业签发、承兑商业汇票后就形成了企业的债务,所以应付票据实际上是一种应付账款。

（二）项目资本金制度

1. 项目资本金的含义

项目资本金是指在建设项目总投资中，由投资者认缴的出资额。对于建设项目来说，项目资本金是非债务性资金，项目法人不承担这部分资金的任何利息和债务；对投资者来说，可按其出资的比例依法享有所有者权益，也可转让其出资及其相应权益，但不得以任何方式抽回。

项目资本金主要强调的是作为项目实体而不是企业所注册的资金。注册资金是指企业实体在工商行政管理部门登记注册的资金，通常是指营业执照登记的资金，即会计上的“实收资本”或“股本”，是企业投资者按比例投入的资金。在我国，注册资金又称为企业资本金。因此，项目资本金有别于注册资金。

2. 项目资本金制度的实施范围

《国务院关于固定资产投资项目试行资本金制度的通知》（国发〔1996〕35 号）中明确规定，各种经营性投资项目试行资本金制度。各种经营性投资项目，包括国有单位的基本建设、技术改造、房地产开发项目和集体投资项目，都必须首先落实资本金才能进行建设。个体和私营企业的经营性投资项目参照执行。主要用财政预算内资金投资建设的公益性项目不实行资本金制度。外商投资项目按现行有关法规执行。

项目资本金的最低需要量可通过在固定资产投资额与铺底流动资金之和的基础上与最低资本金比例相乘得到。

为进一步解决当前重大民生和公共领域投资项目融资难、融资贵问题，增加公共产品和公共服务供给，扩大有效投资需求，促进投资结构调整，保持经济平稳健康发展，《国务院关于调整和完善固定资产投资项目资本金制度的通知》（国发〔2015〕51 号）对项目资本金占总投资的比例进行了调整与完善，如表 7-1 所列。

表 7-1　项目资本金占项目总投资的比例

序号	行　业	最低资本金比例/%
1	城市轨道交通、铁路、公路、玉米深加工项目	20
2	港口、沿海及内河航运、机场、化肥（钾肥除外）项目	25
3	煤炭、电石、铁合金、烧碱、焦炭、黄磷、金晶硅项目	30
4	水泥项目	35
5	钢铁、电解铝项目	40
6	保障性住房和普通商品住房项目	20
	其他房地产开发项目	25
7	其他项目	20

3. 资本金的合法来源

项目资本金可以用货币出资，也可用实物、工业产权、非专利技术、土地使用权作价出资。对作为资本金的实物、工业产权、非专利技术、土地使用权，必须经过有资格的资产评估机构依照法律法规评估作价，不得高估或低估。以工业产权、非专利技术作价出资的比例不得超过投资项目资本金总额的 20%。国家对采用高新技术成果有特别规定的除外。

投资者以货币方式认缴的资本金，其资金来源有以下几个方面：

(1) 各级人民政府的财政预算内资金、国家批准的各种专项建设基金、经营性基本建设基金回收的本息、土地批租收入、国有企业产权转让收入、地方人民政府按国家有关规定收取的各种规费及其他预算外资金。

(2) 国家授权的投资机构及企业法人的所有者权益(包括资本金、资本公积金、盈余公积金和未分配利润、股票上市收益等)、企业折旧资金以及投资者按照国家规定从资金市场上筹措的资金。

(3) 社会个人合法所有的资金。

(4) 国家规定的其他可以用作投资项目资本金的资金。

二、筹资渠道

工程项目的筹资渠道是指客观存在的筹措资金来源的方向和通道，解决的是从何处取得资金的问题，体现资金的来源与流量。认识筹资渠道的种类、特点及适用性，有利于投资者充分利用筹资渠道来满足资金筹措需要。

1. 国家财政资金

国家财政资金是有权代表国家投资的政府部门或机构以财政拨款、财政贷款、国有资产入股等形式投入企业的资金，是我国国有企业的主要资金来源。国家财政资金一般来源于国家税收，也有一部分来自国债。因国家财政资金的基础坚固、来源充沛，为能源、交通、原材料以及国防、科研、文教卫生、行政事业等基础设施行业中工程项目的顺利实施提供了可靠保证，是国家进行宏观调控的重要手段。

2. 银行信贷资金

银行信贷资金是各大商业银行和国家政策性银行贷放给企业的资金，是各类工程项目筹资的主要来源。商业银行是以营利为目的、从事信贷资金投放的金融机构，具有筹资手续简单、速度较快的特点。在我国主要有中国银行、中国工商银行、中国建设银行、交通银行与中国农业银行等。政策性银行是为特定企业提供政策性贷款的金融机构，具有贷款周期长、利率低、对申请贷款的企业及项目要求较严格的特点，在我国主要有国家开发银行、中国农业发展银行和中国进出口银行等。

3. 非银行金融机构资金

非银行金融机构包括保险公司、信托投资公司、信用合作社、证券公司、金融租赁公司、企业集团财务公司、风险投资基金等除了银行之外的金融机构。非银行金融机构除了专门经营存贷款业务、承接证券的推销或包销业务以外，还会将部分不需要立即投入使用的资金以各种方式向企业或项目投资。虽然非银行金融机构提供资金的力量还比较弱，但由于其资金供应灵活方便，且可以提供其他方面的服务，这种筹资渠道在我国工程项目建设领域的融资作用日益提高。

4. 其他法人资金

法人包括企业法人、事业法人与团体法人。在企业生产经营过程中，有些企业会有部分资金闲置，而有些企业存在资金短缺情况。为实现各自的经济效益，企业与其他法人单位之间可通过资金相互融通，解决资金余缺问题。

5. 企业自留资金

企业自留资金是企业自身通过各种途径和形式积累起来的属于企业自有的资金，如企业公积金和未分配利润等。这些资金的主要特征是无须企业采用一定方式筹措，而是直接由企业内部自动生成或转移，是企业最稳妥、最有保障的筹资来源。

6. 民间资金

民间资金是企业职工和城乡居民手中暂时不用的节约资金，是存在于银行及非银行金融机构之外的社会资金。企业可通过发行股票、发行债券、吸收直接投资等方式，将这些闲散资金聚集起来形成企业的资金。

7. 国外资金

国外资金是外商向我国企业投入的资金，资金来源渠道主要有外国政府贷款、外国银行贷款、出口信贷及国际金融机构贷款等。其中：

(1) 外国政府贷款指一国政府利用财政资金向另一国政府提供的援助性贷款，具有期限长、指定用途等特点。

(2) 外国银行贷款，指从国际金融市场上的外国银行借入的资金，是各国利用国外间接投资的主要形式。

(3) 出口信贷，指商品出口国的金融机构或商业银行以优惠利率向本国出口商、进口方银行或进口商提供的补贴性贷款。

(4) 国际金融机构贷款，指由世界性开发金融机构、区域性国际开发金融机构以及国际货币基金组织等覆盖全球的机构提供的贷款，具有利率较低、期限较长、程序较复杂等特点。

以上各种筹资渠道中，国家财政资金、其他法人资金、企业自留资金、民间资金、国外资金可以帮助企业筹措自有资金；银行信贷资金、非银行金融机构资金、其他法人资金、民间资金、国外资金可以帮助企业筹措借入资金。

三、筹资方式

项目的筹资方式是指项目主体筹措资金时采用的具体形式和工具，解决的是用何种形式取得资金的问题，体现资金的属性和期限。不论是何种渠道的资金，企业均可根据不同情况采用不同方式筹措，但总体上，筹资方式按资金性质可划分为资本金筹措与债务资金筹措两种。

1. 资本金的筹措

(1) 吸收直接投资

吸收直接投资是指企业按照“共同投资、共同经营、共担风险、共享利润”的原则直接吸收国家、法人、个人和外商投入资本的一种筹资方式。吸收直接投资不以股票为媒介，适用于非股份制企业，是企业向外筹措资金的一种重要方式。采用吸收直接投资筹措资金时，投资者通常可采取现金、实物与无形资产投资的出资形式。

吸收直接投资的优点是：筹措的资金属于企业自有资本，能够提高企业的资信能力和借款能力；能够直接获得所需的先进设备和技术，尽快形成生产能力；财务风险也比较低。其缺点是：资金成本高，不便于产权交易。

(2) 发行股票筹资

发行股票筹资是股份公司按照公司章程依法发行股票直接筹资，形成公司股权资本的一种筹资方式。股份公司的资本金称为股权资本。股票是一种有价证券，是用以证明出资人所持股份的凭证。股票发行具有严格的审批程序，在发行股票前，一般需要向有关部门提供发行股票申请书、招股说明、股票承销协议书以及会计师事务所审计的财务会计报告等。

发行股票筹资的优点是：筹措的资金是公司永久资金，无须偿还，没有固定的利息负担；融资风险低，可降低公司负债比率，提高公司财务信用。其缺点是：资金成本高；增发普通股会降低原有股东的控制权。

（3）企业内部积累

企业依靠自身内部积累进行筹资又称为内源融资，主要是利用企业留存收益，即资本公积金、盈余公积金、公益金、未分配利润等进行融资。

企业内部积累的优点是：不发生取得成本，可以使企业所有者获得税收利益。其缺点是：有时可能受到某些股东的限制。

2．债务资金的筹措

（1）发行债券筹资

发行债券筹资是企业按照债券发行协议发售债券筹措资金，并形成企业债券资本的一种方式。债券是企业基于自身财务状况和信用条件，向出资者出具的表明债务金额的信用凭证。它证明债券投资者有权按期取得固定利息并到期收回本金，但债券投资者只是企业债权人，无权参与或干涉企业经营管理。

债券筹资的优点是：不论企业将来盈利如何，只需付给持券人固定的债券利息；债券持有者无权参与企业管理，企业控股权不变；合理的债券利息可计入成本，企业可少纳所得税；企业投资收益率大于债券利率时，可以提高自有资金利润率。其缺点是：固定利息支出会使企业承受一定的风险；发行债券会提高企业负债比率，增加企业风险，降低企业财务信用；一定程度上约束了企业从外部筹资的扩展能力。

（2）贷款筹资

贷款筹资是各类企业按照借款合同从银行等金融机构借入各种款项的筹资方式。通过贷款筹资可以获得短期资本或长期资本，因而被广泛应用。

贷款筹资的优点是：筹资速度快；资金成本较低，税前支付借款利息可减少实际负担的利息费用；具有较大的灵活性；可以保障对项目的控制权。其缺点是：财务风险较高，到期必须按照固定的还本付息要求足额支付；限制条件多，筹资规模受制约。

（3）商业信用筹资

商业信用是指企业通过赊购商品、预收货款等商品交易行为筹措短期债权资本的一种筹资方式，是企业经常使用的一种流动负债筹资方式。

商业信用筹资的优点是：商业信用容易取得；企业有较大的机动权；企业一般不用提供担保。其缺点是：容易恶化企业的信用水平；受外部环境影响大。

（4）融资租赁

融资租赁也称金融租赁或资本租赁，是设备租赁的重要形式，具有融资、融物双重职能。它是由租赁公司按照承租企业的要求融资购买设备，并在约定的较长期限内提供给承租企业使用的信用性业务，是一种不可撤销的、完全付清的中长期融资形式。

在融资租赁形式下，租赁物由出租人完全按照承租人的要求选定，因此出租人对租赁物的性能、老化风险及维修保养不负任何责任。多数情况下，出租人在租期内分期回收全部成本、利息和利润，租赁期满后，通过收取名义货价的形式，将租赁物的所有权转移给承租人。融资租赁一般有自营租赁、回租租赁和转租赁三种方式。

融资租赁的优点是：不需要抵押；不需要相应的存款余额；筹资限制条件较少；能减少拥有设备陈旧过时的风险。其缺点是：租金通常高于银行借款利息，且通常在年初支付，资金成本负担过高。

四、筹资渠道与筹资方式的关系

筹资渠道与筹资方式存在着密切联系。同一筹资渠道的资金往往可以采用不同的筹资方式取得，而一定的筹资方式可能适用于某些特定的筹资渠道。因此，在资金筹措过程中，应事先合理搭配筹资渠道与筹资方式，二者之间的对应关系如表 7-2 所列。

表 7-2 筹资渠道与筹资方式的对应关系

筹资渠道	筹资方式						
	吸收直接投资	发行股票筹资	企业内部积累	发行债券筹资	贷款筹资	商业信用筹资	融资租赁
国家财政资金	√	√		√			
银行信贷资金				√	√		
非银行金融机构资金	√	√		√	√		√
其他法人资金	√	√		√		√	√
企业自留资金			√				
民间资金	√	√		√			
国外资金	√	√		√	√		√

第二节 项目融资

一、项目融资的含义

融资是指为项目投资而施行的资金筹措行为。项目融资特指资金需求量巨大的投资项目的筹资活动，通常有广义和狭义两种解释。从广义上讲，为建设一个新项目、收购一个现有项目，或者对已有项目进行债务重组所进行的所有融资活动，都可称为项目融资。但从狭义上理解，项目融资是指以项目的资产、预期收益或权益作为抵押取得的一种无追索权或有限追索权的融资或贷款。具体来讲，贷款方在向一个具体的经济实体提供贷款时，首先要评估风险，考查项目的现金流量和预期收益能否保证偿还债务，并以该项目资产作为附属担保。经过考查评估，如果项目的资产、现金流量和收益能够保证贷款的安全，贷款方才会提供贷款。

尽管项目融资比传统融资更具优势，但由于其风险较大、融资成本较高，在采用时仍需非常谨慎。目前项目融资主要集中在以下项目：

(1) 资源开发项目，包括石油、天然气、煤炭、铁、铜等开采业。此类项目开发投资数额巨大，但投资收益丰厚，因此通常使用项目融资方式融资。

(2) 基础设施建设项目，包括公共设施项目、公共工程项目与交通工程项目。此类项目因投资规模巨大，完全由政府出资有困难，且只有商业化经营才能提高收益，因此主要通过项目融资来实现。

(3) 大型工业项目，尽管项目融资在此类项目中的应用相对较少，但也有成功的典型案例。如澳大利亚波特兰铝厂项目、加拿大塞尔加纸浆厂项目和我国四川水泥厂项目等。

二、项目融资模式

1. BOT 模式

(1) BOT 模式的概念及其衍生形式

BOT 融资模式是国际上逐渐兴起的一种基础设施项目建设的融资模式，是一种利用外资和民营资本承担新建基础设施项目的新兴融资模式。BOT(build-operate-transfer，即建设-经营-转让)代表着一个完整的项目融资过程，是对一个项目投融资建设、经营回报、无偿转让的经济活动全过程典型特征的简要概括。BOT 融资模式在实际操作中又可发展出其他多种形式。

① BOOT(build-own-operate-transfer，即建设-拥有-经营-转让)，具体是指私营合伙人或国际财团融资建设基础设施项目，并在项目建成后的规定期限内拥有项目所有权，经营期满后将项目移交给政府的一种融资方式。BOOT 与 BOT 的区别主要体现在所有权和时间两方面。所有权方面，私营部门只拥有 BOT 模式下建成项目的经营权，但在规定期限内对 BOOT 模式下建成的项目既有经营权也有所有权；时间方面，对于项目从建成到移交的时间间隔，一般采用 BOT 方式比采用 BOOT 方式要短。

② BOO(build-own-operate，即建设-拥有-经营)，具体指私营部门根据政府赋予的特许权建设并经营某项基础设施，但是并不在一定时期后将该项目移交给政府部门的一种融资方式。BOO 与 BOT 的不同点主要是私营部门建设并经营某项特定基础设施，但不转让设施财产权。这种方式一般适用于项目收益较低、运营期较短或移交意义不大的基础设施建设项目。

③ BTO(build-transfer-own，即建设-转让-经营)，对于关系到国家安全的产业，如通信业，为了保证国家信息的安全性，项目建成后不交由外国投资者经营，而是将所有权转让给东道国政府，由东道国垄断经营或与项目开发商共同经营。

④ BLT(build-lease-transfer，即建设-租赁-转让)，具体是指政府出让项目建设权，在项目运营期内，政府成为项目的租赁人，而私营部门为项目的承租人，租赁期满后，所有资产再移交给政府公共部门的一种融资方式。

⑤ TOT(transfer-operate-transfer，即移交-经营-移交)，具体是指东道国政府签订特许权经营协议，把需要更新改造的基础设施项目移交给外国投资者，由外国投资者进行更新改造后经营一段时间，以收回投资并获取合理的回报，特许期满后将基础设施无偿移交给东道国政府的一种融资方式。在 TOT 模式下，政府一次性地从外商手中融得一笔资金，可将其用于建设其他新的基础设施项目。

（2）BOT模式的特点

① BOT模式在发达国家应用比较广泛，其应用领域包括公共设施项目、公共工程项目与交通设施项目；而在发展中国家，BOT模式主要适用于竞争性不强的行业或有稳定收益的项目，如水厂、电厂、收费公路等传统上由政府公共部门专营的基础设施项目。

② 采用BOT模式的优势主要在于：减少政府的直接财政负担；有利于转移和降低项目风险；有利于提高项目的运行效率；有利于引进先进技术；有利于开发当地资本市场和吸引外资。

③ BOT模式也存在一些负面效果：可能导致大量税收流失；可能造成对基础设施的掠夺性经营；可能导致政府失去对项目关键环节的控制；私营部门承担了项目的大部分风险，从而融资费用较高；可能造成大量外汇流出。

（3）BOT模式的基本结构

BOT项目结构涉及政府、投资者、项目公司、贷款银行、保险公司等参与主体，并且项目发起人（政府）、项目投资者、项目公司与贷款银行是最主要的参与者。BOT项目中，政府往往既是项目的提出者，又是项目的受益人之一和最终所有者。BOT项目成功组建的前提是政府授予项目公司的特许权协议，只有在特许权协议和贷款协议中充分考虑到各参与者所关注的相关问题，项目才有可能成功筹资建设。

BOT项目建设的全过程涉及项目的发起与确立阶段、招标投标阶段、开发与建设阶段、运营阶段与移交阶段。BOT项目结构总的原则是使项目众多参与者在各阶段的分工责任与风险分配明确合理，从而将风险分配给与该风险最为接近的一方。

2. ABS模式

（1）ABS模式的概念

ABS是英文“Asset Backed Securitization”的缩写，即资产证券化。ABS融资模式是以目标项目所拥有的资产为基础、以项目未来收益为保证，经过信用增级，通过在资本市场中发行高档债券筹措资金的一种融资方式。从运作过程来说，ABS是将原始权益人（卖方）不流通的存量资产或可预见的未来收入，通过一定的结构安排，对资产中风险与收益要素进行分离与重组，进而转换为金融市场上可销售和流通的证券的过程。ABS通过其特有的信用增级的方式，使原本信用等级较低的项目可进入高档证券市场，其实质是融资者将被证券化资产的未来现金流收益权转让给投资者。

（2）ABS模式的特点

① ABS模式隔断了项目原始权益人与资产未来现金收入的风险，有利于降低投资风险。

② 债券的信用风险得到了项目公司的信用担保，是高档投资级证券，并且还能在二级市场进行转让，变现能力强，因而具有较大吸引力，易于债券的发行和推销。

③ 由于在国际高档证券市场筹资，利息率一般较低，从而降低了筹资成本。ABS融资模式所涉及的主体较少，且完全按照市场规则运行，无须政府的许可、授权以及外汇担保，减少了许多中间环节，从而降低了融资成本。

④ 项目的准入条件严格，可证券化的理想资产一般应具有以下特征：a. 能在未来产生可预测的稳定的现金流；b. 需持续一定时期的低违约率与低损失率；c. 本息的偿还分摊于整个资产的存活期间；d. 金融资产的债务人有广泛的地域和人口统计分布；e. 原所有者已持有该资产一段时间，有良好的信用记录；f. 金融资产的抵押物有较高的变现价值；g. 金融

资产具有标准化、高质量的合同条款。

3. PPP 模式

(1) PPP 模式的概念

PPP(public-private-partnership,意为公私伙伴关系)模式,即公共部门与私营部门合作模式,是政府、营利性企业和非营利性企业基于某个项目形成的相互合作关系的形式。根据《财政部关于推广运用政府和社会资本合作模式有关问题的通知》(财金〔2014〕76 号),PPP 模式是指在基础设施及公共服务领域建立的一种长期合作关系,通常由社会资本承担设计、建设、运营、维护基础设施的大部分工作,并通过"使用者付费"及必要的"政府付费"获得合理投资回报;政府部门负责基础设施及公共服务的价格和质量监管,以保证公共利益最大化。

(2) PPP 模式的特点

① PPP 模式具有促进政府职能转换、减轻财政负担,促进投资主体多元化、降低融资难度,促进政企部门优势互补、实现互利合作,促进风险合理分配、转移融资风险等优点,因此,应用范围广泛。

② PPP 模式的组织形式比较复杂,增加了管理协调的难度,对参与方的管理水平有一定要求;并且,政府部门在确定合作企业方面存在一些难度,而且在合作中要承担相应责任,这在一定程度上增加了政府风险。

③ PPP 模式突破了目前引入私营企业参与公共基础设施项目的多种限制,但其也有特定的适用范围。为确定某个项目是否适合采用 PPP 模式,实践中需要具体考虑公共设施的规模、技术的复杂程度、收费情况、生产与消费规模等因素。目前 PPP 模式主要适用于城市供热等各类市政公用事业及道路、铁路、机场、医院、学校等项目中。

(3) PPP 模式的结构

PPP 模式的典型结构为:政府部门或地方政府通过政府采购形式与中标单位组成的特殊项目的公司(项目公司)签订特许合同,由项目公司负责筹资、建设及经营,政府通常与提供贷款的金融机构达成一个直接协议,这个协议不是对项目进行担保的协议,而是一个向借贷机构承诺将按与项目公司签订的合同支付有关费用的协定,这个协议使项目公司能比较顺利地获得金融机构的贷款。PPP 模式的实质是政府部门通过给予私营部门长期的特许经营权和收益权,来获取基础设施的加快建设及有效运营。

【延伸阅读】 北京地铁 4 号线项目融资模式

第三节　资金成本与资本结构

一、资金成本

(一) 资金成本的概念

在市场经济条件下,筹措和使用资金都要付出代价。资金成本(cost of capital)就是企业为筹措和使用资金而付出的代价。资金成本包括用资费用和筹资费用两部分:一是用资费用,指企业在投资和经营过程中因获得资金的使用和收益权而付出的费用。比如,向股东支付的股利、向债权人支付的利息等。这是资金成本的主要内容。二是筹资费用,指企业在筹措资金过程中而付出的费用。比如,向银行借款时支付的手续费,因发行股票、债券而支付的发行费用等。筹资费用和用资费用不同,它通常在筹措资金时一次支付,在用资过程中不再发生,因此,可将筹资费用在筹资数量中一次扣除。

资金成本可以用绝对数表示,也可以用相对数表示,后者为用资费用与筹集资金总额之比,所以也称资金成本率。

$$K = \frac{D}{P - F} \tag{7-1}$$

或

$$K = \frac{D}{P(1 - f)} \tag{7-2}$$

式中,K 表示资金成本;P 表示筹集资金总额;D 表示用资费用;F 表示筹资费用;f 表示筹资费用率,即筹资费用与筹集资金总额之比。

(二) 资金成本的意义

资金成本是企业理财的一个重要概念,国际上将其列为一项"财务标准"(A Financial Standard)。资金成本对于企业筹资管理、投资管理,乃至整个经营管理都有重要意义。

1. 资金成本是比较筹资方式的依据

(1) 个别资金成本是比较各种筹资方式优劣的尺度。企业筹集资金有多种方式可供选择,如借款、发行债券、发行股票等。不同的筹资方式的个别资金成本是不同的,资金成本的高低成为比较筹资方式的一个依据。

(2) 综合资金成本是企业进行资本结构决策的基本依据。企业的长期资金筹集有多种筹资组合方案可供选择,综合资金成本的高低是比较各种组合方案优劣、作出资金结构决策的基本依据。

2. 资金成本是评价投资方案的主要经济标准

一般地,一个投资方案,只有当其投资收益率高于其资金成本率时,在经济上才是合理的;否则,该方案则无经济上的价值。因此,通常把资金成本作为投资方案的"最低的期望收益率",在方案选择上,把资金成本作为方案的"取舍率"。

3. 资金成本还是衡量企业经营业绩的基准

如果企业的投资利润率高于资金成本,则认为企业经营有利;反之,如果企业的投资利润率低于资金成本,则说明企业经营不佳。

(三) 个别资金成本

个别资金成本(individual cost of capital)是指各种资金来源的成本。项目公司从不同渠道、以不同方式取得资本所付出的代价和承担的风险是不同的,因此,个别资金成本是不同的。企业长期资金一般有优先股、普通股、留存利润、长期借款、债券等,其中前三者称为权益资金,后二者称为债务资金。根据资金来源,资金成本可以分为优先股成本、普通股成本、留存利润成本、长期借款成本、债券成本等,前三者统称为权益资金成本,后二者称为债务资金成本。

1. 权益资金成本

权益资金主要有优先股、普通股和留存利润三种形式。权益资金成本包含两大内容:投资者的预期投资报酬和筹资费用。

权益资金成本的计算具有较大的不确定性,这是由于投资报酬不是事先规定的(优先股除外),它完全由企业的经济效益所决定。另外,与债务利息不同,权益资金报酬(亦即股利)是以税后利润支付的,因此不会减少企业的所得税上缴。通常在各种资金来源中,权益资金成本要高于债务资金成本。

(1) 优先股成本

优先股最大的一个特点就是每年的股利不是固定不变的,当项目运营过程中出现资金紧张时可以暂时不予支付。由于优先股股利在税后支付,不减少企业所得税,而且在企业破产时,优先股的求偿权位于债券之后,优先股股东的风险比债券持有人的风险要大。因此,优先股成本明显高于债券成本。这对企业来说是必须支付的固定成本。

优先股成本率计算公式如下:

$$K_P = \frac{D_P}{P_P(1-f)} \tag{7-3}$$

或

$$K_P = \frac{P_0 i}{P_P(1-f)} \tag{7-4}$$

式中 K_P——优先股成本率;

P_0——优先股票面值;

D_P——优先股每股股息;

P_P——优先股融资额;

i——股息率;

f——筹资费用率。

【例 7-1】 某企业发行优先股总面额为 300 万元,总价为 340 万元。筹资费用率为 5%,预定年股息率为 12%,试计算其资金成本率。

解 根据公式(7-3)可以得出:

$$K_P = \frac{300 \times 12\%}{340 \times (1-5\%)} \approx 11.15\%$$

(2) 普通股成本

由于普通股股东的收益是随着项目公司税后收益额的大小而变动的,每年股利可能不同,而且这种变化深受项目公司融资意向、投资意向及股票市场估价变动等因素的影响,因此,确定普通股成本通常比确定债务成本及优先股成本更为困难。

普通股成本率计算公式如下:

$$K_C = \frac{D_C}{P_C(1-f)} + g = \frac{i_C}{1-f} + g \tag{7-5}$$

式中 K_C——普通股成本率;

P_C——普通股票面值;

D_C——普通股预计年股利额;

g——普通股股利年增长率;

f——筹资费用率；

i_C——普通股预计年股利率。

【例 7-2】 某企业发行普通股票面市价为 2 600 万元，筹资费用率为 4%，预计第一年股利率为 14%，以后每年按 3%递增，试计算其资金成本率。

解 根据公式(7-5)可以得出：

$$K_C = \frac{D_C}{P_C(1-f)} + g = \frac{2\ 600 \times 14\%}{2\ 600 \times (1-4\%)} + 3\% \approx 17.58\%$$

(3) 留存利润成本

企业的留存利润是由企业税后净利润扣除派发股利后形成的，包括提取的盈余公积和未分配利润，它属于普通股股东。从表面上看，企业使用留存利润好像不需要付出任何代价，但实际上，股东愿意将其留用于企业而不作为股利取出后投资于别处，总会要求与普通股等价的报酬。因此，留存利润的使用也有成本，不过是一种机会成本。其确定方法与普通股相同，只是不考虑筹资费用。

留存利润成本率计算公式如下：

$$K_R = \frac{D_C}{P_C} + g = i_C + g \tag{7-6}$$

式中 K_R—— 留存利润成本率；

其他符号含义同前。

【例 7-3】 某企业留存利润为 120 万元，第一年股利率为 12%，以后每年递增 3%，试计算留存利润成本率。

解 根据公式(7-6)可以得出：

$$K_R = i_C + g = 12\% + 3\% = 15\%$$

2. 债务成本

(1) 长期借款成本

长期借款成本一般由借款利息和借款手续费两部分组成。按照国际惯例和各国税法的规定，借款利息可以计入税前成本费用，起到抵税的作用，因而使企业的实际支出相应减少。

对每年年末支付的借款利息、借款期末一次全部还款的借款本金，其借款成本率为：

$$K_G = \frac{I_t(1-T)}{G-F} = i_G\,\frac{1-T}{1-f} \tag{7-7}$$

式中 K_G—— 借款成本率；

G——借款总额；

I_t——借款年利息；

F——借款费用；

T——企业所得税税率；

i_G——借款年利率；

f——筹资费用率。

(2) 债券成本

债券成本主要是指债券利息和筹资费用。债券利息的处理和长期借款利息的处理相同，应以税后的债务成本为计算依据。债券的筹资费用一般比较高，不可以在计算资金成本时省略。债券成本率可以按照下式计算：

$$K_B = \frac{I_t(1-T)}{B(1-f)} = i_B \frac{1-T}{1-f} \tag{7-8}$$

式中　K_B——债券成本率；

B——债券筹资额；

I_t——债券年利息；

T——企业所得税税率；

i_B——债券年利率；

f——筹资费用率。

【例 7-4】 某公司为新建项目发行总面额为 1 000 万元的 10 年期债券，票面利率为 13%，发行费用为 5%，企业所得税税率为 25%，试计算该债券成本率。

解　$K_B = \frac{I_t(1-T)}{B(1-f)} = \frac{1\,000 \times 13\% \times (1-25\%)}{1\,000 \times (1-5\%)} \approx 10.26\%$

3. 加权平均资金成本

从一个企业的全部资金来源看，不可能是采用单一筹资方式取得的，而是各种筹资方式的组合。因此，企业总的资金成本就不可能由单一资金成本决定，而是需要计算综合资金成本。加权平均资金成本率一般是以各种资本占全部资本的比重为权重，对各类资金成本进行加权平均确定的。加权平均资金成本率计算公式如下：

$$K_W = \sum_{i=1}^{n} W_i K_i \tag{7-9}$$

式中　K_W——加权平均资金成本率；

W_i——第 i 类资金筹资额；

K_i——第 i 类资金成本率。

【例 7-5】 某企业共有资金 100 万元，其中债券 30 万元，优先股 10 万元，普通股 40 万元，留存利润 20 万元，各种资金成本依次为 6%、12%、15.5%和 15%。试计算该企业加权平均资金成本。

解　① 计算各种资金所占的比重：

债券占资金总额的比重=30/100×100%=30%

优先股占资金总额的比重=10/100×100%=10%

普通股占资金总额的比重=40/100×100%=40%

留存利润占资金总额的比重=20/100×100%=20%

② 计算加权平均资金成本

加权平均资金成本=30%×6%+10%×12%+40%×15.5%+20%×15%=12.2%

二、资本结构

1. 资本结构的含义

资本结构是指项目融资方案中各种资金来源的构成及其比例关系，又称为资金结构。

在项目融资活动中，资本结构有广义与狭义之分。广义的资本结构是指项目公司全部资本的构成，不但包括长期资本，还包括短期资本，主要是短期债务资本。狭义的资本结构是指项目公司所拥有的各种长期资本的构成及其比例关系，尤其是指长期的股权资本与债务资本的构成及其比例关系。

项目的资本结构安排和资金来源选择在项目融资中起着非常关键的作用，巧妙地安排项目的资本结构比例，选择合适的资金形式，可以达到既能减少项目投资者自有资金直接投入，又能提高项目综合经济效益的双重目的。

资本结构的分析包括项目筹集资金中股本资金、债务资金的形式，各种资金所占比例，以及资金的来源，包括项目资本金与债务资金的比例、资本金结构和债务资金结构。

2. 项目资本金与债务资金的比例

项目建设资金的权益资金和债务资金结构是制订融资方案必须考虑的一个重要方面。在项目总投资和投资风险一定的条件下，项目资本金越高，权益投资人投入项目的资金越多，承担的风险就越高，而提供债务资金的债权人的风险就越低。从权益投资人的角度考虑，项目融资的资金结构应追求以较低的资本金投资争取较多的债务资金，同时要争取尽可能低的股东的追索。另外，由于债务资金的利息在所得税前列支，在考虑企业所得税的基础上，债务资金要比项目资本金的资金成本低很多，由于财务杠杆作用，适当的债务资金比例能够提高项目资本金的财务内部收益率。而提供债务资金的债权人希望项目有较高的资本金比例，可以承担较高的市场风险，有利于债权的风险得到有效控制。同时，项目资本金比例越高，借款的风险就越低，借款的利率就可以越低，如果资本金过大，风险可能过于集中，财务杠杆作用下滑。但是，如果资本金所占比重太少，会导致负债融资的难度提升和融资成本的提高。

设 R 表示项目总投资收益率，$R_{权}$ 表示普通股股利率，$R_{债}$ 表示债务资金利率，K 表示项目总投资，$K_{权}$ 表示权益资本，$K_{债}$ 表示债务资金，则

$$K=K_{权}+K_{债}$$

$$KR=K_{权}R_{权}+K_{债}R_{债}$$

$$R_{权}=\frac{KR-K_{债}R_{债}}{K_{权}}=R+\frac{K_{债}}{K_{权}}(R-R_{债})$$

当 $R>R_{债}$ 时，$K_{债}/K_{权}$ 越大，$R_{权}\gg R$；

当 $R<R_{债}$ 时，$K_{债}/K_{权}$ 越大，$R_{权}\ll R$。

因此，对于大多数项目来说，资本安排中实际的资金结构必须在项目资本金和债务资金之间达到一个合理的比例关系，这个合理比例需要由各个参与方的利益平衡来决定。一般认为，在符合国家资本金制度规定、金融机构信贷法规和债权人有关资产负债比例要求的前提下，既能满足权益投资人获得期望投资回报的要求，又能较好地防范财务风险的比例，是较理想的资本金与债务资金的比例。

3. 项目资本金结构

项目资本金结构是指项目投资各方的出资比例。投资方对项目不同的出资比例决定了投资各方对项目的建设和经营所享有的决策权、应承担的责任以及收益的分配。采用新设法人筹资方式的项目，应根据投资各方在资本、技术、人力和市场开发等方面的优势，通过协商确定各方面的出资比例、出资形式和出资时间。采用既有法人筹资方式的项目，在确定项目资本金结构时，要考虑既有法人的财务状况和筹资能力，合理确定既有法人内部

筹资与新增资本金在项目筹资总额中所占的比例，分析既有法人内部筹资与新增资本金的可能性与合理性。因为既有法人将自身所拥有的现金和非现金资产投资于拟建项目，一方面，在其投资额度上受到公司自身财务资源的限制；另一方面，其投资的资产将被拟建项目长期占用，势必会降低自身的财务流动性。

4. 项目债务资金结构

在一般情况下，项目融资中债务融资占较大的比例，因此，项目债务资金的筹集是解决项目融资的资金结构问题的核心。项目债务结构比例反映债权各方为项目提供债务资金数额比例、债务期限比例、内债和外债的比例以及外债中各币种债务的比例等。不同类型的债务资金，融资成本不同，融资风险也不一样，如增加短期债务能降低总的融资成本，但会增大公司的财务风险；而增加长期债务虽然能降低公司的财务风险，但会增加公司的融资成本。因此，在确定项目债务资金结构时，需要在融资成本和融资风险之间取得平衡，既要降低融资成本，又要控制融资风险。

【延伸阅读 1】 边际资金成本

【例 7-6】 甲公司目前的资本总额为 2 000 万元，其中：普通股为 800 万元，长期借款为 700 万元，公司债券为 500 万元。该公司计划通过筹资调节资本结构，目标资本结构为：普通股 50%，长期借款 30%，公司债券 20%。现拟追加筹资 1 000 万元，个别资金成本率预计分别为：银行借款 7%，公司债券 12%，普通股 15%。那么追加的 1 000 万元筹资的边际资金成本是多少？

解　筹集的 1 000 万元资金中普通股、长期借款、公司债券的目标价值分别是：

普通股 (2 000＋1 000)×50%－800＝700(万元)

长期借款 (2 000＋1 000)×30%－700＝200(万元)

公司债券 (2 000＋1 000)×20%－500＝100(万元)

即目标价值权数分别为 70%、20%和 10%(也就是说，目标筹资数占总追加筹资数的比重分别是 70%、20%和 10%)。

所以，边际资金成本＝70%×15%＋20%×7%＋10%×12%＝13.1%。

【案例分析】

道路工程项目资金成本分析

某城市拟建设一条免费通行的道路工程，与项目相关的信息如下：

(1) 根据项目的设计方案及投资估算，该项目建设投资为 100 000 万元，建设期 2 年，建设投资全部形成固定资产。

(2) 该项目拟采用 PPP 模式投资建设，政府与社会资本出资人合作成立了项目公司。项目资本金为项目建设投资的 30%，其中社会资本出资人出资 90%，占项目公司股权 90%；政府出资 10%，占项目公司股权 10%。政府不承担项目公司亏损，不参与项目公司利润分配。

(3) 除项目资本金外的项目建设投资由项目公司贷款筹集，贷款年利率为 6%(按年计息),贷款合同约定的还款方式为项目投入使用后10年内等额还本付息。项目资本金和贷款均在建设期内均衡投入。

(4) 该项目投入使用(通车)后,前10年年均支出费用2 500万元,后10年年均支出费用4 000万元,用于项目公司经营、项目维护和修理。道路两侧的广告收益权归项目公司所有,预计广告业务收入为每年800万元。

(5) 固定资产采用直线法折旧;项目公司适用的企业所得税税率为25%;为简化计算不考虑销售环节相关税费。

(6) PPP项目合同约定,项目投入使用(通车)后连续20年内,在达到项目运营绩效的前提下,政府每年给项目公司等额支付一定的金额作为项目公司的投资回报,项目通车20年后,项目公司需将该道路无偿移交给政府。

问题:

(1) 计算项目建设期贷款利息和固定资产投资额。

(2) 计算项目投入使用第1年项目公司应偿还银行的本金和利息。

(3) 计算项目投入使用第1年的总成本费用。

(4) 项目投入使用第1年,政府给予项目公司的款项至少达到多少万元时,项目公司才能除广告收益外不依赖其他资金来源,仍能满足项目运营和还款要求?

(5) 若社会资本出资人对社会资本的资本金净利润率的最低要求为:以贷款偿还完成后的正常年份的数据计算不低于12%,则社会资本出资人能接受的政府在贷款偿还完成后各年应支付给项目公司的资金额最少应为多少万元?

(计算结果保留2位小数)

解析:

(1) ① 贷款利息

贷款额:100 000×70%=70 000.00(万元)

第一年贷款利息:35 000/2×6%=1 050.00(万元)

第二年贷款利息:(35 000+1 050+35 000/2)×6%=3 213.00(万元)

合计:4 263.00万元

② 固定资产投资额:100 000+4 263=104 263.00(万元)

(2) 每年还款额:74 263×$(A/P,6\%,10)$=10 089.96(万元)

① 付息:74 263×6%=4 455.78(万元)

② 还本:10 089.96−4 455.78=5 634.18(万元)

(3) ① 经营成本:2 500.00(万元)

② 折旧费:104 263/20=5 213.15(万元)

③ 利息:4 455.78(万元)

总成本费用:12 168.93万元

(4) 设政府给予款项为x时可满足要求。

① 营业收入:x+800(万元)

② 附加税:0

③ 总成本:12 168.93(万元)

④ 利润总额:x+800−12 168.93=x−11 368.93(万元)

⑤ 所得税:$(x-11\ 368.93)\times25\%$(万元)

⑥ 净利润:$(x-11\ 368.93)\times75\%$(万元)

$5\ 213.15+(x-11\ 368.93)\times75\%=5\ 634.18$

$x=11\ 930.30$ 万元

(5) 设支付给项目公司的资金额最少为 y。

① 营业收入:$y+800$(万元)

② 附加税:0

③ 总成本:$4\ 000+5\ 213.15=9\ 213.15$(万元)

④ 利润总额:$y+800-9\ 213.15=y-8\ 413.15$(万元)

⑤ 所得税:$(y-8\ 413.15)\times25\%$(万元)

⑥ 净利润:$(y-8\ 413.15)\times75\%$(万元)

$[(y-8\ 413.15)\times75\%]/(30\ 000\times90\%)=12\%$

$y=12\ 733.15$ 万元

所以,社会资本出资人能接受资金额最少为 12 733.15 万元。

(摘自左红军主编:《建设工程造价案例分析经典真题解析及预测(2022 版)》,机械工业出版社,2022)

思考与练习题

一、思考题

1. 什么叫项目融资? 项目融资的基本特征有哪些?

2. BOT 融资模式的主要参与者有哪些?

3. PPP 融资模式的基本要素有哪些?

4. 确定项目资金结构主要应考虑哪些因素?

5. 权益资金与债务资金各有什么优缺点? 对项目有什么影响?

6. 普通股与优先股有什么区别?

7. 项目融资中怎样保证资金使用结构的合理?

8. 影响债务资金结构的基本因素有哪些?

9. 股本资金与准股本资金是什么关系?

10. 如何计算加权平均资金成本?

11. 在某个项目投资结构的设计中,A、B、C 投资者向融资顾问描述了他们的投资目标:

(1) 每个投资者可以根据自身的情况,对项目中所承担的投资份额分别融资;

(2) 每个投资者能够灵活地处理项目产品;

(3) 投资者之间不承担连带责任。

假若你是融资顾问,请你为该项目设计一个投资结构,并详细说明该投资结构的利弊。

二、练习题

1. 某项目公司的资金来源及个别资金成本的数据如表 7-3 所列。企业所得税税率为 25%,计算该公司的加权平均资金成本。

表 7-3 某项目公司的筹资方式及个别资金成本

筹资方式	融资金额/万元	各种筹资方式占全部资金的比重/%	资金成本/%
债务资金	500	25	8.5
权益资金	1 500	75	13.0
合计	2 000	100	—

2. 已知某项目需筹措资金 1 000 万元,项目可能的资金来源及资金成本如下:

(1) 普通股 200 万元。已知社会无风险投资收益按长期国债利率考虑为 3%,社会平均收益率为 10%,项目的投资风险校正系数为 1.2。

(2) 某国际集团投资 100 万元,可看作优先股。其筹资费用率按 1%计,固定股息率为 12%。

(3) 民间资本投资 100 万元,也可看作优先股。其筹资费用率按 1%计,固定股息率为 8%。

(4) 国内银行贷款 200 万元,贷款利率为 5.76%,每半年支付一次,其实际利率为 5.84%。

(5) 日元贷款 200 万元(人民币),贷款利率为 2.50%,每半年支付一次,其实际利率为 2.52%。

(6) 出口信贷 200 万元,年利率约为 6%,每季度支付一次。

要求:请计算该融资方案的加权平均资金成本。

3. 某企业为建设项目计划筹集资金 100 万元,所得税税率为 25%。相关资料如下:

(1) 向银行借款 10 万元,借款年利率为 7%,手续费费率为 2%。

(2) 发行债券,债券面值为 14 万元、发行价格为 15 万元。票面利率为 9%,期限 5 年,每年支付一次利息,其筹资费用率为 3%。

(3) 发行普通股 40 万元,每股发行价 10 元,预计第一年每股股利为 1.2 元,股利增长率为 8%,筹资费用率为 6%。

(4) 其余所需资金通过留存收益取得。

要求:

(1) 计算债权资本的个别资金成本;

(2) 计算普通股资金成本;

(3) 计算综合资金成本。

4. 某企业拟采用三种方式筹资,并拟定了三个筹资方案,相关数据见表 7-4。要求:选择最佳筹资方案。

表 7-4 三个筹资方案相关数据

筹资方式	资金成本/%	资本结构/%		
		A	B	C
发行股票	15	50	40	40
发行债券	10	30	40	30
长期借款	8	20	20	30

5. 某项目公司因发展需要，现要追加资金 11 000 万元，有两种方案：

方案一：筹集资金来源有长期借款、发行普通股和短期借款。

(1) 长期借款 6 000 万元，时间 5 年，借款年利率为 8%，手续费用率为 0.1%。

(2) 发行普通股，股数为 1 000 万股，每股面值为 4 元，按面值发行，发行费用率为 0.2%，采取固定股利，每股股利为 0.5 元。

(3) 短期借款 1 000 万元，时间 9 个月，借款年利率为 6%，手续费 20 万元。

方案二：筹集资金来源为发行长期债券和短期借款。

(1) 发行长期债券 10 000 万元，债券面值为每张 10 万元，债券期限为 5 年，债券票面利率为 10%，发行费用率为 0.1%，发行价格为每张 12 万元。

(2) 短期借款 1 000 万元，时间 9 个月，借款年利率为 6%，手续费 20 万元。

要求：请选择追加资金的方案。

第八章 投资项目可行性研究

【学习目标】

(1) 了解投资项目建设程序及审核制度；
(2) 掌握可行性研究的概念；
(3) 熟悉可行性研究的作用与阶段划分；
(4) 熟悉可行性研究的内容；
(5) 了解可行性研究报告的编制及其要求。

【思维导图】

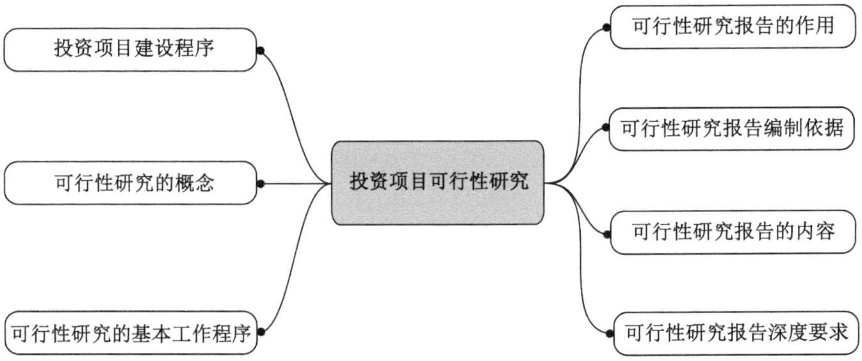

第一节 投资项目的建设程序与审核

一、项目的概念

项目(project)是指在一定的约束条件下(主要是限定的资源和时间),具有明确目标的一次性任务(或活动)。

广义的项目含义非常广泛,指一切符合项目定义、具备项目特点的一次性任务(或活动)。最常见的项目有:开发项目,如某种资源的开发、一个小区的开发、某种新产品的开发等;建设项目,如一座大楼的建造、一个机场的兴建、一条高速公路的修建等;科研项目,如基础科学研究项目、应用科学研究项目、科技攻关项目等;另外,还有工业生产项目、软件开发项目等。在这里,狭义的项目专指建设项目。

根据我国对建设项目的有关规定并参照世界各国有关建设项目的管理资料,构成建设项目的主要条件和特点包括：

(1) 按照一个总体设计进行建设，行政上实行统一管理，经济上实行统一核算。尽管有些项目由若干个单体建筑组成，但只要符合上述“三个统一”的原则，就归结为一个建设项目。

(2) 有明确的建设目标和任务，如有明确的生产能力目标和工程质量标准，有工期目标和投资限额目标等。

(3) 一般具有建筑工程和设备安装工程等有形资产，有些项目还有购买商标、专利、专有技术等形成的无形资产。

(4) 过程的一次性和成果的单件性。建设项目的活动过程既不同于一般工业生产的大批量重复性生产过程，也不同于企事业单位或政府机关的周而复始的行政管理过程。它一般具有一个特定的开始、展开和结尾的过程，整个过程基本没有简单的重复。

(5) 建设过程必须遵循客观规律，按照一定的程序进行。一个建设项目，通常要依次经过可行性研究、评价、决策、设计、实施、竣工投产、总结评价等阶段。

在我国，投资项目可以分为以下两类：

第一类称为基本建设项目，它构成我国投资项目的主要部分，一般是指在一个或几个施工现场，按照一个总体设计进行施工的各单项工程的总体。如一个工厂、一条铁路等都可以构成一个建设项目。建设项目按性质可分为新建、扩建、改建、恢复、迁建等项目；按建设规模可分为大、中、小型项目；除此之外，还可以按隶属关系、管理关系和行业等进行划分。

第二类是设备更新和技术改造项目，简称更新改造项目，它是我国投资项目的另一个重要组成部分，是指对原有企业进行设备更新或技术改造的项目。更新改造项目投资和基本建设项目投资合起来构成全社会的固定资产投资。更新改造与基本建设的主要区别在于：基本建设属于固定资产的外延扩大再生产，而更新改造属于固定资产的内涵扩大再生产。

二、项目建设程序

项目建设程序是指在建设项目从设想、规划、评估、决策、设计、施工到竣工验收、交付使用整个过程中，各项工作必须遵循的先后次序的法则。这个法则是人们通过长期的建设实践，在充分认识客观规律、科学总结实践经验的基础上制定出来的，反映了建设工作所固有的客观规律和经济规律，是不以人们的意志为转移的。

按照这个法则，建设程序分成若干阶段，这些阶段有严格的顺序，不能任意颠倒；否则，项目建设就会走弯路，遭受重大损失。

从建设项目管理的角度看，建设程序一般分为 7 个主要阶段(见图 8-1)。

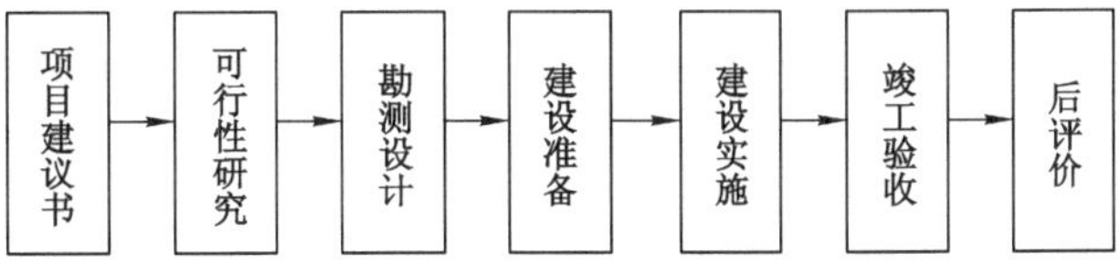

图 8-1　项目建设程序的基本阶段

(1) 项目建议书阶段。项目建议书是项目投资者(业主)向国家提出要求建设某一建设项目的建议性文件,也是投资者决策前对拟建项目的轮廓性设想。项目建议书主要从宏观上分析投资项目建设的必要性,看其是否符合国家长远规划的方针、要求和市场需求;同时初步分析项目建设的可能性,看其是否具备建设条件,是否值得投资。

(2) 可行性研究阶段。项目建议书被批准后,即可进行可行性研究。可行性研究是根据审定的项目建议书,对投资项目在技术、经济、社会和外部协作条件等方面的可行性和合理性进行全面分析论证,进行多方案的比选,推荐最佳方案,为项目决策提供可靠的依据。

可行性研究所提交的成果是可行性研究报告。可行性研究报告一经批准,就标志着该项目立项工作的完成,接下来就可以进入勘测设计阶段了。

(3) 勘测设计阶段。勘测是指设计前和设计过程中所要进行的勘察、调查、测量工作。设计是对拟建工程的实施在技术上和经济上所进行的全面、详细的安排。设计工作是分阶段、逐步深入进行的。大中型建设项目一般采用两阶段设计——初步设计、施工图设计;重大或特殊项目可采用三阶段设计,增设技术设计阶段。

初步设计是研究拟建项目在技术上的可靠性和经济上的合理性,对项目作出基本技术决定,并通过编制总概算确定总的建设费用和主要技术经济指标。技术设计是对初步设计中的重大技术问题进一步开展工作,在进行科研、试验、设备试制取得可靠数据和资料的基础上,具体地确定初步设计中所采用的工艺等方面的主要技术问题,并编制修正总概算。施工图设计是按照初步设计或技术设计所确定的设计原则、结构方案和控制性尺寸,根据建筑安装施工和非标准设备制造的需要,绘制施工详图,并编制施工图预算。

(4) 建设准备阶段。完成项目开工建设前的各项准备工作,包括:① 征地、拆迁和施工场地平整;② 施工用的水、电、路、通信等工程;③ 组织设备、材料订货;④ 组织监理、施工招标,选定监理单位和施工单位等;⑤ 制订年度建设计划。

(5) 建设实施阶段。各项建设准备工作做好以后,经批准开工,便进入了建设实施阶段,即施工阶段。在该阶段,建设单位按项目管理的要求,组织好施工单位的施工并提供设备、材料的供应,协调好工程建设的外部环境;监理单位根据项目建设的有关文件和各类工程承包合同,做好对工程的投资、进度和质量的控制、协调和管理;承包商(包括建筑安装施工、设备制造、材料供应等单位)根据承包合同的约定和承诺,全面履行各项合同义务,保质、保量、按时完成工程建设任务。同时,该阶段还要做好生产准备工作,如招工和培训人员,生产的组织,技术、物资的准备等。

(6) 竣工验收阶段。竣工验收是项目建设全过程的最后一关,是全面考核建设成果、检验设计和施工质量的重要步骤,是确认建设项目能否启用的关键环节,同时也是由基本建设转入生产或使用的标志。竣工验收工作一般可分为单项工程验收和整个项目验收两个阶段进行。每一个单项工程完工后,由建设单位或监理单位组织验收;整个建设项目全部建设完成后,应根据国家对竣工验收的规定组织验收。

(7) 后评价阶段。在项目建成投产并达到设计生产能力后(一般为项目建成后 1～3 年),通过对项目前期工作、项目实施、项目运营情况的综合研究,分析项目建成后的实际情况与预测情况的差距及其原因,从而吸取经验教训,为今后项目的准备、决策、实施、管理、监督等工作的改进提供依据,并为提高项目投资效益提出切实可行的对策措施。

在项目建设程序中,通常将项目建议书阶段和可行性研究阶段(有些行业的项目还包括初步设计阶段)统称为建设前期阶段或投资决策阶段,将勘测设计阶段至竣工验收阶段称为建设实施阶段。建设前期阶段主要解决项目是否做和做什么、做多大的问题,而建设实施阶段主要解决如何做的问题。

三、投资项目审核制度

2004年7月,国务院颁布了《关于投资体制改革的决定》(国发〔2004〕20号)对原有投资管理体制进行了改革,确立了企业的投资主体地位,彻底改变以往"不分投资主体、不分资金来源、不分项目性质,一律按投资规模大小分别由各级政府及有关部门审批"的投资管理办法,对于不使用政府投资的项目,一律不再实行审批制,区别不同情况实行核准制和备案制,即将投资项目的审核制度分为审批制、核准制和备案制三类。

1. 审批制

(1) 政府投资方式

政府投资的范围主要集中在关系到国家安全和市场不能有效配置的经济和社会领域,包括公益性和公共基础设施建设、生态环境保护和改善等,政府投资一般不进入竞争性领域。

政府投资的方式可以分为三种:一是直接投资,政府从财政预算中进行财政性拨款,直接用于投资建设项目;二是资本金注入,政府作为投资方注入资本金,一般实行委托或成立投资公司实行股权托管;三是投资补助和贷款贴息。

对于政府直接投资和以资本金注入方式投资建设的项目,基于投资决策的考虑,仍然采用审批制,但只审批项目建议书和可行性研究报告,一般不再审批开工报告(大型项目例外)。政府投资项目的可行性研究报告既要从投资主体视角进行论证,又要从社会、政府的视角进行论证,主要从项目的市场前景、产品方案、项目规模、工程设备方案、经济效益、投资估算、融资方案、规划布局、资源利用、征地移民、生态环境、经济和社会影响等方面进行综合论证。

对于政府采用投资补助和贷款贴息方式支持的项目,政府只审批资金申请报告。安排给单个投资项目的投资补助或贷款贴息原则上不超过2亿元,超过该额度的,按直接投资或资本金注入方式管理,审批可行性研究报告。安排给单个投资项目的中央预算内投资金额超过3 000万元,且占项目投资总额50%以上的,也按直接投资或资本金注入方式管理,审批可行性研究报告;3 000万元以下的,一律按投资补助和贷款贴息管理,只审批资金申请报告。

(2) 政府投资项目审批管理流程

政府投资项目,按照"谁出资、谁审批"的原则,由各级发展改革委负责审批,城乡规划、国土资源、环境保护、建设和统计等部门密切配合。

项目单位应首先向发展改革委等项目审批部门报送项目建议书,依据项目建议书批复文件分别向城乡规划、国土资源和环境保护部门申请办理项目选址、用地预审和环境影响评价等审批手续。完成上述手续后,项目单位根据项目论证情况向发展改革委等项目审批部门报送可行性研究报告,并附选址意见书、用地预审意见书和环境影响评价审批文件。项目单位依据可行性研究报告批复文件向城乡规划部门申请办理建设用地规划许可手续,向国土资源部门申请办理正式用地手续(见图8-2)。

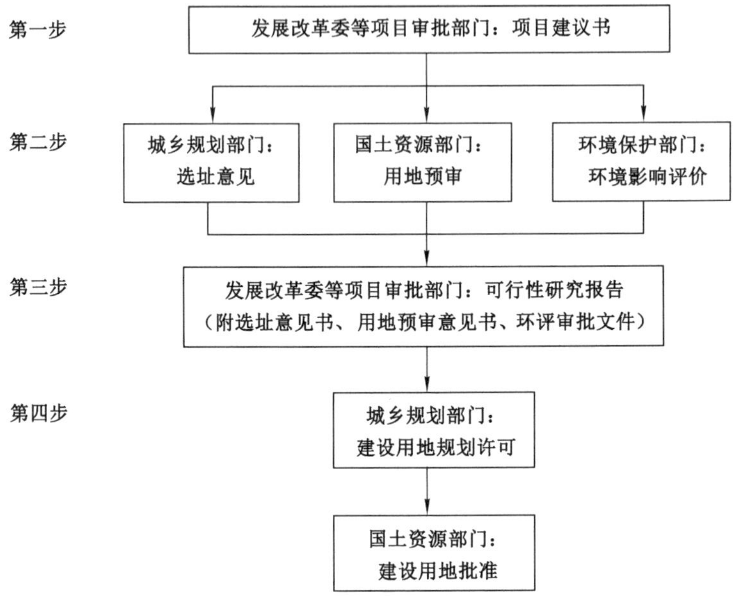

图 8-2 适用审批制的投资项目管理流程图

2. 核准制

对于不使用政府性资金的投资项目不再实行审批制。但是，出于维护社会公共利益的目的，政府需根据《政府核准的投资项目目录》(以下简称《投资目录》)对重大和限制类固定资产投资项目实行核准制；对于其他项目，无论规模大小均采用备案制。

《投资目录》对核准制的适用范围作了说明，即核准制适用于不使用政府性资金投资建设的重大和限制类固定资产投资项目。《投资目录》中规定“由国务院投资主管部门核准”的项目，由国务院投资主管部门会同行业主管部门核准，其中重要项目报国务院核准；“由地方政府投资主管部门核准”的项目，由地方政府投资主管部门会同同级行业主管部门核准。省级政府可根据当地情况和项目性质，具体划分各级地方政府投资主管部门的核准权限，但《投资目录》明确规定“由省级政府投资主管部门核准”的，其核准权限不得下放。

实行核准制的企业投资项目，政府不再审批项目建议书、可行性研究报告和开工报告。项目单位首先分别向城乡规划、国土资源和环境保护部门申请办理项目选址、用地预审和环境影响评价等审批手续，然后向发展改革委等项目核准部门报送项目申请报告，并附选址意见书、用地预审意见书和环境影响评价审批文件。项目申请报告主要是对该项目“外部性”和“公共性”作出评价，可视为可行性研究报告的简化版，不再包括投资项目市场前景、经济效益、产品技术方案等应由企业自主判断决策的内容，仅保留原可行性研究报告中“需政府决策”的内容，即对投资项目的合法性、环境和生态影响、经济和社会效果、资源利用和能源耗用等方面进行分析。

项目单位依据项目核准文件向城乡规划部门申请办理建设用地规划许可手续，然后向国土资源部门申请办理正式用地手续(见图 8-3)。

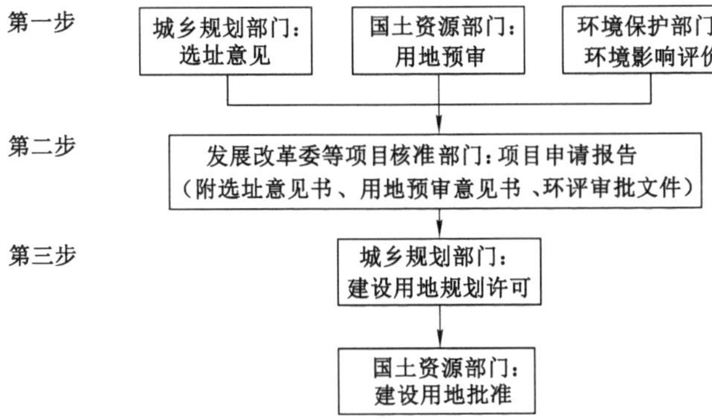

图 8-3 适用核准制的投资项目管理流程图

根据《企业投资项目核准暂行办法》的规定，发展改革委等项目核准部门在受理投资项目核准申请后（即图 8-3 中第二步），有权委托有资格的咨询机构对该投资项目进行评估，征求该投资项目涉及的其他行业主管部门的意见、征求公众意见、进行专家评议。

3. 备案制

除国家法律法规和国务院专门规定禁止投资的项目以外，不使用政府性资金投资建设《投资目录》以外的项目适用备案制。对于适用备案制的投资项目，项目单位必须首先向发展改革委等项目备案部门办理备案手续，然后分别向城乡规划、国土资源和环境保护部门申请办理项目选址、用地预审和环境影响评价等审批手续（见图 8-4）。

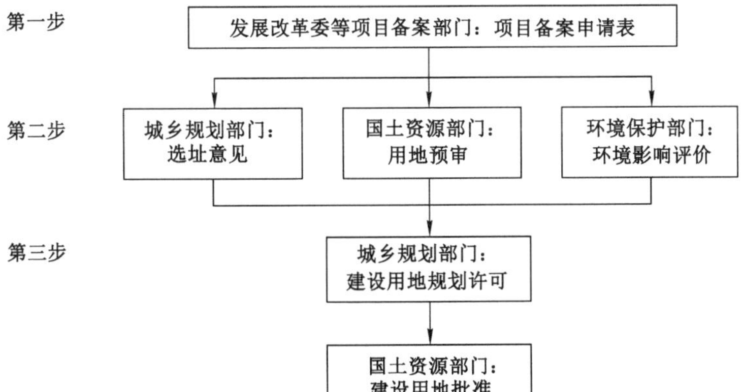

图 8-4 适用备案制的投资项目管理流程图

虽然适用于核准制和备案制的企业投资项目不需要报送并审批项目建议书和可行性研究报告，但企业一般仍应编制可行性研究报告，作为项目决策、申请贷款和初步设计的依据。在审批制下，可行性研究报告的功能主要表现为报请政府主管部门审批的依据，当然也是向银行申请贷款、委托设计单位进行初步设计的依据。在核准制和备案制下，可行性研究报告的功能首先是作为投资方的企业进行投资决策的依据，其次是向银行申请贷款和委托设计单位进行初步设计的依据，已不再具有作为报请政府主管部门审批依据的功能。因此，适用于审批制的投资项目，可行性研究报告的内容比较全面，不仅包括市场前景、产品方案、技术方案、投资估算、融资方案、财务评价等反映项目内在情况的分析，还包括对资源条件环境影响、经济影响和社会影响等外部影响的论证。而对于适用核准制和备案制的投资项目，可行性研究报告主要是对项目内在情况的分析，外部性问题可不再论证。

第二节 可行性研究概述

一、可行性研究的概念

可行性研究(feasibility study)是一种运用多种学科(包括工程学、社会学、经济学及系统工程学等)知识，对拟建项目的必要性、可能性以及经济、社会有利性进行全面、系统、综合的分析和论证，以便进行正确决策的研究活动，是一种综合的经济分析技术。

可行性研究的任务是以市场为前提，以技术为手段，以经济效益为最终目标，对拟建的投资项目在投资前期对其必要性、可能性、有效性和合理性进行全面、系统的论证，从而对项目作出是否可行的评价。

一般来讲，通过可行性研究要能解答以下几个问题：

(1) 建设项目在技术上是否可行？

(2) 建设项目在经济上是否合理？在财务上的盈利有多大？

(3) 建设项目需要的投资是多少？

(4) 筹集投资的渠道有哪些？

(5) 建设和维持项目的生存和发展需要多少人力、物力和财力资源？

(6) 项目所需的建设时间有多长？

总的来说，可行性研究大体包括三个方面的研究内容，即工艺技术方面的研究，市场需求和资源条件的研究，经济财务状况的分析研究。这三方面的内容有着密切的联系，市场与资源是前提，技术是手段，而获得好的财务和经济效益是整个活动的中心和目的，可行性研究就是围绕这个中心进行的。

可行性研究是 20 世纪 30 年代美国在开发田纳西河流域时开始推行的方法，它的运用使美国田纳西河流域开发获得很大成功，从而使这种方法得到广泛应用，并不断充实和完善，迄今已形成一套系统的科学研究方法，成为投资项目决策前的一个重要的工作阶段。现在世界各国对重要的投资项目普遍要进行可行性研究。1978 年，联合国工业发展组织(简称 UNIDO)为了推动和帮助发展中国家的经济发展，编写出版了《工业项目可行性研究编制手册》，系统地说明了工业项目可行性研究的内容与方法。

我国为改进投资项目的管理，做好建设前期工作的研究，避免和减少投资项目决策的失误，提高投资的综合效益，在 20 世纪 80 年代初引入了西方发达国家使用多年的可行性研究和项目评估方法，开始将可行性研究作为项目投资的一项重要程序。1983 年 2 月，国家计划委员会发布了《关于建设项目进行可行性研究的试行管理办法》，1991 年进行了修订，该办法对我国基本建设项目可行性研究的编制程序、编制内容、审批等进行了规定。

1987年，国家计划委员会发布了《建设项目经济评价方法》《建设项目经济评价参数》；1993年，国家计划委员会和建设部修订了《建设项目经济评价方法(第二版)》《建设项目经济评价参数(第二版)》；2006年，国家发展和改革委员会和建设部再次修订了《建设项目经济评价方法与参数(第三版)》。

2004年，国务院颁布了《关于投资体制改革的决定》。

这些文件确定了投资项目的建设程序，规定了可行性研究的主要内容，并规范了投资项目经济评价中的具体方法和基本参数，是进行可行性研究的纲领性文件。

二、可行性研究的作用

可行性研究作为投资前期的主要工作内容之一，在基本建设程序中具有重要地位和作用，具体表现在以下几个方面。

(1) 项目决策的依据。项目决策的科学性取决于项目评价方法的科学性。项目的可行性研究是一种科学、系统的项目前期研究方法，能够全面提供项目决策所需的重要数字和文字信息，因此可以为项目投资决策提供科学的依据。项目投资决策者主要根据可行性研究的评价结果决定对一个项目是否投资和如何投资，因而它是投资的主要依据。可行性研究中具体研究的技术经济数据，都要在设计任务书中明确规定，因而它也是编制设计任务书的依据。

(2) 项目融资的依据。贷款人在接受项目借款申请时，需要对贷款项目进行评估，在确认项目投资效果良好，具有偿还能力，承担风险较小的情况下，才能同意贷款。贷款人在对项目评估时，可行性研究报告是重要依据。

(3) 编制设计方案和施工图的依据。为了保证施工期内各项工作按照计划顺利进行，必须编制可行的设计方案和合理的施工图。可行性研究报告能够为设计方案及施工图的编制提供大量、详细的调查资料和研究结果，因此，可以为编制设计方案和施工图提供保障。

(4) 商谈合同、签订协议的依据。根据可行性研究报告和设计任务书，项目主管部门可以同有关部门签订项目所需的原材料、能源、设备设施等方面的协议和合同。

(5) 环保部门审查项目对环境影响的依据。

可行性研究必须在国家有关规划、政策和法规的指导下，以大量的资料为基础，通过对各种资料进行综合分析和比较获得。因此，了解国家有关规划、政策和法规，收集各种相关基础资料是可行性研究工作开展的依据和前提条件。可行性研究的主要依据包括：国民经济的长远规划、地区和行业规划；国家有关方针、政策和法规；经过有关部门批准的资源报告；项目建议书；可靠的自然、地理、气象、地质、经济、社会等的基础资料；水、电、交通、原材料的外部条件资料；有关的技术标准、规范；国家颁布的项目评价参数等。

三、可行性研究的阶段划分

可行性研究是投资前期的主要工作，一般分3个阶段进行：机会研究阶段、初步可行性研究阶段、详细可行性研究(项目拟定)阶段。各阶段的目的、任务及投资成本估算的精确度见表8-1。

表 8-1 可行性研究各阶段的目的、任务及投资成本估算精确度

阶段	目的	主要任务	投资成本估算精确度
机会研究阶段	机会识别和项目设想	调查研究鉴别投资机会 确认项目研究的必要性 确定研究的范围 确定研究的关键问题	±30%
初步可行性研究阶段	项目可行性的初步分析论证	识别选择方案的标准 初步确定选择可取方案 鉴别是否进行下一步研究	±20%
详细可行性研究(项目拟定)阶段	进行技术经济可行性研究	按详细标准再调查研究 决定方案特性的最后选择 确定最佳方案的选择 确认方案的可行性	±10%～±5%

1. 机会研究

机会研究又称为投资机会鉴别,其主要任务是:提出工程项目投资方向,调查并鉴别投资的机会,确认项目研究的必要性。机会研究往往比较粗略,主要依靠信息资料进行估计,不是进行详细分析计算。建设投资与成本数据是通过与现有工厂对比得到的,并不是来源于设备制造厂商或其他供应商的报价,投资与成本估算往往采用最简单的方法,估算的允许误差在±30%以内,一旦认为项目在经济上有利可图,就可转入下一步研究。机会研究所用时间较短,一般为1～2个月,所需研究费用约占投资总额的0.1%～1%。

2. 初步可行性研究

初步可行性研究又称为预可行性研究,其主要任务是:在机会研究的基础上,进一步确认项目建设的必要性,初步进行方案的比较与选择,确认是否进行详细的可行性研究。这一阶段要解决两个方面的问题,一是工程项目的概貌,包括产品方案、生产规模、投入物的来源、可供选择的技术、厂址方案、建设进度;二是初步估算项目主要经济效益指标。这一阶段投资与成本估算的偏差,一般要求达到±20%以内,研究所需要时间约为4～6个月,所需费用约占投资总额的0.25%～1.5%。初步可行性研究要对项目的许多备选方案进行粗略筛选,余下较少的方案留到下一阶段深入研究。这一阶段的研究内容与详细可行性研究基本相同,只是粗略一些,对于有些中小型项目这一阶段可以省去,直接进行详细可行性研究。

3. 详细可行性研究

详细可行性研究又称为技术经济可行性研究或项目拟定,这一阶段是整个可行性研究的关键阶段,其主要任务是:对工程项目进行深入细致的技术经济分析论证,包括市场和生产能力研究、原材料及投入物、建厂地区与厂址、项目(技术方案)设计、工厂机构及人力、项目实施进度、环境保护、投资估算与成本估算、经济评价等。这一阶段要在前面研究的基础上进行多方案比较与选优,工作量大,需要的时间长,所花费用也较多。这一阶段投资与成本估算的误差在±10%以内,有时高达±5%,所需费用约占投资总额的0.25%～3%。详细可行性研究报告及其结论,是投资决策的基本依据。

以上3个阶段不是可行性研究的目的，而只是进行项目投资决策的手段。可行性研究的目的，是在详细可行性研究的基础上，进行多方面的评价、论证，得出是否进行项目投资的结论，所以详细可行性研究的后续阶段即为评价与决策阶段。一般来说，前两个阶段可以否定一项投资，但不能肯定一项投资，只有经过详细可行性研究后才能肯定一项投资。

第三节　可行性研究报告的编制及其要求

一、可行性研究报告编制的依据

在我国，建设项目可行性研究报告编制的依据主要有：

(1) 国家和地区经济建设的方针、政策和长远规划；

(2) 经批准的项目建议书或同等效力的文件；

(3) 国家批准的资源报告、工业基地规划、国土开发整治规划、交通网络规划、河流流域规划等；

(4) 自然、地理、气象、地质、水文、经济、社会等基础资料；

(5) 有关工程技术方面的标准、规范、指标、要求等资料；

(6) 国家统一规定的经济参数和指标。

二、可行性研究报告编制的步骤

1. 筹划准备

在项目建议书被批准之后，建设单位（主管部门或企业）即可委托工程咨询公司对拟建项目进行可行性研究，双方签订合同，明确规定可行性研究的工作范围、目标意图、进度安排、费用支付办法及协作方式等内容；承担单位接受委托时，应获得项目建议书和有关项目背景及文件，明确委托者的目的和要求，明确研究内容，制订工作计划，并收集有关基础资料、基本参数、指标、规范、标准等基本依据。

2. 调查研究

调查研究主要从市场调查和资源调查两方面进行。市场调查应查明和预测产品的需求量、价格和竞争能力，以便确定产品方案和经济规模；资源调查包括原材料、能源、工艺技术、厂址、建材、劳动力、运输条件、外围基础设施、环境保护、组织管理和人员培训等自然、社会、经济的调查，为选定建设地点、生产工艺、技术方案、设备选型、组织机构和定员等提供确切的技术经济分析资料。

3. 方案选择和优化

根据项目建议书的要求，结合市场调查和资源调查，在收集到的资料和数据的基础上，建立几种可供选择的技术方案和建设方案，进行反复的方案论证和比较，会同委托单位明确方案选择的重大原则问题和优选标准，从若干个方案中选择最佳方案，研究论证项目在技术上的可行性；进一步确定产品方案、生产的经济规模、工艺流程、设备选型、车间组成、组织机构、人员配置等。

4. 财务分析与经济评价

对经过上述分析后所确定的最佳方案进行详细的财务预测、财务分析、经济效益和国民经济评价。由项目的投资、成本、营业收入和利润等进行盈利性分析、费用效益分析和不确定性分析，研究论证项目在经济上的合理性和盈利性，进一步提出资金筹措建议和项目实施总进度计划。

5. 编制可行性研究报告

经过上述分析与评价，即可编制详尽的可行性研究报告，推荐一个以上的可行方案和实施计划，提出结论性意见和措施建议，供决策部门作为决策的依据。

可行性研究的工作程序如图 8-5 所示。

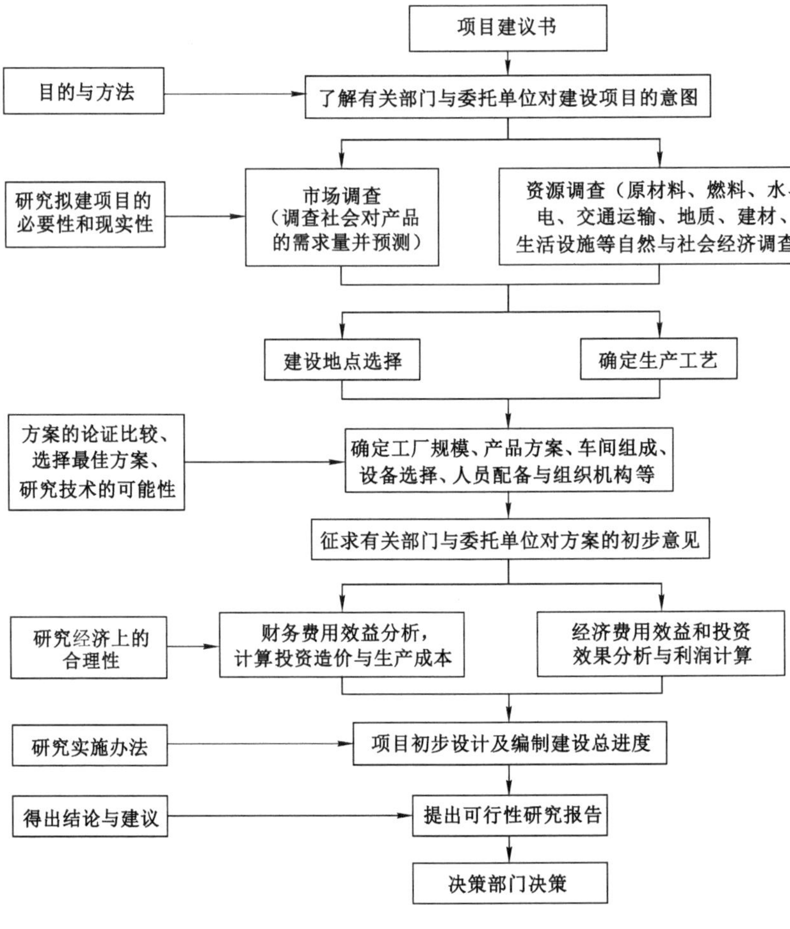

图 8-5 可行性研究的工作程序

三、可行性研究报告编制单位及人员资质要求

可行性研究报告的质量取决于编制单位的资质和编写人员的素质。可行性研究报告编制单位和人员应符合下列要求：

（1）报告编制单位应具有国家有关部门审批登记的资质等级证明。

（2）编制单位应具有承担编制可行性研究报告的能力和经验。

（3）可行性研究人员应具有所从事专业的中级以上专业职称，并具有相关的知识、技能和工作经历。我国从2004年开始，实施全国注册咨询工程师(投资)资格考试，为严格工程咨询市场准入创造了有利条件。在可行性研究报告上签字的咨询单位人员必须具有国家注册咨询工程师(投资)证书。

(4) 报告编制单位及人员应坚持独立、公正、科学、可靠的原则，实事求是，对提供的可行性研究报告质量负完全责任。

第四节　项目可行性研究的内容

一、企业投资项目可行性研究的主要内容

1. 项目建设的必要性

项目建设的必要性要从两个层次进行分析：一是从项目层次分析拟建项目在实现企业自身可持续发展重要目标、重要战略和生存壮大能力方面的必要性；二是从国民经济和社会发展层次分析拟建项目是否符合合理配置和有效利用资源的要求，是否符合区域规划、行业发展规划、城市规划的要求，是否符合国家产业政策的要求，是否符合保护环境、可持续发展的要求等。

2. 市场分析

调查分析和预测拟建项目产品和主要投入品的国际国内市场的供需状况和价格；研究确定产品的目标市场；在竞争力分析的基础上，预测产品可能占有的市场份额；研究产品的营销策略等。

3. 项目建设方案研究

项目建设方案研究主要包括：建设规模和产品方案，工艺技术和主要设备方案，场(厂)址选择方案，主要原材料、辅助材料和动力燃料的供应方案，总图运输和土建工程方案，公用、辅助工程方案及节能、节水措施，环境保护治理措施方案，职业安全卫生健康措施和消防设施方案，项目的组织机构与人力资源配置方案等。

4. 投资估算

在确定项目建设方案的基础上估算项目所需的投资，分别估算建筑工程费、设备购置费、安装工程费、工程建设其他费用、基本预备费、涨价预备费、建设期利息和流动资金等。

5. 融资方案

在投资估算确定投资额的基础上，研究分析项目的融资主体、资金来源渠道和方式、资金结构即融资成本和融资风险等。结合融资方案的财务分析，比较、选择和确定融资方案。

6. 财务分析(也称财务评价)

按规定科目详细估算营业收入和成本费用，预测现金流量；编制现金流量表等财务报表，计算相关指标；进行财务盈利能力、偿债能力以及财务生存能力分析，评价项目的财务可行性。

7. 经济分析(也称国民经济评价)

对于财务现金流量不能全面、真实地反映其经济价值的项目，应进行经济分析。从社会经济资源有效配置的角度，识别项目产生的直接和间接经济费用和效益，编制经济费用和效益流量表，计算有关评价指标，分析项目建设对经济发展所作出的贡献以及项目所耗

费的社会资源，评价项目的经济合理性。

8. 经济影响分析

对于影响区域及宏观经济较大的项目，还应从区域经济发展、产业布局及结构调整、区域财政收支、收入分配以及是否可能导致垄断等角度进行分析；对于涉及国家经济安全的项目，还应从产业技术安全、资源供应安全、资本控制安全、产业成长安全、市场环境安全等角度进行分析。

9. 资源利用分析

对于高耗能、耗水和大量消耗自然资源的项目，应分析能源、水资源和自然资源的利用效率；一般项目也应进行节能、节水、节地、节材分析；所有项目都要提出降低资源消耗的措施。

10. 土地利用及移民搬迁安置方案分析

对于新增建设用地的项目，应分析项目用地情况，提出节约用地的措施；涉及搬迁和移民的项目，还应分析搬迁方案和移民安置方案的合理性。

11. 社会评价

对于涉及社会公共利益的项目，如农村扶贫项目，要在社会调查的基础上，分析拟建项目的社会影响，分析主要利益相关者的需求、对项目的支持和接受程度，分析项目的社会风险，提出防范和解决社会问题的方案。

12. 不确定性分析

进行敏感性分析，计算敏感度系数和临界点，找出敏感因素及其对项目效益的影响程度；进行盈亏平衡分析，计算盈亏平衡点，粗略预测项目适应市场变化的能力。

13. 风险分析

对项目主要风险因素进行识别，采用定性和定量分析方法估计风险程度，研究提出防范和降低风险的对策措施。

14. 结论与建议

在以上各项分析研究之后，应作出归纳总结，说明所推荐方案的优点，指出可能存在的主要问题和可能遇到的主要风险，得出项目是否可行的明确结论，并对项目下一步工作和项目实施中需要解决的问题提出建议。

二、政府投资的特殊项目可行性研究的要求

政府投资建设的社会公益性项目、公共基础设施项目和环境保护项目，除上述各项内容外，可行性研究及其报告还应包括以下内容：

(1) 政府投资的必要性。

(2) 项目实施代建制方案。

(3) 政府投资项目的投资方式。采用资本金注入方式的项目，应分析出资人代表的情况及其合理性。

(4) 政府提供补贴的方式和数额。没有营业收入或收入不足以弥补运营成本的公益性项目，要从项目运营的财务可持续性角度分析、研究政府提供补贴的方式和数额。

(5) PPP 项目。根据政府有关规定，在满足项目目标和基准收益的前提下，推算政府介入的条件和给予的优惠等。

三、可行性研究报告的附图、附表和附件

可行性研究报告中还应包括一些附图、附表和附件。

1. 附图

附图包括:① 场址位置图;② 工艺流程图;③ 总平面布置图。

2. 附表

(1) 投资估算表:① 项目投入总资金估算汇总表;② 主要单项工程投资估算表;③ 流动资金估算表。

(2) 财务评价报表:① 营业收入、税金及附加和增值税估算表;② 总成本费用估算表;③ 财务现金流量表;④ 利润与利润分配表;⑤ 总投资使用计划和资金筹措表;⑥ 借款还本付息计划表。

3. 国民经济评价报表

(1) 项目投资国民经济费用效益流量表;

(2) 国内投资国民经济费用效益流量表。

4. 附件

(1) 项目建议书(初步可行性研究报告)的批复文件。

(2) 环保部门对项目环境影响的批复文件。

(3) 资源开发项目有关资源勘察及开发的审批文件。

(4) 主要原材料、燃料及水、电、气供应的意向性协议。

(5) 项目资本金的承诺证明及银行等金融机构对项目贷款的承诺函。

(6) 中外合资、合作项目各方草签的协议。

(7) 引进技术考察报告。

(8) 土地主管部门对场址的批复文件。

(9) 新技术开发的技术鉴定报告。

(10) 组织股份公司草签的协议。

四、可行性研究及其应达到的深度要求

(1) 可行性研究报告内容齐全、数据准确、论据充分、结论明确,能满足决策者定方案、定项目的需要。

(2) 可行性研究中选用的主要设备的规格、参数应能满足预订货的要求。引进的技术设备的资料应能满足合同谈判的要求。

(3) 可行性研究中的重大技术、财务方案应有两个以上方案的比选。

(4) 可行性研究中确定的主要工程技术数据应能满足项目初步设计的要求。

(5) 可行性研究阶段对投资和生产成本的估算应采用分项详细估算法,估算的准确度应达到规定的要求。

(6) 可行性研究确定的融资方案应能满足资金筹措及使用计划对投资数额、时间和币种的要求,并能满足银行等金融机构信贷决策的需要。

(7) 可行性研究报告应反映在可行性研究中出现的某些方案的重大分歧及未被采纳的理由,供决策者权衡利弊进行决策。

（8）可行性研究报告附有评估、决策必需的合同、协议、意向书、政府批件等。

思 考 题

1. 什么是项目的可行性研究？
2. 可行性研究的作用有哪些？
3. 可行性研究包括哪些阶段？各阶段的具体内容是什么？
4. 可行性研究的内容主要有哪些？
5. 简述项目经济评价与可行性研究之间的关系。

第九章　投资项目财务评价

【学习目标】

(1) 掌握财务评价的含义、评价内容、程序、方法；
(2) 掌握财务评价的基础报表的编制方法和报表构成与功能；
(3) 掌握财务评价指标体系与计算；
(4) 学会编制财务评价基础报表。

【思维导图】

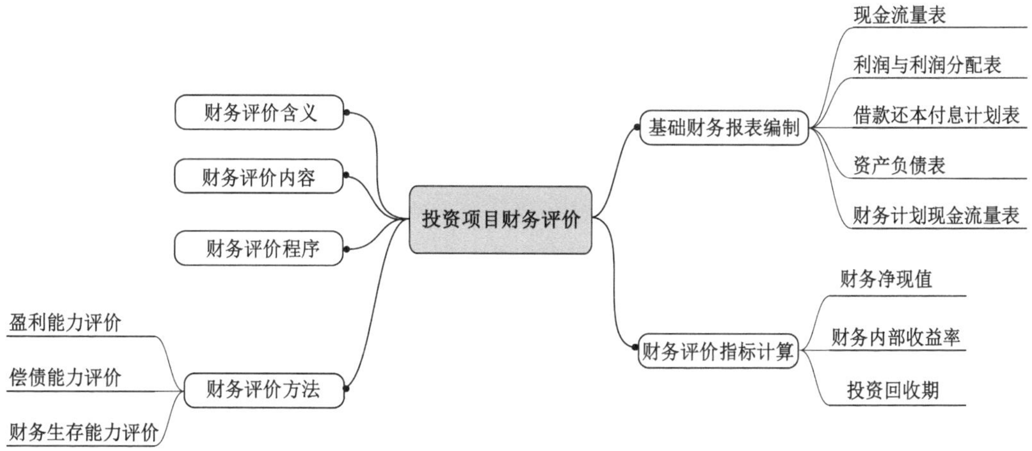

第一节　财务评价概述

投资项目的评价包括技术、经济、环境、政治及社会评价。其中，项目的经济评价是在做好市场需求预测及项目地址选择、工艺技术选择、工程技术研究的基础上，对拟建项目从财务和国民经济两个方面考察其在经济上是否可行，并进行多方面的比较和风险分析的一项工作，项目的经济评价是项目的可行性研究和评价的核心内容。

项目的经济评价包括财务评价和国民经济评价两个层次。财务评价主要是从建设项目经济利益角度考察项目的财务可行性和盈利性；国民经济评价主要从整个国民经济角度考虑项目的经济合理性。

一、财务评价的概念

财务评价是项目经济评价的重要组成部分。财务评价是在国家现行财税制度和价格体系的前提下，从项目的角度出发，估算项目范围内的财务效益和费用，编制财务报表，计算财务评价指标，考察和分析项目盈利能力、偿债能力和财务生存能力，判别项目的财务可行性，明确项目对财务主体的价值以及对投资者的贡献，为投资决策、融资决策以及银行审贷提供依据。

对于经营性项目，应进行全面的财务评价。对于非经营性项目，财务分析主要分析项目的财务生存能力。

二、财务评价的作用

项目的财务评价无论是对项目投资主体，还是对为项目建设和生产经营提供资金的其他机构或个人，均具有十分重要的作用。其作用主要表现在以下几方面。

1. 考察项目的财务盈利能力

项目的财务盈利水平如何，能否达到国家规定的基准收益率，项目投资主体能否取得预期的投资效益，项目的清偿能力如何，项目债权人权益是否有保障等，是项目投资主体、债权人以及国家、地方各级决策部门、财政部门共同关心的问题。因此，一个项目是否值得兴建，首先要对项目的财务盈利能力等各项经济指标进行财务评价。

2. 为项目制定适宜的资金规划

确定项目实施所需资金的数额，根据资金的可能来源及资金的使用效益，安排恰当的用款计划及选择适宜的筹资方案，都是财务评价要解决的问题。项目资金的提供者们据此安排各自的出资计划，以保证项目所需资金能及时到位。

3. 为协调企业利益和国家利益提供依据

有些投资项目是国计民生所急需的，其国民经济评价结论好，但财务评价不可行。为了使这些项目具有财务生存能力，国家需要用经济手段予以调节。财务分析可以通过考察有关经济参数（如价格、税收、利率等）变动对分析结果的影响，寻找经济调节的方式和幅度，使企业利益和国家利益趋于一致。

三、财务评价主要内容

投资项目财务评价的具体内容，是从企业角度计算项目直接发生的收益与费用，评价项目的盈利能力、偿债能力、财务生存能力，并对项目进行不确定性分析。财务评价主要内容可用图 9-1 表示。

1. 项目盈利能力分析

项目盈利能力分析包括融资前盈利能力分析和融资后盈利能力分析，如图 9-2 所示。财务分析一般应先进行融资前分析。融资前分析是指在考察融资方案前就开始进行的财务分析，即不考虑债务融资条件下进行的财务分析。在融资前分析结论满足要求的情况下，初步设定融资方案，再进行融资后分析。融资后分析是指以设定的融资方案为基础进行的财务分析。初期研究阶段只进行融资前分析。

融资前分析只进行盈利能力分析，并以动态分析（折现现金流量分析）为主，以营业收

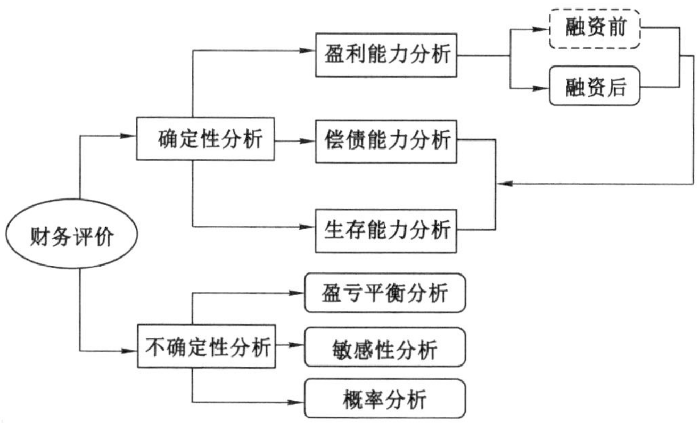

图 9-1　财务评价主要内容

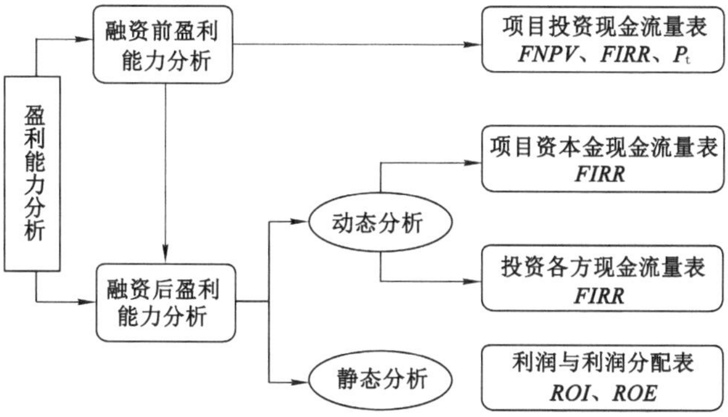

图 9-2　盈利能力分析图

入、建设投资、经营成本和流动资金的估算为基础，考察整个计算期内的现金流入和现金流出，从而编制项目投资现金流量表，并计算项目投资内部收益率和净现值。融资前分析还可以静态分析（非折现现金流量分析）为辅，计投资回收期指标（静态）。融资前分析不考虑债务融资以排除融资方案变化的影响，从项目投资总获利能力的角度，考察项目方案设计的合理性。

在融资前分析中，计算的相关指标应作为初步投资决策与融资方案研究的依据和基础。

融资后分析应以融资前分析和初步的融资方案为基础，主要针对项目资本金折现现金流量和投资各方折现现金流量进行分析，考察项目在拟融资条件下的盈利能力，判断项目方案在融资条件下的可行性。

融资后分析用于比选融资方案，帮助投资者作出投资决策，包括静态分析和动态分析两种。

2. 项目偿债能力分析

项目偿债能力是指项目按期偿还债务的能力。项目偿债能力的大小通常表现为项目投资借款偿还期的长短、利息备付率和偿债备付率的高低。这些指标也是银行进行贷款决策的重要依据。如图 9-3 所示。

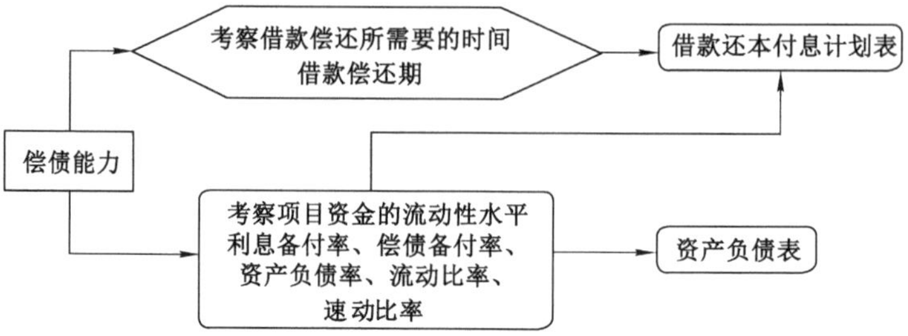

图 9-3 偿债能力分析图

3. 项目财务生存能力分析

在项目运营期间,确保从各项经济活动中得到足够的净现金流量是项目能够持续生存的条件。所以在财务分析中,应根据财务计划现金流量表,综合考察项目计算期内各年的投资活动、融资活动和经营活动所产生的各项现金流入和现金流出,计算净现金流量和累计盈余资金,分析项目是否有足够的净现金流量来维持正常运营。因此,财务生存能力分析也可称为资金平衡分析。对于非经营性项目,财务评价应主要分析项目的财务生存能力。

财务生存能力分析应结合偿债能力分析进行,如果安排的还款期过短,则还本付息的负担会过重,导致为维持资金平衡必须筹措的短期借款过多,可以通过调整还款期,减轻各年还款负担。通常运营期前期的还本付息负担较重,所以应特别注重运营期前期的财务生存能力分析。

财务评价的内容与评价指标见表 9-1。

表 9-1 财务评价内容与评价指标

财务分析内容		基本报表	静态指标	动态指标
融资前分析	盈利能力分析	项目投资现金流量表	静态投资回收期	财务内部收益率 财务净现值 动态投资回收期
融资后分析	盈利能力分析	资本金现金流量表	资本金静态投资回收期	资本金财务内部收益率 资本金财务净现值 资本金动态投资回收期
		投资各方现金流量表		投资各方财务内部收益率
		利润与利润分配表	资本金净利润率 总投资收益率	
	偿债能力分析	借款还本付息计划表	利息备付率 偿债备付率	
		资产负债表	资产负债率 借款偿还期	
	生存能力分析	财务计划现金流量表 利润与利润分配表	各年净现金流量 各年累计盈余资金	

四、财务评价的步骤

(1) 选取财务评价基础数据与参数,包括:主要投入物和产出物的财务价格、税率、利率、汇率、计算期、固定资产折旧率、无形资产及其他资产摊销年限、生产负荷及基准收益率等基础数据与参数。

(2) 计算营业收入,估算成本费用。

(3) 编制财务评价基本报表。将投资、费用、效益等基础数据汇总,分别编制反映项目的盈利能力、偿债能力和财务生存能力的基本报表。主要有现金流量表、利润与利润分配表、财务计划现金流量表、资产负债表以及借款还本付息计划表等财务评价基本报表。

(4) 计算财务评价指标并进行分析评价。根据编制的基本财务报表,直接计算一系列反映项目盈利能力、偿债能力和财务生存能力的指标,分别与对应的评价标准进行对比,并对财务状况作出评价。反映项目财务盈利能力的指标包括静态指标(总投资收益率、资本金净利润率和静态投资回收期等)和动态指标(财务内部收益率、财务净现值和动态投资回收期等);反映项目偿债能力的指标包括借款偿还期、利息备付率和偿债备付率等。反映财务生存能力的指标主要是累计盈余资金。

(5) 进行不确定性分析。通过盈亏平衡分析、敏感性分析、概率分析等不确定性分析方法,分析项目可能面临的风险,以及在不确定条件下适应市场变化的能力和抗风险的能力,得出在不确定情况下项目财务评价的结论。

(6) 最终结论,编写财务评价报告。由以上项目的确定性分析和不确定性分析的结果,对项目可行性作出判断,并从多种方案中选择最优方案。

财务评价的步骤见图 9-4。在财务评价中,一般宜先进行融资前分析,在融资前分析结论满足要求的情况下,初步设定融资方案,再进行融资后分析。

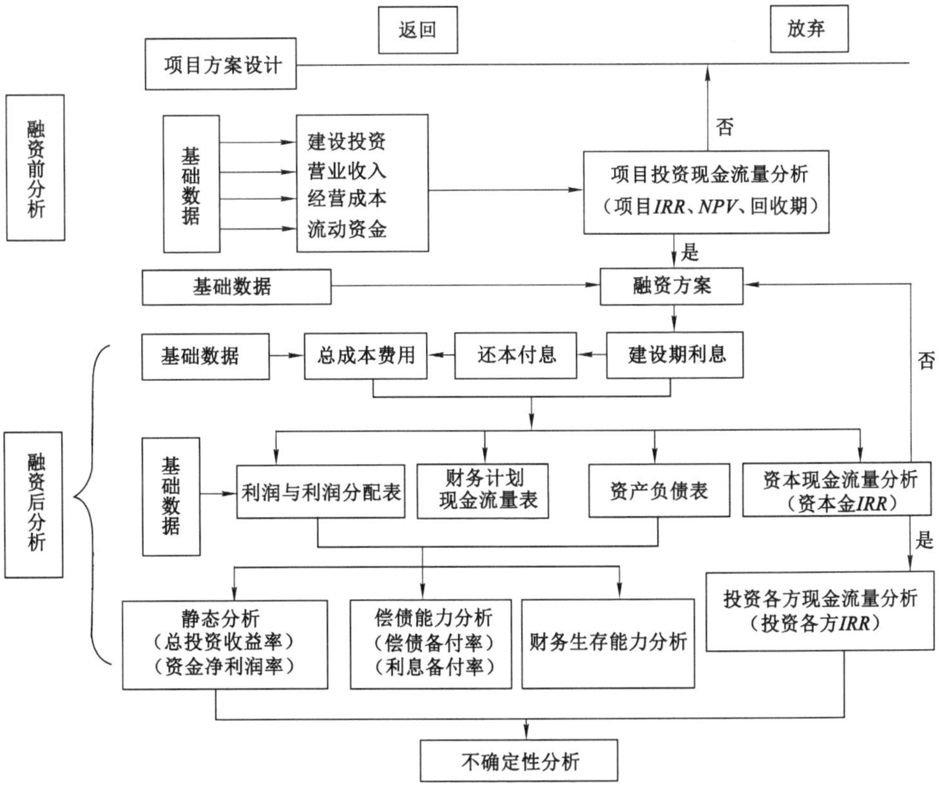

图 9-4　财务评价的步骤

第二节　财务费用与收益估算

财务费用与收益是财务评价的重要基础，其估算的准确性与可靠程度直接影响财务评价结论。

一、财务费用与收益的识别

1. 财务费用与收益识别的原则

(1) 财务费用与收益总体上与会计准则和会计以及税收制度相适应。由于财务费用与收益的识别和估算是对未来情况的预测，因此经济评价中允许做有别于财会制度的处理，但要求在总体上与会计准则和会计以及税收制度相适应。

(2) 财务费用与收益识别应遵守“有无对比”原则。“有项目”是指实施项目后的将来状况，“无项目”是指不实施项目时的将来状况。在识别项目的费用与收益时，需注意只有“有无对比”的差额部分才是项目建设增加的费用与收益。采用“有无对比”方法，是为了识别增量效益，排除那些由于其他原因产生的收益；同时找出与增量效益相对应的增量费用，只有这样才能真正体现项目投资的净收益。

(3) 财务费用与收益估算范围应体现费用与收益对应一致的原则。在合理确定的项目范围内，对等地估算财务主体的直接收益以及相应的直接费用，避免高估或低估项目的净收益。

(4) 财务费用与收益估算应做到依据明确、价格合理、方法适宜、表述清晰。估算应根据项目性质、类别和行业特点，明确相关政策和其他依据，选取适宜的方法，编制相关表格，并辅以必要的文字说明。

2. 财务费用

项目财务费用指项目建设中及投产以后，为生产、销售产品或提供劳务等支付的费用，主要包括投资、成本费用和税金。

估算财务费用应与财务分析的步骤相协调。融资前分析时，应先估算建设投资，再估算流动资金和经营成本；融资后分析时，应先确定初步融资方案，根据债务资金计划估算建设期利息，确定总投资，进而完成固定资产原值的估算；最后通过借款还本付息计算求取项目经营期各年利息支出，估算项目总成本费用。

3. 财务收益

项目财务收益是指项目投产以后由于销售产品或提供劳务等所获得的营业收入。

市场化运作的经营性项目，其目标是通过销售产品或提供服务实现盈利，其财务收益主要指所获得的营业收入。如果是国家鼓励发展的经营性项目，可以获得增值税的优惠，按照会计及税收制度，先征后返的增值税应记作补贴收入，作为财务收益核算。不考虑“征”和“返”的时间差。

对于提供公共产品或以保护环境等为目标的非经营性项目，需要政府提供补贴才能维持正常运转，应将补贴列入项目财务收益。

对于为社会提供准公共产品或服务，且运营维护采用经营方式的项目，如市政公用、交通、电力项目等，其产出价格往往受到政府管制，营业收入不能满足成本补偿要求，需要政府提供补贴才具有财务生存能力。因此，这类项目财务收益应包括营业收入和补贴收入。

二、财务费用与收益的估算

建设项目财务费用与收益估算通常利用财务分析的辅助报表进行，通过辅助报表的编制，估算项目总投资、总成本费用、营业收入和营业税金及附加，为项目的财务分析奠定基础。

1. 建设项目总投资估算与筹措

项目总投资包括建设投资、建设期利息和流动资金。因此，建设项目总投资估算与筹措可通过建设投资估算表、建设期利息估算表、流动资金估算表和项目总投资使用计划与资金筹措表进行。

建设投资估算有概算法和形成资产法，估算时可参照表 9-2 和表 9-3 进行。

表 9-2 建设投资估算表(概算法) 人民币单位：万元，外币单位：

序号	工程或费用名称	建筑工程费	设备购置费	安装工程费	其他费用	合计	其中：外币	比例/%
1	工程费用							
1.1	主体工程							
1.1.1	×××							
	……							
1.2	辅助工程							
1.2.1	×××							
	……							
1.3	公用工程							
1.3.1	×××							
	……							
1.4	服务性工程							
1.4.1	×××							
	……							
1.5	厂外工程							
1.5.1	×××							
	……							
1.6	×××							
2	工程建设其他费用							
2.1	×××							
	……							
3	预备费							
3.1	基本预备费							
3.2	涨价预备费							
4	建设投资合计							
	比例/%							100%

注：(1)"比例"分别指各主要科目的费用(包括横向和纵向)占建设投资的比例。

(2) 本表适用于新设法人项目与既有法人项目的新增建设投资的估算。

(3)"工程或费用名称"可根据不同行业的要求调整。

表 9-3 建设投资估算表(形成资产法) 人民币单位:万元,外币单位:

序号	工程或费用名称	建筑工程费	设备购置费	安装工程费	其他费用	合计	其中:外币	比例/%
1	固定资产费用							
1.1	主体工程							
1.1.1	×××							
1.1.2	×××							
1.1.3	×××							
	……							
1.2	固定资产其他费用							
	×××							
	……							
2	无形资产费用							
2.1	×××							
	……							
3	其他资产费用							
3.1	×××							
	……							
4	预备费							
4.1	基本预备费							
4.2	涨价预备费							
5	建设投资合计							
	比例/%							100%

注:(1)“比例”分别指各主要科目的费用(包括横向和纵向)占建设投资的比例。

(2)本表适用于新设法人项目与既有法人项目的新增建设投资的估算。

(3)“工程或费用名称”可根据不同行业的要求调整。

流动资金估算可参照表 9-4 进行。

表 9-4 流动资金估算表 人民币单位:万元

序号	项 目	最低周转天数	周转次数	计算期/年					
				0	1	2	3	…	n
1	流动资产								
1.1	应收账款								
1.2	存货								
1.2.1	原材料								
1.2.2	×××								
	……								
1.2.3	燃料								
	×××								
	……								

表 9-4(续)

序号	项目	最低周转天数	周转次数	计算期					
				0	1	2	3	…	n
1.2.4	在产品								
1.2.5	产成品								
1.3	现金								
1.4	预付账款								
2	流动负债								
2.1	应付账款								
2.2	预收账款								
3	流动资金(1—2)								
4	流动资金当期增加额								

注:(1) 本表适用于新设法人项目与既有法人项目的“有项目”“无项目”和增量流动资金的估算。

(2) 表中科目可视行业变动。

(3) 如发生外币流动资金,应另行估算后予以说明,其数额应包含在本表数额内。

(4) 不发生预付账款和预收账款的项目可不列此两列。

项目建设投资和流动资金确定后,应编制项目总投资使用计划与资金筹措表(见表 9-5)。表中,首先应根据项目投资使用计划将建设投资和流动资金填入相应年份,然后考虑项目资本金筹集情况,确定建设投资借款和流动资金借款的数额。

表 9-5 项目总投资使用计划与资金筹措表 人民币单位:万元,外币单位:

序号	项目	合计			1			…		
		人民币	外币	小计	人民币	外币	小计	人民币	外币	小计
1	总投资									
1.1	建设投资									
1.2	建设期利息									
1.3	流动资金									
2	资金筹措									
2.1	项目资本金									
2.1.1	用于建设投资									
	××方									
	……									
2.1.2	用于流动资金									
	××方									
	……									
2.1.3	用于建设期利息									
	××方									
	……									
2.2	债务资金									

表 9-5(续)

序号	项　　目	合　计			1			…		
		人民币	外币	小计	人民币	外币	小计	人民币	外币	小计
2.2.1	用于建设投资									
	××借款									
	××债券									
	……									
2.2.2	用于建设期利息									
	××借款									
	××债券									
	……									
2.2.3	用于流动资金									
	××借款									
	××债券									
	……									
2.3	其他资金									
	×××									
	……									

注:(1) 本表按新增投资范畴编制。

(2) 本表建设期利息一般可包括其他融资费用。

(3) 对既有法人项目,项目资本金中可包括新增资金和既有法人货币资金与资产变现或资产经营权变现的资金,可分别列出或加以文字说明。

各年建设投资借款确定后,应作为建设期利息估算表(见表 9-6)中的当期借款,估算建设期利息。然后将估算的建设期利息记入项目总投资使用计划与资金筹措表中,从而完成总投资的估算。

表 9-6　建设期利息估算表　　人民币单位:万元

序号	项　　目	合计	建设期/年					
			0	1	2	3	…	n
1	借款							
1.1	建设期利息							
1.1.1	期初借款余额							
1.1.2	当期借款							
1.1.3	当期应计利息							
1.1.4	期末借款余额							
1.2	其他融资费用							
1.3	小计(1.1+1.2)							
2	债券							
2.1	建设期利息							

表 9-6(续)

序号	项　　目	合计	建设期/年					
			0	1	2	3	…	n
2.1.1	期初债务余额							
2.1.2	当期债务金额							
2.1.3	当期应计利息							
2.1.4	期末债务余额							
2.2	其他融资费用							
2.3	小计(2.1+2.2)							
3	合计(1.3+2.3)							
3.1	建设期债务合计(1.1+2.1)							
3.2	其他融资费用合计(1.2+2.2)							

注:(1) 本表适用于新设法人项目与既有法人项目的新增建设投资的估算。
(2) 原则上应分别估算外币和人民币债务。
(3) 如果有多种借款或债券,必要时应分别列出。
(4) 本表与“借款还本付息计划表”可二表合一。

2. 建设项目成本费用估算

估算项目总成本费用,首先需要利用外购原材料费估算表、外购燃料及动力费估算表、工资及福利费估算表、固定资产折旧费估算表,以及无形资产和其他资产摊销估算表分别估算外购原材料费、外购燃料及动力费、工资及福利费、固定资产折旧费以及无形资产和其他资产摊销费,然后选用生产要素法(见表 9-7)或生产成本加期间费用法(见表 9-8)估算总成本费用,同时估算项目经营成本、固定成本和变动成本。

表 9-7　总成本费用估算表(生产要素法)　　人民币单位:万元

序号	项　　目	合计	建设期/年					
			0	1	2	3	…	n
1	外购原材料费							
2	外购燃料及动力费							
3	工资及福利费							
4	修理费							
5	其他费用							
6	经营成本(1+2+3+4+5)							
7	折旧费							
8	摊销费							
9	利息支出							
10	总成本费用(6+7+8+9)							
	其中:固定成本							
	变动成本							

注:本表适用于新设法人项目与既有法人项目的“有项目”“无项目”和增量成本费用的估算。

表 9-8 总成本费用估算表(生产成本加期间费用法) 人民币单位:万元

序号	项目	合计	建设期/年					
			0	1	2	3	…	n
1	生产成本							
1.1	直接材料费							
1.2	直接燃料及动力费							
1.3	直接工资及福利费							
1.4	制造费用							
1.4.1	折旧费							
1.4.2	修理费							
1.4.3	其他制造费							
2	管理费用							
2.1	无形资产摊销							
2.2	其他资产摊销							
2.3	其他管理费用							
3	财务费用							
3.1	利息支出							
3.1.1	长期借款利息							
3.1.2	流动资金借款利息							
3.1.3	短期借款利息							
4	营业费用							
5	总成本费用合计(1+2+3+4)							
5.1	其中:可变成本							
5.2	固定成本							
6	经营成本(5−1.4.1−2.1−2.2−3.1)							

注:(1) 本表适用于新设法人项目与既有法人项目的新增建设投资的估算。

(2) 生产成本中的折旧费、修理费指生产性设施的固定资产折旧费和修理费。

(3) 生产成本中的工资及福利费指生产性人员工资和福利费。车间或分厂管理人员的工资及福利费可在制造费用中单独列项或含在其他制造费用中。

(4) 本表其他管理费用中含管理设施的折旧费、修理费以及管理人员的工资及福利费。

3. 建设项目营业收入、营业税金及附加估算

项目营业收入、营业税金及附加估算可参照表 9-9 进行。

表 9-9　营业收入、营业税金及附加和增值税估算表　　人民币单位:万元

序号	项　　目	合计	计算期/年					
			0	1	2	3	…	n
1	营业收入							
1.1	产品 A 营业收入							
1.1.1	单价							
1.1.2	数量							
1.1.3	销项税额							
1.2	产品 B 营业收入							
1.2.1	单价							
1.2.2	数量							
1.2.3	销项税额							
	……							
2	增值税							
2.1	销项税额							
2.2	进项税额							
3	税金与附加							
3.1	消费税							
3.2	城市维护建设税							
3.3	教育费附加							

注:(1) 本表适用于新设法人项目与既有法人项目的“有项目”“无项目”,以及增量的营业收入、税金及附加及增值税估算。

(2) 根据行业或产品的不同可增减相应税收科目。

4. 财务基础数据估算表的相互关系

财务基础数据估算的几个方面的内容是连贯的,其中心是将总投资成本(包括建设投资和流动资金)、总成本费用与营业收入的预测数据进行对比,求得项目的营业利润,并在此基础上估算贷款的还本付息情况。因此,编制上述估算表应按一定程序使其相互衔接起来。各类财务基础数据估算表之间的关系如图 9-5 所示。

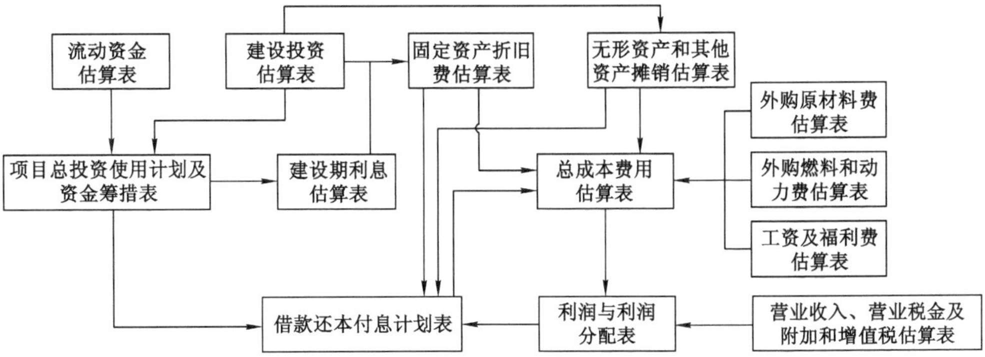

图 9-5　各类财务基础数据估算表关系图

第三节 建设项目盈利能力分析

一、盈利能力分析概述

根据项目财务评价的内容,项目盈利能力分析分为融资前盈利能力分析和融资后盈利能力分析两种。

1. 融资前盈利能力分析

融资前盈利能力分析是在不考虑债务融资条件下,从项目投资总获利能力角度,考察项目方案设计的合理性。融资前分析计算的相关指标,应作为初步投资决策与融资方案研究的依据和基础。在项目建议书阶段,可只进行融资前分析。

融资前盈利能力分析应以动态分析为主,静态分析为辅。动态分析是以营业收入、建设投资、经营成本和流动资金的估算为基础,考察整个计算期内现金流入和现金流出,编制项目投资现金流量表,计算项目投资财务内部收益率和财务净现值以及动态投资回收期。静态分析是指计算静态投资回收期指标,用以反映收回项目投资所需要的时间。

根据分析角度的不同,融资前分析可选择计算所得税前指标或所得税后指标。所得税前指标是投资盈利能力的完整体现,用来考察由项目方案设计本身所决定的财务盈利能力,它不受融资方案和所得税政策变化的影响,仅仅体现项目方案本身的合理性,可以作为初步投资决策的主要指标,用于考察项目是否基本可行并值得为之融资。这里的"初步"是相对而言,意指根据该指标投资者可以作出项目实施后能实现投资目标的判断,此后再经过融资方案的比选分析,有了较为满意的融资方案后,投资者才能决定最终是否出资。所得税前指标还特别适用于建设方案设计中的方案比选。因此,所得税前指标受到项目有关各方(项目发起人、项目业主、项目投资人、银行和政府管理部门)的广泛关注。所得税后分析是所得税前分析的延伸,所得税作为现金流出,可用于判断项目投资对企业价值的贡献,是企业投资决策依据的主要指标。

2. 融资后盈利能力分析

融资后盈利能力分析是指以设定的融资方案为基础,考察项目在具体融资条件下,资本金和投资各方的盈利能力。盈利能力分析宜先进行融资前分析,在融资前分析结论满足要求的情况下,初步设定融资方案,再进行融资后分析。融资后分析用于比选融资方案,帮助投资者作出融资决策。

融资后盈利能力分析包括动态分析和静态分析两种。动态分析包括下列两个层次:

(1) 项目资本金现金流量分析。在拟定的融资方案下,从项目资本金出资者整体的角度,确定其现金流入和现金流出,编制项目资本金现金流量表,计算项目资本金财务内部收益率指标,考察项目资本金可获得的收益水平。

(2) 投资各方现金流量分析。从投资各方实际收入和支出的角度,确定其现金流入和现金流出,分别编制投资各方现金流量表,计算投资各方的财务内部收益率指标,考察投资各方可能获得的收益水平。当投资各方不按股本比例进行分配或有其他不对等的收益时,可选择进行投资各方现金流量分析。

静态分析是指不采取折现方式处理数据,依据利润与利润分配表计算项目资本金净利润率和总投资收益率指标。静态盈利能力分析可根据项目的具体情况选做。

二、盈利能力分析报表的编制

财务盈利能力分析涉及利润与利润分配表、项目投资现金流量表、项目资本金现金流量表和投资各方现金流量表。通过盈利能力分析报表，计算项目盈利能力评价指标。

1. 利润与利润分配表

利润与利润分配表如表 9-10 所列，反映项目计算期内各年营业收入、营业税金及附加、总成本费用、利润总额、所得税及税后利润的分配情况。

表 9-10　利润与利润分配表　　人民币单位：万元

序号	项　目	合计	第 0 年	第 1 年	第 2 年	…	第 n 年
1	营业收入						
2	销售税金及附加						
3	总成本费用						
4	补贴收入						
5	利润总额(1－2－3＋4)						
6	弥补以前年度亏损						
7	应纳税所得额(5－6)						
8	所得税						
9	净利润(5－8)						
10	期初未分配利润						
11	可供分配的利润(9＋10)						
12	提取法定盈余公积金						
13	可供投资者分配的利润(11－12)						
14	提取任意盈余公积金						
15	应付优先股股利						
16	应付普通股股利(13－14－15)						
17	各投资方利润分配						
18	未分配利润(13－14－15－17)						
19	息税前利润(利润总额＋利息支出)						
20	息税折旧摊销前利润(19＋折旧费＋摊销费)						

依据利润与利润分配表，并借助现金流量表可计算项目资本金净利润率、总投资收益率等指标。

2. 项目投资现金流量表

项目投资现金流量表如表 9-11 所列，该表不分资金来源，以全部投资为基础，用以计算财务内部收益率、财务净现值及投资回收期等评价指标，考察项目全部投资的盈利能力。

表 9-11 项目投资现金流量表 人民币单位:万元

序号	项 目	合计	建设期/年					
			0	1	2	3	…	n
1	现金流入							
1.1	营业收入							
1.2	补贴收入							
1.3	回收固定资产余值							
1.4	回收流动资金							
2	现金流出							
2.1	建设投资							
2.2	流动资金							
2.3	经营成本							
2.4	营业税金及附加							
2.5	维持运营投资							
3	所得税前净现金流量(1－2)							
4	累计所得税前净现金流量							
5	调整所得税							
6	所得税后净现金流量(3－5)							
7	累计所得税后净现金流量							

计算指标:税前 *FIRR*、税后 *FIRR*、税前 *FNPV*、税后 *FNPV*、税前投资回收期、税后投资回收期。

(1) 现金流入为营业收入、补贴收入、回收固定资产余值、回收流动资金之和。其中,营业收入来自“营业收入、营业税金及附加和增值税估算表”;回收固定资产余值为“固定资产折旧费估算表”中计算期末固定资产净值;回收流动资金为项目全部流动资金。回收固定资产余值和回收流动资金均在计算期最后一年。

(2) 现金流出主要包括建设投资、流动资金、经营成本、营业税金及附加,如果运营期内需要发生设备或设施的更新费用以及矿山、石油开采项目的开拓延深费用等(记作维持运营投资),也应作为现金流出。其中,建设投资来源于“建设投资估算表”,不包建设期利息;流动资金取自“流动资金估算表”中各年流动资金当期增加额;营业税金及附加来自“营业收入、营业税金及附加和增值税估算表”,包含营业税、消费税、城乡维护建设税和教育费附加。

为了体现与融资方案无关的要求,在各项现金流量的估算中都需要剔除利息的影响。例如,采用不含利息的经营成本作为现金流出,而不是总成本费用;在流动资金估算、经营成本中的修理费和其他费用估算过程中应注意避免利息的影响等。

(3) 项目计算期各年的净现金流量为各年现金流入量与现金流出量之差,各年累计净现金流量为本年及以前各年净现金流量之和。

(4) 表 9-11 中“调整所得税”应根据息税前利润(*EBIT*)乘以所得税税率计算。原则上,息税前利润的计算应完全不受融资方案变动的影响,即不受利息多少的影响,包括建设期利息对折旧的影响(因为折旧的变化会对利润总额产生影响,进而影响息税前利润)。但如此将会出现两个折旧和两个息税前利润(用于计算融资前所得税的息税前利润和利润表中的息税前利润)。为简化起见,当建设期利息占总投资比例不是很大时,也可按利润表中的息税前利润计算调整所得税。

所得税前分析和所得税后分析的现金流入完全相同,但现金流出略有不同,所得税前分析不将所得税作为现金流出,所得税后分析视所得税为现金流出。

融资前盈利能力分析所编制的项目投资现金流量与融资条件无关,依赖数据少,报表编制简单,但其分析结论可满足方案比选和初步投资决策的需要。如果分析结果表明项目收益符合要求,再考虑融资方案,继续进行融资后盈利能力分析;如果分析结果不能满足要求,可以修改方案设计,完善项目方案,必要时甚至可据此作出放弃项目的建议。

3. 项目资本金现金流量表

资本金现金流量表见表 9-12,该表以投资者的出资额作为计算基础,从项目权益投资者整体的角度,考察项目自有资金的盈利能力。

表 9-12 项目资本金现金流量表 人民币单位:万元

序号	项目	合计	建设期/年					
			0	1	2	3	…	n
1	现金流入							
1.1	营业收入							
1.2	补贴收入							
1.3	回收固定资产余值							
1.4	回收流动资金							
2	现金流出							
2.1	项目资本金							
2.2	借款本金偿还							
2.3	借款利息支付							
2.4	经营成本							
2.5	营业税金及附加							
2.6	维持运营投资							
2.7	所得税							
3	净现金流量(1—2)							

计算指标:资本金的税前 *IRR*、税后 *IRR*、税前 *NPV*、税后 *NPV*、税前投资回收期、税后投资回收期。

(1) 表 9-12 中现金流入各项与“项目投资现金流量表”完全相同。

(2) 从项目投资主体的角度看,投资借款是现金流入,但同时借款用于项目投资,二者相抵,对净现金流量无影响,所以表中投资只有项目资本金。由于现金流入是项目全部投资所得,所以需将借款本金偿还及借款利息支付记入现金流出。

表 9-12 将各年投入项目的项目资本金作为现金流出,各年缴付的所得税和还本付息也作为现金流出,因此其净现金流量表示缴税和还本付息后的剩余。计算得出的项目资本金内部收益率反映投资者整体权益的盈利能力,体现了一定融资方案下投资者整体所能获得的权益性收益水平。该指标可用来对融资方案进行比较和取舍,是投资者整体作出最终融资决策的依据,也可进一步帮助投资者最终决策出资。

资本金财务收益与项目投资财务收益的区别表现在:当项目投资内部收益率大于贷款利

率时，资本金内部收益率大于项目投资内部收益率，且若贷款比例越高，则资本金内部收益率越高；当项目投资内部收益率大于基准折现率且基准折现率大于借款利率时，资本金净现值大于项目投资净现值。

【例 9-1】 某投资项目全部投资的净现金流量如图 9-6 所示。初始投资的一半是银行借款，借款条件是：1 年后开始偿还，分 5 年等额还款，年利率 10%。求项目投资和资本金的净现值和内部收益率。基准折现率为 15%。

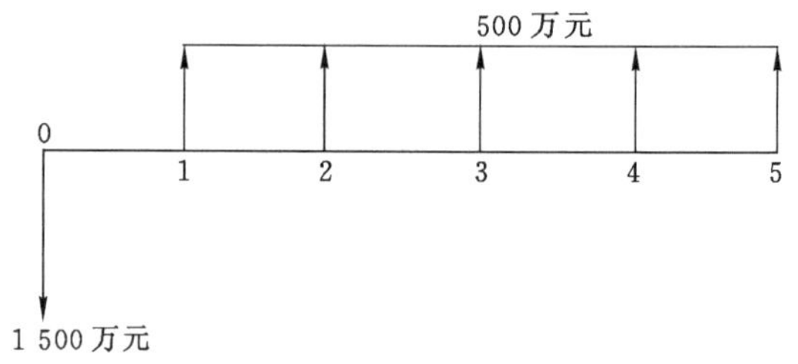

图 9-6 项目投资净现金流量图

解 ① 计算项目投资净现值 NPV_1 和项目投资内部收益率 IRR_1：

$NPV_1=-1\ 500+500(P/A,15\%,5)=176$（万元）

项目投资内部收益率 IRR_1：

$-1\ 500+500(P/A,IRR_1,5)=0$

解得：$IRR_1=20\%$

② 计算资本金净现值 NPV_2 和资本金内部收益率 IRR_2：

资本金＝1 500/2＝750（万元），借款＝750 万元

5 年等额还本付息额＝$750(A/P,10\%,5)=197.85$（万元）

从图 9-6 中减去借款的还本付息，得到资本金的净现金流量如图 9-7 所示。由计算可得资本金的净现值 NPV_2 和资本金内部收益率 IRR_2：

$NPV_2=-750+302.15\times(P/A,15\%,5)=262.81$（万元）

$-750+302.15(P/A,IRR_2,5)=0$

解得：$IRR_2=29.09\%$

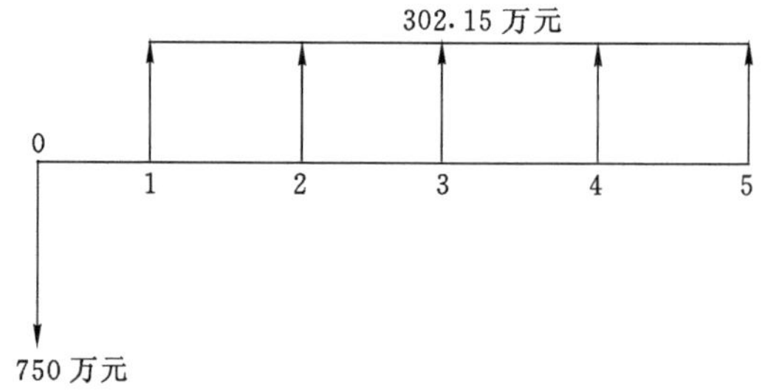

图 9-7 资本金净现金流量图

由计算可知，如果项目投资的 1 500 万元都是资本金，可以得到的内部收益率是 20%；如果项目投资的一半资金是银行借款，资本金的内部收益率上升到 29.09%。显然，采用银行借款企业的经济效果更好。

4. 投资各方现金流量表

投资各方现金流量表如表9-13所列，该表分别以投资各方的出资额作为计算基础，编制投资各方的现金流量表，分别反映投资各方投资的盈利能力。

表9-13　投资各方现金流量表　　人民币单位：万元

序号	项　目	合计	建设期/年					
			0	1	2	3	…	n
1	现金流入							
1.1	应得利润							
1.2	资产清理分配							
(1)	回收固定资产余值							
(2)	回收流动资金							
(3)	净转收入							
(4)	其他收入							
2	现金流出							
2.1	建设投资额							
2.2	经营出资额							
3	净现金流量(1−2)							
4	累计净现金流量							

计算指标：投资各方的税前 *IRR*、税后 *IRR*、税前 *NPV*、税后 *NPV*、税前投资回收期、税后投资回收期。

投资各方的内部收益率表示了投资各方的收益水平。一般情况下，投资各方按股本比例分配利润和分担亏损及风险，因此投资各方的利益一般是均等的，没有必要计算投资各方的内部收益率。只有当投资各方有股权之外的不对等的利益分配时（契约式的合作企业常常会有这种情况），投资各方的收益率才会有差异，此时常常需要计算投资各方的内部收益率。计算投资各方的内部收益率可以看出各方收益是否均衡，或者其非均衡性是否在一个合理的水平上，有助于促成投资各方在合作谈判中达成平等互利的协议。

三、项目财务盈利能力指标计算

项目财务盈利能力分析主要计算一些反映盈利能力的财务指标，这些指标包括项目投资财务内部收益率和财务净现值、项目资本金财务内部收益率、项目投资回收期、总投资收益率、项目资本金净利润率等，可根据项目特点及财务评价目的、要求等选用。

1. 盈利能力分析的静态指标

(1) 项目投资回收期(T_P)

项目投资回收期是用项目各期净现金流量抵偿全部投资（固定资产投资、建设期利息和流动资金等）所需要的时间，它是考察项目在财务上的投资回收能力的主要评价指标。

在财务评价中，通过项目投资回收期(T_P)与行业标准投资回收期(T_b)比较，当 $T_P \leq T_b$ 时，表明项目投资能在期望的时期内收回。投资回收期短，表明项目投资回收快、盈利能力和抗风险能力强。

(2) 总投资收益率(ROI)

总投资收益率表示总投资的盈利水平，是指项目达到设计能力后正常年份的年息税前利润或营运期内年平均息税前利润(*EBIT*)与项目总投资(*TI*)的比率，其计算公式见式(4-18)。

总投资收益率是衡量项目投资盈利能力的静态指标之一，它适用于简单且产出变化不大的项目的初步经济评价和优选。一般情况下，当求出的总投资收益率大于或等于其行业(或部门)的标准投资收益率时，认为该方案是可接受的。

总投资收益率是考虑全部投资经济效果的指标。由于评价目的不同，在计算总投资收益率时，分子和分母可能有不同的内涵。因此，同一项目可依据不同的出发点计算不同的总投资收益率，当进行方案比较时，一定要考虑该指标的可比性问题。

(3) 项目资本金净利润率(*ROE*)

项目资本金净利润率表示项目资本金的盈利水平，是指项目正常年份的年净利润或营运期内年平均净利润(*NP*)与项目资本金(*EC*)的比率，其计算公式见式(4-20)。

项目资本金净利润率高于同行业的净利润率参考值，表明用项目资本金净利润率表示的盈利能力满足要求。

2. 盈利能力分析的动态指标

(1) 财务内部收益率(*FIRR*)

财务内部收益率是指项目在整个计算期内各年净现金流量现值累计等于零时的折现率。它反映项目所占用资金的收益率水平，是考察项目盈利能力的主要动态评价指标。

$$\sum_{t=0}^{n}(CI-CO)_t(1+FIRR)^{-t}=0 \tag{9-1}$$

项目投资财务内部收益率、项目资本金财务内部收益率和投资各方财务内部收益率都根据上式计算，但所使用的现金流入和现金流出不同。

财务内部收益率可根据财务现金流量表中的净现金流量数据，用线性内插法计算求得，也可以通过 Excel 提供的 IRR 函数求得，与行业的基准收益率或设定的折现率 i_0 比较，当 $FIRR \geqslant i_0$ 时，即认为其盈利能力已满足最低要求，财务上是可以考虑接受的。

(2) 财务净现值(*FNPV*)

财务净现值是指按行业的基准收益率或设定的折现率 i_0，将项目计算期内各年净现金流量折现到建设期初的现值之和。财务净现值可根据财务现金流量表计算求得，其表达式为：

$$FNPV=\sum_{t=0}^{n}(CI-CO)_t(1+i_0)^{-t} \tag{9-2}$$

根据需要，可选择计算所得税前净现值或所得税后净现值。如果 $FNPV \geqslant 0$，项目是可以考虑接受的。

四、项目财务盈利能力评价

在财务评价中，一般将作为内部收益率判别基准的基准收益率 i_0 和计算财务净现值的折现率采用同一数值，可用 *FIRR* 或采用 i_0 计算的 *FNPV* 对项目效益进行判断，当 $FIRR \geqslant i_0$ 或 $FNPV \geqslant 0$，项目可行。

作为项目投资判别基准的基准收益率或计算财务净现值的折现率，应主要依据“资金机会成本”和“资金成本”确定，并充分考虑项目可能面临的风险，依据项目投资目标、投资者偏好、项目隶属行业确定。实际工作中，应根据项目的性质，采用行业基准收益率或参考主管部门发布的基准收益率。折现率的取值应十分谨慎，因为折现率的微小差异会带来净现值数以万计的差异。

在判别基准的设定中是否考虑价格总水平变动因素，应与指标计算时对价格总水平变动因素的处理相一致。在项目投资现金流量表的编制中一般不考虑价格总水平变动因素，所以在判别基准的设定中通常要剔除价格总水平变动因素的影响。

在判别基准的设定中是否考虑所得税因素，应与指标的内涵相对应。设定所得税前指标判别基准时，应含所得税；而设定所得税后指标判别基准时，应剔除所得税。

项目资本金内部收益率的判别基准是项目投资者整体对投资获利的最低期望值，亦即最低可接受收益率。当计算的项目资本金内部收益率大于或等于最低可接受收益率时，说明投资获利水平大于或达到了要求，是可以接受的。最低可接受收益率的确定主要取决于当时的资本收益水平以及投资者对权益资金收益的要求，它与资金机会成本和投资者对风险的态度有关。

对静态分析指标的判断，如项目资本金净利润率、总投资收益率，应针对不同指标选定相应的参考值（企业或行业的对比值）。当静态分析指标分别符合其相应的参考值时，认为从该指标看盈利能力满足要求。如果不同指标得出的判断结论相反，应通过分析原因得出合理的结论。

第四节　建设项目偿债能力分析

一、偿债能力分析概述

对筹措债务资金的项目（即借款项目），偿债能力即项目能否按期偿还借款的能力。通过计算利息备付率（*ICR*）、偿债备付率（*DSCR*）和资产负债率（*LOAR*）等指标，可分析判断财务主体的偿债能力。

1. 利息备付率

利息备付率是指项目在借款偿还期内，各年可用于支付利息的息税前利润与当期应付利息费用的比值，即

$$\text{利息备付率}(ICR)=\frac{\text{息税前利润}(EBIT)}{\text{当期应付利息费用}(PI)} \tag{9-3}$$

其中，息税前利润＝利润总额＋计入总成本费用的利息费用；当期应付利息是指计入总成本费用的全部利息。

利息备付率应分年计算。利息备付率高，表明利息偿付的保障程度高。利息备付率应大于1，一般不宜低于2，并结合债权人的要求确定。

2. 偿债备付率

偿债备付率是指项目在借款偿还期内，各年可用于还本付息资金与当期应还本付息金额的比值，即

$$\text{偿债备付率}(DSCR)=\frac{\text{可用于还本付息资金}}{\text{当期应还本付息金额}} \tag{9-4}$$

其中，可用于还本付息资金包括可用于还款的折旧和摊销、在成本中列支的利息费用和可

用于还款的利润等;当期应还本付息金额包括当期应还贷款本金及计入成本的利息。

偿债备付率应分年计算。偿债备付率高,表明可用于还本付息的资金的保障程度高。偿债备付率应大于1,一般不宜低于1.3,并结合债权人的要求确定。

3. 借款偿还期

借款偿还期是指在有关财税规定及项目具体财务条件下,项目投产后可以用作还款的利润、折旧、摊销及其他收益偿还建设投资借款本金(含未付建设期利息)所需要的时间,一般以年为单位表示。该指标可由借款还本付息计划表推算,不足整年的部分可用线性插值法计算。计算出的借款偿还期指标越短,说明偿债能力越强。借款偿还期的计算需要与各年借款还本付息的计算相结合,通过借款还本付息计划表、总成本费用表以及利润与利润分配表的循环计算完成。

借款偿还期的计算公式如下:

$$\text{借款偿还期}=\begin{matrix}\text{借款偿还后首次}\\\text{出现盈余的年份}\end{matrix}-\begin{matrix}\text{开始借}\\\text{款年份}\end{matrix}+\frac{\text{当年偿还借款额}}{\text{当年可用于还款的资金额}} \tag{9-5}$$

当借款偿还期满足贷款机构的要求期限时,即认为项目有清偿能力。

借款偿还期指标适用于那些未预先给定借款偿还期限,而是按项目的最大偿还能力和尽快还款原则还款的项目。对于可能预先设定还款期限的项目,应采用利息备付率和偿债备付率指标评价项目的偿债能力。

根据借款还本付息计划表计算利息备付率、偿债备付率或借款偿还期指标,实践中可以根据具体情况在备付率指标和借款偿还期指标中两者择其一。偿债备付率和利息备付率指标适用于预先设定借款偿还期,按等额还本付息或等额还本利息照付方式计算借款还本付息的项目;对那些要求按最大偿还能力计算借款偿还期的项目,再计算备付率指标就失去了意义,这时只要计算借款偿还期指标即可。

4. 资产负债率

资产负债率是负债与资产之比,它衡量企业利用债权人提供的资金进行经营活动的能力,反映项目各年所面临的财务风险程度及债务清偿能力,因此也反映债权人发放贷款的安全程度。计算资产负债率所需要的相关数据可在资产负债表中获得。

$$\text{资产负债率}(LOAR)=\frac{\text{期末负债总额}}{\text{期末资产总额}}\times100\% \tag{9-6}$$

适度的资产负债率,表明企业经营安全、稳健,具有较强的筹资能力,也表明企业和债权人的风险较小。对该指标的分析,应结合国家宏观经济状况、行业发展趋势、企业所处竞争环境等具体条件判定。项目财务评价中,在长期债务还清后,可不再计算资产负债率。

一般认为,资产负债率的适宜水平在40%～60%。由于财务杠杆效应的存在,权益的所有者从盈利出发,希望保持较高的债务比例,赋予资本金较高的杠杆力,用较少的资本金来控制整个项目。但是,资产负债率越高,项目风险也越大。当资产负债率太高时,可通过增加自有资金出资和减少利润分配等途径来调节。

5. 流动比率

流动比率是反映项目各年偿付流动负债能力的指标,衡量项目流动资产在短期债务到期以前可以变为现金用于偿还流动负债的能力。计算流动比率所需相关数据可在资产负债表中获得。

$$流动比率=\frac{流动资产总额}{流动负债总额}\times100\% \tag{9-7}$$

流动资产总额中的存货是一类不易变现的流动资产，所以流动比率不能确切反映项目的瞬时偿债能力。

6. 速动比率

速动比率反映项目快速偿付(用可以立即变现的货币资金偿付)流动负债的能力。

$$速动比率=\frac{流动资产总额-存货}{流动负债总额}\times100\% \tag{9-8}$$

一般认为，流动比率应不小于1.2～2.0；速动比率应不小于1.0～1.2。

在项目评价中，通过资产负债表可逐年计算项目的资产负债率、流动比率和速动比率。一般情况下，生产期的资产负债率将逐年下降，流动比率和速动比率将逐年上升，根据这“三率”达到基本要求所需要的时间来综合判定项目的贷款偿还风险程度。

二、偿债能力分析报表的编制

1. 借款还本付息计划表

借款还本付息计划表见表9-14。

表9-14　借款还本付息计划表　　人民币单位：万元

序号	项　目	利率	建设期/年			运营期/年		
			0	1	2	3	…	n
1	年初借款本息累计							
2	本年借款							
3	本年应计利息							
4	本年偿还本金							
5	本年支付利息							
6	年末剩余借款							

2. 资产负债表

资产负债表如表9-15所列，反映项目计算期内各年年末资产、负债及所有者权益的增减变化及对应关系，以考察项目资产、负债、所有者权益的结构是否合理，用以计算资产负债率、流动比率和速动比率，进行偿债能力分析。

(1) 资产由流动资产、在建工程、固定资产净值、无形及递延资产净值四项组成。流动资产来自“流动资金估算表”，固定资产净值和无形及递延资产净值取自“固定资产折旧费估算表”和“无形及递延资产摊销估算表”。

(2) 负债包括流动负债和长期负债。流动负债中的应付账款数据可由“流动资金估算表”直接取得。流动资金借款和其他短期借款两项流动负债及长期借款均指借款余额，需根据“项目总投资使用计划与资金筹措表”中的对应项进行计算。

表 9-15 资产负债表 人民币单位:万元

序号	项目	合计	建设期/年					
			0	1	2	3	…	n
1	资产							
1.1	流动资产总额							
1.1.1	应收账款							
1.1.2	存货							
1.1.3	现金							
1.1.4	累计盈余资金							
1.2	在建工程							
1.3	固定资产净值							
1.4	无形及递延资产净值							
2	负债及所有者权益							
2.1	流动负债总额							
2.1.1	应付账款							
2.1.2	流动资金借款							
2.1.3	其他短期借款							
2.2	长期借款							
	负债小计							
2.3	所有者权益							
2.3.1	资本金							
2.3.2	资本公积金							
2.3.3	累计盈余公积金							
2.3.4	累计未分配利润							

(3) 所有者权益包括资本金、资本公积金、累计盈余公积金及累计未分配利润。累计未分配利润可直接由“利润与利润分配表”取得。累计盈余公积金也可由“利润与利润分配表”中盈余公积金项计算各年的累计值,但应根据有无用盈余公积金弥补亏损或转增资本金的情况进行相应调整。资本金为项目投资中累计自有资金(扣除资本溢价),当存在有资本公积金或盈余公积金转增资本金的情况时,应进行相应调整。资本公积金为累计资本溢价及赠款,当转增资本金时应进行相应调整。

(4) 资产负债表应满足等式:

资产=负债+所有者权益

第五节 财务生存能力分析

一、财务生存能力分析概述

在项目运营期间，确保从各项经济活动中得到足够的净现金流量是项目能够持续生存的条件。财务评价中应根据财务计划现金流量表，综合考察项目计算期内各年的投资活动、融资活动和经营活动所产生的各项现金流入和现金流出，计算净现金流量和累计盈余资金，分析项目是否有足够的净现金流量维持正常运营。为此，财务生存能力分析亦可称为资金平衡分析。

财务生存能力分析应结合偿债能力分析进行，如果拟安排的还款期过短，致使还本付息负担过重，导致为维持资金平衡必须筹借的短期借款过多，可以调整还款期，减轻各年还款负担。

通常运营期前期的还本付息负担较重，所以应特别注重运营期前期的财务生存能力分析。

项目的财务生存能力通过经营净现金流量和各年累计盈余资金具体判断。

(1) 拥有足够的经营净现金流量

这是项目财务可持续的基本条件。经营净现金流量是指一定时期内，由企业经营活动所产生的现金及其等价物的流入量与流出量的差额，即经营净现金流量＝净利润＋折旧。一个项目具有较大的经营净现金流量，说明项目方案比较合理，实现自身资金平衡的可能性大，不会过分依赖短期融资维持运营；反之，一个项目不能产生足够的经营净现金流量，或经营净现金流量为负值，说明维持项目正常运行会遇到财务上的困难，项目方案缺乏合理性，有可能要靠短期融资维持运营。而非经营项目本身无能力实现自身资金平衡，提示要靠政府补贴。

(2) 各年累计盈余资金不出现负值

这是项目财务生存的必要条件。在项目整个运营期间，允许个别年份的净现金流量出现负值，但不能允许任一年份的累计盈余资金出现负值。一旦累计盈余资金出现负值，应适时进行短期融资。较大或较频繁的短期融资，有可能导致以后的累计盈余资金无法实现正值，致使项目难以持续运营。

二、财务生存能力分析报表的编制

财务计划现金流量表是财务生存能力分析的基本报表，其编制基础是财务分析辅助报表和利润与利润分配表。

财务计划现金流量表如表 9-16 所列，反映项目计算期内各年的资金盈余或短缺情况，用于选择资金筹措方案，制订适宜的借款及还款计划，并为编制资产负债表提供依据。

表 9-16 财务计划现金流量表 人民币单位：万元

序号	项　目	建设期/年			运营期/年			
		0	1	2	3	4	…	n
1	经营活动净现金流量							
1.1	现金流入							
1.1.1	营业收入							
1.1.2	增值税销项税额							

表 9-16(续)

序号	项目	建设期/年			运营期/年			
		0	1	2	3	4	…	n
1.1.3	补贴收入							
1.1.4	其他收入							
1.2	现金流出							
1.2.1	经营成本							
1.2.2	增值税进项税额							
1.2.3	营业税金及附加							
1.2.4	增值税							
1.2.5	所得税							
1.2.6	其他流出							
2	投资活动净现金流量							
2.1	现金流入							
2.2	现金流出							
2.2.1	建设投资							
2.2.2	设备更新投资							
2.2.3	流动资产投资							
2.2.4	其他							
3	筹资活动净现金流量							
3.1	现金流入							
3.1.1	权益资本金投入							
3.1.2	建设投资借款							
3.1.3	流动资金借款							
3.1.4	债券							
3.1.5	应付账款							
3.1.6	短期借款							
3.1.7	其他							
3.2	现金流出							
3.2.1	债券债务利息							
3.2.2	债券债务本金							
3.2.3	应付利润							
3.2.4	其他							
4	净现金流量							
5	累计盈余资金							

【案例分析】

财务评价案例

本节将通过一个演示案例，用电子表格实现项目财务评价相关报表编制以及报表之间的数据关联，利用电子表格的便利性，避免了手工计算所遇到的计算错误与效率不高的问题。

一、项目基础数据情况

背景：某企业 2019 年拟建某项目的基础数据如下：

(1) 固定资产投资估算总额为 5 263.90 万元(其中包括无形资产 600 万元)，建设期 2 年，运营期 8 年。

(2) 固定资产投资来源为自有资金和贷款。自有资金在建设期内均衡投入；贷款本金为 2 000 万元，在建设期内每年贷款 1 000 万元，贷款年利率为 10%(按年计息)，贷款合同规定的还款方式为：运营期的前 4 年等额还本付息。无形资产在运营期 8 年中均匀摊入成本。固定资产残值 300 万元，按直线法折旧，折旧年限为 12 年。

(3) 企业适用的增值税税率为 13%，增值税附加税税率为 12%，企业所得税税率为 25%。

(4) 项目流动资金全部为自有资金。

(5) 股东会约定正常年份按可供投资者分配利润的 50%提取应付投资者各方的股利。营运期的头两年分别按正常年份的 70%和 90%比例计算。

(6) 项目的资金投入、收益、成本费用见表 9-17。

(7) 假定建设投资中无可抵扣固定资产进项税额。

表 9-17　建设项目资金投入、收益、成本费用表　　单位：万元

序号	项目	计算期						
		第 1 年	第 2 年	第 3 年	第 4 年	第 5 年	第 6 年	第 7 年	第 8～10 年
1	建设投资 其中：资本金 贷款本金	 1 529.45 1 000	 1 529.45 1 000						
2	营业收入(不含销项税额)			3 300	4 250	4 700	4 700	4 700	4 700
3	经营成本(不含进项税额)			2 490.84	3 202.51	3 558.34	3 558.34	3 558.34	3 558.34
4	经营成本中的进项税额			350	430	500	500	500	500
5	流动资产(现金+应收账款+预付账款+存货)			532	684	760	760	760	760
6	流动负债(应付账款+预收账款)			89.83	115.5	128.33	128.33	128.33	128.33
7	流动资金(5−6)			442.17	568.5	631.67	631.67	631.67	631.67

二、财务评价要求

(1) 编制财务评价辅助报表与基本报表;

(2) 从盈利能力角度分析项目可行性;

(3) 从偿债能力角度分析项目可行性;

(4) 分析不确定性因素变化对项目经济效果的影响程度。

分析要点:本案例要求掌握编制融资前和融资后财务报表,融资前财务报表主要包括总成本费用估算表、利润与利润分配表、项目投资现金流量表,融资后财务报表主要包括借款还本付息计划表、总成本费用估算表、利润与利润分配表、财务计划现金流量表、项目资本金现金流量表、项目资产负债表。通过财务报表计算相关指标从盈利能力和偿债能力角度分析项目可行性,并运用敏感性分析方法进行不确定性分析。

三、财务分析

(一) 编制基本表格

1. 编制基础数据表

用电子表格编制财务评价报表,可通过案例给出的数据编制“基础数据表”(见图 9-8)。编制其他报表所需要的基础数据都在这个表格中,只需要在相应的单元格内引用基础数据表中相应的数据即可。因此,在财务分析过程中,如果遇到原始数据有变化的情况下,只要改变基础数据表中对应单元格的数据即可,改变后所有财务报表中相应的数据或者关联的数据都会自动变动或者自动重算,这将大大提高工作效率。

	A	B	C	D	E	F	G	H	I	J
1	一、投资与收入费用数据									
2										
3		建设项目资金投入、收益、成本费用表 (单位:万元)								
4	序号	计算期								
5		项目	第1年	第2年	第3年	第4年	第5年	第6年	第7年	第8~10年
6	1	建设投资其中:资本金	1529.45	1529.45						
7		贷款本金	1000	1000						
8	2	营业收入(不含销项税额)			3300	4250	4700	4700	4700	4700
9	3	经营成本(不含进项税额)			2490.84	3202.51	3558.34	3558.34	3558.34	3558.34
10	4	经营成本中的进项税额			350	430	500	500	500	500
11	5	流动资产(现金+应收账款+预付账款+存货)			532	684	760	760	760	760
12	6	流动负债(应付账款+预收账款)			89.83	115.5	128.33	128.33	128.33	128.33
13	7	流动资金(5-6)			442.17	568.5	631.67	631.67	631.67	631.67
14										
15										
16	二、其他数据									
17										
18		固定资产投资估算总额(万元)	5263.9	增值税税率			13%			
19		无形资产(万元)	600	增值税附加税税率			12%			
20		固定资产残值(万元)	300	企业所得税税率			25%			
21		折旧年限	12	贷款年利率			10%			
22		建设年限	2	投资者分配利润比例(第1年)			70%			
23		等额还本付息年限	4	投资者分配利润比例(第2年)			90%			
24		无形资产成本均摊年限	8	投资者分配利润比例(正常年)			50%			
25										
26										

基础数据表 | 增值税及附加税估算表 | (融资前) 总成本费用估算表 | (融资前) 利润与利润分配表 | (融资前) 项目投资现金流量表 | (融资后) 借款还本付利计划表 | (融资后) 总成本费用估算表 | (融

图 9-8 基础数据表

2. 编制增值税及其附加税估算表

计算各年的增值税附加税。增值税应纳税额等于当期销项税额减去当期进项税额,当期销项税额等于不含销项税额的营业收入乘以增值税税率,故

项目第 3 年的增值税应纳税额=3 300×13%-350=79(万元)

项目第 3 年的增值税附加税=79×12%=9.48(万元)

项目其他各年的增值税应纳税额、增值税附加税计算结果见图 9-9。在有关单元格输入对应公式，利用 Excel 表的自动填充功能，将其他单元格用鼠标拖曳填充完毕即可。

增值税及其附加税估算表 (单位:万元)							
序号	项目	第3年	第4年	第5年	第6年	第7年	第8-10年
1	营业收入(不含销项税额)	3300	4250	4700	4700	4700	4700
2	销项税额(1x13%)	429	552.5	611	611	611	611
3	进项税额	350	430	500	500	500	500
4	增值税应纳税额(2-3)	79	122.5	111	111	111	111
5	增值税附加税(4x12%)	9.48	14.7	13.32	13.32	13.32	13.32

=基础数据表!E8
==C4*基础数据表!G18
=C7*12%
=C5-C6
=基础数据表!E10

基础数据表 | 增值税及附加税估算表 | (融资前) 总成本费用估算表 | (融资前) 利润与利润分配表 | (融资前) 项目投资现金流量表 | (融资后) 借款还本

图 9-9　增值税及其附加税估算表

(二) 融资前财务分析

1. 编制(融资前)总成本费用估算表

经营成本数据取自“基础数据表”中的经营成本。

折旧费按照直线法计算:折旧费＝(固定资产投资估算总额－无形资产－固定资产残值)/折旧年限。

摊销费是将无形资产均匀摊入运营期 8 年内。

在图 9-10 所示有关单元格中输入对应公式，利用 Excel 表的自动填充功能，将其他单元格用鼠标拖曳填充完毕即可。

(融资前) 总成本费用估算表 (单位:万元)									
序号	项目	第3年	第4年	第5年	第6年	第7年	第8年	第9年	第10年
1	经营成本(不含进项税额)	2490.84	3202.51	3558.34	3558.34	3558.34	3558.34	3558.34	3558.34
2	折旧费	363.66	363.66	363.66	363.66	363.66	363.66	363.66	363.66
3	摊销费	75	75	75	75	75	75	75	75
4	总成本费用(不含进项税额)	2929.50	3641.17	3997.00	3997.00	3997.00	3997.00	3997.00	3997.00

=基础数据表!E9
=(基础数据表!C18-基础数据表!C19-基础数据表!C20)/基础数据表!C21
=C4+C5+C6
=基础数据表!C19/基础数据表!C24

基础数据表 | 增值税及附加税估算表 | (融资前) 总成本费用估算表 | (融资前) 利润与利润分配表 | (融资前) 项目投资现金流量表 | (融资后) 借款还本付利计划表 | (融资后) ...

图 9-10　(融资前)总成本费用估算表

2. 编制(融资前)利润与利润分配表

营业收入取自“基础数据表”，增值税附加税取自“增值税及其附加税估算表”，总成本费用取自“(融资前)总成本费用估算表”。

息税前利润总额＝营业收入－增值税附加税－总成本费用

调整所得税＝息税前利润总额×25％

在图 9-11 所示有关单元格中输入对应公式，利用 Excel 表的自动填充功能，将其他单元格用鼠标拖曳填充完毕即可。

3. 编制(融资前)项目投资现金流量表

现金流量表主要包括现金流入和现金流出。现金流入是营业收入、回收的固定资产残值和回收的流动资金之和(假设期末将所有的流动资金回收)。营业收入取自“(融资前)利润与利润分配表”，回收的流动资金取自“基础数据表”。

现金流出主要包括两年内的建设投资额、流动资金、经营成本以及税金及其附加(本案

（融资前）利润与利润分配表（单位:万元）									
序号	项目	计算期							
		第3年	第4年	第5年	第6年	第7年	第8年	第9年	第10年
1	营业收入(不含销项税额)	3300	4250	4700	4700	4700	4700	4700	4700
2	增值税附加税	9.48	14.7	13.32	13.32	13.32	13.32	13.32	13.32
3	总成本费用(不含进项税额)	2929.50	3641.17	3997.00	3997.00	3997.00	3997.00	3997.00	3997.00
4	息税前利润总额（1-2-3）	361.02	594.13	689.68	689.68	689.68	689.68	689.68	689.68
5	调整所得税（4×25%）	90.26	148.53	172.42	172.42	172.42	172.42	172.42	172.42

=基础数据表!E8
=增值税及附加税计算表!C8
=C7×25%
=C4-C5-C6
='（融资前）总成本费用估算表

图 9-11 (融资前)利润与利润分配表

例的税金及其附加额按增值税的 10%计算)。

净现金流量是现金流入与现金流出的差值;折现系数取项目的基准收益率 $i_0=5\%$,基准收益率表明投资决策者对项目资金时间价值的估计,是投资资金应当获得的最低盈利率水平,是评价和判断投资方案在经济上是否可行的依据,是一个重要的经济参数。

在图 9-12 所示有关单元格中输入对应公式,利用 Excel 表的自动填充功能,将其他单元格用鼠标拖曳填充完毕即可。

		1	2	3	4	5	6	7	8	9	10
（融资前）项目投资现金流量表（单位:万元）											
序号	项目	计算期									
		第1年	第2年	第3年	第4年	第5年	第6年	第7年	第8年	第9年	第10年
1	现金流入			3300	4250	4700	4700	4700	4700	4700	9800.69
1.1	营业收入			3300	4250	4700	4700	4700	4700	4700	4700
1.2	回收固定资产余值										300
1.3	回收流动资金										4800.69
2	现金流出	2529.45	2529.45	2940.91	3783.26	4201.11	4201.11	4201.11	4201.11	4201.11	4201.11
2.1	建设投资	2529.45	2529.45								
2.2	流动资金			442.17	568.5	631.67	631.67	631.67	631.67	631.67	631.67
2.3	经营成本			2490.84	3202.51	3558.34	3558.34	3558.34	3558.34	3558.34	3558.34
2.4	税金及其附加			7.9	12.25	11.1	11.1	11.1	11.1	11.1	11.1
3	所得税前净现金流量	-2529.45	-2529.45	359.09	466.74	498.89	498.89	498.89	498.89	498.89	5599.58
4	折现系数（5%）	0.95	0.91	0.86	0.82	0.78	0.75	0.71	0.68	0.64	0.61
5	所得税前折现净现金流量	-2409.00	-2294.29	310.20	383.99	390.89	372.28	354.55	337.67	321.59	3437.66
6	所得税前累计折现净现金流量	-2409.00	-4703.29	-4393.09	-4009.10	-3618.21	-3245.93	-2891.38	-2553.71	-2232.12	1205.54
7	调整所得税			90.26	148.53	172.42	172.42	172.42	172.42	172.42	172.42
8	所得税后净现金流量	-2529.45	-2529.45	268.83	318.21	326.47	326.47	326.47	326.47	326.47	5427.16
9	所得税后折现净现金流量	-2409.00	-2294.286	232.23	261.79	255.80	243.62	232.02	220.97	210.45	3331.81
10	所得税后累计折现净现金流量	-2409.00	-4703.29	-4471.06	-4209.27	-3953.47	-3709.85	-3477.84	-3256.87	-3046.42	285.38
计算指标	项目投资财务内部收益率（%）（所得税前）	8.62%									
	项目投资财务内部收益率（%）（所得税后）	5.87%									
	项目投资财务净现值（所得税前）（ic=%）	1205.54									
	项目投资财务净现值（所得税后）（ic=%）	285.38									

=E6+E7+E8
=基础数据表!C6+基础数据表!C7
=C10+C11+C12+C13
=基础数据表!E8
=增值税及附加税计算表!C7*10%
=基础数据表!E9
=1/(1+5%)^C1
=C5-C9
=C19+D19
=C17*C18
=C17-C21
=C22*C18
=D23+C24
=IRR(C17:L17)
='（融资前）利润与利润分配表'!C8

图 9-12 (融资前)项目投资现金流量表

融资前盈利能力分析:由图 9-12"(融资前)项目投资现金流量表"可以计算出的指标为:所得税前项目投资财务内部收益率为 8.62%,所得税后项目投资财务内部收益率为 5.87%,所得税前项目投资财务净现值($i_0=5\%$)为 1 205.54 万元,所得税后项目投资财务净现值为 285.38 万元。因此,项目投资财务内部收益率大于基准收益率 5%,项目投资财务净现值大于 0,该项目在财务上是可以接受的。

(三) 融资后盈利能力分析

1. 编制(融资后)借款还本付息计划表

(1) 计算建设期贷款利息。

第 1 年贷款利息=(0+1 000÷2)×10%=50(万元)

第 2 年贷款利息=[(1 000+50)+1 000÷2]×10%=155(万元)

建设期贷款利息总计=50+155=205(万元)

(2) 根据贷款利息公式列出借款还本付息计划表中的各项费用，并填入建设期 2 年的贷款利息。第 3 年年初累计借款额为 2 205 万元，则运营期的前 4 年应偿还的等额本息额为：

$$A = P\frac{(1+i)^n \times i}{(1+i)^n - 1} = 2\ 205 \times \frac{(1+10\%)^4 \times 10\%}{(1+10\%)^4 - 1} = 695.61(\text{万元})$$

使用 Excel 函数也可进行计算：PMT(10%,4,2205)。

(3) 计算利息备付率和偿债备付率。

$$利息备付率 = \frac{息税前利润}{当期应付利息} \times 100\%$$

$$偿债备付率 = \frac{可用于还本付息的资金}{当期应还本付息的金额} \times 100\%$$

$$可用于还本付息的资金 = 息税前利润 + 折旧和摊销 - 企业所得税$$

其中，可用于还本付息的资金包括可用于还款的折旧和摊销、成本中列支的利息费用、可用于还款的利润等。

在图 9-13 所示有关单元格中输入对应公式，利用 Excel 表的自动填充功能，将其他单元格用鼠标拖曳填充完毕即可。

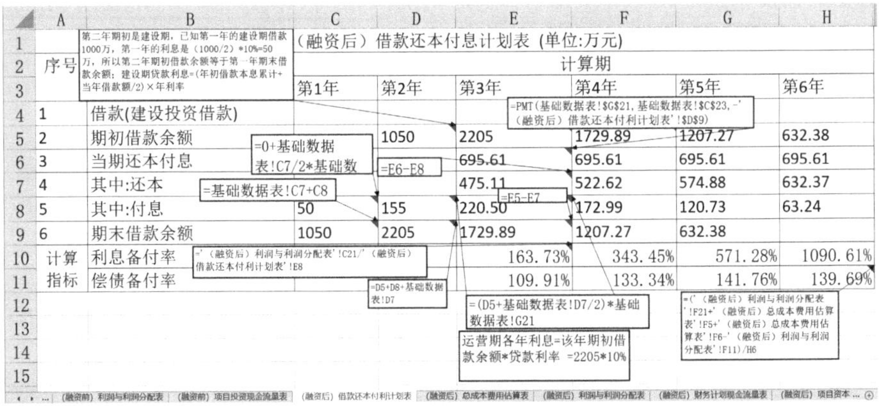

	A	B	C	D	E	F	G	H
1			（融资后）借款还本付息计划表（单位:万元）					
2	序号		计算期					
3			第1年	第2年	第3年	第4年	第5年	第6年
4	1	借款(建设投资借款)						
5	2	期初借款余额		1050	2205	1729.89	1207.27	632.38
6	3	当期还本付息			695.61	695.61	695.61	695.61
7	4	其中:还本			475.11	522.62	574.88	632.37
8	5	其中:付息	50	155	220.50	172.99	120.73	63.24
9	6	期末借款余额	1050	2205	1729.89	1207.27	632.38	
10	计算指标	利息备付率			163.73%	343.45%	571.28%	1090.61%
11		偿债备付率			109.91%	133.34%	141.76%	139.69%

图 9-13　（融资后）借款还本付息计划表

2. 编制(融资后)总成本费用估算表

根据总成本费用的组成，列出总成本费用中的各项费用，并将“(融资后)借款还本付息计划表”中第 3 年应计利息 220.50 万元和年经营成本、年折旧费、年摊销费一并填入“(融资后)总成本费用估算表”(见图 9-14)，汇总得到第 3 年的总成本费用为 3 150 万元。

3. 编制(融资后)利润与利润分配表

期初未分配利润等于上年度期末剩余的未分配利润；营业收入、增值税附加税、总成本费用的数据取自“基础数据表”“增值税及其附加税估算表”“(融资后)总成本费用估算表”。在图 9-15 所示的其他相关单元格中输入对应公式，利用 Excel 表的自动填充功能，将其他单元格利用鼠标拖曳填充完毕即可，得到(融资后)利润与利润分配表。

4. 编制(融资后)财务计划现金流量表

财务计划现金流量表主要包括经营活动净现金流量、投资活动净现金流量、筹资活动

	A	B	C	D	E	F	G	H	I	J
1	(融资后)总成本费用估算表 (单位:万元)									
2	序号	项目								
3			第3年	第4年	第5年	第6年	第7年	第8年	第9年	第10年
4	1	经营成本(不含进项税额)	2490.84	3202.51	3558.34	3558.34	3558.34	3558.34	3558.34	3558.34
5	2	折旧费	363.66	363.66	363.66	363.66	363.66	363.66	363.66	363.66
6	3	摊销费	75	75	75	75	75	75	75	75
7	4	利息支出	220.50	172.99	120.73	63.24				
8	5	总成本费用(不含进项税税额)	3150.00	3814.16	4117.72	4060.24	3997.00	3997.00	3997.00	3997.00

=基础数据表!E9
=(基础数据表!C18-基础数据表!C19-基础数据表!C20)/基础数据表!C21
=基础数据表!C19/基础数据表!C24
=C4+C5+C6+C7
='(融资后)借款还本付利计划表'!E8

基础数据表 | 增值税及附加税估算表 | (融资前)总成本费用估算表 | (融资前)利润与利润分配表 | (融资前)项目投资现金流量表 | (融资后)借款还本付利计划表 | (融资后)总成本费用估算表

图 9-14 (融资后)总成本费用估算表

	A	B	C	D	E	F	G	H	I	J
1	(融资后)利润与利润分配表 (单位:万元)									
2	序号	项目	计算期							
3			第3年	第4年	[illegible]	[illegible]	第7年	第8年	第9年	第10年
4	1	营业收入(不含销项税额)	3300	4250	4700	4700	4700	4700	4700	4700
5	2	增值税附加税	9.48	14.7	13.32	13.32	13.32	13.32	13.32	13.32
6	3	总成本费用(不含进项税额)	3150.00	3814.16	4117.72	4060.24	3997.00	3997.00	3997.00	3997.00
7	4	补贴收入								
8	5	利润总额(1-2-3+4)	140.52	421.14	568.96	626.44	689.68	689.68	689.68	689.68
9	6	弥补以前年度亏损								
10	7	应纳税所得额(5-6)	140.52	421.14	568.96	626.44	689.68	689.68	689.68	689.68
11	8	所得税(7)×25%	35.13	105.29	142.24	156.61	172.42	172.42	172.42	172.42
12	9	净利润(5-8)	105.39	315.86	426.72	469.83	517.26	517.26	517.26	517.26
13	10	期初未分配利润		17.48	82.00	96.80	66.11	265.82	365.68	415.61
14	11	可供分配利润(9+10)	93.51	333.33	508.71	566.63	583.37	783.08	882.94	932.87
15	12	提取法定盈余公积金(9)x10%	10.54	31.59	42.67	46.98	51.73	51.73	51.73	51.73
16	13	可供投资者分配的利润(11-12)	82.97	301.75	466.04	519.65	531.64	731.36	831.21	881.14
17	14	应付投资者各方股利	29.04	135.79	233.02	259.82	265.82	365.68	415.61	440.57
18	15	未分配利润(13-14)	53.93	165.96	233.02	259.82	265.82	365.68	415.61	440.57
19	15.1	用于还款利润	36.45	83.96	136.23	193.71				
20	15.2	剩余利润转下年期初未分配利润	17.48	82.00	96.80	66.11	265.82	365.68	415.61	440.57
21	16	息税前利润(5+利息支出)	361.02	594.13	689.68	689.68	689.68	689.68	689.68	689.68

=基础数据表!E8
=增值税及附加税计算表!C8
=C4-C5-C6+C7
='(融资后)总成本费用估算表'!C8
=C8-C9
=D16*基础数据表!G24*基础数据表!G23
=E16*基础数据表!G24
=C10*25%
=D12+D13
=C12*10%
=C14-C15
=C16-C17
=C18-C19
=C16*基础数据表!G24*基础数据表!G22
=C8+'(融资后)借款还本付利计划表'!E8
='(融资后)借款还本付利计划表'!E7-'(融资后)总成本费用估算表'!C5-'(融资后)总成本费用估算表'!C6

(融资前)项目投资现金流量表 | (融资后)借款还本付利计划表 | (融资后)总成本费用估算表 | (融资后)利润与利润分配表 | (融资后)财务计划现金流量表 | (融资后)项目资本金现金流量表

图 9-15 (融资后)利润与利润分配表

净现金流量、净现金流量、累计盈余资金。

各项数据取自于借款还本付息计划表、总成本费用估算表和利润与利润分配表等。在图 9-16 所示的其他相关单元格中输入对应公式,利用 Excel 表的自动填充功能,将其他单元格利用鼠标拖曳填充完毕即可。

5. 编制(融资后)项目资本金现金流量表

项目资本金现金流量表主要包括现金流入和现金流出。其中,营业收入、项目资本金、经营成本取自"基础数据表";固定资产余值在期末全部收回;流动资金是自有资金,也将在期末全部收回;借款本金偿还和借款利息偿还取自"(融资后)借款还本付息计划表";税金及其附加按照增值税的10%计算;所得税取自"(融资后)利润与利润分配表"。由此得出净现金流量,如图 9-17 所示。

6. 编制(融资后)项目资产负债表

资产负债表主要包含资产、负债及所有者权益,并可计算资产负债率和流动比率。各个项目的计算公式见图 9-18,可利用 Excel 表的自动填充功能,将公式拖曳到其他单元格完

（融资后）项目财务计划现金流量表（单位：万元）

序号	项目	第1年	第2年	第3年	第4年	第5年	第6年	第7年	第8年	第9年	第10年
		计算期									
1	经营活动净现金流量			764.55	1097.50	1174.10	1159.73	1143.92	1143.92	1143.92	1143.92
1.1	现金流入			3729	4972.5	5499	5499	5499	5499	5499	5499
1.1.1	营业收入			3300	4250	4700	4700	4700	4700	4700	4700
1.1.2	增值税销项税额			429	552.5	611	611	611	611	611	611
1.2	现金流出			2964.45	3875.00	4324.90	4339.27	4355	4355	4355	4355
1.2.1	经营成本			2490.84	3202.51	3558.34	3558.34	3558.34	3558.34	3558.34	3558.34
1.2.2	增值税进项税额			350	430	500	500	500	500	500	500
1.2.3	增值税			79	122.5	111	111	111	111	111	111
1.2.4	增值税附加税			9.48	14.7	13.32	13.32	13.32	13.32	13.32	13.32
1.2.5	所得税			35.13	105.29	142.24	156.61	172.42	172.42	172.42	172.42
2	投资活动净现金	-2529.45	-2529.45	-442.17	-126.33	-63.17					
2.1	现金流入										
2.2	现金流出	2529.45	2529.45	442.17	126.33	63.17					
2.2.1	建设投资	2529.45	2529.45								
2.2.2	流动资金			442.17	126.33	63.17					
3	筹资活动净现金流量	2529.45	2529.45	-282.48	-705.07	-865.46	-955.43	-265.82	-365.68	-415.61	-440.57
3.1	现金流入	2529.45	2529.45	442.17	126.33	63.17					
3.1.1	项目资本金投入	1529.45	1529.45	442.17	126.33	63.17					
3.1.2	建设投资借款	1000	1000								
3.1.3	流动资金借款										
3.2	现金流出			724.65	831.40	928.63	955.43	265.82	365.68	415.61	440.57
3.2.1	各种利息支出			220.50	172.99	120.73	63.24				
3.2.2	偿还债务本金			475.11	522.62	574.88	632.37				
3.2.3	应付利润			29.04	135.79	233.02	259.82	265.82	365.68	415.61	440.57
4	净现金流量(1+2+3)			39.90	266.11	245.47	204.30	878.10	778.24	728.31	703.35
5	累计盈余资金			39.90	306.00	551.47	755.77	1633.87	2412.11	3140.42	3843.77

=E5-E8
=E6+E7
=基础数据表!E8
=增值税及附加税计算表!C5
=E9+E10+E11+E12+E13
=基础数据表!E9
=基础数据表!E10
=增值税及附加税计算表!C7
=增值税及附加税计算表!C8
='（融资后）利润与利润分配表
=C15-C16
=基础数据表!G13-基础数据表!F13
=C20-C24
=C21+C22
=基础数据表!C7
=E25+E26+E27
='（融资后）借款还本付利计划表'!E8
='（融资后）借款还本付利计划表'!E7
='（融资后）利润与利润分配表'!C17
=E4+E14+E19
=E29+F28

（融资后）总成本费用估算表 | （融资后）利润与利润分配表 | （融资后）财务计划现金流量表 | （融资后）项目资本金现金流量表 | （融资后）项目资产负债表 | 敏感性分析

图 9-16　（融资后）财务计划现金流量表

（融资后）项目资本金现金流量表（单位：万元）

序号	项目	第1年	第2年	第3年	第4年	第5年	第6年	第7年	第8年	第9年	第10年
		计算期									
1	现金流入			3300	4250	4700	4700	4700	4700	4700	9800.69
1.1	营业收入			3300	4250	4700	4700	4700	4700	4700	4700
1.2	回收固定资产余值										300
1.3	回收流动资金										4800.69
2	现金流出	1579.45	1684.45	3221.5835	4003.4057	4396.1888	4410.5609	3730.7604	3730.76	3730.76	3730.76
2.1	项目资本金	1529.45	1529.45								
2.2	借款本金偿还			475.11	522.62	574.88	632.37				
2.3	借款利息偿还	50	155	220.5	172.99	120.73	63.24				
2.4	经营成本			2490.84	3202.51	3558.34	3558.34	3558.34	3558.34	3558.34	3558.34
2.5	税金及其附加			7.9	12.25	11.1	11.1	11.1	11.1	11.1	11.1
2.6	所得税			35.13	105.29	142.24	156.61	172.42	172.42	172.42	172.42
3	净现金流量	-1579.5	-1684.45	78.42	246.59	303.81	289.44	969.24	969.24	969.24	6069.93
4	累计净现金流量	-1579.5	-3263.90	-3185.48	-2938.89	-2635.08	-2345.64	-1376.40	-407.16	562.08	6632.01
计算指标	资本金财务内部收益率	16.66%									

=E5+E6+E7
=基础数据表!E8
='（融资后）借款还本付利计划表'!E7
=C9+C10+C11+C12+C14
=基础数据表!C6
='（融资后）借款还本付利计划表'!C8
='（融资后）利润与利润分配表'!C11
=基础数据表!E9
=增值税及附加税估算表!C7*10%
=C4-C8
=IRR(C15:L15)
=E16+F15

（融资后）总成本费用估算表 | （融资后）利润与利润分配表 | （融资后）财务计划现金流量表 | （融资后）项目资本金现金流量表 | （融资后）项目资产负债表 | 敏感性分析

图 9-17　（融资后）项目资本金现金流量表

成填充得到资产负债表。

在资产负债表中：

(1) 资产

流动资产总额是指流动资产、累计盈余资金以及期初未分配利润之和。流动资产取自“基础数据表”；期初未分配利润取自“利润与利润分配表”中数据的累计值；累计盈余资金取自“财务计划现金流量表”。

在建工程是指建设期各年的固定资产投资额，取自“基础数据表”。

固定资产净值是指投产期逐年从固定资产投资中扣除折旧后的固定资产余值。

无形资产净值是指投产期逐年从无形资产中扣除摊销费后的无形资产余值。

(2) 负债

（融资后）项目资产负债表

序号	项目	第1年	第2年	第3年	第4年	第5年	第6年	第7年	第8年	第9年	第10年
						计算期					
1	资产	2579.45	5263.9	5385.2602	5212.187202	4967.02	4626.53	4928.16	5329.14	5779.8	6255.3
1.1	流动资产总额			571.90	1007.48	1410.95	1694.49	2625.48	3655.31	4734.57	5838.55
1.1.1	流动资产			532	684	760	760	760	760	760	760
1.1.2	累计盈余资金			39.90	306.00	551.47	755.77	1633.87	2412.11	3140.42	3843.77
1.1.3	累计期初未分配利润			0	17.48	99.47	178.72	231.61	483.2	834.15	1234.78
1.2	在建工程	2579.45	5263.9								
1.3	固定资产净值			4300.24	3936.58	3572.92	3209.26	2845.6	2481.94	2118.28	1754.62
1.4	无形资产净值			525	450	375	300	225	150	75	0
2	负债及所有者权益	2579.45	5263.9	5385.2602	5212.187202	4967.02	4626.53	4928.16	5329.14	5779.8	6255.3
2.1	负债	1050	2205	1819.72	1322.77	760.72	128.33	128.33	128.33	128.33	128.33
2.1.1	流动负债			89.83	115.5	128.33	128.33	128.33	128.33	128.33	128.33
2.1.2	贷款负债	1050	2205	1729.89	1207.27	632.39					
2.2	所有者权益	1529.45	3058.9	3565.5402	3889.417202	4206.3	4498.2	4799.83	5200.81	5651.47	6126.97
2.2.1	资本金	1529.45	3058.9	3501.07	3627.4	3690.57	3690.57	3690.57	3690.57	3690.57	3690.57
2.2.2	累计盈余公积金			10.54	42.12	80.39	125.68	175.71	225.74	275.77	325.8
2.2.3	累计未分配利润			53.93	219.89	435.34	681.95	933.55	1284.5	1685.13	2110.6
计算	资产负债率	40.71%	41.89%	33.79%	25.38%	15.32%	2.77%	2.60%	2.41%	2.22%	2.05%
	流动比率			636.64%	872.28%	1099.47%	1320.42%	2045.88%	2848.37%	3689.37%	4549.64%

=C12

=’（融资后）财务计划现金流量表’!E29

=基础数据表!C18-基础数据表!C19-’（融资前）总成本费用估算表’!C5

=F8+’（融资后）利润与利润分配表’!E13

=’（融资后）借款还本付利计划表’!C8+基础数据表!C6+基础数据表!C7

=C13+C16

=C14+C15

=’（融资后）借款还本付利计划表

=C17+C18+C19

=D17+基础数据表!E13-基础数据表!D13

=基础数据表!C6

=C13/C4

=E5/E14

=’（融资后）利润与利润分配表’!D18+E19

=E18+’（融资后）利润与利润分配表’!D15

… | (融资后) 总成本费用估算表 | (融资后) 利润与利润分配表 | (融资后) 财务计划现金流量表 | (融资后) 项目资本金现金流量表 | (融资后) 项目资产负债表 | 敏感性分

图 9-18 （融资后)项目资产负债表

流动资金负债,取自“基础数据表”的应付账款。

投资贷款负债,取自“借款还本付息计划表”。

(3) 所有者权益

资本金,取自“基础数据表”。

累计盈余公积金,根据“利润与利润分配表”中盈余公积金的累计值计算。

累计未分配利润,根据“利润与利润分配表”中未分配利润的累计值计算

表 9-18 中各年的资产与各年的负债及所有者权益之间应满足:

$$资产=负债+所有者权益$$

融资后盈利能力分析:根据“(融资后)项目资本金现金流量表”(见图 9-17)可以得出,项目资本金财务内部收益率为 16.66%,大于基准收益率 5%,同时项目净现值为 6 632.01 万元,大于 0,因此该项目是可以接受的。

融资后偿债能力分析:

(1) 根据“(融资后)利润与利润分配表”(见图 9-15)可以得出:该项目的借款能按合同规定在运营期前 4 年等额还本付息还清贷款。

(2) 根据“(融资后)借款还本付息计划表”(见图 9-13)可以得出:借款偿还期内各年利息备付率均大于 1,说明项目利息保证程度较高。此外,各年偿债备付率均大于 1,说明借款偿还期内有足够的资金偿付当期债务,偿债风险较小。

(3) 自运营期第一年开始就是盈余年份;根据“(融资后)项目资产负债表”(见图 9-18)可以得出:还清贷款后,每年的资产负债率均在 3%以内(资产负债率越低,说明负债取得的资产越少)、流动比率均在 10 以上(该比值越大,表示企业短期偿债能力越强;反之,企业短期偿债能力越差)。

(四) 项目投资不确定性分析——单因素敏感性分析

单因素敏感性分析是指每次只变动一个不确定性因素所进行的敏感性分析,即假定其他因素不变,计算某个因素的变化对经济效果的影响。在计算时,营业收入与经营成本的数据为运营期内的平均值。本案例项目投资敏感性因素如表 9-18 所列。

表 9-18 项目投资敏感性因素表

参数	单位	数值
投资额(K)	万元	5 263.90
年营业收入(AR)	万元	4 468.75
年经营成本(AC)	万元	3 380.42
残值(L)	万元	300
寿命期(n)	年	8

(1) 计算净现值的未来最可能值:

$$NPV = -K + (AR - AC)(P/A,5\%,8) + L(P/F,5\%,8) \tag{9-9}$$

(2) 选取不确定性因素。

选取投资额、年营业收入、年经营成本为 3 个不确定性因素,以净现值为评价指标,对该项目进行单因素敏感性分析。

(3) 分析各不确定性因素对方案净现值的影响。

设投资额变化的百分比为 a,分析投资额的百分比变化对方案净现值的影响:

$$NPV = -K(1+a) + (AR - AC)(P/A,5\%,8) + L(P/F,5\%,8) \tag{9-10}$$

设年营业收入变化的百分比为 b,分析年营业收入的百分比变化对方案净现值的影响:

$$NPV = -K + [AR(1+b) - AC](P/A,5\%,8) + L(P/F,5\%,8) \tag{9-11}$$

设年经营成本变化的百分比为 c,分析年经营成本的百分比变化对方案净现值的影响:

$$NPV = -K + [AR - AC(1+c)](P/A,5\%,8) + L(P/F,5\%,8) \tag{9-12}$$

按照式(9-10)～式(9-12),a、b、c 分别取值±10%、±20%、±30%,计算各不确定性因素在不同幅度下的净现值,在 Excel 表中输入图 9-19 中公式计算。

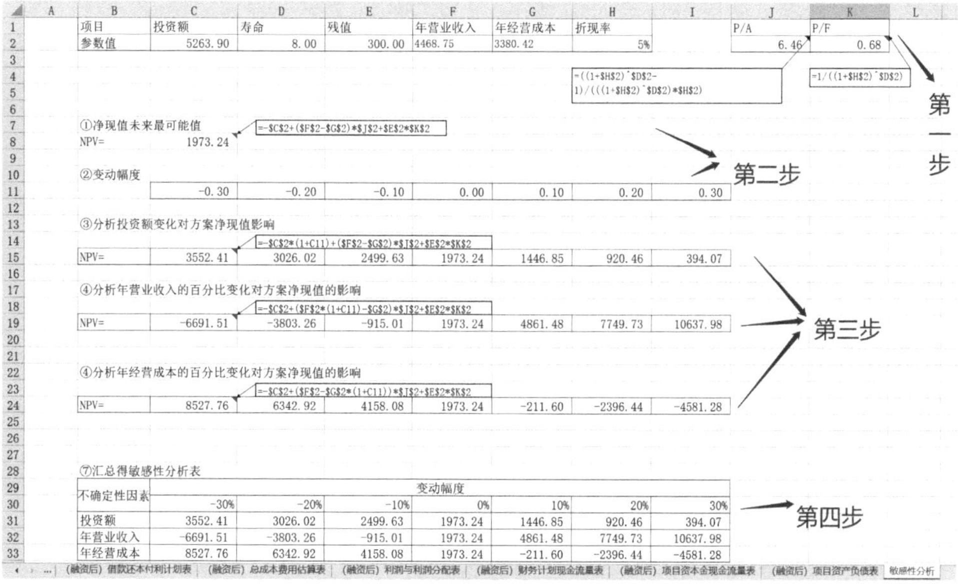

图 9-19 单因素敏感性分析步骤图

(4) 得到敏感性分析表(见表 9-19)和敏感性分析图(见图 9-20),并以此进行分析。

表 9-19 敏感性分析表

不确定性因素	变动幅度						
	−30%	−20%	−10%	0%	10%	20%	30%
投资额/万元	3 552.41	3 026.02	2 499.63	1 973.24	1 446.85	920.46	394.07
年营业收入/万元	−6 691.51	−3 803.26	−915.01	1 973.24	4 861.48	7 749.73	10 637.98
年经营成本/万元	8 527.76	6 342.92	4 158.08	1 973.24	−211.60	−2 396.44	−4 581.28

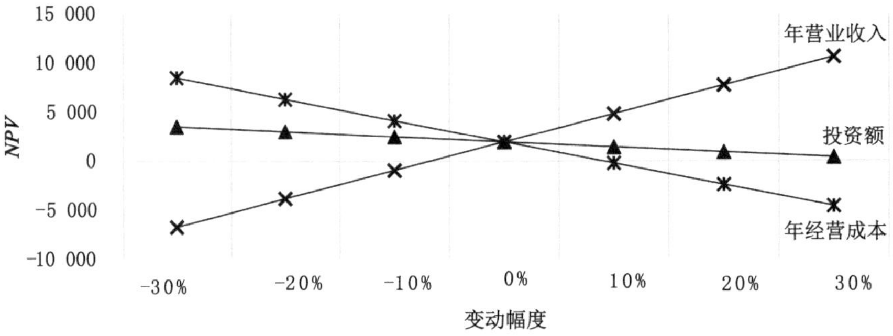

图 9-20 敏感性分析图

设式(9-10)~式(9-12)的 $NVP=0$,即可计算得到 a、b、c 的临界值。当其他因素不变,投资额增加超过 37%时,或其他因素不变,年经营成本增加 9%时,或其他因素不变,年营业收入减少 7%时,方案的净现值将小于 0,方案将变得不可接受。如果仅从不确定性因素本身的特性考虑,临界点的百分比绝对值越小,其对应的因素就越敏感。由表 9-19 和图 9-20 可以看出,年营业收入的变化对方案净现值的影响最大,年经营成本的变化对方案净现值的影响其次,对方案净现值影响最小的因素是投资额。

思考与练习题

一、思考题

1. 什么是财务评价?
2. 简述财务评价程序及内容。
3. 为什么总成本费用表、利润与利润分配表和还本付息计划表必须同时计算?
4. 项目盈利能力指标、清偿能力指标主要有哪些?
5. 财务评价的基本报表有哪些?
6. 现金流量表可以计算哪些指标?
7. 利润与利润分配表可以计算哪些指标?
8. 资产负债表可以计算哪些指标?
9. 什么是项目的财务生存能力?

二、练习题

1. 已知某工程项目在寿命周期(18 年)内的现金流量表如表 9-20 所列，若 $i_0=12\%$，试计算：(1) *FNPV*；(2) *FIRR*；(3) 投资回收期(静态和动态)。

表 9-20　某工程项目在寿命周期(18 年)内的现金流量　　单位：万元

序号	项目	建设期/年			投产期/年		达到设计生产能力/年			
		1	2	3	4	5	6	7	8	9
1	现金流入				24 794	31 878	35 420	35 420	35 420	35 420
2	现金流出	8 935	24 570	11 164	22 621	24 888	27 250	26 657	26 961	27 352

序号	项目	达到设计生产能力/年								
		10	11	12	13	14	15	16	17	18
1	现金流入	35 420	35 420	35 420	35 420	35 420	35 420	35 420	35 420	45 067
2	现金流出	27 503	27 494	27 494	27 497	27 579	27 579	27 579	27 579	27 579

2. 某项目建设期 3 年，总借款额为 18 928 万元，第 1 年借款占总借款额的 20%，第 2 年占 55%，第 3 年占 25%，借款年利率为 9%，计算建设期利息是多少？

3. 某项目建设期为 2 年，生产期为 8 年，项目建设投资 3 100 万元，预计 90%形成固定资产，10%形成无形资产。固定资产折旧年限为 8 年，按直线法计算折旧，预计净残值率为 5%，在生产期末回收固定资产残值；无形资产按 8 年期平均摊销。

建设项目发生的资金投入、收益及成本情况见表 9-21。建设投资贷款年利率为 7%，建设期只计利息不还款。银行要求建设单位从生产期开始的 6 年间，按照每年等额本金偿还法进行偿还，同时偿还当年发生的利息。流动资金贷款年利率为 3%，每年付息，计算期最后一年年末还本。

表 9-21　建设项目资金投入、收益及成本表　　单位：万元

序号	项目		第 1 年	第 2 年	第 3 年	第 4 年	第 5 年
1	建设投资	自有资金	930	620			
		贷款	930	620			
2	流动资金贷款				300		
3	年营业收入				3 800	4 320	5 400
4	年经营成本				2 600	2 600	2 600

若营业税金及附加税率为 6%，所得税税率为 25%，投资者可接受最低收益率为 20%。

要求：

(1) 编制借款还本付息计划表；

(2) 计算各年固定资产折旧额；

(3) 编制项目资本金现金流量表；

(4) 计算资本金财务内部收益率，并对项目进行评价。

4. 背景：某企业拟投资建设某工业生产项目，拟建项目有关数据资料如下：

(1) 项目建设期为 1 年，运营期为 6 年，项目全部建设投资估算为 700 万元，预计全部

形成固定资产，其中包含可抵扣的固定资产进项税额50万元，固定资产可使用年限为7年，按直线法折旧，残值率为4%，固定资产余值在项目运营期末收回。

(2) 运营期第1年投入流动资金150万元，全部为自有资金，流动资金在计算期末全部收回。

(3) 在运营期间，正常年份每年的营业收入为1 000万元，其中销项税额为110万元，经营成本为350万元，其中进项税额为30万元，税金附加按应纳增值税的10%计算，所得税税率为25%，企业投资者可接受的最低税后收益率为10%。

(4) 投产第1年生产能力达到设计能力的60%，营业收入及其所含销项税额与经营成本及其所含进项税额也为正常年份的60%；投产第2年及其以后各年均达到设计生产能力。

(5) 为简化起见，将“调整所得税”列为“现金流出”的内容。

要求：

(1) 编制融资前该项目的投资现金流量表(见表9-22)，将数据填入表中，并计算项目投资财务净现值(所得税后)。

(2) 计算该项目的财务内部收益率(所得税后)，并评价该项目是否可行。

注：计算结果及表中数据均保留两位小数。

表9-22 融资前该项目的投资现金流量表 单位：万元

序号	项目	计算期						
		第1年	第2年	第3年	第4年	第5年	第6年	第7年
1	现金流入							
1.1	营业收入(不含销项税额)							
1.2	销项税额							
1.3	补贴收入							
1.4	回收固定资产余值							
1.5	回收流动资金							
2	现金流出							
2.1	建设投资							
2.2	流动资金							
2.3	经营成本(不含进项税额)							
2.4	进项税额							
2.5	应纳增值税							
2.6	增值税附加税							
2.7	维持运营投资							
2.8	调整所得税							
3	所得税后净现金流量							
4	累计所得税后净现金流量							
5	基准收益率(10%)							
6	折现后净现金流量							
7	累计折现后净现金流量							

5. 某企业拟投资建设一个生产市场急需产品的工业项目，建设期 2 年，运营期 8 年。项目建设的其他基本数据如下：

(1) 项目建设投资估算 5 300 万元(包含可抵扣进项税额 300 万元)，预计全部形成固定资产，固定资产使用年限 8 年。按直线法折旧，期末净残值率为 5%。

(2) 建设投资资金来源于自有资金和银行借款，借款年利率为 6%(按年计息)。贷款合同约定的还款方式为在运营期前 5 年等额还本付息。建设期内自有资金和贷款均为均衡投入。

(3) 项目所需流动资金从运营期第 1 年开始由自有资金投入。

(4) 项目运营期第 1 年外购原材料、燃料费估算为 1 680 万元，工资和福利费用为 700 万元，其他费用为 290 万元，存货估算为 385 万元。项目应收账款年周转次数、现金年周转次数、应付账款年周转次数分别为 12 次、9 次、6 次。项目无预付账款和预收账款情况。

(5) 项目产品适用的增值税税率为 13%，增值税附加税税率为 12%，企业所得税税率为 25%。

(6) 项目的资金投入、收益、成本等基础测算数据见表 9-23。

表 9-23　项目的资金投入、收益、成本等基础测算数据　　单位：万元

序号	项目	第 1 年	第 2 年	第 3 年	第 4 年	第 5 年	第 6～10 年
1	建设投资 其中：资本金 贷款本金	 1 150 1 500	 1 150 1 500				
2	营业收入(不含销项税)			3 520	4 400	4 400	4 400
3	经营成本(不含进项税)			2 700	3 200	3 200	3 200
4	经营成本中的进项税			200	250	250	250
5	流动资产				855	855	855
6	流动负债				350	350	350

要求：

(1) 计算项目运营期固定资产年折旧额。

(2) 计算运营期第 1 年、第 2 年投入的流动资金。

(3) 计运营期第 1 年应纳增值税额。

(4) 计算运营期第 1 年还本及付息额。

(5) 以不含税价格计算项目运营期第 1 年总成本费用和税后利润，并通过计算说明项目运营期第 1 年能否满足还款要求。

注：计算过程和结果数据有小数的，保留两位小数。

第十章 投资项目国民经济评价

【学习目标】

(1)掌握国民经济评价的含义;
(2)掌握国民经济评价与财务评价的关系;
(3)掌握国民经济评价中费用与效益的种类;
(4)掌握国民经济评价参数种类与含义;
(5)掌握国民经济评价指标体系;
(6)了解国民经济效益费用流量表。

【思维导图】

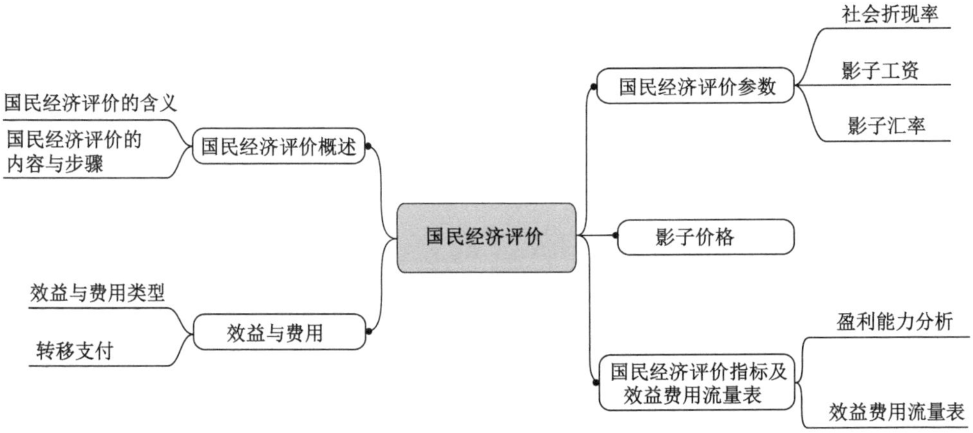

第一节 国民经济评价概述

一、国民经济评价的概念

在市场经济条件下,大部分工程项目财务评价结论可以满足投资决策的要求,但由于存在市场失灵情况,项目还需要进行国民经济评价,站在全社会的角度评判项目配置资源的经济合理性。

国民经济评价是项目经济评价的重要组成部分,它是在合理配置社会资源的前提下,从国家整体利益的角度出发,计算项目对国民经济的贡献,分析项目的经济效率、效果和对社会的影响,评价项目在宏观经济上的合理性。

二、国民经济评价的必要性

(1) 由于企业和国家是两个不同的评价角度,企业利益并不总是与国家利益完全一致,因此一个项目对于国家和企业的费用和效益范围不完全一致。财务盈利效果仅是项目内部的直接经济效果,不包括对外部的影响。

(2) 财务分析采用的是预测价格。由于种种原因,项目的投入品和产出品财务价格会失真,不能正确反映其对国民经济的真实价值。

(3) 不同项目的财务分析包括了不尽相同的税收、补贴和贷款条件,使不同项目的财务盈利失去了公正的效果。

在市场经济条件下,企业财务评价可以反映出建设项目给企业带来的直接效果,但由于市场失灵现象的存在,财务评价不可能将建设项目产生的效果全部反映出来。因此,正是因为国民经济评价关系到国家经济的持续健康发展和国民经济结构布局的合理性,所以进行国民经济评价是非常必要的。

三、国民经济评价的作用

1. 国民经济评价是真实反映项目对国民经济净贡献的需要

在许多国家,特别是发展中国家,由于产业结构不合理、市场体系不健全以及过度保护民族工业等原因,导致国内的价格体系产生较为严重的扭曲和失真,不少商品的价格不能反映其价值,也不能反映其供求关系。在这种情况下,按现行价格计算项目的投入和产出,无法正确反映出项目对国民经济的影响。只有通过国民经济评价,运用能反映商品真实价值的价格来计算项目的费用和效益,才能真实反映项目对国民经济的净贡献,从而判断该项目的建设是否对国民经济总目标有利。

任何项目的费用和效益不仅体现在它的直接投入物和产出物中,还会体现在国民经济相邻部门及整个社会中,这就是项目的间接费用和间接效益,通常称为“外部效果”。因此,只有通过国民经济评价,才能全面权衡项目的“内部效果”和“外部效果”,即项目对国民经济整体的净贡献。

2. 国民经济评价是宏观上合理配置有限资源的需要

对于一个国家来说,用于发展的资源(资金、劳动力、土地及其他自然资源)都是有限的,资源的稀缺与需要的增长存在着较大的矛盾。只有通过优化资源配置,使资源得到最佳利用,才能有效促进国民经济发展。仅仅通过财务评价,无法正确反映资源的有效利用,只有通过国民经济评价,才能从宏观上引导国家对有限的资源进行合理配置,鼓励和促进那些对国民经济有正面影响的项目的发展,抑制和淘汰那些对国民经济有负面影响的项目。

3. 国民经济评价是投资决策科学化的需要

通过国民经济评价,合理运用评价指标和评价参数,可以有效地引导投资方向,控制投资规模,避免不必要的投资,提高计划质量,实现企业利益、地区利益与全社会及国家整体利益的有机结合和平衡。这些是财务评价所不具备的。因此,项目投资必须在财务评价的基础上,再进行国民经济评价,保证投资决策科学化。

四、国民经济评价的项目范围

对于外部费用和外部效果显著的项目，以及财务价格不能真实反映价值的项目应进行国民经济评价。主要有以下两类项目：

一类是具有政府垄断性质的项目，有基础设施项目、公益性项目，如铁路、公路、市政工程、水利电力、教育、卫生等项目，还有涉及国家经济安全或其他公益性的项目。这类项目的产出品多为公共品，且其经营往往关系国计民生，因此多为政府或者国有企业垄断经营。这类项目的基本特征是其投入物或产出物的财务价格不能反映项目对国民经济资源的消耗和贡献。同时由于这类项目的产品具有很强的外部性特征，因此必须进行国民经济评价。

另一类是具有市场垄断性质的项目，如资源开发型项目等。这类项目虽然不完全由政府垄断经营，但由于项目在规模和技术等方面具有一定的垄断性，竞争者进入受到一定程度的限制，加之市场的不完善，投入物的资源价格为零或很低，而产出品的价格往往较高，因而往往造成对资源的过度使用。失真的市场价格会使项目的收支状况变得过于乐观或过于悲观，所以有必要通过影子价格对失真的市场价格进行修正。

五、国民经济评价与财务评价的关系

项目经济评价由财务评价和国民经济评价两部分组成，评价所得到的结论是项目决策的主要依据。财务评价是国民经济评价的基础，国民经济评价则是财务评价的深化，二者既有联系，又有区别。

1．国民经济评价与财务评价的联系

(1) 评价目的相同。二者都以寻求经济效益最好的项目为目的，追求以最小的投入获得最大的产出。

(2) 评价基础相同。二者都是在完成项目的市场预测、方案构思、投资估算、资金筹措等可行性研究的基础上进行评价的。

(3) 评价计算期相同。二者都使用相同的计算寿命期。

(4) 评价方法相似。二者都采用现金流量法，通过基本报表计算相关指标。

(5) 评价指标相似。二者都采用净现值和内部收益率评价项目的经济效益。

2．国民经济评价与财务评价的区别

(1) 评价角度不同

财务评价是站在企业的立场上，从项目的微观角度，按照现行的财税制度去分析项目的盈利能力和贷款偿还能力，以判断项目是否有财务上的生存能力。

国民经济评价是站在国家的立场上，从国民经济综合平衡的角度，分析项目对国民经济发展和国家资源配置等方面的影响，以考察投资项目的经济合理性。

(2) 跟踪对象不同

财务评价跟踪的是与项目直接相关的货币流动，由项目之外流入到项目之内的货币为财务收益，由项目之内流出到项目之外的货币为财务费用。

国民经济评价跟踪的是围绕项目发生的资源流动，减少社会资源的项目投入为国民经济费用，增加社会资源的项目产出为国民经济收益。

（3）费用与效益的划分不同

财务评价根据项目的实际收支计算项目的费用与效益，凡是项目的支出均计为费用，凡是项目的收入都计为效益。

国民经济评价根据项目实际消耗的有用社会资源以及项目向社会贡献的有用产品或服务计算项目的费用与效益。

在财务评价中作为费用或效益的税金、国内借款利息和财政补贴等，在国民经济评价中被视为国民经济内部转移支付，不作为项目的费用或效益；在财务评价中环境污染和降低劳动强度等不计为费用或效益，在国民经济评价中则需计为费用或效益。

（4）采用的价格体系不同

财务评价要求评价结果反映投资项目实际发生的情况，采用的是以现行市场价格体系为基础的预算价格。

国民经济评价要考虑国内市场价格的失真情况，采用的是对现行市场价格进行调整所得到的影子价格。

（5）采用的评价参数不同

在进行项目的外币折算时，财务评价采用的是特定时期的官方汇率，而国民经济评价采用的是国家统一测定的相对稳定的影子汇率；在计算净现值等指标或用内部收益率进行评价时，财务评价采用行业财务基准收益率，而国民经济评价采用国家统一测定的社会折现率。

（6）评价的内容不同

财务评价的主要内容是盈利能力分析和偿债能力分析。

国民经济评价的主要内容是盈利能力分析，不必进行偿债能力分析。

3. 国民经济评价结论与财务评价结论的关系

依据国民经济评价结论和财务评价结论，对项目的取舍原则如下：

（1）两项评价的结论均认为可行的项目，应予以通过；

（2）两项评价的结论均认为不可行的项目，应予以否定；

（3）财务评价的结论认为可行，而国民经济评价的结论认为不可行的项目，一般应予以否定；

（4）对于关系公共利益、国家安全和市场不能有效配置资源的经济和社会发展项目，财务评价的结论认为不可行，而国民经济评价的结论认为可行的项目，应重新考虑方案，必要时可提出经济优惠措施的建议，使项目具有财务生存能力。

六、国民经济评价的内容与程序

国民经济评价既可以在财务评价的基础上进行，也可以直接进行。

国民经济评价的内容主要包括费用和效益的识别、计量和比较以及国民经济盈利能力分析；此外，还应对难以量化的外部效果进行定性分析。

国民经济评价的具体内容和程序如下：

（1）国民经济费用与效益的识别与处理。国民经济评价中的费用与效益，与财务评价中的划分范围是不同的。国民经济评价以项目耗费资源的多少以及项目给国民经济带来的收益来界定项目的费用与效益，无论最终由谁支付和获取，都视为该项目的费用与效益，而不仅仅考察项目账面上直接显现的收支。因此，在国民经济评价中，需要对这些直接或间接的费用与效益逐一加以识别、归类和处理。

(2) 影子价格的确定。正确确定项目产出物和投入物的价格是保障项目国民经济评价正确性的关键。在国民经济评价中，应选择既能够反映资源本身的真实经济价值，又能够反映供求关系及国家经济政策的影子价格。

(3) 基础数据的调整。影子价格确定以后，应将项目的各项经济基础数据按照影子价格进行调整，计算项目各项国民经济费用和效益。

(4) 编制报表。根据调整、计算所得的项目各项国民经济费用和效益数值，编制国民经济评价报表，包括基本报表和辅助报表。

(5) 国民经济效益分析。根据国民经济评价报表及社会折现率等经济参数，计算项目的国民经济评价指标，分析项目的国民经济效益及经济合理性。此外，还应对难以量化的外部效果进行定性分析，以及从整个社会角度考察和分析项目对社会进步目标的贡献，即进行所谓社会效益分析。

(6) 进行不确定性分析。从国民经济角度分析项目可能面临的风险及项目抗风险能力，一般包括经济敏感性分析，有条件或需要时还应进行概率分析。

(7) 作出评价结论与建议。由上述确定性分析和不确定性分析结果，对项目的经济合理性作出判断，并结合项目的财务评价结果，作出项目经济评价的最终结论，提出相应建议。

第二节 国民经济评价的费用与效益的识别

正确识别项目的费用与效益，对于项目的财务评价和国民经济评价都是至关重要的。前面已经讲述了财务费用与效益的具体构成与识别，为了便于理解和把握国民经济评价中的费用与效益，下面采用对比的方法进行讨论。

一、识别费用与效益的基本原则

费用与效益都是相对于目标而言的。效益是对目标的正贡献；费用是对目标的负贡献。财务评价以投资人(或项目)净收入最大化为目标，凡是增加投资人(或项目)收入的就是财务收益；凡是减少投资人(或项目)收入的就是财务费用。国民经济评价以社会资源最优配置从而使国民收入最大化为目标，凡是增加国民收入的就是国民经济效益；凡是减少国民收入的就是国民经济费用。

正确识别费用与效益的基本准则具体体现在以下两个方面。

1. 系统的边界

财务评价从项目(或投资主体)自身的利益出发，其系统分析的边界就是项目(或投资主体)自身。凡是流入项目的资金就是财务收益，如营业收入；凡是流出项目的资金就是财务费用，如投资支出、经营成本和税金。财务收益和财务费用统称为项目的直接经济效益或内部经济效益。

国民经济评价从国民经济的整体出发，其系统的边界是整个国家。国民经济评价不仅需要识别项目自身的直接经济效益，而且需要识别项目对国民经济其他部门和单位产生的间接经济效益，即外部效果；国民经济评价不仅应当识别可用货币计量的有形效果，而且应当识别难以用货币计量的无形效果。

2. 追踪的对象

财务评价在考察财务费用与效益的过程中，其追踪的对象是货币。凡是由项目之外流入项目之内的货币就是财务收益；凡是由项目之内流出项目之外的货币就是财务费用。

识别国民经济评价中的费用与效益就没有财务评价时识别简单。国民经济评价以实现资源最优配置进而保证国民收入最大增长为目标，而国民收入（这里指 GDP）是由全社会最终产品的总和所决定。对于一个投资项目来说，项目的资源投入意味着减少了这些资源在国民经济其他方面的可用量，从而减少了国民经济其他方面的最终产品产出量，正是从这种意义上说，该项目对资源的使用产生了国民经济费用。同理，项目的产出是国民经济效益，是由于项目的产出能够增加社会资源——最终产品的缘故。由此不难理解，在考察国民经济费用与效益的过程中，其追踪的对象不是货币，而是由项目投入和产出所产生的社会资源的变动。凡是减少社会资源的项目投入都产生国民经济费用；凡是增加社会资源的项目产出都产生国民经济效益。

牢记国民经济评价追踪的对象是资源的变动，而不是货币的流动，是正确识别其费用与效益的关键。

二、直接费用和直接效益

项目的直接费用和直接效益是项目对国民经济所作出的直接正、负贡献，对其识别与计量比较容易。

1. 项目的直接费用

项目的直接费用是指因项目建设和生产耗费的直接投入而使国民经济为项目所付出的代价。直接费用的确定一般也分两种情况：

(1) 若项目的投入物来自国内生产量的增加，其费用就是增加国内生产所消耗资源的经济价值。

(2) 若项目投入物的国内生产量保持不变，如项目的投入物来自进口，其费用等于所花费外汇的经济价值；如项目的投入物来自出口减少，其费用等于所减少外汇收入的经济价值；如项目的投入物来自对其他项目供应量的减少，其费用为其他项目因此而减少的效益，等于其他项目对这部分投入物的支付意愿。

2. 项目的直接效益

项目的直接效益是项目向国民经济大系统提供产品或劳务而对国民经济作出的直接贡献。直接效益的确定一般可分为两种情况：

(1) 若项目产出物用以增加国内市场的供给量，其效益就是这部分增加量所满足的国内需求的价值，等于对这部分增加供给量的消费者支付意愿。

(2) 若项目产出物未导致国内市场供给量的相应增加，如项目的产出物用于出口，其效益为所得外汇收入的经济价值；如项目的产出物用于替代进口，其效益等于所节约外汇的经济价值；如项目的产出物用于替代国内原生产企业的部分或全部产品，其效益为原生产企业减产或停产向社会所释放的资源，其价值等于对这部分资源的支付意愿。

三、外部效果的识别及处理

投资项目除了会产生与其投入和产出相对应的直接费用和直接效益外，还会对社会其他部门产生间接费用和(或)间接效益，这种间接费用和(或)间接效益统称为项目的外部效果。外部效果是国民经济评价所特有的费用或效益，其识别和计量都是比较困难的。

1. 外部效果的类别

外部效果通常分为技术外溢效果、价格连锁效果、乘数效果和消费者剩余等。

(1) 技术外溢效果

项目的技术外溢效果是指项目的建设和运行带给项目外部的实际影响。例如，发电厂排放的烟尘可使附近田园的作物减产或质量下降，化工厂排放的污水可使附近江河的鱼类资源减少等，都是技术外溢费用的例子；而一个水电投资项目附带产生的防洪效益、灌溉效益和旅游效益，则是技术外溢效益的例子。

(2) 价格连锁效果

项目的价格连锁效果分为逆价格连锁效果和顺价格连锁效果。

项目对投入物的使用可能促使这些投入物的价格上升。一方面，投入物价格上升会给使用这些投入物的其他厂家带来影响，迫使它们不得不以更高的价格购买这些投入物，从而造成这些厂家的生产成本上升、净收益下降。另一方面，投入物价格的升高又会给生产这些投入物的厂家带来额外净收入。这种由项目投入物引起的价格外部效果，称为逆价格连锁效果。

当项目的产出增加了有效供给，满足了增长的需要时，对项目产品(例如喷墨打印机)社会使用量的增加可能促使对其辅助配套产品(如墨盒)的需求随之增加，倘若该辅助配套产品供不应求，其价格会随之上升。这样，生产该辅助配套产品的厂家即使不增加产量，也会因产品价格升高而获利。与此同时，那些生产该项目产品的替代品(例如激光打印机)的厂家，则由于产品替代效应的存在而不得不降低价格以维持需求，从而使生产这些替代品的企业收入下降。这种由项目产出物而引起的价格外部效果，称为顺价格连锁效果。

(3) 乘数效果

乘数效果与利用闲置生产能力有关。由于产业结构失衡使某些产业部门存在生产能力过剩现象，如果项目的兴建能够促使与此项目的投入和产出有关的产业部门的闲置生产能力得以利用，这就会带来外部效益。例如，国家的重型机械设备制造能力过剩，大量设备闲置无用或利用率很低。若国家拟改造某大型钢铁基地，需要重型机械设备制造部门提供大型高炉等设备，使该部门原先不能提供价值的闲置生产能力得以启动，从而大大降低了实际制造费用(因为利用闲置生产能力进行生产，几乎不发生真正的固定成本，仅发生原材料、燃料动力投入等可变成本，所以产品的实际总成本会大大下降)，这种费用的减少就是项目带来的外部效益。而且，由于重型机械设备制造部门的生产扩大，还会带动与它相关联的其他生产部门的剩余生产能力得以启动，这种启动同样会带来降低生产费用的外部效益。这种由项目导致的一系列相关部门启用过剩生产能力，以及由此带来的一系列资源节约效果，就是项目的乘数效果。

(4) 消费者剩余

消费者剩余是指消费者对商品的支付意愿和实际支付的差值，它是消费者获得的一种效益。所谓消费者支付意愿，是指商品消费者愿意支付的价格，它度量了商品的真实价值。

当项目的产出量很大，且占有相当大的市场份额时，为了扩大市场需求，往往需要降低销售价格。当项目产出物的价格因项目投产出现实质性下降时，应当使用消费者剩余的概念分析这种情况对国民经济的影响。

在图 10-1 中，横坐标代表商品需求量，纵坐标代表商品价格，AG 为市场需求曲线。从图中可以看出，消费者购买 Q_1 个产品的消费者剩余用$\triangle ACP_1$ 面积表示，$\triangle ACP_1$ 面积即消费者购买 Q_1 个产品所获得的净收益。由于消费者愿意支付的总额(即 Q_1 个产品的实际价值)为面积 ACQ_1O，而他们实际支付了 P_1CQ_1O，因而 $ACP_1=ACQ_1O-P_1CQ_1O$。

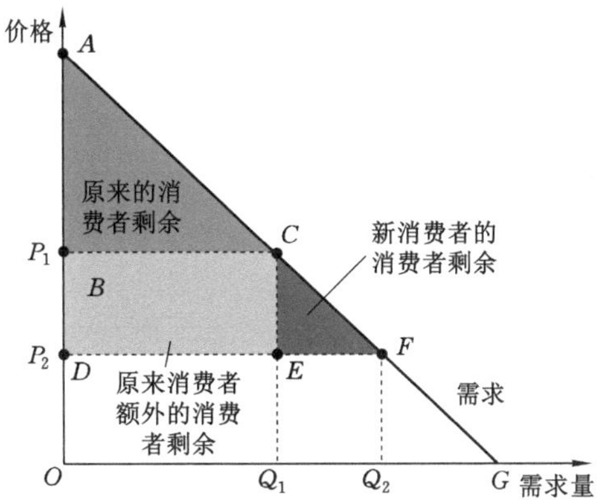

图 10-1　消费者剩余

假定拟建项目的产出将使价格由 P_1 降至 P_2，从而使需求量由 Q_1 增加到 Q_2。从图 10-1中可以看出，在项目产出前，需求量为 Q_1，消费者支付意愿总额为 ACQ_1O 面积；在项目产出后，需求量增为 Q_2，消费者支付意愿总额为 AFQ_2O 面积。项目产出由 Q_1 增加到 Q_2 所增加的消费者剩余为 P_1CFP_2 面积，即 P_1CEP_2 和 CEF 的面积。这就是价格下降，需求量增加所增加的消费者剩余。

消费者剩余的概念早在 1844 年由法国工程师杜比(J. Dupuit)在发表的《公共工程项目效用的测算》论文中提出。这个概念的提出正是为了解决技术经济分析中的具体问题。当时碰到一个具体的建桥项目，假定过桥费和交通量关系如图 10-2 所示，即过桥的需求量(交通量)与过桥费成反比关系，要解决如何确定收费标准和建桥效益问题。有人主张收费标准应定在 0.50 元/车次，这样可使每年过桥费收入最大，达到 0.50 元/车次×200 万车次＝100 万元。如果资金的利息率是 10%，桥的使用年限假定为无穷大，维护费用不计，则认为建桥投资不能大于 1 000 万元。杜比不同意这种算法，他认为，只要桥的容量足够，并且政府有可能解决建桥的开支，那么就应该不收费。从表面上看，过桥费收入虽然为零，但效益可达最大，即$\frac{1}{2}\times 400=200$(万元)。没有收到 1 分钱，效益那里去了呢？效益都分散给消费者了，即全部表现为消费者剩余。按照同样的假设，他认为建桥投资只要不超过 2 000 万元，就应该建桥；如果收 0.50 元/车次过桥费，效益可达每年 100 万元，但消费者剩余仅$\frac{1}{2}\times 0.5\times 200=50$(万元)，总计效益每年仅 150 万元。这样使桥不能得到充分利用，效益损失每年 50 万元。显然，杜比的意见是正确的。

消费者剩余的概念在交通工程中有重要的应用。例如，改善了某段公路的运输条件，使单位运输成本从 C_0 减为 C_1，那么改善公路的效益 $\Delta B=(C_0-C_1)Q_0+\frac{1}{2}(C_0-C_1)\Delta Q$。其中 ΔQ 是因运输费用节省而诱发的新增交通量，如图 10-3 所示。这种效益完全表现为消费者剩余的增加。

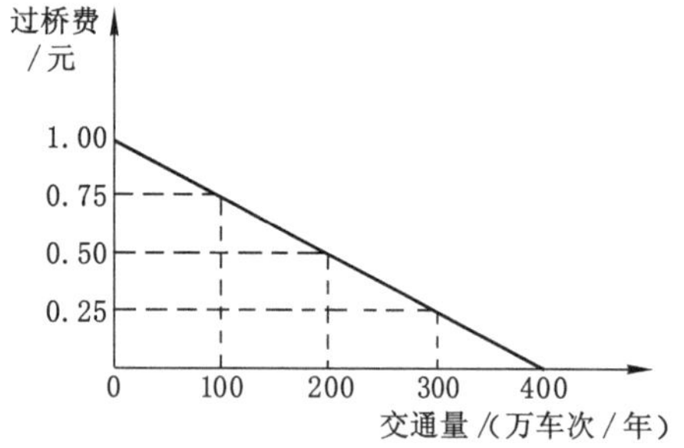

图 10-2 交通量需求曲线图

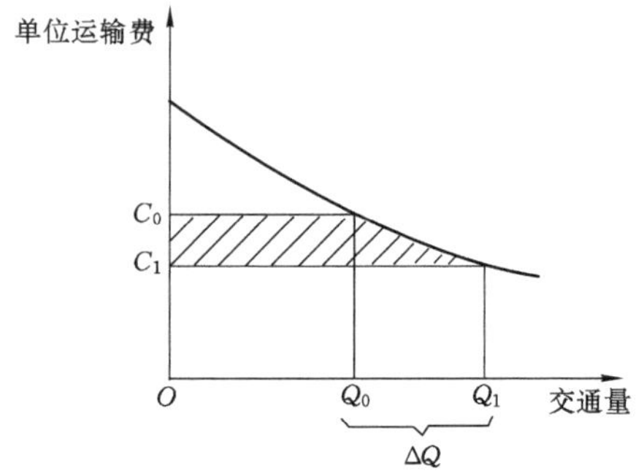

图 10-3 运输条件改善后的效益

2. 外部效果的处理

虽然从理论上说，应当在全社会范围内考察外部效果，但从实践上看，这样做几乎是不可能的，而且从费用、效益分析的角度看，也是得不偿失的。考察外部效果，应当着眼于与项目主要投入和产出紧密相关的部门。为了避免高估外部效益、低估外部费用或者相反的情形发生，对外部效益和外部费用的考察应在同一相关部门内进行。

(1) 技术外溢效果的处理

技术外溢效果反映生产消费和社会福利的真实变化，应在项目国民经济评价中加以反映。

技术外溢效果又可以分为两类，一类是有形效果，一类是无形效果。

① 环境和生态效果。工业项目对环境和生态的影响是一种日益引起社会关注的外部效果。一个以环境保护和生态平衡为目的的项目会带来正的环境和生态效果(效益)，但很难用货币单位计量这种效果的大小。这种项目的经济分析，多以互斥方案间费用比较的方式进行，即在各方案环境和生态效果基本相同的情况下，费用小的方案就是优选方案。这种比选的实质是把被拒绝方案的较高经济费用，作为一种被避免的损失而视作被采纳方案的经济效益。但这样做并未真正表明项目的环境和生态效果。因此，环保项目的实施不论是出于执行环保法令，还是出于价值判断，其效果如果不能用货币单位计量时，则应采用相应的环保指标加以衡量(如噪声分贝、废物和有害物质的排放量等)。对于非环保项目，对其负环保效果也应力争采用环保指标加以计量，特别是当这种外部效果不容忽视的时候。

② 技术扩散和示范效果。这是难以用价值计量的无形外部效果。一个技术先进适用、管理水平高的项目，能够培养和造就高水平的技术和管理人员，其技术扩散和示范效应会给社会其他方面带来益处，从而产生外部效果。例如，我国兴建首批核电站就应当考虑这种外部效果。由于计量的困难，对这类外部效果可作定性描述。

(2) 乘数效果的处理

乘数效果是利用剩余生产能力生产拟建项目需要的投入物，从而导致的固定生产成本的节约，这些被节约的成本费用是项目的外部效益。但在国民经济评价中，对利用剩余生产能力生产的项目投入物的价格，用可变成本确定，这意味着已经计量了节约固定成本的乘数效果，无须另行计算。

(3) 价格连锁效果的处理

在不影响社会生产和消费水平的情况下，由项目投入产出引发的价格连锁效果仅仅是社会成员之间的货币转移性的分配变动，社会资源没有发生增减变化，国民收入也没有增加或减少，因而国民经济评价无须考虑这种外部效果。当然，价格变化或多或少都会影响社会生产和消费水平的变动，从而也会影响资源和国民收入的变动。但是，一方面，使用影子价格计量项目的投入产出价值，其中已经部分地包括了这种价格外部效果；另一方面，价格连锁效果的作用机理十分复杂，且存在正负效果并存和相互抵消的情况，进一步识别和计量都十分困难，所以在项目评价实践中可不考虑。

(4) 消费者剩余的处理

对由项目产出所产生的消费者剩余（如图 10-1 中的 P_1CEP_2 和 CEF），应采取不同的处理原则。

P_1CEP_2 是由项目产出所导致的社会其他原有生产厂家收入上的减少，这部分利益为用户（消费者）所得，是原有厂家的收入向用户的转移。从全社会角度看，这是一种得失相当的货币转移，是一种收入分配的变动，社会资源没有增减，所以在项目国民经济评价中不予考虑。

CEF 则不然。当项目产出 (Q_2-Q_1) 时，项目的营业收入是 $P_2(Q_2-Q_1)$，即 EFQ_2Q_1。但项目产出的实际价值需用其产品的支付意愿度量，即 $CEF+EFQ_2Q_1$。所以，如果仅以销售价格 P_2 计量项目的产出价值（EFQ_2Q_1），便忽略了消费者剩余 CEF。CEF 的值为 $\frac{1}{2}(P_1-P_2)(Q_2-Q_1)$。所以，项目总产出价值为：

$$CEF+EFQ_2Q_1=\frac{1}{2}(P_1-P_2)(Q_2-Q_1)+P_2(Q_2-Q_1)=\frac{1}{2}(P_1+P_2)(Q_2-Q_1)$$

因此，只要以项目产出前后的价格平均值作为项目产品的计算价格，则所计算的产出效益就包含了相应的消费者剩余。

(5) 外部效果的内部化

在相互关联的多个项目中，彼此之间常会相互作用、相互影响，因而相互之间常会出现难以识别和计量的外部效果问题。在这种情况下，若有可能，最好把这些项目作为一个项目组合进行整体考察，项目之间的外部效果就变成了内部效果，从而避免了外部效果的识别和计量上的困难。这种处理办法称作外部效果内部化。

四、转移支付

项目财务评价中的某些财务费用和财务收入并未伴有资源的相应投入和产出，不影响社会最终产品的增减，因而不反映国民收入的变化。它们只表现为资源的支配权利从项目转移到社会其他实体，或者从社会其他实体转移给项目。这种转移，只是货币在项目和社会其他实体之间的转移，并不同时发生社会资源的相应变动。项目与社会实体之间的这种并不伴随有资源变动的纯粹货币性质的转移，称为项目的转移支付。在国民经济评价中，有4种常见的转移支付，它们是税金、补贴、国内贷款及债务偿还（还本付息）。

1. 税金

在财务评价中，税金是一种财务支出，企业纳税，就会减少其净收益。但是企业纳税并未减少国民收入，并未发生社会资源的变动，只不过是将企业的这笔货币收入转移到政府手中而已。所以，从整个社会角度看，税金并不是经济费用。

国民经济评价从资源增减的角度考察项目，税金既然不对应资源的变动，因而也就不能把税金作为收益项列入国民收入账户。

总之，在国民经济评价中，不管税金的名目和具体形式如何，即不论它是流转税、关税还是所得税等，都是项目的转移支付，都不能列为项目的费用和效益。

2. 补贴

补贴是一种货币流动方向与税金相反的转移支付。政府如果对某些产品实行价格补贴，可能会降低项目投入的支付费用，或者会增加项目的收入，从而增加项目的财务净收益。但从社会资源变动的角度看，补贴既未增加社会资源，也未减少社会资源，国民收入并未因补贴的存在而发生变化，仅是货币在项目和政府间的转移，因而补贴不被视作国民经济评价中的费用和效益。

至于补贴的形式如何，那是无关紧要的。补贴的一种形式，是将投入物的价格压到它的真实价值以下，或将产出物的价格抬高到它的真实价值以上，这是一种直接补贴。还有一种更为广泛的间接补贴，比如对进口商品实行高额征税，或者禁止这种商品进口，以维持国产商品在国内市场上的高价，如此产生的较高控制价格与不采取限制进口措施的较低价格之间的差额，代表了一种间接补贴，也是一种由商品用户向生产厂家的转移支付。

3. 国内贷款及其还本付息

项目的国内贷款及其还本付息也是一种转移支付。从企业（项目）的角度看，从银行得到贷款就是货币流入，因而在自有资金的财务评价中，贷款视作收入（现金流入）项。还本付息则是与贷款相反的货币流动过程，因而被视作财务支出（现金流出）项。从整个国民经济角度看，情况则不同。贷款并没有增加国民收入，还本付息也没有减少国民收入，这种货币流动过程仅仅代表资源支配权力的转移，社会实际资源并未增加或减少，因而它们不是国民经济评价中的效益和费用，只不过是一种转移支付。

4. 国外贷款及其还本付息

利用国外贷款的投资项目，偿还国外借款本息，产生了国民经济内部资源向国民经济系统外部的转移，导致了国民经济内部资源的减少，所以不能视为转移支付，而必须记作项目的国民经济费用。

五、无形效果

几乎所有的投资项目都有无形费用和无形效益，它们统称为无形效果。无形效果包含了各个方面的因素，诸如收入分配、地区均衡发展、就业、教育、健康、生态平衡、社会安定、国家安全等。这些无形效果是真实存在的，是进行项目选择时需要考虑的，因此需要仔细地进行识别。

由于不存在相应的市场和价格，无形效果一般很难赋予货币价值。当无形效果是项目的主要效果或不容忽视的重要效果时，经济评价人员首先应当努力尝试用货币形态计量无形效果；难以货币计量的，应当尽量采用非货币单位进行计量，如项目的就业人数、受教育人数、受益于劳动条件改善的人数等。对于不能数量化的无形效果，例如建筑物的美学价值、自然风景和文物古迹的保护效果等，应尽量通过文字、图形图表的方式给以定性描述。

第三节　国民经济评价费用与效益的计量

一、影子价格的含义

影子价格，也称最优计划价格，其名称源于线性规划。也就是说，影子价格是求资源最优分配的线性规划的对偶解的价格。因该解的价格与资源分配是形影相随的，故称影子价格。下面通过举例予以说明。

线性规划是由若干决策变量组成的线性目标函数，在满足若干约束条件的情况下，求其极大值或极小值。

1. 使产品的效益达到最大时的最优规划

假设某企业有 m 种有限资源，可用于生产 n 种产品（或进行 n 种其他经济活动），问应如何安排生产方案（或经济活动方案），才能使 m 种资源的投入取得最大的产出？

这是一个典型的线性规划问题——资源分配问题，依题意建立线性规划模型：

$$\max Z = \sum_{i=1}^{n} p_i x_i \tag{10-1}$$

满足资源的约束条件：

$$\sum_{i=1}^{n} a_{ij} x_i \leqslant b_j \quad (j = 1,2,\cdots,m) \tag{10-2}$$

$$x_i \geqslant 0 \quad (i = 1,2,\cdots,n) \tag{10-3}$$

式中　Z——产出总效益；

x_i——第 i 种产品产量；

p_i——第 i 种产品价格；

a_{ij}——生产单位第 i 种产品消耗的第 j 种资源量；

b_j——第 j 种资源数量。

上述模型称为原始线性规划问题，对模型求解可求得最优生产方案（x_i）和最大产出效益（Z）。

2. 直接出售资源达到最大效益时的最优规划

如果该企业把这 m 种资源拿到市场出售，应如何确定这 m 种资源的价格，既保证出售资源的收益不低于原来用于生产 n 种产品的收益，又能使这批资源在市场上具有竞争力？

要使这 m 种资源在市场上具有竞争力，其价格应越低越好；要保证出售资源的收益不低于原来用于生产 n 种产品的收益，必须使每种产品耗费的各种资源的价值（也就是这些资源出售获得的收益）大于该产品的价格，于是可建立以下线性规划模型：

$$\min W = \sum_{j=1}^{m} b_j y_j \tag{10-4}$$

应满足的约束条件是资源的价格不能低于产品价格：

$$\sum_{j=1}^{m} a_{ij} y_i \geqslant p_i \quad (i = 1,2,\cdots,n) \tag{10-5}$$

$$y_j \geqslant 0 \quad (j = 1,2,\cdots,m) \tag{10-6}$$

式中 W——资源销售总收入，即资源总价值；

y_j——第 j 种资源的价格。

式(10-1)～式(10-3)与式(10-4)～式(10-6)构成对偶线性规划问题。

根据线性规划理论，原始线性规划问题的最优解对直接产生对偶线性规划问题的最优解 y_j^*，而 y_j^* 就是各种资源的影子价格(原始线性规划问题中并不含资源价格，但根据线性规划对偶原理，一旦原始线性规划实现了资源最优配置，各种资源的最优计划价格也就如影随形地从对偶规划中产生，即影子价格是线性规划对偶解)。

由线性规划对偶定理知道：

$$\max Z = \min W$$

即

$$Z^* = W^* = \sum_{j=1}^{m} b_j y_j^* \tag{10-7}$$

这表明：在资源最有效利用的条件下，产出的总价值应等于采用影子价格计算的资源总价值。对式(10-7)求导，可得影子价格的数学表达式：

$$\frac{\partial Z^*}{\partial b_j} = y_j^* \quad (j = 1,2,\cdots,m) \tag{10-8}$$

通过以上讨论可知，影子价格在数学上表现为数学规划原问题的目标函数的最优值对某一约束条件的一阶偏导数；在经济上，它是当某资源得到最优利用时的边际产出的价值。

影子价格不是实际价格，而是一种虚拟价格。某种资源的影子价格不是一个固定数值，而是随着经济结构的变化而变化的。影子价格的确定原则，不仅取决于某一社会折现率下的国内生产价格体系，还取决于国际市场价格、影子汇率、货物稀缺程度及供求状况等诸多因素。

为了正确计算项目对国民经济的净贡献，在进行国民经济评价时，一般要采用影子价格。为了简化计算，在不影响国民经济评价结论的前提下，可只对其价值在费用或效益中所占比重较大或者国内价格明显不合理的产出物与投入物使用影子价格。

二、影子价格的调整计算

使用影子价格时，项目投入物与产出物分为外贸货物、非外贸货物和特殊投入物三种类型。

1. 外贸货物的影子价格

外贸货物是指其生产或使用将直接或间接影响国家进出口的货物，包括项目产出物中直接出口、间接出口(替代其他企业产品使其增加出口)或替代进口者，和项目投入物中直接进口、间接进口(挤占其他企业投入物使其增加进口)或挤占原可用于出口的国内产品(减少出口)者。外贸货物的影子价格计算方法如下。

(1) 产出物。包括以下几种：

直接出口产品的影子价格：离岸价格（FOB）乘以影子汇率，减去国内运输费用和贸易费用。

间接出口产品的影子价格：离岸价格（FOB）乘以影子汇率，减去原供应厂到口岸的运输费用和贸易费用，加上原供应厂到用户的运输费用和贸易费用，再减去拟建项目到用户的运输费用及贸易费用。

替代进口产品的影子价格：原进口货物的到岸价格（CIF）乘以影子汇率，加口岸到用户的运输费用和贸易费用，再减去拟建项目到用户的运输费用和贸易费用。

（2）投入物。包括以下几种：

直接进口产品的影子价格：到岸价格（CIF）乘以影子汇率，加国内运输费和贸易费用。

间接进口产品（国内产品，如木材、钢材、铁矿等）的影子价格：到岸价格（CIF）乘以影子汇率，加口岸到原用户的运输费用和贸易费用，减去供应厂到用户的运输和贸易费用，再加供应厂到拟建项目的运输费用和贸易费用。

减少出口产品的影子价格：离岸价格（FOB）乘以影子汇率，减去供应厂到口岸的运输费用和贸易费用，再加供应厂到拟建项目的运输费用和贸易费用。

2. 非外贸货物的影子价格

非外贸货物是指其生产或使用将不影响国家进出口的货物。非外贸货物的影子价格按下述原则和方法确定。

（1）产出物。包括以下两种：

增加供应数量满足国内消费的产出物。供求均衡的按财务价格定价；供不应求的，参照国内市场价并考虑价格变化趋势定价，但不高于相同质量产品的进口价格；无法判断供求时，取上述价格中较低者。

不增加国内供应数量，只是替代其他企业的产出物，致使被替代企业停产或减产的。质量相同者，应按被替代产品可变成本分解定价；提高产品质量的，原则上按被替代产品可变成本加提高质量带来的国民经济效益定价，其中提高质量带来的效益可近似按国际市场价格与被替代品价格之差来确定。

（2）投入物。包括以下三种：

通过原有企业挖潜增加供应的，按可变成本分解定价。

在拟建项目计算期内需通过增加投资扩大生产规模来满足拟建项目需要的，按全部成本分解定价。当难以获得成本资料时，可参照国内市场价格定价。

项目计算期内无法通过扩大生产规模增加供应的，参照国内市场价格定价。

3. 特殊投入物的影子价格

特殊投入物是指劳动力和土地。劳动力的影子工资及土地的影子费用按下述原则确定。

（1）劳动力的影子工资。

影子工资应能反映该劳动力用于拟建项目而使社会为此放弃的效益以及社会为此而增加的资源消耗。

影子工资可通过财务评价中所用的工资与福利费之和乘以影子工资系数求得。影子工资系数由国家统一测定发布。

《建设项目经济评价方法与参数（第三版）》采用了技术与非技术劳动力的分类方式，分别测算劳动力影子价格的推荐取值。对于技术劳动力，采取影子工资等于财务工资，即影子工资系数为1;对于非技术劳动力，推荐在一般情况下采取财务工资的0.25～0.8倍作为影子工资，即其影子工资系数为0.25～0.8。考虑到我国现阶段各地经济发展不平衡，劳动的供求关系有一定差别，规定应按当地非劳动力资源供给的富余程度调整影子工资系数。对于非技术劳动较为富余地区的影子工资系数可取较低值，非技术劳动力不太富余的地区可取较高值，中间状况可取0.5。

(2) 土地的影子费用。

土地是一种重要的经济资源，项目占用的土地无论是否需要实际支付财务成本，均应根据土地用途的机会成本原则或消费者支付意愿的原则计算其影子费用。土地的影子费用是指建设项目使用土地资源而使得社会付出的代价。在项目国民经济评价中，以土地的影子费用计算土地费用。项目所占用的农业、林业、牧业、渔业及其他生产性用地，其影子费用应按照土地未来对社会可提供的消费产品的支付意愿及因改变土地用途而发生的新增资源消耗进行计算。项目所占用的住宅、休闲等非生产性用地，市场完善的，应根据市场交易价格估算其影子费用;无市场交易价格或市场机制不完善的，应根据支付意愿价格估算其影子费用。

三、影子汇率

影子汇率是指能正确反映国家外汇经济价值的汇率。影子汇率是项目国民经济评价的重要参数，体现了从国民经济角度对外汇价值的估量。在项目国民经济评价中使用影子汇率，是为了正确计算外汇的真实经济价值。国家可以利用影子汇率作为经济杠杆影响项目方案的选择和项目的取舍。比如某项目的投入物既可以使用国产设备也可以使用进口设备，当影子汇率较高时，就有利于前一种方案。影子汇率由国家统一测定发布，并定期调整。

影子汇率可通过国家外汇牌价乘以影子汇率换算系数求得，该系数由国家统一测定发布。《建设项目经济评价方法与参数(第三版)》中的影子汇率换算系数取值确定为1.08。

四、社会折现率

社会折现率也叫影子利率或计算利率，它是项目国民经济评价中衡量经济内部收益率的基准值，也是从社会经济整体出发评价项目经济合理性、计算经济净现值的折现率。社会折现率表示从国家角度对资金机会成本和资金时间价值的估值。

社会折现率是根据国家的社会经济发展目标、发展战略、发展优先顺序、发展水平、宏观调控意图、社会成员的费用效益时间偏好、社会投资收益水平、资金供给状况、资金机会成本等因素进行综合分析，由国家相关部门统一测定和发布。《建设项目经济评价方法与参数(第三版)》根据影响社会折现率的各主要因素，结合当前经济发展的实际情况，规定社会折现率为8%，并对一些具体情况作出相应规定和说明。对于一些特殊的项目，主要是水利工程、环境改良工程、某些稀缺资源的开发利用项目，采取较低的社会折现率，可能会有利于项目的优选和方案的优化。对于受益期长的建设项目，如果远期效益较大，效益实现的风险较小，社会折现率可适当降低，但不应低于6%。对于永久性工程或者受益期超长的项目，如水利设施等大型基础设施和具有长远环境保护效益的工程项目，宜采用低于8%的社会折现率。对于超长期项目，社会折现率可采用按时间分段递减的方法取值。

第四节　国民经济评价报表及评价指标

一、国民经济评价基本报表

编制国民经济评价报表是进行国民经济评价的基础工作之一。国民经济评价的主要基本报表是国民经济效益费用流量表。国民经济效益费用流量表用于分析国民经济盈利能力，包括项目国民经济效益费用流量表和国内投资国民经济效益费用流量表两种。项目国民经济效益费用流量表以全部投资（包括国内投资和国外投资）作为分析对象，计算项目全部投资的经济内部收益率和经济净现值，考察项目全部投资的盈利能力，以此判别项目的经济合理性；国内投资国民经济效益费用流量表以国内投资作为分析对象，将国外借款本金和利息偿付作为费用流出，计算国内投资的经济内部收益率和经济净现值，考察国内投资的盈利能力，以此作为利用外资项目经济评价和方案比较的依据。

1. 项目国民经济效益费用流量表

项目国民经济效益费用流量表（见表10-1）可在财务评价基础上进行调整编制，也可直接编制。

表10-1　项目国民经济效益费用流量表　　单位：万元

序号	项目	建设期/年			投产期/年		达到设计能力生产期/年				合计
		0	1	2	3	4	5	6	…	n	
	生产负荷/%										
1	效益流入量										
1.1	产品销售（营业）收入										
1.2	回收固定资产余值										
1.3	回收流动资金										
1.4	项目间接收益										
2	费用流出量										
2.1	固定资产投资										
2.2	流动资金										
2.3	经营成本										
2.4	项目间接费用										
3	净效益流量（1－2）										

2. 国内投资国民经济效益费用流量表

国内投资国民经济效益费用流量表（见表10-2），以国内投资作为分析对象，将国外借款本金和利息偿付作为费用流出，计算国内投资的经济内部收益率和经济净现值，以考察国内投资的盈利能力。

表 10-2 国内投资国民经济效益费用流量表 单位:万元

序号	项目	建设期/年			投产期/年		达到设计能力生产期/年				合计
		0	1	2	3	4	5	6	…	n	
	生产负荷/%										
1	效益流入量										
1.1	产品销售(营业)收入										
1.2	回收固定资产余值										
1.3	回收流动资金										
1.4	项目间接效益										
2	费用流出量										
2.1	固定资产投资中国内资金										
2.2	流动资金中国内资金										
2.3	经营成本										
2.4	流至国外的资金										
2.4.1	国外借款本金偿还										
2.4.2	国外借款利息支付										
2.4.3	其他										
2.5	项目间接费用										
3	净效益流量(1－2)										

二、国民经济效益费用流量表的编制

1. 在财务评价基础上编制国民经济效益费用流量表

以项目财务评价为基础编制国民经济效益费用流量表,应注意合理调整费用与效益的范围和内容。

(1) 剔除转移支付。将财务现金流量表中列支的营业税金及附加、国内借款利息作为转移支付剔除。

(2) 计算外部效益与外部费用。根据项目的具体情况,确定可以量化的项目外部效益和外部费用。分析确定哪些是项目重要的外部效果,需要采用什么方法估算,并保持效益与费用的计算口径一致。

(3) 调整建设投资。用影子价格、影子汇率逐项调整构成投资的各项费用,剔除涨价预备费、税金、国内借款建设期利息等转移支付项目。进口设备价格调整通常要剔除进口关税、增值税等转移支付。建筑工程费和安装工程费按材料费、劳动力的影子价格(影子工资)进行调整。土地费用按土地影子费用进行调整。

(4) 调整流动资金。财务账目中的应收、应付款项及现金并没有实际耗用国民经济资源,在国民经济评价中应将其从流动资金中剔除。

(5) 调整经营成本。用影子价格调整各项经营成本,对主要原材料、燃料及动力费用影子价格进行调整,对劳动工资及福利费用影子工资进行调整。

(6) 调整营业收入。用影子价格调整计算项目产出物的营业收入。

(7) 调整外汇价值。国民经济评价中营业收入和费用支出中的外汇部分，应用影子汇率进行调整，计算外汇价值。从国外引入的资金和向国外支付的投资收益、贷款本息，也应用影子汇率进行调整。

2. 直接编制国民经济效益费用流量表

有些行业的项目可能需要直接进行国民经济评价，判断项目的经济合理性。按照以下步骤可以直接编制国民经济效益费用流量表。

(1) 确定国民经济效益与费用的计算范围，包括直接效益、直接费用以及间接效益、间接费用。

(2) 测算各种主要投入物的影子价格和产出物的影子价格（交通运输项目国民经济效益不按产出物影子价格计算，而是按节约运输时间、费用等计算效益），并在此基础上对各项国民经济效益和费用进行估算。

(3) 编制国民经济效益费用流量表。

三、国民经济评价指标

国民经济评价和财务评价相似，也是通过计算评价指标、编制相关报表来反映项目的国民经济效益。国民经济评价指标的计算和财务评价指标的计算在形式上相同，为明确起见，在国民经济评价指标前冠以“经济”二字，如经济净现值、经济内部收益率等。

项目的国民经济评价主要进行国民经济盈利能力分析，主要指标有经济净现值、经济内部收益率、经济效益费用比等。这些指标可以根据国民经济效益费用流量表来计算。

1. 经济净现值

经济净现值(economic net present value，ENPV)是指项目按照社会折现率将计算期内各年的经济净效益流量折现到建设初期的现值之和。其计算式为：

$$ENPV = \sum_{t=0}^{n} (B-C)_t (P/F, i_s, t) \tag{10-9}$$

式中　B——经济效益流量；

C——经济费用流量；

$(B-C)_t$——第 t 年的经济净效益流量；

i_s——社会折现率；

n——项目计算期。

在项目国民经济评价中，如果经济净现值≥0，则表明项目可以达到符合社会折现率的效益水平，认为该项目从资源配置的角度可以被接受。

2. 经济内部收益率

经济内部收益率(economic internal rate of return，EIRR)是指项目在计算期内经济净效益流量的现值累计等于零时的折现率。其计算式为：

$$\sum_{t=0}^{n} (B-C)_t (P/F, EIRR, t) = 0 \tag{10-10}$$

如果经济内部收益率≥社会折现率，则表明项目资源配置的经济效率达到了可以被接受的水平。

3．经济效益费用比

经济效益费用比是指项目在计算期内经济效益流量的现值与经济费用流量的现值之比。其计算式为：

$$R_{BC}=\frac{\sum_{t=0}^{n}B_t\ (1+i_s)^{-t}}{\sum_{t=0}^{n}C_t\ (1+i_s)^{-t}} \tag{10-11}$$

式中 R_{BC}——经济效益费用比；

B_t——第 t 年的经济效益流量；

C_t——第 t 年的经济费用流量。

如果经济效益费用比大于 1，则表明项目资源配置的经济效率达到可以被接受的水平；否则，拒绝接受。

【案例分析】

用经济效益费用比判断项目的经济可行性

某城市为改善交通状况，拟投资建设高架道路项目。项目使用寿命按 50 年计算，每 20 年需要大修一次。社会折现率 $i_s=8\%$，建设投资按期初一次性投入，项目有关参数如表 10-3所列。试计算该项目寿命期内经济效益费用比，并评价其经济可行性。

表 10-3 项目参数

项目	参数	项目	参数
建设投资/万元	300 000	人均节约时间/(h/人)	0.4
年维修和运行费用/(万元/年)	3 000	运行收入/(元/人)	1
每次大修费/(万元/次)	20 000	土地升值/(万元/年)	30 000
日均客流量(万人/天)	20	单位时间价值/(元/h)	10

解析：经济费用现值总额：

$$\begin{aligned}\sum_{t=1}^{n}C_t\ (1+i_s)^{-t} &= 300\ 000+3\ 000\times(P/A,8\%,50)+20\ 000\times(P/F,8\%,20)+\\ &\quad 20\ 000\times(P/F,8\%,40)\\ &=300\ 000+3\ 000\times 12.233+20\ 000\times 0.215+20\ 000\times 0.046\\ &=341\ 919(\text{万元})\end{aligned}$$

经济效益现值总额：

$$\begin{aligned}\sum_{t=1}^{n}B_t\ (1+i_s)^{-t} &= [20\times(0.4\times 10+1)\times 365+30\ 000]\times(P/A,8\%,50)\\ &=66\ 500\times 12.233=813\ 494.50(\text{万元})\end{aligned}$$

经济效益费用比：

$$R_{BC}=\frac{813\ 494.50}{341\ 919}=2.38>1$$

可见,该项目经济效益现值大于经济费用现值,具有获利能力,即项目是可行的。

思　考　题

1. 什么是项目的国民经济评价?
2. 简述国民经济评价与财务评价的关系。
3. 为什么要对项目进行国民经济评价?
4. 国民经济评价中费用与效益的识别原则是什么?
5. 什么是直接效益、间接效益、直接费用、间接费用?
6. 什么是影子价格? 其经济含义是什么?
7. 国民经济评价为什么要采用影子价格来度量项目的费用与效益?
8. 对于不同对象,影子价格如何计算?
9. 项目国民经济评价的指标和方法有哪些?

第十一章 价值工程

【学习目标】

(1) 掌握价值工程含义与工作步骤；
(2) 掌握价值工程对象的选择；
(3) 掌握价值工程功能的分析与评价；
(4) 了解价值工程方案创造与评价方法。

【思维导图】

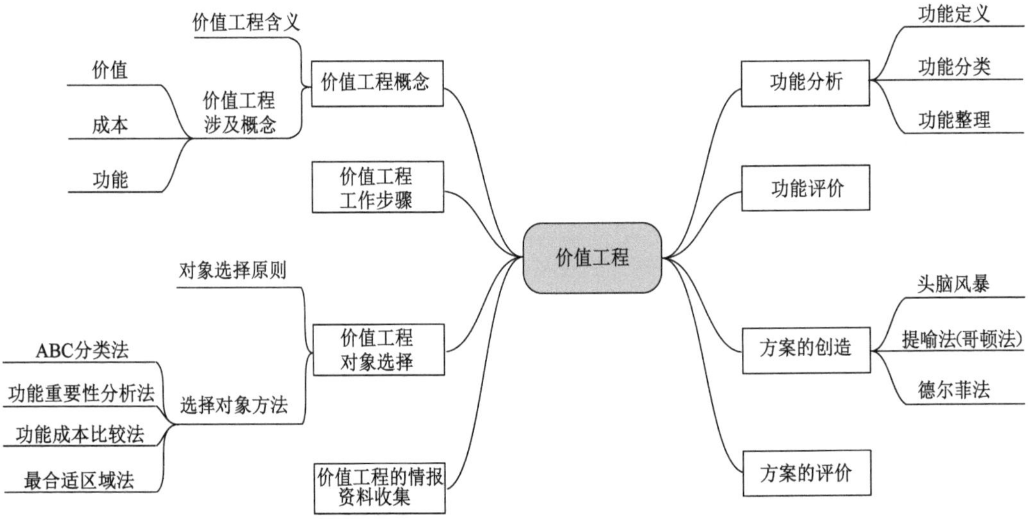

第一节 价值工程概述

一、价值工程的产生和发展

价值工程(Value Engineering,VE)是一种技术与经济相结合的现代管理技术。价值工程产生于20世纪40年代,创始人是美国通用电气公司(GE)负责物资采购工作的电器工程师L. D. 麦尔斯。

第二次世界大战期间,美国的军事工业急剧发展,但同时出现了原材料供应紧张问题。设计工程师麦尔斯当时在美国通用电气公司采购部门工作,他的工作是为通用电气公司寻找并取得军事生产中的短缺材料和产品。由于材料采购困难，麦尔斯认为如果得不到所需要的材料和产品，同样可以利用其他材料和产品代替而获得相同的功能，于是他就开始研究材料替代问题。比较典型的是“石棉板事件”。当时，通用电气公司需要购买的石棉板，价格成倍地增长，给采购工作和财务预算带来很大困难。麦尔斯就提出一个问题：为什么要使用石棉板？它的功能是什么？原来，该公司在给产品上涂料时，容易把地板弄脏，要在地板上铺一层东西。涂料的溶剂是易燃品，消防法规定要垫石棉板。由于石棉板奇缺且价格飞涨，他们就想使用代用材料。麦尔斯发现市场上有一种纸可以代替石棉板，且货源充足，价格便宜。该公司采用这种防火纸代替石棉板后，不仅同样达到“防止火灾、保护地板”的目的，而且采购容易，大大地降低了成本。几年中，麦尔斯通过材料代用，不但解决了不少生产上的难题，而且还发现：用户购买产品，不是为了购买具体的产品实体，而是为了购买产品所具有的用途或效用，产品之间是可以替代的；在保证产品用途或效用的前提下，可以减少购买费用，从而降低成本。

经过进一步实践和研究，麦尔斯还发现，如果不改变原有的设计方案，是不可能创造出物美价廉的产品的。因此，麦尔斯又把解决采购问题的思路运用到改进产品的结构和零部件上，以追求用最低的成本，向用户提供满足需求的、物美价廉的产品。比如他对当时公司生产的电冰箱、烤箱的设计进行了审查和分析，提出了改进方案，获得了成功。

在实践的基础上，麦尔斯又从理论上进行了系统的研究总结，形成了一套比较完整的科学方法，并于 1947 年以“价值分析”(Value Analysis，VA)为题在《美国机械师》杂志上发表了第一篇论文，初步阐述了价值工程的基本概念、理论和方法。以后价值分析内容得到不断丰富、发展与完善，目前统称“价值工程”。

从 20 世纪 50 年代开始，麦尔斯在通用电气公司举办价值分析研究班，培训人员，指导应用，取得了显著的效果，受到了美国政府和企业界的重视，尤其是引起了军方的注意。1952 年，美国海军舰船局派调查团到通用电气公司考察，认为价值分析对降低产品成本成效显著，并于 1954 年成立了专门机构，从事价值工程的研究与推广工作，同时将其应用于新产品的开发与设计当中。随即，美国的空军、陆军也相继开始在物资器材的供应方面采用价值工程。1959 年，美国国防部为了进一步推广价值工程活动，在军事装备采购规则中专门作出了应用价值工程的规定，在军方供货合同中增加了价值工程的条款。海军舰船局也在舰船订货合同中规定承接军工产品的企业必须采用价值工程，并明确了应用价值工程节约费用的奖励办法。20 世纪 60 年代，时任美国国防部部长的麦克纳马拉称“价值工程是减少军费的关键环节”，他还命令国防部的所有工程项目和组织计划都要应用价值工程。显然，军事部门的命令对价值工程在美国的迅速普及起了关键性的作用。

1959 年，美国成立了“价值工程师协会”，作为价值工程学术研究、交流成果、推广培训等活动的全国性组织。1992 年 5 月，美国价值工程师协会召开的第 32 届国际会议上成立了“价值工程协会世界联盟”。该联盟是非政治性、非宗教性、非营利性的世界价值工程团体组织，已有法国、英国、美国、德国、意大利、澳大利亚等 20 多个国家加入了该联盟，对价值工程在世界各国的推广应用起着积极的促进作用。1962 年，麦尔斯出版了价值工程的第一部专著《价值分析与价值工程技术》。1967 年，对部分地区的 101 所大学调查发现，有 11 所大学开设了价值工程的专门课程，有 56 所大学在“工程经济”课程中列入了价值工程的内容。1969 年，美国国家航空航天局在阿波罗计划实施中也应用了价值工程。1971 年，美国出版了《工业管理工程手册》，把价值工程誉为战后在工业管理领域中出现的六大新兴管理技术之一，说明了价值工程的重要性。1979 年，美国总统卡特在致电美国价值工程师协会年会的贺信中说："实践证明，价值工程是工业和政府各部门降低成本、节约能源、改善服务和提高生产率的一种行之有效的分析方法……当此与通货膨胀作斗争和寻找改善政府工作效率之际，价值工程无疑是深受欢迎的。"由此可以看出，价值工程在美国的应用效果，已从微观地提高企业经营效益和单位工作效率，扩展到对宏观经济的有效调控。在美国积极推广应用价值工程已经是政府与企业的共同行为，到 20 世纪 80 年代以后，这种趋势有增无减。1996 年，美国总统克林顿签署法令，要求政府部门要确立并实施价值工程的方法和步骤，加强成本控制，节约投资。2002 年，美国价值工程师协会召开以"工程向提升价值转变"为主题的年会，体现了价值工程工作重心的转移趋势。

据报道，美国在 1960—1970 年的 10 年中，由于在国防订货中推行价值工程，仅订货费用就节约了几百亿美元。现在美国的一些产品说明书中，除了产品性能说明外，还有价值工程说明书，说明零部件有哪些功能，是否保证了必要功能，成本花费是否合理等。由于 VE 的应用，美国每年节约金额为 20 多亿美元。

价值工程在美国的应用成果，受到许多国家的重视，并积极地引进和推广。以日本为例，1955 年，价值工程引入日本，受到日本政府的高度重视。日本政府派了一个成本控制考察团去美国，考察后一致认为价值工程是降低成本的有效方法，并开始推广采用这一方法。但由于当时日本属于紧缺经济，价值工程没能及时推广。时至 1960 年，日本经济迅速发展，供给能力迅速超过需求能力，过剩经济时代已经到来，市场竞争日渐加剧，厂商不得不寻求提高企业素质，降低产成本，进而提高企业竞争能力的途径。在这种情况下，价值工程在日本得以迅速推广，并与质量管理(quality control，QC)和工业工程(industrial engineering，IE)结合起来，形成了具有日本特色的"VE、QC、IE 综合管理"的方法，在产品设计、工艺改进、材料代用、取消不必要成本等各方面都取得了巨大的收获。1965 年，日本政府成立了"日本价值工程协会"，致力于价值工程的研究和普及工作，使价值工程的理论方法不断得到完善和发展，在企业中切实得以实行。例如，1974 年，日立电器公司在经济不景气的情况下，提出"VA/VE 利润倍增计划"，要求把通过价值工程节约的金额，由原来的每月 12 亿日元提高到每月 25 亿日元。到 1976 年，日立在产品设计、制造、采购、运输等方面全面推行 VA/VE，每月节约金额已超过 50 亿日元。时至今日，许多日本的大公司仍然在积极地推行价值工程，纷纷设立价值工程指导中心，并且在组织上予以保障，为企业的发展作出了巨大贡献。

我国从 1978 年开始引进并推广价值工程，1987 年 10 月颁布了中华人民共和国国家标准《价值工程基本术语和一般工作程序》(GB 8223—1987)，2009 年 5 月进行了修订，发布了《价值工程　第 1 部分：基本术语》(GB/T 8223.1—2009)。虽然我国应用价值工程的时间不长，但却取得了数亿元的经济效益。例如，1979—1989 年，上海的轻工、机电、纺织和仪表等四个行业 373 家公司、企业开展 VE 活动，改进项目 580 多个，节约成本 2.5 亿元；长春一汽从 1978—1989 年，完成 VE 项目 270 项，取得效益 3 000 多万元；大屯煤电公司在物资供应系统推广 VE，8 年创效益 5 400 多万元。特别是在 2005—2010 年，我国掀起了价值工程理论研究与应用的小高潮，价值工程开始广泛应用于建筑、工业、航天、农业、军事等各个领域。2010 年，浙江大学举办价值工程会议，讨论了新时期价值工程理论系统的再发展问题，为进一步推进我国价值工程的发展指引了方向。2012 年,国际价值工程管理会议在香港理工大学举行,讨论了价值工程方法的创新和应用,全面展示了近年来价值工程管理领域的研究成果。我国分别于 2003、2009、2015、2017 年召开了四届价值工程与项目管理国际会议,对价值工程理论体系做了进一步的研究和更新,并出版了相关论文集,推动了我国价值工程的应用与交流。

目前,价值工程已被广泛应用于机械、纺织、轻工、建筑、煤炭、冶金、水利、农业、石化、电子、金融、邮电、交通、军、卫生、教育、科研等行业,应用领域已从最初的原材料、零部件替代到老产品改造、新产品开发,并进一步扩展到商品生产、流通的全过程,在经营管理、可行性研究、机构设置、行政事务、服务程序等诸方面均有不同程度的应用。据不完全统计,全国通过推广应用价值工程取得的直接经济效益达 20 多亿元。

我国经过 40 多年的应用实践,价值工程这一理论和方法已被广大学术界,尤其是企业界所认可,成为改进产品质量、降低产品成本、提高经济效益的有效方法之一。

二、价值工程的基本概念

1. 功能

根据 GB/T 8223.1,功能(function)是指"对象能够满足某种需求的效用或属性"。功能即物品的用途、功用,也可称为机能或产品的使用价值。

功能是产品的本质属性,是一物区别于另一物的重要标志,它回答的问题是:"这个产品是干什么用的?"

功能是根据用户的特定要求,由设计者通过产品的结构设计来实现的。用户购买产品,实际上购买的是产品的功能,例如顾客想买一只手表,他所需要的不是手表本身,而是需要"显示时间"这种功能,显示时间就是手表的作用和职能。用户对其所需要的功能还往往带有一些附加的制约条件,例如功能实现的程度、时间、地点、可靠性、寿命等,这些条件称为功能要求,也是设计产品的出发点。

2. 产品寿命周期成本

价值工程研究的成本是指寿命周期成本(life cycle cost)。所谓产品寿命周期成本,是指产品从开发设计、制造、销售、使用到报废全过程所付出的费用总和。GB/T 8223.1 将寿命周期成本定义为"从对象的研究、形成到退出使用所需的全部费用"。这些费用大致分为两部分,即生产成本和使用成本。生产成本是企业生产产品必须付出的费用,包括科研、设计、试制,制造及销售过程中的费用。使用成本是用户为了使用产品必须付出的费用,包括产品使用过程中的能源消耗、维修费及"三废"处理等费用,还包括报废以后的清理费用。产品寿命周期成本如表 11-1 所列。

表 11-1　产品寿命周期成本

<table>
<tr><td colspan="4">产品寿命周期</td></tr>
<tr><td>开发设计</td><td>制　造</td><td>销　售</td><td>使　用</td></tr>
<tr><td colspan="3">生产成本 C_1</td><td>使用成本 C_2</td></tr>
<tr><td colspan="4">寿命周期成本 C</td></tr>
</table>

一般来说，在技术经济条件不变的情况下，随着产品功能水平的提高，生产成本 C_1 和使用成本 C_2 有不同的变化。即生产成本一般随着功能水平（技术性能）的提高有所增长，而使用成本往往朝相反的方向变化。寿命周期成本 C 与功能 F 的关系如图 11-1 所示，其中最低成本 $C_{\min}$ 所对应的功能 F_0 称为最适宜功能。

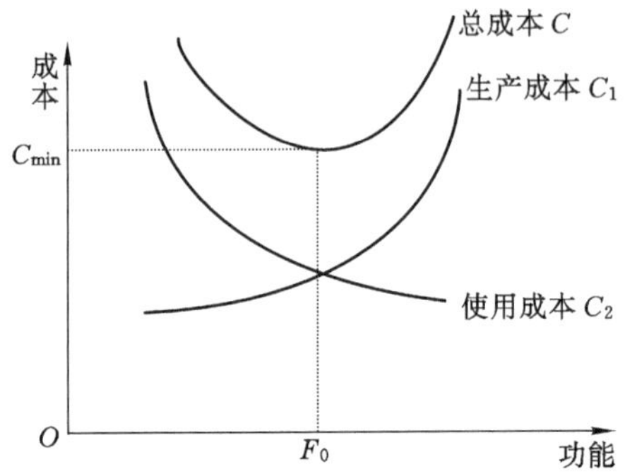

图 11-1 成本与功能关系示意图

3. 价值

政治经济学中的“价值”是商品的价值，是商品的社会属性，表现为一种商品同另一种商品相互交换的数量上的关系或比例，它是由社会的必要劳动量决定的。这种凝聚在商品中的、一般的、无差别的人类劳动就是价值。西方经济学关于价值的观点是：效用是价值的源泉，没有效用便没有价值，而效用是指商品满足消费者某种需要的能力，效用本身没有客观标准，它与商品的稀缺性有关，即商品的稀缺程度越大，其边际效用越大，其价值也就越大。价值工程中的“价值”与政治经济学和西方经济学中的价值的含义是完全不同的，它是作为一种衡量尺度提出来的，与人们常说的“物美价廉”的标准是一致的。消费者购买一种商品常常会说“值得”“不值得”，就是应用了价值工程中价值的概念。所谓价值(value)，就是指物品的功能与成本的比值。正如 GB/T 8223.1 中所规定的：价值是“对象所具有的功能与获得该功能所发生费用之比”。价值与功能、成本之间的关系可以用下式表示：

$$\text{价值(value)} = \frac{\text{功能(function)}}{\text{成本(cost)}} \tag{11-1}$$

简写为：

$$V = \frac{F}{C} \tag{11-2}$$

从上式可以看出，要提高价值可以有五种途径：① 成本不变，功能提高；② 功能不变，成本降低；③ 成本略有提高，功能有更大提高；④ 功能略有下降，成本大幅度下降；⑤ 功能提高，成本降低。

4. 价值工程

价值工程的创始人麦尔斯认为价值工程是“用整套专门技术、广泛知识和熟练技巧来实现的一种解决问题的系统，又是一种以有效识别不必要成本（既不提供质量，也不提供用途、寿命、外观或顾客要求特点的成本）为目的，有组织的创造性方法”。

GB/T 8223.1 对价值工程的定义为：价值工程是“通过各相关领域的协作，对研究对象的功能和费用进行系统分析，持续创新，旨在提高研究对象价值的一种管理思想和管理技术”。

上述定义比较完整地表述了价值工程的研究对象、目的、内容、特征和方法以及价值工程与相关领域的协作关系。

(1) 价值工程的研究对象是指为获取功能而发生费用的事物。如工程项目、产品、设备、工艺、工作、服务等，包括它们的系统及其组成部分，既包括硬件又包括软件。具体地说,第一产业、第二产业、第三产业都是价值工程的研究对象。

(2) 价值工程的目的是以研究对象的最低寿命周期成本可靠地实现使用者所需的功能,以获取最佳的综合效益。也就是说最大限度地提高价值,即在保证满足用户功能要求的前提下,尽可能地减少资源消耗,使寿命周期成本最低,提高由功能与成本之比所确定的价值。

(3) 价值工程既是一种管理思想又是一种管理技术。它是在可靠地实现使用者所需功能的前提下,努力寻求寿命周期成本最低的创新方案,以达到合理、有效地利用资源提高研究对象价值的目的。这就是价值工程的实质。价值工程作为一种管理技术,一旦被公众所掌握,必将产生巨大的物质力量。

以企业为例,价值工程是实现企业经营目标最有效的方法之一。企业的经营目标有两个方面:一是向社会提供物美价廉的产品;二是企业获得良好的经济效益。怎样才能实现呢?最有效的办法就是应用价值工程。"价廉"就是通过创新,努力寻求生产成本和使用成本最低的实施方案;"物美"就是这个方案必须可靠地实现使用者所需的功能。物美价廉的产品在市场上会有很强的竞争力,这既是企业的要求,也是用户的要求。因此,价值工程的目的与企业的经营目标是一致的。

企业降低成本,一般采用工业工程(IE)和质量管理(QC)等方法。工业工程之所以能够降低成本,主要是它能够促进制造方法、加工方法、作业方法等的改进,是一种在已有产品图纸的情况下降低加工费用的方法,以减少或消除加工手段不合理而带来的机会损失。质量管理要求按照产品图纸规定的技术条件将产品制造出来,并尽量减少或消除残次品及废品,以消除在制造过程中产生的材料及加工费用等方面的损失。但是工业工程和质量管理都是以产品图纸所规定的技术条件作为依据的,因此,通过它们降低成本是有一定限度的。当产品接近现有设计的最低成本时,如不改进设计,这些方法就无能为力了,也就不可能再使成本下降。一般来说,产品成本的70%~80%是由产品设计阶段决定的,设计上的不合理和错误将会造成巨大的浪费。价值工程侧重于在设计阶段开展工作,在保证用户要求功能的前提下,进行产品开发或改进设计,消除现有设计中对于用户毫无意义的功能以及在材料选用、零部件结构及工艺方法等方面由于不合理而造成的浪费,这样就可以使现有设计的最低成本进一步降低。经过改进设计的产品在制造过程中,还可以通过工业工程和质量管理进一步降低成本。因此,为了降低成本和有效地利用资源,将价值工程、工业工程和质量管理结合起来应用将会取得更佳的效果。

三、价值工程的特点

价值工程作为一种现代管理思想和管理技术,有其独到的特点。认识这些特点,有利于价值工程更好地推广应用。

1. 以使用者的功能需要为出发点

把价值工程的出发点定位在满足使用者的功能需求上,这是价值工程的最重要特点。企业要适应现代市场经济的要求,必须改变站在生产者的角度,从企业条件出发的状况;要把立足点彻底转变过来,一切从使用者的需求出发。也就是说,企业运用价值工程的思想和技术,开发产品,扩展销路,获得利润,都必须把满足使用者对产品的现实或潜在的功能需求放在首位;否则,价值工程活动将毫无意义。

2. 对研究对象进行功能分析,并系统研究功能与成本之间的关系

对研究对象进行功能分析是价值工程活动的核心,是价值工程特有的一种分析方法,也是价值工程的重要特点。价值工程活动之所以能取得显著效果,其关键就在于抓住了功能系统分析这一环节。只有通过功能系统分析,才能了解现有功能的性质,明确功能的满足程度及各功能之间的逻辑关系,为研究功能与成本之间的关系打下基础。由于功能与成本的关系是相当复杂的,只有采用系统的观点和方法,进行定性和定量的分析研究,才能达到满足功能需求、降低成本、提高研究对象价值的目的。

3. 致力于提高价值的创造性活动

价值工程强调,要想提高价值,必须有创造性的活动。它是通过对研究对象进行功能与成本的系统分析,找出改进目标后,突出价值工程活动过程中"不断创新"环节,充分发挥人的主观能动性和创新精神,并把突破、创新的思想植根于价值工程的具体操作上,把提高价值的目标和提高功能或降低成本的具体创新结合起来,从而创造出新的功能载体或者新的生产载体,使指导思想转化为一种具体的技法。这也是价值工程的一个突出特点。

4. 有组织、有计划地按一定的工作程序进行

由于价值工程是一项提高研究对象价值的复杂活动,它涉及产品的设计、制造、销售、使用、管理等各个环节,也涉及各科室、车间、班组等各个部门,因此需要通过"各相关领域的协作"来完成。所谓各相关领域的协作,就是有组织、有计划地按一定的工作程序进行。这就要求企业的领导者做好组织工作,协同作战,群策群力,并要求所有人员有强烈的"程序意识",依靠集体的智慧完成预定的目标。

四、价值工程的应用领域和原则

1. 价值工程的应用领域

(1) 对材料和代用品的选择和分析;

(2) 对现有产品生产工艺的分析;

(3) 对现有产品改进方案的分析;

(4) 对新产品设计方案的分析;

(5) 对新技术开发的分析;

(6) 对节约能源及消除污染的分析;

(7) 对企业经营管理的分析;

(8) 对人事管理制度的改进分析等。

总之,凡是有功能需求和需要付出代价的一切场合,都可以开展价值工程活动。

2. 价值工程的基本原则

(1) 怀疑性原则

怀疑性原则就是对分析对象的现有功能结构持怀疑态度,也就是认为现有对象(产品或工程)的功能结构并不是最理想的。通过改进,产品或工程的功能可以再提高,成本可以再降低,进而提高其价值。只有对产品或工程的功能结构持怀疑态度,才有可能在开展VE活动时发现问题,分析问题,解决问题,最后达到提高价值的目的。

(2) 三化原则(标准化,系列化,通用化)

三化原则是指在保证产品或工程必要功能的前提下,要求产品或工程的设计、制造(施

工)必须符合标准化、系列化、通用化的要求。实行标准化,可以加快设计和准备过程,提高产品质量,扩大产品零件的互换性,降低成本;实行系列化,可以通过对产品或材料的选择、合并、简化,做到用尽可能少的产品品种适应广泛的用途,以扩大产品产量,降低生产成本;实行通用化,可以通过扩大通用件比重,减少自制件,简化企业的生产环节,使企业的主要机器设备得以充分利用,还可以达到提高劳动生产率、降低产品成本的日的。

(3) 剔除性原则

剔除性原则就是去掉产品的不必要功能和剩余功能,保证产品的必要功能,以降低产品的成本,提高产品的价值。具体来说,就是通过价值分析,去掉无用的零部件或无用的工艺,排除不合理的生产组织和管理程序、方法等。

(4) 替代性原则

替代性原则就是在保证产品相同功能的前提下,研究用不同的零部件、不同的材料、不同的工艺、不同的管理方法替代原有的零部件、材料、工艺、管理方法等,目的是提高功能,降低成本。

综上所述,怀疑性原则是开展 VE 活动的前提,三化原则、剔除性原则和替代性原则则是开展 VE 活动的技术性原则。

五、价值工程的工作程序

价值工程的工作程序可分为 2 个阶段 3 个步骤进行(见表 11-2)。

表 11-2　价值工程的工作程序

构思的一般过程	程序内容		对应的问题
	基本步骤	详细步骤	
分析问题	1. 功能定义	1. 选择对象	1. 这是什么?
		2. 收集信息资料	
		3. 功能定义	2. 这是干什么用的?
		4. 功能整理	
	2. 功能评价	5. 功能成本分析	3. 它的成本是多少?
		6. 功能评价	4. 它的价值是多少?
		7. 确定对象范围	
解决问题	3. 制订改进方案	8. 创造方案	5. 有其他方法达到这个功能吗?
		9. 概略评价	6. 新方案的成本是多少?
		10. 具体化、调查	
		11. 详细评价	7. 新方案能满足功能要求吗?
		12. 试验与提案	

1. 分析问题阶段

(1) 选择对象。确定价值工程的研究对象,即要找出有待改进的产品或问题。

(2) 收集信息资料。围绕所选定的对象，为开展价值工程活动而收集一切必要的信息资料。

(3) 功能分析。对选定的对象进行功能分析。搞清分析对象有哪些功能？这些功能是否都是必要的？功能之间的关系如何？

(4) 功能评价。在功能分析的基础上进行功能评价。

2. 解决问题阶段

(1) 创造方案。依靠集体智慧，尽可能提出各种改进方案和设想。

(2) 方案评价与选择。对提出的各种改进方案和设想进行技术、经济、社会等各方面的综合评价，选出有价值的方案，并使其具体化。

(3) 试验与提案。通过试验后证实的最优方案，可作为正式提案送交有关方面审批。

第二节　选择分析对象

价值工程首先的工作是确定对象。价值工程研究的对象是物品或工作，物品包括产品、零部件、工具等，工作包括工程、作业、工艺、管理、服务等。企业中能作为价值工程研究对象的项目非常多，因此有必要根据一定的原则，采取适当的方法，选择和确定分析对象。

一、选择对象的一般原则

选择价值工程对象的原则，主要是根据企业的发展方向、经营目标、存在的问题和薄弱环节，以提高生产率、提高质量、降低成本、提高价值(提高经济效益)为目标。

根据以上原则，再从不同角度寻找问题，按轻重缓急作出安排，如图 11-2 所示。

二、选择对象的方法

根据选择价值工程对象原则，综合考虑各种因素，就可以具体选择某个或几个产品、零部件、工序、环节、因素、作业或项目等作为价值工程研究对象。具体选择方法包括定性分析方法和定量分析方法两类，常用的方法有以下几种。

1. 因素综合分析法

因素综合分析法又称经验分析法，它是一种凭借价值分析人员的经验确定分析对象的定性分析方法。它主要是集中各类人员丰富的经验和熟练的业务，依据选择价值工程对象的基本原则，综合考虑各种因素，集体讨论决定价值分析对象。

因素综合分析法的优点是简便易行，不需要特殊的人员培训，考虑问题综合全面；缺点是缺乏定量分析，在工作人员经验不足的时候准确性较差。这种方法的使用必须以工作人员具有丰富经验为前提。在目标单一、产品不多或问题简单的情况下，使用这种方法选择价值工程对象在准确性和节约时间方面具有较显著的优越性。该方法亦可与定量分析法结合应用，相互补充和验证。

2. ABC 分析法

ABC 分析法又称作成本比重法或帕累托方法，它是由意大利经济学家帕累托应用数理统计原理创造的。这种方法是一种按局部成本占总成本的比重大小来选择对象的方法。一般来说，成本所占的比重大，改进功能降低成本的潜力就大。以产品零件为例，首先把一

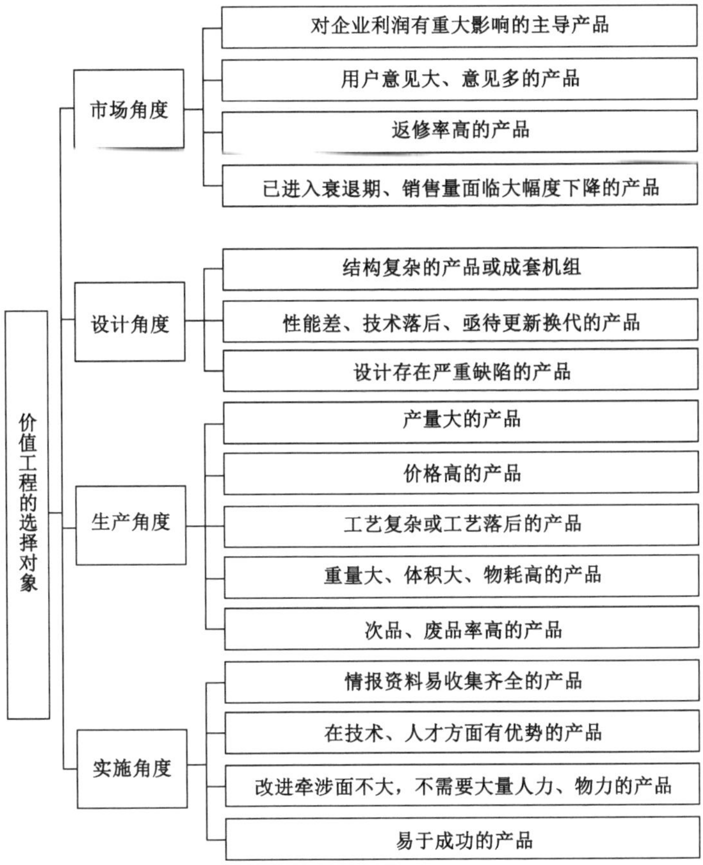

图 11-2 价值工程的对象选择

个产品的各种零件按成本由大到小的顺序排列，然后绘制成本百分比图。通常情况下，有10%～20%的零件，其成本占总成本的70%～80%，这类零件称为A类零件；另有70%～80%的零件，其成本占总成本的10%～20%，这类零件称为C类零件；其余为B类零件。其中，A类零件个数少、成本占比高，应作为价值工程的研究对象；B类零件作为一般研究对象；C类零件不作为研究对象。成本在产品零件上的分配情况见图11-3所示。

ABC分类法的具体步骤是：

(1) 将零件按成本的大小，从大到小依次排序；

(2) 分别求出各个零件的累计成本和累计成本占总成本百分比以及零件累计件数和累计件数占零件总数百分比；

(3) 进行ABC分类；

(4) 绘制帕累托曲线图，并首选A类零件作为价值工程的研究对象。

【例 11-1】 某产品由42种共100件零件组成，将零件按成本从大到小顺序排列，经计算，可得A、B、C三类零件，如表11-3所列。

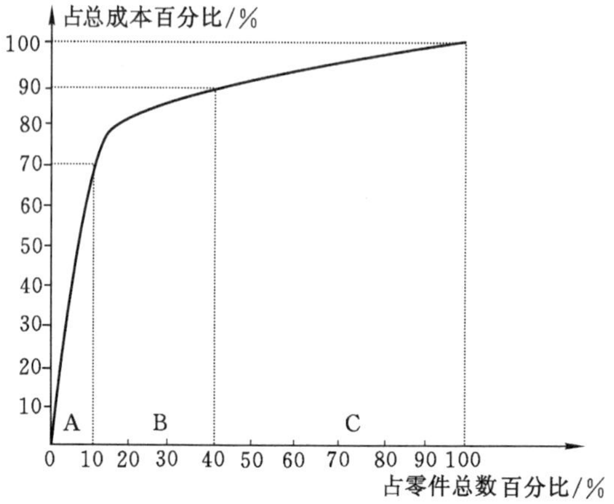

图 11-3 ABC 分类图

表 11-3 ABC 分析表

零件序号	件数/件	累计		成本/元	累计		备注
		数量/件	占零件总数/%		金额/元	占总成本/%	
001	1	1	1	40	40	20.0	A 类
002	2	3	3	38	78	39.0	
003	1	4	4	16	94	47.0	
004	2	6	6	15	109	54.5	
005	2	8	8	14	123	61.5	
006	3	11	11	12	135	67.5	
007	2	13	13	9	144	72.0	B 类
008	4	17	17	8	152	76.0	
009	4	21	21	8	160	80.0	
010	2	23	23	7	167	83.5	
011	1	24	24	6	173	86.5	
012	4	28	28	4	177	88.5	
013	3	31	31	3	180	90.0	C 类
…	…	…	…	…	…	…	
041	1	98	98	1	199	99.5	
042	2	100	100	1	200	100.0	
总计	100			200			

ABC 分析法能从成本角度突出重点对象，是一种偏重成本的定量分析方法；其缺点是容易产生忽视功能改善的片面性，特别是那些功能很重要而成本分配较低的对象，往往被排斥在重点之外。

3. 功能重要性分析法

功能重要性分析法是通过对构成产品的各零件的功能重要性一一对比，用强行打分的方式计算各零件的功能重要性系数，选择功能重要性系数大的零件作为价值工程的重点对象，其中：

$$零件的功能重要性系数=\frac{该零件的功能分数值}{全部零件的功能分数总值} \tag{11-3}$$

下面结合一个具体的例子说明这种方法的应用。

【例 11-2】 已知某产品有 10 个零件，试用功能重要性分析法选择价值工程的对象。

解 具体做法是：第一步，把 10 个零件在功能重要性分析表中第一行和第二列分别按从左到右、由上而下的顺序排列好，见表 11-4。

第二步，各零件之间两两对比，功能重要的得 1 分，次要的得零分，自己与自己不比较，记×号。

第三步，将每个零件的得分累加，并与全部零件得分总和相比，求出功能重要性系数。

第四步，选择功能重要性系数大的零件 B、D 为价值工程的研究对象。

与 ABC 分析法相比，这种方法从功能的角度突出了重点对象；但它同样容易产生忽视成本降低的片面性，特别是那些功能并不重要而成本分配较高的对象，往往得不到重视。

表 11-4 功能重要性分析表

序号	零件名称	A	B	C	D	E	F	G	H	I	J	得分合计	功能重要性系数
1	A	×	0	0	0	1	1	1	1	1	1	6	0.133
2	B	1	×	1	1	1	1	1	1	1	1	9	0.200
3	C	1	0	×	0	1	1	1	1	1	1	7	0.156
4	D	1	0	1	×	1	1	1	1	1	1	8	0.178
5	E	0	0	0	0	×	1	1	0	0	1	3	0.067
6	F	0	0	0	0	0	×	1	0	0	1	2	0.044
7	G	0	0	0	0	0	0	×	0	0	0	0	0
8	H	0	0	0	0	1	1	1	×	0	1	4	0.089
9	I	0	0	0	0	1	1	1	1	×	1	5	0.111
10	J	0	0	0	0	0	0	1	0	0	×	1	0.022
合计		总分 $=n(n-1)/2$										45	1.000

4. 功能成本比较法

功能成本比较法是一种综合考虑对象的功能和成本两方面因素的定量分析方法。它通过确定对象的功能重要性系数、成本系数，进而求出对象的价值系数，然后依据价值系数大小来确定价值工程对象。这种方法不仅可以用于价值工程的对象选择，而且在后面要讲到的功能评价和方案评价中也可应用。

功能成本比较法的具体做法如下：

(1) 计算功能重要性系数 F_i。计算方法与前面介绍的功能重要性系数相同，即

$$F_i=\frac{该零件的功能分数值}{全部零件的功能分数总值}$$

(2) 计算成本系数 C_i。根据产品成本资料确定产品全部零件的目前总成本和每个零件

的目前成本，进而计算成本系数

$$C_i=\frac{\text{某零件的目前成本}}{\text{全部零件的目前总成本}} \tag{11-4}$$

(3) 计算价值系数 V_i。用每个零件的功能重要性系数 F_i 除以它的成本系数 C_i，便得到价值系数 V_i，即

$$V_i=\frac{\text{功能重要性系数}}{\text{成本系数}}=\frac{F_i}{C_i}$$

(4) 根据价值系数 V_i 的大小，确定价值工程的对象。采用这种方法得到的价值系数不外乎有三种情况：

第一种情况是 $V_i=1$，表明分配在该零件上的成本比重与其功能重要程度基本相当，可不作为价值工程的对象。

第二种情况是 $V_i>1$，说明分配在该零件上的成本比重偏低，与其实现的功能不相匹配。在这种情况下，先考虑的不是增加成本，而是先分析是否存在过剩功能；否则，再适当增加成本以保证必要功能的实现。

第三种情况是 $V_i<1$，说明该零件实现其功能所分配的成本偏高，应设法降低成本，这是价值工程的对象，其中 V_i 最小者应作为价值工程的重点对象。

【例 11-3】 某产品有 10 个零件，其功能重要性系数同例 11-2，现实成本已知，如表 11-5所列。试用功能成本比较法选择价值工程的对象。

表 11-5 价值系数分析表

序号	零件名称	功能重要性系数	现实成本/元	成本系数	价值系数	价值工程对象
1	A	0.133	35.00	0.350	0.380	√
2	B	0.200	9.50	0.095	2.105	
3	C	0.156	18.50	0.185	0.843	
4	D	0.178	4.20	0.042	4.238	
5	E	0.067	10.50	0.105	0.638	
6	F	0.044	7.80	0.078	0.564	
7	G	0	0.50	0.005	0	√
8	H	0.089	3.50	0.035	2.543	
9	I	0.111	8.50	0.085	1.306	
10	J	0.022	2.00	0.020	1.100	
合　计		1.000	100.00	1.000		

解 具体做法是：

① 将 10 个零件的序号、名称、功能重要性系数、现实成本分别填入表 11-5 中。

② 用每个零件的现实成本除以全部零件的现实成本之和得到成本系数，列入表 11-5 第 5 列。

③ 用各个零件的功能重要性系数除以成本系数得到其价值系数，列入表 11-5 第 6 列。

④ 依据功能成本比较法的原则，选择价值系数最小者，即 G 和 A，作为价值工程的重点

对象。

这种方法把功能的重要性同实际成本分配情况联系起来进行研究，克服了ABC分析法和功能重要性分析法各自的片面性，因而在实际工作中应用较广。但是这种方法仍存在着一个较大的缺点，就是它只注意了价值系数本身对1的偏离程度，而忽视了决定价值系数的功能重要性系数和成本系数的大小。由于价值系数是功能重要性系数和成本系数的比值，故价值系数相等或相似的对象，各自的功能重要性系数和实际成本系数可能有很大的差别，因而在改善功能或降低成本方面的潜力也就大不相同，价值工程活动的经济效果也就大不相同。如果只是根据价值系数对1的偏离程度的大小选择对象，就会把某些价值系数对1的偏离较大，而本身的功能重要性系数和成本系数却很小的零件选定为重点对象；或把某些价值系数对1的偏离较小，但本身的功能重要性系数和成本系数却较大的零件排除在重点对象之外。

5. 最合适区域法

最适合区域法又称田中法，是日本东京大学田中基于功能成本比较法的上述缺点，于1973年在美国价值工程师协会的国际会议上提出了更加完善的最合适区域法。

最合适区域法是按照功能重要性系数和成本系数的大小实行区别对待而选择价值工程重点对象的方法。其基本思想是：对于那些功能重要性系数和实际成本系数较大的零件，由于它们改善功能或降低成本的潜力大，对全局的影响大，应当从严控制，不应偏离价值系数标准线（$V_i=1$）太远，即当价值系数对1稍有偏离时，就应选作重点对象；而对于那些功能重要性系数和实际成本系数较小的零件，因其对全局影响小，改善功能或降低成本的潜力不大，可从宽控制，允许偏离价值系数标准线（$V_i=1$）远一些。那么如何掌握这种从严从宽的原则呢？具体做法如下：

（1）确定各个零件的功能重要性系数、成本系数和价值系数。

（2）以成本系数为横坐标，以功能重要性系数为纵坐标，建立直角坐标系。在第一象限内作价值系数标准线 $V_i=1$，即第一象限的角等分线。

（3）绘制 F_i-C_i 坐标图，即把各个零件的 V_i 都绘在 F_i-C_i 坐标图上。

（4）确定最适合区域。

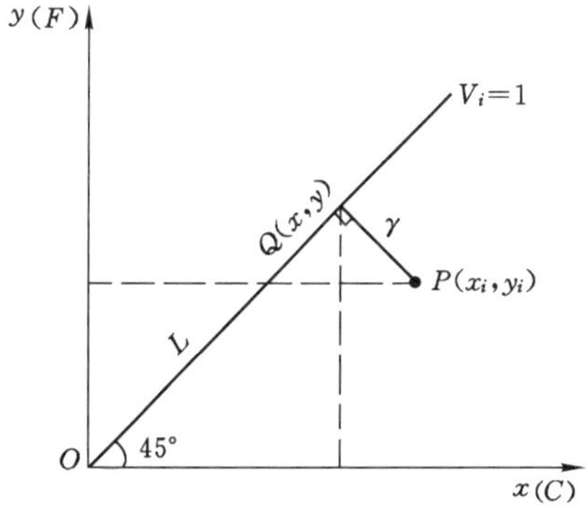

图11-4 确定最合适区域坐标图

首先确定最适合区域数学模型。如图11-4所示，设 P 点坐标为 $P(x_i,y_i)$，Q 点的坐标为 $Q(x,y)$。

因为 $x_i-x=y-y_i$，$x=y$

所以 $x=\frac{1}{2}(x_i+y_i)$，$y=\frac{1}{2}(x_i+y_i)$

令 $OQ=L$，$QP=\gamma$，则

$$L^2=x^2+y^2=\frac{1}{2}(x_i+y_i)^2$$

$$L=\frac{1}{\sqrt{2}}|x_i+y_i|$$

$$\gamma^2=(x_i-x)^2+(y-y_i)^2=\left(x_i-\frac{1}{2}x_i-\frac{1}{2}y_i\right)^2+\left(\frac{1}{2}x_i+\frac{1}{2}y_i-y_i\right)^2$$

$$=\left(\frac{1}{2}x_i-\frac{1}{2}y_i\right)^2+\left(\frac{1}{2}x_i-\frac{1}{2}y_i\right)^2=\frac{1}{2}(x_i-y_i)^2$$

$$\gamma=\frac{1}{\sqrt{2}}|x_i-y_i|$$

所以
$$L\gamma=\frac{1}{\sqrt{2}}|x_i+y_i|\times\frac{1}{\sqrt{2}}|x_i-y_i|=\frac{1}{2}\ |\ {x_i}^2-{y_i}^2\ |$$

令 $L\gamma=b$(常数),则

$$\frac{1}{2}\ |\ {x_i}^2-{y_i}^2\ |\ =b$$

$${x_i}^2-{y_i}^2=\pm 2b$$

用 C_i代表 x_i,F_i代表 y_i,得

$${C_i}^2-{F_i}^2=\pm 2b$$

所以
$$F_i=\pm\sqrt{C_i^2\pm 2b}$$

因为 F_i均在第一象限,所以

$$F_i=\sqrt{C_i^2\pm 2b} \tag{11-5}$$

该曲线是对称于 $V_i=1$ 的双曲线,在横坐标和纵坐标上的交点均为 $\sqrt{2b}$。

常数 b 称为田中数,它决定着最佳区域的大小。b 的取值一般又根据具体情况而定,b 越大,曲线离 $V_i=1$ 越远,则落在区域内的点就越多。通常情况下,可试选一个 b 值,绘出曲线图,并检测有多少点(占多大比重)分布在双曲线围成的区域之内;如果大多数的点在区域内,则所确定的 b 值就是适宜的,这个区域就是“最合适区域”,因为它符合突出少数重点的原则;否则就应调整(增大或缩小)b 值,直到符合上述要求为止。

(5)根据最合适区域确定价值工程的重点对象。

【例 11-4】 某产品有 9 个零件,每个零件的功能重要性系数 F_i、成本系数 C_i和价值系数 V_i的具体数据如表 11-6 所列。试用最合适区域法确定价值工程的重点对象。

表 11-6 价值系数表

序号	零件名称	功能重要性系数 F_i/%	成本系数 C_i/%	价值系数 $V_i=F_i/C_i$
1	A	15.66	7.05	2.22
2	B	12.60	18.44	0.68
3	C	9.18	6.55	1.40
4	D	7.20	11.22	0.64
5	E	8.15	4.23	1.93
6	F	15.72	35.35	0.44
7	G	5.74	3.90	1.47
8	H	7.26	2.14	3.39
9	I	18.49	11.12	1.66
合计		100	100	

解　具体做法是：

通过试验选取 $b=0.05$，在价值系数坐标图上作出 $F_1=\sqrt{C_i^2+0.1}$ 和 $F_2=\sqrt{C_i^2-0.1}$ 的两条曲线，并把各个零件的数值画在价值系数坐标图上，见图 11-5。

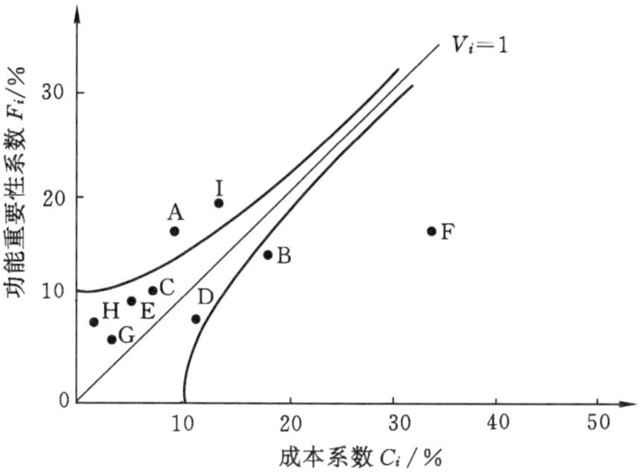

图 11-5　价值系数坐标图

从图 11-5 中可以看出，G、H、E、C、D 等零件都落在最适合区域内，可不列为价值工程的对象，其余 A、I、B、F 落在区域外，可列为价值工程的对象，其中 A、I 可考虑适当增加成本和进一步完善功能，B、F 是降低成本的重点对象。

以上介绍了选择价值工程对象常用的 5 种方法，除此之外，还有百分比法、产品寿命周期法、基点法等。

三、收集信息资料

1. 收集信息资料的原则

收集信息资料不仅是一项周密而细致的调查研究工作，而且信息资料的保密性决定了收集信息资料也是一件比较困难的工作。为了有效地完成这一工作，必须注意以下几项原则。

（1）目的性原则

收集信息资料之前必须明确收集的目的。价值工程研究的对象不同、内容不同，所需要的信息资料内容也必然不同。只有明确了要解决的问题，才可以确定信息资料的内容及调查的范围，有针对性地收集，做到有的放矢。

（2）可靠性原则

只有采用最可靠的信息资料才能得出最可靠的结果。因为信息资料的可靠性与准确性直接影响分析判断的正确性，进而影响价值工程的最终结果。所以收集信息资料要切实认真、一丝不苟，切忌马虎、搪塞、主观猜测、添枝加叶甚至歪曲。

（3）系统性原则

系统地收集和掌握各种信息资料是提高产品或工程项目价值的先决条件。因为产品或工程项目本身就是一个功能系统，为了最大限度地取得价值工程活动效果，就必须对此功能系统各主要环节的有关技术与经济资料进行全面、系统的收集和掌握。

(4) 适时性原则

信息资料的适时性和有效性具有密切的关系,过时的信息资料可能会变得完全无用。因此,信息资料必须有明确的时间,没有确定时间的信息资料是不可靠的。技术经济指标的时效性特别重要,既不可以用过去的指标替代现在的指标,更不能以现在的指标替代未来的指标。

2. 信息资料的分类

按照与产品寿命周期的关联程度,信息资料可分为专门信息资料和一般信息资料;按照与产品的功能、费用的关联程度,信息资料又可分为技术信息资料与经济信息资料。

(1) 专门信息资料和一般信息资料

① 专门信息资料。专门信息资料是与对象产品整个寿命周期直接有关的信息资料。具体来说,就是该产品在其设计、制造、供应、使用等方面的信息资料。这些信息资料涉及技术和经济两个方面的内容。专门信息资料主要用于价值工程工作程序中的分析阶段,即功能定义、整理、计量和价值评价。

② 一般信息资料。一般信息资料是指除专门信息资料之外价值工程所需要的与对象产品本身并无明显直接关系的各种信息资料。这类信息资料数量庞大,来源广泛,内容复杂,收集起来花费时间较多。一般信息资料可大致分为技术信息资料和经济信息资料两种。一般信息资料是功能评价和制订改进方案时所需要的。在功能评价时,为了测定功能价值,先要确定功能的现实成本,然后再确定其最低成本,这就必须知道实现这一功能还有没有别的方法或物品等,从而确定实现这一功能应花多少钱,即订出一个目标值;在制订改进方案时,要研究还有没有别的方法可以实现这一功能。因此,如果没有更多的有关实现功能的一般信息资料,就制订不出价值高的方案。所以一般信息资料越多,找到更便宜、更可靠的方法来实现这个产品功能的可能性也就越大。可见,一般信息资料的数量和质量对价值工程成果有很大影响。

从以上分析可以看出,专门信息资料主要用于价值工程工作程序的前半部分;而一般信息资料主要用于后半部分。总之,开展价值工程活动,信息资料的数量和质量是至关重要的。

(2) 技术信息资料和经济信息资料

一般把用户的功能要求、实现方法、设计及制造方法等与功能有关的信息资料称为技术信息资料,把与费用、成本、效益、经营等有关的信息资料称为经济信息资料。

从价值工程基本工作步骤的内容可以看出,对于产品或工程项目来说,在功能定义时主要需要技术信息资料;在功能评价时,为了用金额测定价值系数,主要需要经济信息资料。在方案制订和评价阶段,为了提出在功能和成本上都有利于提高价值的改进方案,两种信息资料都是需要的。

3. 收集信息资料的内容

价值工程课题不同,收集信息资料的内容也不尽一致,但一般要包括以下几个方面:

(1) 销售和使用方面的信息资料。此类信息资料包括产品规格、使用环境、使用费用、可靠性、维修服务条件、价格范围、市场占有率以及用户对产品性能、寿命、外观等方面的要求。

(2) 技术方面的信息资料。此类信息资料包括设计图纸、说明书、技术标准、产品目录和手册，有关新结构、新材料、新技术、标准化和“三废”处理方面的资料，以及加工工艺、生产设备状况、产量、次品率和生产中的其他问题。

(3) 费用方面的信息资料。此项内容包括材料费、装配费、外协费、运输费、试制费、维修费和管理费等。

(4) 本企业的基本资料。此项内容包括生产规模、生产条件和经营情况等。

(5) 政府和社会有关部门制定的法律、条例、方针和政策等方面的情况。

对收集的信息资料要进行分类、整理、仔细分析，并作出评价：哪些是可靠的，可作为分析的依据；哪些是不可靠的；哪些是可供参考的。

第三节　功能分析与功能评价

所谓功能分析，就是分析有关的信息资料，通过功能定义和功能整理，明确功能特性要求和功能相互关系，并绘制功能系统图，从而使功能系统化，为功能评价和方案创新提供依据。

所谓功能评价，就是在功能系统分析的基础上，进一步对功能领域进行定量化计算，并定量地评定功能价值，选出功能价值低、改善期望值高的功能作为价值工程的重点研究对象。

功能系统分析与评价是价值工程的核心。

一、功能定义

功能定义是指用简明、准确的语言描述产品的功能或作用，其目的是为了限定功能概念的内容，明确功能概念所包含的本质，与其他功能相区别，以便实现功能评价。

给功能下定义，通常是用一个动词和一个名词来表达，例如：

对象	动词	名词
润滑油	减少	摩擦
变压器	调节	电压
电冰箱	冷藏	食品
手表	显示	时间

功能定义的动词要求准确概括，要有利于启发思维、开阔设计思路。比如，给吸尘器下定义，“吸掉灰尘”就不如“弄掉灰尘”好；给钻床下定义，“钻孔”不如“打孔”好，而“打孔”不如“做孔”好。

二、功能分类

一个产品或一个零部件，常常具有几种功能，为了便于对产品或零部件进行功能分析、按功能创造产品，应当先对功能进行分类。

1. 按功能的重要程度分为基本功能和辅助功能

基本功能是产品或零部件要达到使用目的所不可缺少的功能，也是产品或零部件得以存在的依据,如果失去基本功能,也就失去了存在的前提。例如,手表的基本功能是指示时间,电冰箱的基本功能是保存食物,如果它们失去了这些功能,就失去了存在的价值,用户也就不会购买它们。基本功能可以从三个方面来确定:它的作用是不是不可缺少的?它的作用是不是主要的?如果它的作用变化了,其结构、工艺和零部件是否也相应改变?

辅助功能是相对于基本功能而言的,是为更有效地实现基本功能起辅助作用的功能,在一般情况下也是不可缺少的功能。例如,手表的基本功能是指示时间,而夜光、防水、防震、防磁等是它的辅助功能,这些功能相对于基本功能而言处于次要的地位,但可以使手表在黑夜、水、震、磁的环境中也能准确地显示时间,帮助实现基本功能。辅助功能可以从两个方面来确定:它对实现基本功能是不是起着辅助作用?它的重要性是不是次于基本功能?

2. 按功能的性质分为使用功能和美学功能

使用功能是指产品所具有的使用价值,它最容易为用户所了解,并通过产品的基本功能和辅助功能表达出来。

美学功能又称外观功能,是指产品为满足用户审美要求而具备的功能。美学功能一般是从产品的造型、色泽、包装、商标图案等方面表现出来。例如,心理学分析表明:红色表示兴奋,有时也表示危险;黄色表示温暖;白色表示明亮、卫生、干净;绿色使人感到喜悦和宁静;金黄色表示贵重,给人以庄严辉煌的感觉;黑色表示稳重,有时也表示庄严。由于人们性格方面的差异以及受民族习惯的影响,对颜色的爱好有所不同。又如,日本人喜欢樱花、忌讳荷花,意大利人忌讳菊花,法国人忌讳桃花,这些国家的人大都讨厌用他们忌讳的花作为商标图案。美学功能并不是可有可无的,而且随着生产力的发展和生活水平的提高,人们对美学功能的要求越来越高,造型美观、色泽悦目、式样新颖等成为人们选购商品的重要条件之一。美学功能与使用功能一样,也是通过基本功能和辅助功能实现的。有的产品只要求使用功能,不要求美学功能,如煤、沥青、地下管道、潜水泵等;有的产品只要求美学功能,不要求使用功能,如手工艺品、装饰品等;但是绝大多数产品都是要求二者兼而有之,比如服装、汽车等。

3. 按用户要求可分为必要功能和不必要功能

必要功能是指对象为满足使用者的需求所必须具备的功能,或者说是用户要求对象具有的功能。不必要功能是指对象所具有的、与满足使用者的需求无关的功能,或者说是用户完全不需要的功能。不必要功能主要有三种表现形式:一是多余功能,它们不但无用,有时甚至有害;二是重复功能,即在同一产品中出现两个或两个以上的重复、可以去掉的功能;三是过剩功能。

4. 按功能的结构位置分为上位功能和下位功能

上位功能和下位功能是两个相对的概念。上位功能是所要达到的目的,因此也称为目的性功能;下位功能是实现上位功能所需要的手段,因此也称为手段性功能。对某一功能来说,它可能既是上位功能,又是下位功能。

三、功能整理

一个产品的全部功能明确定义后,还要加以分析和整理。功能整理的目的是分清哪些是基本功能、哪些是必要的辅助功能、哪些是不必要的可以取消的功能、还应补充哪些功能,同时要明确各个功能之间的相互关系。功能整理,就是按照一定的逻辑关系,把定义化的功能系统化,确保必要功能,消除不必要的功能。

对功能的分析和整理,目前已有一套相当细致的方法,称为功能分析系统技术,其大致的步骤如下所述。

(1) 挑选出基本功能

挑选出基本功能,排列在左端,叫作最上位功能。挑选最上位功能的关键在于这个功能是否必不可少,是否是生产这一产品的主要目的。如果回答是肯定的,这个功能就是基本功能,也就是最上位功能。除基本功能外,其余的就是辅助功能。

(2) 逐个明确功能之间的关系

明确各功能之间是上下关系还是并列关系。上下关系是指上位功能和下位功能的关系,上位功能是具有目的性的功能,下位功能是具有手段性的功能。同时,功能的上位和下位是相对的,一个功能对它的上位功能是手段,对它的下位功能则是目的。在分析功能时,如果问"这个功能要达到什么目的",就找出了它的上位功能;如果问"怎样实现这个功能",就找出了它的下位功能。如在白炽灯中,"发光"功能是通过"加热灯丝"实现的,则"发光"就是"加热灯丝"的上位功能,"加热灯丝"就是"发光"的下位功能,而对"接通电源"来说,"加热灯丝"又是其上位功能,如图 11-6 所示。

并列关系是指两个以上的功能处于同等地位,都是为了实现同一目的而必须具备的手段。如"提供热水"是煤气热水器的基本功能,要实现它必须同时实现"供给煤气"和"供给冷水"这两个功能,它们之间是独立的,属于并列关系,如图 11-7 所示。

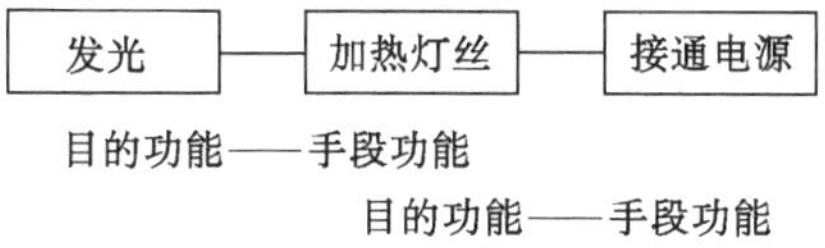

图 11-6 上下关系示意图

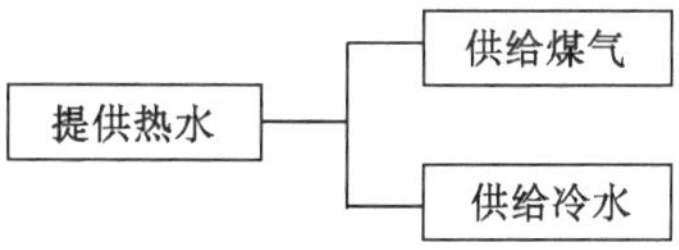

图 11-7 并列关系示意图

(3) 排出功能系统图

根据"目的功能—手段功能",把零部件之间的关系系统化,并把上位功能放在左边,下位功能放在右边,画出功能系统图,如图 11-8 所示。图中,F_0 是产品的基本功能,即最上位功能;F_1、F_2、F_3 是实现功能 F_0 的手段,是 F_0 的下位功能,但它们又是 F_{11}、F_{12}、F_{21}、F_{22}、F_{31}、F_{32} 的上位功能。通过这样的关系可以把产品的设计意图用功能系统图表示出来。

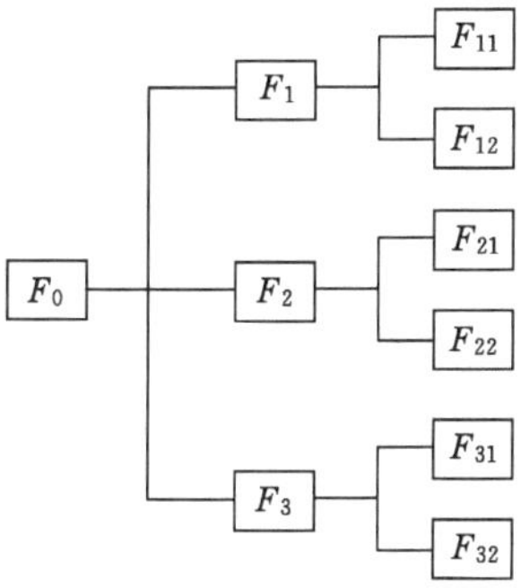

图 11-8 功能系统示意图

以载重汽车为例,从整体功能开始,逐级向下追问手段功能,直到不能继续细分为止。载重汽车的最上位功能为"运载货物"。从原理上看,"运载货物"的手段功能为"提供货厢""驱动货厢"及"形成外观"。"驱动货厢"的手段功能有提供行走机构、驱动行走机构、联结行走机构和货厢形成整体。接下来继续追问,可整理得到载重汽车的功能系统图(主要部分),见图 11-9。

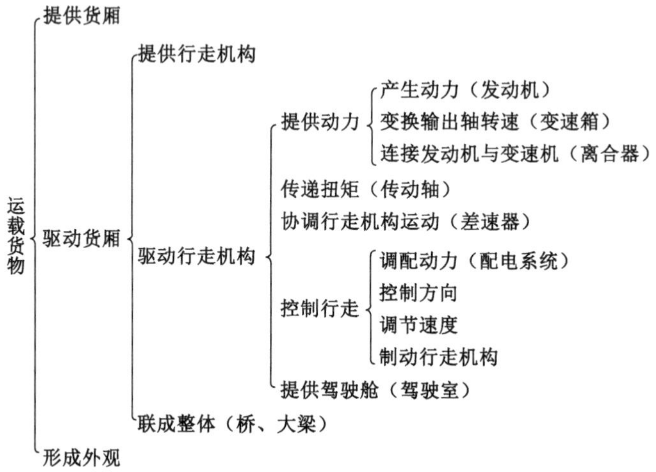

图 11-9　载重汽车的功能系统图

四、功能评价

功能评价就是根据功能与成本的对比关系，确定功能价值，找出低价值的功能，明确改进功能的具体范围，以提高功能价值。功能评价的方法主要有功能成本法和功能比重法。

1. 功能成本法

这种方法是把所有功能都转化为费用（即成本），用金额表示功能，再从各种方案中找出实现某一功能的最低成本，并以这个成本与实现这个功能的目前成本相比较，求出二者的比值，即为功能价值系数，根据功能价值系数大小评价功能；同时，求出二者的差异值，以明确降低成本的幅度。图 11-10 给出了功能成本法的思路。

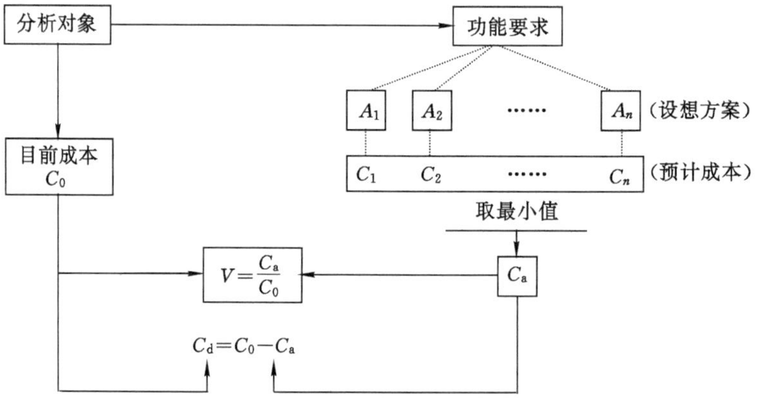

图 11-10　功能成本法分析示意图

图 11-10 中，目前成本 C_0 是现行方案中实现这一功能的成本。$A_1,A_2,\cdots,A_n$ 是利用各种方法得到实现同一功能的不同设想方案，$C_1,C_2,\cdots,C_n$ 为相应于 $A_1,A_2,\cdots,A_n$ 的预计成本。从 $C_1,C_2,\cdots,C_n$ 中选出一个最小值，这就是要找的实现这一功能的最低成本 C_a。功能的最低成本又称为必需成本，用它作为评价功能的标准，称为功能评价标准值。V 为功能

的价值系数，C_d 则为成本降低的预计幅度。

(1) 求功能目前成本(C_0)

一个功能的实现，往往是许多零部件共同作用的结果。只对本功能起作用的零部件，其成本自然应当算作本功能的成本。但有的零部件不只对一个功能起作用，可能同时作用于几个功能，或者它本身就是多功能的。遇到这种情况时，应按照零部件对不同功能所起作用的大小把零部件费用分摊到各功能，合计各零部件对某一功能的费用分摊额，即为该功能的目前成本 C_0，如表 11-7 所列。

表 11-7　功能目前成本表

零部件名称	成本/元	功能/元		
		F_1	F_2	F_3
甲	300	100		200
乙	500	200	300	
丙	250	70	30	150
合　计	1 050	370	330	350

(2) 求功能最低成本(C)

① 经验估计法。这种方法是邀请一些有实践经验的人，根据自己掌握的信息资料，运用已有的知识，对实现某项功能的方法先设想几个新方案，然后对新方案的成本进行估算。每人估算的值可能不同，或经协商取得一致，或取其平均值。在各方案的估算成本中，必有一个最小值，就以这个值作为功能最低成本 C。

② 实际调查法。以不同的功能类别收集企业内外实现该功能的不同程度的费用和技术资料，在收集资料时，应注意产品的功能条件(如性能、生产率、质量、可靠性和外观等)。然后，根据调查资料，确定它们的目前成本，再把目前成本按不同功能类别描绘在功能成本图上，如图 11-11 所示。图中以"·"表示某类产品的功能实现程度情况，以"×"表示企业外同类产品的功能实现程度情况。找出该功能在各种实现程度下的最低成本，如图中的 a，b，…，f 等点，然后画出它们的包络线(即图中的 MM' 线)，这就是该功能的最低成本线，按此线可确定各功能实现程度的最低成本。例如，当功能实现程度为 F_b 时，最低成本则为 C_{ab}。

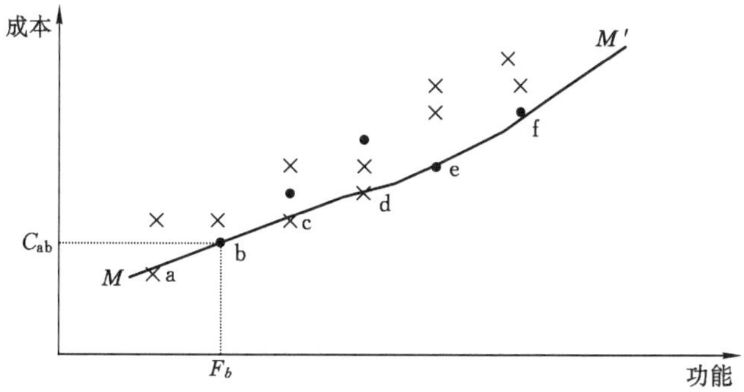

图 11-11　功能、成本示意图

(3) 求价值系数和成本降低幅度

例如，某产品由三个功能 F_1、F_2 和 F_3 构成，已知各功能的目前成本和最低成本，则价值系数为最低成本与目前成本之比，成本降低幅度为目前成本与最低成本之差，如表 11-8 所列。从表中我们可以很直观地发现，F_2 的价值系数是最低的，成本降低的幅度也最大；因此 F_2 应作为重点，首先加以改进，依次是 F_3 和 F_1。表中各功能最低成本之和(60 元)即可作为确定产品改进后目标成本的主要参考值，总的成本降低幅度大约为 45 元左右。

表 11-8 价值系数和成本降低幅度计算表

功能	目前成本/元	最低成本/元	价值系数	成本降低幅度/元
	C_{0i}	C_{ai}	$V_i=C_{ai}/C_{0i}$	$C_b=C_{0i}-C_{ai}$
F_1	50	40	0.80	10
F_2	30	10	0.33	20
F_3	25	10	0.40	15
合计	105	60	—	45

功能成本法比较简便，但由于主观因素太多(尤其是经验估计的功能目前成本)，计算结果有时同实际情况有较大出入，不过评价的作用主要在于把握好改进的范围和方向，具体数字即便有些出入，也不影响大局。

2. 功能比重法

功能比重法是按功能的重要性系数对功能进行评价的。这种方法与功能成本法的不同之处在于确定功能评价值(功能目标成本)的方法有所不同。功能成本法是通过调查各同类企业的功能成本资料，选取实现功能的最低成本为功能的目标成本，汇总各功能的目标成本得到产品的目标成本。而功能比重法是通过调查生产同类产品的企业的产品成本(不是功能成本)，选取其中最低的成本作为产品的目标成本，然后根据产品各功能的重要性系数乘以产品的目标成本，进而得到各功能的目标成本。

【例 11-5】 某产品的目前成本为 700 元，目标成本为 500 元，有 F_1、F_2、F_3、F_4 四个功能区，其功能系统图见图 11-12。各功能区的成本分别为 300 元、250 元、80 元和 70 元。试对各功能进行评价。

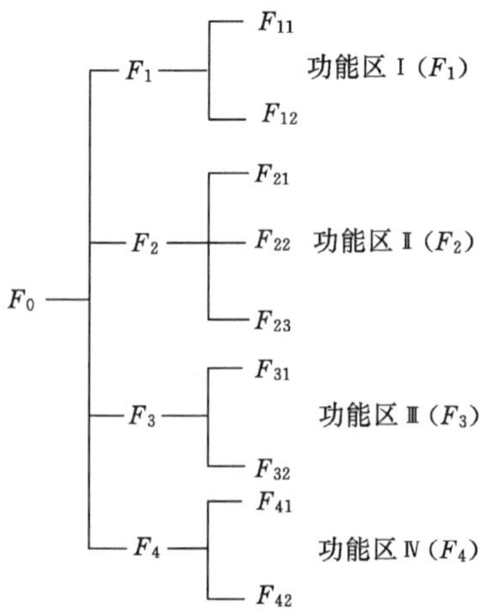

图 11-12 某产品的功能系统图

解 首先，要确定各功能区的重要性系数，见表 11-9。确定功能重要性系数分三步进行。第一步先暂定一个值，例如功能 F_1 和 F_2 相比，F_1 的重要性是 F_2 的 1.5 倍；F_2 和 F_3 相比，F_2 的重要性是 F_3 的 2 倍；F_3 和 F_4 相比，F_3 的重要性是 F_4 的 3 倍。第二步对暂定系数进行修正，以 F_4 为 1，则 F_3，F_2，F_1 的系数修正后分别为 3、6、9。第三步计算功能重要性系数，即用各功能修正后的系数除以修正后的系数之和。

其次，在功能重要性系数确定之后，计算各功能的评价值，即功能的目标成本。方法是用各功能的重要性系数乘以其上位功能(这里就是产品)的目标成本，然后计算功能价值和成本降低幅度，并确定功能改善顺序（方法同功能成本法），见表 11-9。结果表明，功能 F_2 的成本降低幅度最大为 90 元，其次为 F_1 和 F_4。

表 11-9　功能比重法评价表

功能	目前成本/元	暂定重要性系数	修正重要性系数	功能重要性系数	功能评价值（目标成本）/元	功能价值	成本降低幅度/元
F_1	300	1.5	9.0	9.0/19.0=0.47	0.47×500=235	0.78	65
F_2	250	2.0	6.0	6.0/19.0=0.32	0.32×500=160	0.64	90
F_3	80	3.0	3.0	3.0/19.0=0.16	0.16×500=80	1.00	0
F_4	70	—	1.0	1.0/19.0=0.05	0.05×500=25	0.36	45
合计	700	—	19.0	1.00	500	—	200

第三，继续对各功能区的子功能进行功能评价，方法完全相同。

功能评价的意义在于：通过对产品功能成本的分析和目标成本的确定，找到价值低的功能或功能区域，以便集中力量重点改善，有效地提高产品的价值。

第四节　方案的制订和实施

经过前面的分析和评价，明确了改进目标，但这些目标能否圆满地实现，还要看在制订方案阶段能否创造出理想且具体可行的方案，这是一个发挥智慧和才能的阶段，是价值工程活动中的关键环节。制订改进方案的主要步骤是：提出改进方案、评价改进方案和做出改进提案，具体内容如图 11-13 所示。

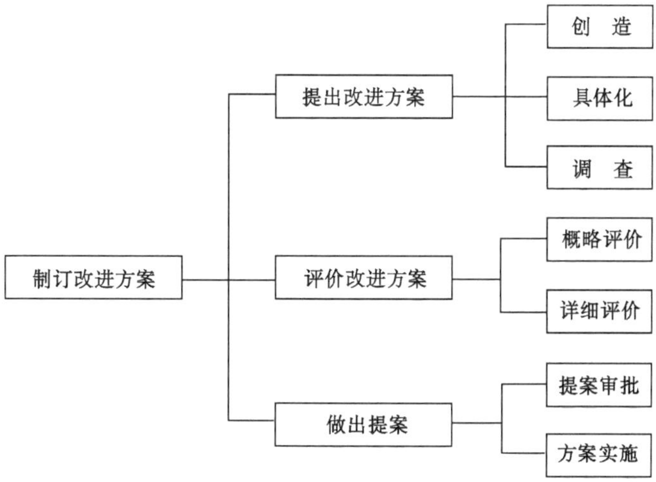

图 11-13　制订改进方案的主要步骤

一、提出改进方案

提出改进方案包括方案创造、具体化和调查三方面的内容，如图 11-13 所示。

1. 方案创造

人的思维活动有两种类型：一是发散性思维，二是收敛性思维。发散性思维是一种自由奔放的无拘无束的思考方式，对同一问题可能做出多种答案，如艺术创作。收敛性思维是一种集中的逻辑思维，如科学推理。对于新事物的创造，大致分为两个阶段：提出设想的阶段和实现设想的阶段。在提出设想阶段里，主要运用发散性思维，即大脑的创造功能。在实现设想的阶段里，侧重于运用收敛性思维，即大脑的判断功能。当然，两种思维活动不可能截然分开，经常是交替进行，但在不同阶段则有不同的侧重点。

人的创造能力取决于丰富的知识和活跃的想象力，二者是缺一不可的。方案创造，就是根据功能评价确定的需要改善的功能领域，按照用户的功能要求，运用各种经验、知识和技能，进行设计构思，创造出尽可能多的实现功能的新方案。

(1) 方案创造的原则

① 避免一般化、概念化。利用某种创新方法实现某种功能的时候必须排除一般化和概念化，只有这样才能创造出新颖的方案。

② 敢于打破旧的条框进行创新和提高。在创造方案时，要不受时间、条件和权威的限制，冲出现有产品条框的束缚，发挥真正的创造性。

③ 以功能为中心，优先考虑上位功能和价值低的功能领域。从功能出发，以功能为中心，是贯穿于价值工程活动的一条主线。这就要求在进行方案创造时，要打破原有产品结构的约束，以功能为中心，依照功能系统图，围绕实现必要功能进行构思；同时要优先考虑上位功能和价值低的功能领域，因为上位功能的限制较小，容易提出较多的方案，价值低的功能领域改进的可能性较大，价值工程活动的经济效果比较显著。

④ 集思广益，多提设想。方案的改进与创造是一项涉及面较广的创造性活动，这种创造性活动不是依靠某个人就能完成的。它要求集思广益、博采众长，通过集体的努力共同创造。因此，在创造过程中要充分听取设计、工艺、创造等方面的技术人员和管理人员以及专家学者、用户代表等各方面的意见。同时，要求在创造方案的过程中多提设想，这样获得最佳方案的可能性也就越大。

(2) 方案创造的方法

方案创造的方法很多，下面介绍几种常用的方法。

① 头脑风暴法(Brain-storming)，又称 BS 方法，有些类似于我们常说的开诸葛亮会。头脑风暴法是一种从心理上激励群体创新活动的最通用的方法，是美国企业家、创造学家 A. F. 奥斯本于 1939 年创立的。

头脑风暴原是精神病理学的一个术语，是指精神病人在失控状态下的胡思乱想。奥斯本借用形容创造性思维自由奔放、打破常规，创新设想如暴风骤雨般地激烈涌现。为了排除由于害怕批评而产生的心理障碍，奥斯本提出了延迟评判原则。他建议把产生设想与对其评价的过程在时间上分开进行，要由不同的人参加这两种过程。

头脑风暴法会议通常由 5～10 人组成，参加会议的人由企业内外两方面的人员组成。企业内部可邀请有关设计人员，生产、销售、财务人员，科研人员；企业外部可邀请用户代表、有关专家和协作单位代表等。会议主持者要头脑清楚，思维敏捷，作风民主，既善于活跃气氛，又善于引导启发，使与会者感到无拘无束、思想畅通。参加会议人员要遵守下列规则：a. 不评价好坏、不相互指责，如“行不通”“太贵了”“无法实现”之类的用语禁止使用；

b. 鼓励自由奔放地思考，就是说不迷信权威，不墨守成规，不禁锢自己的头脑，不怕讥笑，相信事物的改进是无止境的；c. 提出的方案越多越好；d. 相互启发，即善于结合别人的意见来启发自己并完善自己的设想。

这种方法的主要优点是简单易行，能够做到集思广益，在不长的会议时间里可以提出大量的方案；缺点是会议后还要进行大量的整理、归纳和评价工作。

② 头脑书写法(Brain-writting)，又称“635”法，是德国人鲁尔巴赫根据德意志民族习惯于沉思的性格提出来的。

头脑书写法规定：每次会议明确所要研究的问题，组织 6 名专家，利用 5 分钟的时间，每人提 3 个方案，这就是所谓“635”的含义。这就要求组织者会前要设计 6 张同样的表格，每张表可填写 18 个方案，见表 11-10。第一轮大家各自单独填写，然后按逆时针传递(见图 11-14)，以后几轮可以接受别人的启发。经过 30 分钟以后，全部表格转了一圈，共得到 108 个方案。虽然这些方案中可能有重复的，但实践证明这种方法是很有效的，能够在较短的时间内获得较多的方案，而且与会者会在别人思想的启发下激发起自己的创造力，从而创造出高价值的方案。

表 11-10 “635”法筹集方案表

参加者 / 方案	1	2	3	4	5	6
1						
2						
3						

③ 提喻法，这是由美国人哥顿(Gordon)提出来的一种方法，所以又称哥顿法。

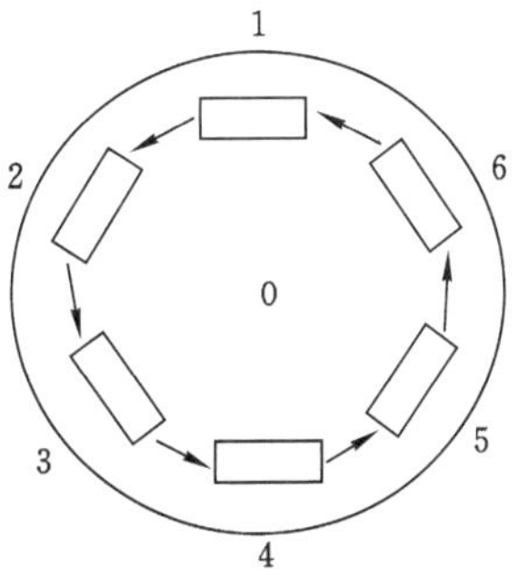

图 11-14 头脑书写法示意图

由于头脑风暴法存在以下缺点：第一，头脑风暴法在会议一开始就将目的提出来，这种方式容易使见解流于表面，难免肤浅；第二，头脑风暴法会议的与会者往往坚信唯有自己的设想才是解决问题的上策，这就限制了他们的思路，从而提不出其他的设想。因此，为了克服上述缺点，哥顿法规定除了会议主持人之外，不让与会者知道会议真正的意图和目的，主持人将要研究的问题适当抽象，以利于与会者拓展思路，摆脱现有事物对思维的制约。这种方法也是选择5～10人以会议的形式进行，会议开始时，会议要解决的具体问题只有主持者本人知道，他只是把问题抽象地向与会者提出，与会者便可以无拘无束地提出各种设想，直到主持者估计方案提得差不多的时候，才将问题公开，并继续讨论，欢迎辩论，力求获得最佳方案。例如，要研究改进剪草机的方案，主持者开始只是提出“用什么办法可以把一种东西断开?”当与会者提出了剪切、刀切、锯断、扭断、折断、扯断、砍断等不同的方案之后，主持者才公布会议的目的是研究剪草机的改进方案，并让与会者继续思考，这样就可能提出各种不同于传统割草机的方案来，如提出用理发推子形式的摆动刀片或镰刀形式的旋转刀片等各种方案。

这种方法要求会议主持人能够巧妙地提出问题，既不能太抽象，以免提出的设想离题太远、漫无边际，也不能太具体，以免受到原来对象的束缚。

④ 德尔菲法。德尔菲法(Delphi)是美国著名的咨询机构兰德公司率先采用的。采用德尔菲法，组织者将所要提出的方案分解为若干内容，以信函的形式寄给有关专家。待专家们将方案寄回后，组织者将其整理、归纳，提出若干建议和方案，再寄给专家们供其分析，提出意见。如此反复几次后，形成比较集中的几个方案。

德尔菲法有以下三个特点：

a. 匿名性。参加提方案的专家互不了解，并且不知道各自提了哪些方案，避免了意见容易受权威左右、出现“随大流”的情况。另外，专家们可在前一轮提案的基础上修改自己的意见，不需作出公开说明，无损自己的威望。

b. 反复修改，逐步集中。专家们所提方案经组织者汇总后再返寄给专家，在一定的层次高度再征询专家们的意见，这种带有反馈的信息闭环系统能够使专家们所提方案越来越集中、越来越有针对性。专家们通晓提方案的全部情况，也有利于开拓他们的思路。

c. 预测结果的统计特性。对反馈回来的方案进行统计处理是德尔菲法的重要特点。

如果认为书面提方案所需时间过长，也可以将有关专家请到一起，采取“背对背”的形式提方案，反复几次后，形成比较集中的方案。

⑤ 检查提问法。人们在泛泛思考时往往会觉得对问题无从下手，难以提出好的方案。为了解决这个问题，可以将过去的经验总结归纳出富有启发性的提问要点，把应考虑的问题列出来，在人们检查各种提问的同时，引起联想，产生新设想，提出改进方案。此方法可笼统地归纳为三个“能不能”：

a. VE 对象能不能取消？

b. VE 对象能不能与其他合并？

c. 能不能用其他更好的方法取代之？

具体地，检查提问法在检查提问表中提出的问题包括：

a. 将原有方案稍加改变，能否有新的功能或用途？

b. 以前有无类似产品？可否借鉴别的方案和经验？有无可参照、模仿的价值？

c. 可否改变一些外在的内容？如声音、颜色、形状、味道、式样等。

d. 能否扩大或增加一些东西？如强度、长度、刚度、时间、次数等。

e. 能否缩小或减少一些东西？如压缩、变薄、降低、缩短、减轻、消除等。

f. 能否代用？如用其他的材料、元件、工艺、动力等。

g. 能否代换？如换元件、换型号、改变结构、改变顺序、改变布局、改变速度等。

h. 能否倒换？如正反、上下、里外、前后等。

i. 能否组合？如目标组合、部件组合、方案组合等。

检查提问表的具体内容是结合工作内容的特点，根据工作人员的经验提出来的，不同企业、不同专业的工作可根据所选择对象的特点，应用不同的检查提问表列出提问要点，以利于提案人员构思方案。

⑥ 仿生学法。仿生学法是通过仿生学对自然系统生物进行类比分析，受到启发，创造新方案。如我国能工巧匠鲁班发明锯子，就是受到能割破人皮肤的茅草的启发；又如响尾

蛇导弹的制导系统是受到对热辐射非常敏感的响尾蛇的知觉系统启发诱导而研制成的。仿生学用于技术领域的例子非常多。

除了上述几种创造方案的方法外，还有输入输出法、类比法、列举法等方法，可针对不同的对象和专业特点适当采用。

2. 方案具体化和调查

首先，对各设想方案的具体结构、尺寸、材料等进行落实，把比较抽象的设想变为具体的东西，对实现功能的手段做到心中有数。

其次，考虑怎样把各功能单元有机地结合起来，使它们成为一个协调的完整体系，充分实现产品所要求的总体功能。

方案创造阶段所提出的设想，经过初步筛选之后，留下少数有价值的设想。对这些少数设想怎样具体化，又会遇到各种各样的问题，必然还要进行再调查、再创造。例如，实现一种构思的材料和零部件可以有很多种，这样会产生多种具体化的途径；当材料、零部件定下来之后，又有不同的加工和装配方法；还有设备、工序、检测、外协、外购等一系列问题，都可能在方案具体化的过程中遇到困难。显然，方案具体化的过程，必然伴随着大量的调查研究工作，有的问题要查阅国内外资料，有的需要请教有关专家，有的还需要做某些技术上的突破。

二、方案的评价和选择

方案评价可分为概略评价和详细评价。概略评价是对方案进行初步筛选，保留少数可行方案，以提高分析工作的效率。详细评价是对经过改进和试验研究的若干方案正式提交审查。两种评价都应包括技术评价、经济评价和社会评价三个方面的内容，如图 11-15 所示。

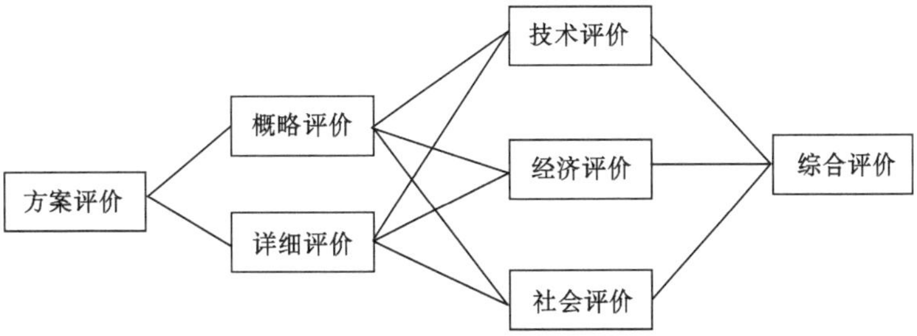

图 11-15　方案评价示意图

1. 技术评价

技术评价是以功能的各种性能是否满足用户的要求以及满足的程度为依据，评价方案在技术上的可能性，满足程度越高，方案的价值越大，这就是技术评价的目的。

就产品而言，技术评价的主要内容有：功能的实现程度、安全可靠性、操作维修性、与整体的协调性、材料和能源消耗以及“三废”的处理等。

2. 经济评价

经济评价主要是围绕方案的经济效益进行评价，评价的主要内容是产品的寿命周期费用。但从企业角度来说，评价的主要是产品的制造费用，因为这部分费用是可以控制的。

对于产品的使用费用，在评价时应尽可能给予考虑。

3. 社会评价

社会评价就是以顺应国家、社会和人类的生存发展，符合公共道德准则为依据，评价方案的可行性。社会评价的主要内容有：与国家规划和利益的一致性，与公共道德法律的一致性，对安全卫生、环境保护、生态平衡的影响等。

4. 综合评价

综合评价就是全面考虑方案在技术、经济和社会各方面的可行性，对方案作出整体评价。综合评价方法有两种：一种是定性分析，另一种是定量计算。定性分析的方法就是根据技术、经济和社会评价项目的情况，详细列举各方案的优缺点，然后对方案进行对比、评价、选择最优方案。定量计算的方法就是利用打分法区分评价项目的重要程度和各方案对评价项目的满足程度，根据方案得分多少确定方案的优劣。

三、方案的审批与实施

经过方案评价选出的最优方案，作为正式改进方案，提交有关部门审批。审批时应提交提案表、调查资料、评价资料及方案初步设计图纸。

方案经有关部门审批同意后，即可根据初步设计和试验的情况，修改设计图纸，制定有关工艺文件，经小批试制成功后再正式投产。

四、价值工程活动成果评价

对价值工程活动的评价，一般计算以下几项。

(1) 节约率：

$$\text{节约率} = \frac{\text{原成本} - \text{改进后成本}}{\text{原成本}} \times 100\% \tag{11-6}$$

(2) 年净节约额：

$$\text{年净节约额} = \frac{\text{原成本} - \text{改进后成本}}{\text{年产量}} - \text{价值工程方案附加费用} \tag{11-7}$$

(3) 节约倍数：

$$\text{节约倍数} = \frac{\text{年净节约额}}{\text{价值工程活动经费}} \tag{11-8}$$

其中，价值工程活动经费为实施价值工程方案所需工时(人数×时数)乘以价值工程活动成员平均小时工资。

除上述各项外，还可以根据需要列出各种项目，进行分析前后的比较，如零件的减少量、减少率，某个功能的成本降低率，按单位能量、功率、重量、容量等计算的经济效益等。

【案例分析】

价值工程案例

某城市高新技术开发区软件园电子大楼工程吊顶工程量为18 000 m^2，根据软件生产工艺的要求，车间的吊顶要具有防静电、防眩光、防火、隔热、吸音等5种基本功能以及式样新颖、表面平整、易于清理3种辅助功能。工程技术人员采用价值工程选择生产车间的吊顶材料，取得了较好的经济效果。以下是价值工程的分析过程。

一、信息收集

工程人员首先对吊顶材料进行广泛调查，收集各种建筑吊顶材料的技术性能资料和有关经济资料。

二、功能分析

技术人员对软件生产车间吊顶的功能进行了系统分析，绘出了功能系统图，如图 11-16 所示。

- 形成良好生产环境
  - 基本功能
    - 防静电 F_1
    - 防眩光 F_2
    - 防火 F_3
    - 隔热 F_4
    - 吸音 F_5
  - 辅助功能
    - 式样新颖 F_6
    - 表面平整 F_7
    - 易于清理 F_8

图 11-16　软件生产车间吊顶功能系统图

三、功能评价

根据功能系统图，技术人员组织使用、设计、施工单位共同确定各种功能权重。使用单位、设计单位、施工单位评价的权重分别设定为 50%、40%和 10%，各单位对功能权重的打分采用 10 分制，各种功能权重见表 11-11 所示。

表 11-11　吊顶功能重要程度系数

功能	使用单位评价(50%)		设计单位评价(40%)		施工单位评价(10%)		功能权重
	$F_{使用}$	$F_{使用}\times0.5$	$F_{设计}$	$F_{设计}\times0.4$	$F_{施工}$	$F_{施工}\times0.1$	$\frac{0.5F_{使用}+0.4F_{设计}+0.1F_{施工}}{10}$
F_1	4.12	2.060	4.26	1.704	3.18	0.318	0.408
F_2	1.04	0.520	1.35	0.540	1.55	0.155	0.122
F_3	0.82	0.410	1.28	0.512	1.33	0.133	0.106
F_4	0.91	0.455	0.55	0.220	1.06	0.106	0.078
F_5	1.10	0.550	0.64	0.256	1.08	0.108	0.091
F_6	0.98	0.490	1.12	0.448	1.04	0.104	0.104
F_7	0.64	0.320	0.48	0.192	0.53	0.053	0.056
F_8	0.39	0.195	0.32	0.128	0.23	0.023	0.035
合计	10	5	10	4	10	1	1

四、方案创建与评价

1. 计算成本系数

根据车间工艺对吊顶功能的要求，吊顶材料考虑铝合金加腈棉网、膨胀珍珠岩板和 PVC 板三个方案。三个方案的单位造价、工程造价、年维护费等见表 11-12。基准折现率为 10%，吊顶寿命为 10 年。各方案成本系数计算如表 11-12 所列。

表 11-12 各方案成本系数计算表

方　　案	铝合金加腈棉网	膨胀珍珠岩板	PVC 板
单位造价/(元/m^2)	112.53	26.00	20.00
工程造价/万元	202.54	46.80	36.00
年维护费/元	35 067	23 400	36 000
折现系数	6.144 6	6.144 6	6.144 6
维护费现值/万元	3.506 7×6.144 6=21.55	2.340 0×6.144 6=14.38	3.600 0×6.144 6=22.12
总成本现值/万元	224.09	61.18	58.12
成本系数	224.09/(224.09+61.18+58.12)=0.653	61.18/(224.09+61.18+58.12)=0.178	58.12/(224.09+61.18+58.12)=0.169

2. 计算功能系数

对三个方案采用 10 分制进行功能评价。各分值乘以功能权重得功能加权分，对功能加权分的和进行指数处理后可得各方案的功能系数。计算过程见表 11-13。

表 11-13 各方案功能系数计算表

功　　能	功能权重	铝合金加腈棉网		膨胀珍珠岩板		PVC 板	
		分值	加权分值	分值	加权分值	分值	加权分值
防静电 F_1	0.408	8	3.264	9	3.672	5	2.040
防眩光 F_2	0.122	7	0.854	9	1.098	8	0.976
防火 F_3	0.106	5	0.530	9	0.954	6	0.636
隔热 F_4	0.078	8	0.624	6	0.468	4	0.312
吸音 F_5	0.091	8	0.728	10	0.910	5	0.455
式样新颖 F_6	0.104	10	1.040	9	0.936	8	0.832
表面平整 F_7	0.056	10	0.560	9	0.504	8	0.448
易于清理 F_8	0.035	9	0.315	8	0.280	9	0.315
合　　计	1	65	7.915	69	8.822	53	6.014
加权分值指数化		7.915/(7.915+8.822+6.014)		8.822/(7.915+8.822+6.014)		6.014/(7.915+8.822+6.014)	
功能系数		0.348		0.388		0.264	

3. 计算价值系数

根据各方案的功能系数和成本系数计算其价值系数，计算结果见表 11-14。

表 11-14 各方案价值系数计算表

方　　案	铝合金加腈棉网	膨胀珍珠岩板	PVC 板
功能系数	0.348	0.388	0.264
成本系数	0.653	0.178	0.169
价值系数	0.533	2.180	1.562
最优方案		√	

5. 方案优选

根据各方案的价值系数,生产车间的吊顶材料应选膨胀珍珠岩板。

思考与练习题

一、思考题

1. 什么是功能?什么是产品的寿命周期成本?什么是价值?三者的特性各是什么?

2. 什么是价值工程?其主要特点有哪些?

3. 价值工程的工作程序包括哪些内容?

4. 选择价值工程分析对象的方法有哪几种?

5. 什么是功能定义?什么是功能整理?

6. 什么是功能评价?功能评价的方法有哪些?

7. 怎样计算价值系数?

8. 提高产品价值有哪些途径?

9. 必要功能和不必要功能、基本功能和辅助功能、使用功能和美学功能各是什么含义?为什么产品设计时应十分重视技术的外观功能?

10. 什么是上位功能和下位功能、目的功能和手段功能?明确产品各功能(整体功能及其分功能)之间的功能位属关系对功能整理有何意义?

二、练习题

1. 试求表 11-15 给出的各零件的价值系数,并用功能成本比较法指出哪几个零件可作为价值工程对象。

表 11-15 各零件的成本和功能得分

零件名称	A	B	C	D	E	F
实际成本/元	1 000	3 000	300	400	600	50
零件功能得分	6	5	4	1	2	3

2. 某种产品目前成本 1 000 元,各功能区现实成本和暂定重要性系数(简称暂定系数)列于表 11-16。试计算各功能区目标成本、功能价值和成本降低额。

表 11-16 各功能区现实成本和暂定重要性系数

功能区	F_1	F_2	F_3	F_4
暂定系数	1.5	1.0	3.0	—
现实成本/元	250	100	600	50

3. 某产品有 6 个零件,收集到的各零件数据见表 11-17。试对该产品进行功能评价。

表 11-17　6 个零件的数据

零件名称	A	B	C	D	E	F
功能评价值/元	325	456	200	700	10	1 691
现实成本/元	400	634	368	564	42	2 008

4. 已知某产品有 6 个零件，其重要程度从大到小的顺序为 B、C、A、D、E、F。试用一对一比较方法确定各零件重要程度，并且根据表 11-18 给出的数据计算在目标成本为 2 000 元和1 500元两种情况下的成本节约期望值。

表 11-18　现实成本表　　单位：元

零件		A	B	C	D	E	F
功能	F_1	350	100		100	50	100
	F_2	50	50	300	200	100	
	F_3		400	100		50	50

5. 某机床夹具由甲、乙、丙、丁四个部件组成，其功能为 F_1、F_2、F_3、F_4，其功能重要程度分别为 0.32、0.05、0.16、0.47，其成本在各个功能上的分配见表 11-19。试对此夹具进行功能分析，并求以 800 元为目标成本时的成本节约期望值。

表 11-19　功能成本表

部件		甲	乙	丙	丁
功能	F_1	100	100		50
	F_2		50		40
	F_3	100	150	20	
	F_4	100	200	40	50

6. 根据表 11-20 中数据，试用成本比重法(ABC 分析法)确定价值工程的活动对象。

表 11-20　某产品零件构成及成本表

零件	零件用量/件	单位零件成本/(元/件)
A	4	150
B	4	100
C	4	5
D	8	2
E	8	10
F	4	20
G	4	1
H	1	200
合计	37	488

7. 对某产品进行价值分析，在对各种零件功能进行评分后所得的总分及各零件功能的实际成本如表 11-21 所列。要求：

(1) 计算各零件的功能系数；

(2) 计算各零件的成本系数；

(3) 计算各零件的价值系数，并确定价值分析对象；

(4) 假定目标成本为 500 元，求改善后各零件的降低期望值。

表 11-21 零件功能分和成本表

零件	A	B	C	D	E	F
功能评价总分	25	20	30	45	20	10
实际成本/元	150	50	200	120	20	60

8. 某房地产公司对其公寓开发项目若干设计方案筛选后，对其中四个设计方案 A、B、C、D 做进一步的技术经济评价。有关专家决定从五个方面(分别以 $F_1 \sim F_5$ 表示)对不同方案的功能进行评价，并对各功能的重要性关系达成以下共识 $F_1 : F_2 : F_3 : F_4 : F_5 = 14 : 9 : 9 : 4 : 4$；此后，各专家对这四个方案的功能满足程度分别打分，其结果见表 11-22。试用功能价值系数选择最佳设计方案。

表 11-22 某公寓项目方案专家打分表

功能	方案功能得分/分			
	方案 A	方案 B	方案 C	方案 D
F_1	9	10	9	8
F_2	10	10	8	9
F_3	9	9	10	9
F_4	8	8	8	7
F_5	9	7	9	6
单位造价/(元/m^2)	1 420	1 230	1 150	1 360

9. 某市为改善越江交通状况，提出以下两个方案：

方案一：加固、扩建，预计投资 4 000 万元，可通行 8 年。年需维护费 100 万元，每 4 年需要进行一次大修，大修费用为 300 万元，报废没有残值。

方案二：拆除原址新建，预计投资 7 000 万元，可通行 10 年。年需维护费 100 万元，每 5 年进行一次大修，大修费用为 500 万元，残值为 700 万元。

不考虑两个方案建设期的差异，基准收益率为 10%。专家对 5 个功能比较的结果见表 11-23，对两个方案的功能评价得分见表 11-24。

表 11-23 功能比较表

功能	F_1	F_2	F_3	F_4	F_5	得分	权重
F_1	—	2	3	4	4		
F_2		—	3	4	4		
F_3			—	3	4		
F_4				—	3		
F_5					—		

表 11-24 功能评分表

方案	F_1	F_2	F_3	F_4	F_5
方案一	6	7	6	9	8
方案二	10	9	7	9	9

要求：

(1) 在表 11-23 中计算功能的权重；

(2) 计算两方案费用现值；

(3) 用价值工程方法进行方案选择(成本系数以费用现值为基础)。

第十二章 技术创新

【学习目标】

（1）掌握技术创新的概念；
（2）掌握技术创新的分类；
（3）掌握技术创新战略的概念及特点；
（4）了解技术创新评价的分类；
（5）理解常用的两种技术创新评价方法。

【思维导图】

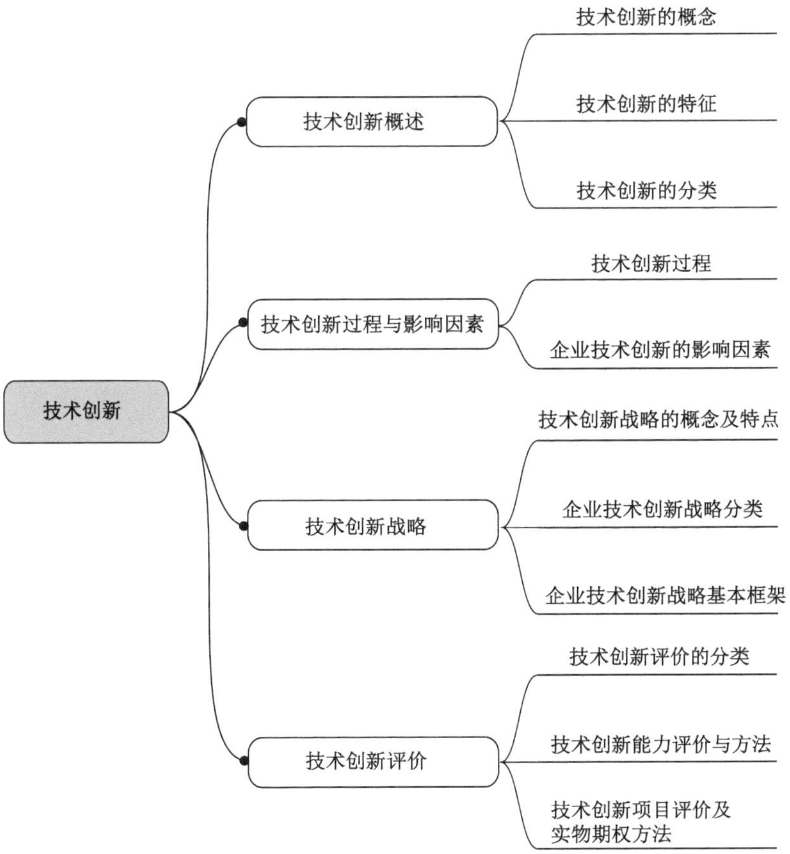

第一节 技术创新概述

一、技术创新的概念

(一) 技术创新的定义

1912年,美籍奥地利经济学家熊彼特(J. A. Schumpeter)首先提出了技术创新理论。经过多年发展,技术创新理论已在经济学和管理学理论系统中自成体系,并产生重要影响。熊彼特等对创新的研究主要从宏观层次上探讨技术创新对经济增长的作用,索洛等将创新或技术进步视为产业层次上引起生产增加和经济增长的因素。

创新包括开发新产品和新技术、开辟新市场和新的原材料来源以及建立新的企业组织形式等。技术创新是创新的重要组成部分。20世纪80年代初期,我国学者开始对技术创新进行研究。随着研究的不断深入,研究方向很快从单纯评价西方技术创新理论和研究方法转向对我国企业以及产业技术创新活动的实证研究上。2008年,大连理工大学学者刘则渊等在《科学知识图谱:方法与应用》中将中国技术创新研究分成三个阶段:20世纪80年代中国技术创新概念明晰期、90年代技术创新研究繁荣期和21世纪初技术创新研究强国期三个阶段。现如今,技术创新研究在我国学术界和理论界已有重大进展与理论突破,对我国改革开放与发展、高层决策都有极为深刻的影响。

技术创新是指从技术的新构想出发,经过研究开发或技术组合,到获得实际应用,并产生经济和社会效益的商业化全过程的活动。其中,技术的新构想指新产品、新服务、新工艺的新构想,构想的产生可以来源于科学发现、技术发明、新技术的新应用以及用户需求;研究开发或技术组合是实现技术新构想的基本途径,其中技术组合指将现有技术进行新的组合,只需进行少量的研究开发,甚至不经过研究开发即可实现;实际应用指生产新产品、提供新服务、采用新工艺或对产品、服务、工艺的改进;经济和社会效益指近期或未来的利润、市场占有或社会福利等;商业化指全部活动出于商业目的,全过程则指从技术新构想产生到获得实际应用的全部过程。

(二) 技术创新与有关概念的区别与联系

在我国经济和技术实践中,有几个概念常与技术创新概念相混淆,如技术发明、研究开发、技术成果转化、技术进步等。具体区别与联系见表12-1。

表12-1 技术创新与有关概念的区别与联系

概念	区别	联系
技术发明	技术发明仅指技术活动,只考察技术的变动性,不考察是否应用和产生经济效益	技术发明可能构成技术创新活动的一个环节(组成部分),技术创新包含技术发明,有的技术发明未走向技术创新
研究开发	研究开发是技术创新的一部分,当研究开发活动未延伸至商业化应用时,则没有完成技术创新的全过程	研究开发是技术创新的一个必要环节

表 12-1(续)

概念	区别	联系
技术成果转化	技术创新不仅可以源于已有的研究开发成果，而且可以源于技术的研究开发活动本身，它包括了技术成果的转化	都侧重于技术活动链的后端，都强调商业价值
技术进步	实现技术进步的根本途径是技术创新，技术创新是手段，技术进步是结果	表示社会技术经济活动的结果

1. 与技术发明的区别和联系

技术发明是指在技术上有较大突破，使已有产品有很大改进，甚至创造出完全不同于原产品的新产品原型及方法。技术发明与技术创新的区别在于前者仅指技术活动，只考察技术的变动性，而后者还需考察其经济效益。技术发明可以形成具有商业目的的技术新构想，从而构成技术创新活动的一个环节(组成部分)，从这个意义上说，技术创新可以包含技术发明。但是，技术发明可能不具备商业价值，也可能终止于技术原型，这样的话，技术发明就不能构成技术创新的一个环节。

2. 与研究开发的区别和联系

研究开发是技术创新的一个必要环节，所以它只能是技术创新的一部分，但是当研究开发活动未延伸至商业化应用时，则没有完成技术创新的全过程。同时，技术创新是以创造新技术为目的的创新或以科学技术知识及其创造的资源为基础的创新，而研究开发是科学技术研究的发展和扩展。

3. 与技术成果转化的区别和联系

技术成果转化一般是指将研究开发形成的技术原型(产品样机、工艺原理及基本方法等)进行扩大试验，并投入实际应用，生产出产品推向市场或转化为成熟工艺投入应用的活动。从实践上看，虽然技术成果转化和技术创新都侧重于技术活动链后端，并且强调经济效益，但技术创新除了可以源于已有的研究开发成果外，还可以源于技术研发活动本身。因此，严格地说，技术创新是一个更广义的概念，它包括了技术成果的转化。

4. 与技术进步的区别和联系

技术进步是一个含义十分宽泛的概念，人们一般用它表示社会技术经济活动的结果，在经济学上，技术进步指生产函数扣除资本、劳动等基本要素贡献后的余额。技术进步的实现手段很多，如提高教育水平和劳动者素质，实现规模经济等，但实现技术进步的根本途径则是技术创新。在这个意义上，可以说技术创新是手段，技术进步是结果。在我国，有人把实现技术进步的手段包括在技术进步的大概念之内，是各种因素的集合，这样的话，技术创新就是技术进步的一个组成部分(子集)。

二、技术创新的特征

1. 首创性

任何一项技术创新都是以前未做过的，这是创新最本原的含义所要求和体现的。新技术成果具有独占性，在技术开发的竞争中，真正法律上的成功者有且只有一个。在同一个市场，非首创性的自主创新是没有意义的。

2. 风险性

技术创新是一个具有很大不确定性和风险的过程,技术创新过程中会投入大量的人力、物力、财力,但是受各种因素的制约,技术创新活动的投入不一定会产生结果,不少技术创新在进入市场之前夭折。

3. 收益性

创新是企业获得超额利润的原动力,没有创新的企业就没有核心竞争力,只能获得行业的平均利润。技术创新成功的企业为社会提供了新的产品而获得了垄断利润,或采用了新的生产工艺方法提高了质量、降低了成本,或开辟了新的市场等,从而获得高于行业平均利润的超额利润。

4. 内在性

知识和能力支持是创新成功的内在基础和必要条件,在研究、开发设计、生产制造、销售等创新的每一个环节,都需要相应的知识和能力的支持。一方面,创新持续过程主要依靠自身的力量推进;另一方面,创新过程为创新者本身提供了积累知识和能力的良好环境。

5. 社会溢出效应

在技术创新过程中要投入大量的科学技术资源、自然资源和社会经济资源,需要社会上众多人群的共同努力,才能生产出新的物质产品和知识产品。而且创新成果不局限于一国一地范围内的传播和共享,重要的创新将迅速扩散到全球,为全社会共同享有。

三、技术创新的分类

1. 按技术创新程度分类

按技术创新程度,可将技术创新分为两类:渐进性创新和突破性创新。渐进性创新是指对现有技术进行局部性改进所产生的技术创新。在现实的技术经济活动中,绝大多数的创新是渐进性的。突破性创新是指在技术上有重大突破的技术创新。一般来说,突破性创新一般伴随着重大科学发现、技术发明等创新活动,一旦实现,将开拓新的市场或使现有技术得到巨大改善,如5G技术的开发。

2. 按创新的对象分类

按创新对象的不同,可将技术创新分为产品创新和工艺创新。产品创新是指发生在产品技术变化基础上的创新,其可以是在发生较大变化的技术基础上推出的新产品,也可以是改进产品局部推出的改进型产品。广义的产品包括服务(无形产品),因此,产品创新也包括服务创新。工艺创新又称过程创新,是指生产(服务)过程在技术变革基础上的技术创新。工艺创新既包括在技术较大变化基础上采用全新工艺的创新,也包括对原有工艺的改进所形成的创新。

3. 按技术变动的方式分类

按照技术变动方式(技术和技术原理的变动)可分为四类:局部性创新、模式性创新、结构性创新和全面性创新。局部性创新是在技术结构和模式均未变动的条件下逐渐形成的创新,可以不改变产品的效用而转变作用对象,如海尔可洗地瓜的洗衣机。模式性创新是在技术原理变动基础上的技术创新,例如从模拟电视到数字电视。结构性创新是技术结构变动形成的技术创新,例如手表式MP3。全面性创新是技术结构和模式均发生变动所形成的创新,例如从真空管到晶体管。

第二节 技术创新过程与影响因素

技术创新过程是指一项技术从出现到被市场接纳的过程。换句话说,每一项技术从出现到被市场完全接受都有一个发展的过程。创新的技术往往都是从一个特定的小众需求开始切入,在满足小众需求的过程中不断完善,最终找到技术和市场的匹配点。本节主要介绍技术创新过程及其影响因素。

一、技术创新过程

技术创新过程是一个将知识、技能与现有的物质资源结合,通过研究、开发转化成商业化产品的过程;是技术的产生、创造和应用的进化过程;是企业提高技术产品附加价值和增强竞争优势的过程。技术创新起始于构思形成,终结于新技术和新产品的应用与扩散,是一个连续渐进的过程。技术创新过程不仅伴随着技术的变化,还伴随着组织与制度的创新、管理方式的创新和营销策略的创新。因此,技术创新是一个可以使企业不断提高绩效水平、增强业务能力的过程。

结合企业的技术创新运行过程,可以把技术创新过程划分为五个阶段,如图 12-1 所示。

图 12-1 技术创新过程的主要阶段

1. 构思形成阶段

奥斯本认为创新构思是提出问题、确定目标、收集信息、分析与消化信息、提出假设、方案确定等一系列活动的产物。创新构思(在产品创新中也称产品概念)应包括三个部分:创新构思的功效、形式和技术。功效体现需求和效益,形式是产生功效的载体,技术是实现形式的途径。创新构思通常是在综合各方面信息的基础上,通过创新人员的创造性思维形成的。

激发创新构思的信息源大多来自企业外部。美国经济学家梅耶斯(S. Mayers)和马克维斯(D. G. Marquis)对 157 个创新案例进行了研究,他们发现,其中 98 项创新构思是被来自企业外部的信息所激发的。另外,也有不少创新完全采用了来自企业外部的构思,如杜邦公司在 1920—1949 年推出的 25 项重大产品与工艺创新中,有 14 项创新构思完全来自企业外部。这表明,信息综合在形成创新构思时起着关键性的作用。

创新构思的形成主要关注创新思想的来源和创新思想的形成环境两个方面。创新思想可能来自科学家或从事某项技术活动的工程师的推测或发现,也可能来自市场营销人员或用户对环境、市场需要和市场机会的感受。创新思想的形成环境主要包括宏观环境、宏观环境政策、经济环境、社会人文环境和政治法律环境、市场环境等。

2. 研究开发阶段

研究开发阶段的基本任务是创造新技术,一般由科学研究(基础研究、应用研究)和技术开发组成。企业从事研究开发活动的目的是开发出可以或可能实现实际应用的新技术,即根据本企业的技术经济水平和市场需求,敏感地捕捉各种技术机会和市场机会,探索应用的可能性，并把这种可能性变为现实性。研究开发的基本内容就是研制出可供利用的新产品和新工艺。

新产品的创新和开发受到社会生产需要和用户满意度等潜在因素的重要影响。如果创新产品有良好的发展趋势，同时满足大部分顾客的需要，就对企业的生存和发展起到关键的支撑作用。产品开发一方面要大力研究、设计、制造新产品，发展新品种；另一方面也要注意对老产品的改造与淘汰。企业对产品不断进行改进和开发，不仅可以提高消费者的欢迎程度，而且在一定程度上增加了企业的竞争力，有利于企业的长远发展。

新工艺的开发主要是指运用新的科技成果，对产品的加工制造方法、技术和过程等进行的改进和革新。新工艺的开发对于提高生产效率和产品质量，减少劳动消耗，降低成本，改善劳动条件，促进生产发展有着重要的意义。开发的内容一般有工艺方法、过程和劳动者的操作技能以及工艺装备等。工艺的开发与生产设备的开发是密切联系的，但是并非只有在应用新设备或对原有设备进行大规模改造的情况下，新的工艺才能实现，在某些情况下，对原有设备稍加改造甚至不改造，同样可以实现新工艺。

研究开发阶段是根据技术、商业、组织等方面的可能条件对创新构思形成阶段的计划进行一次次试验、检修和修正才能最终实现的。当然，由于研发开发阶段需要花费大量的人力、物力和财力，因此有些企业通过选择购买技术或专利跳过研究开发阶段。

3. 生产开发阶段

生产开发阶段是指企业把新的产品原型或样品转化为新产品的过程。它是企业在确定将要投放市场的产品原型或样品之后，到新产品正式投入批量生产之前，进行的中试、工艺流程设计、产品标准制定、工具与设备设计与制造、工作方法与劳动定额确定等一系列工作的总称。其中，工具与设备设计与制造工作的基本活动是开发商业生产中使用的工具与设备，具体表现为“设计—建立—测试”循环过程。运用工具与设备对生产过程进行测试，如果它们不能体现期望性能特征，工程师则应寻求设计改进以弥补这一差异，重复进行“设计—建立—测试”循环，以最终设计达到规定的技术要求并签字认可作为该工作结束的标志。生产开发阶段的主要任务是解决从技术开发到试制生产的全部技术问题，以满足生产需要。

在产品生产初期，由于生产能力、市场销售状况等各种因素的不确定性，产品往往是在一个相对较低的数量水平上生产，随着不确定因素的减少，生产逐渐趋于稳定，产品的产量也逐渐增加。

4. 市场开发阶段

市场开发阶段是指企业把新产品转变为市场上所需要的新商品的过程。技术创新成果的实现程度取决于市场的接受程度，要让新产品被市场接受，在进行产品构思、研究开发时都必须紧紧跟踪市场需求的发展变化，使产品的功能、效用、风格式样、包装、价格都能被市场接受，并且制定出正确的市场经营战略和计划，有组织地占领市场。

在进入市场之前，要做到“三个明确”。明确企业对目标市场的战略规划与营销策略，以及对目标市场网络渠道的具体规划；明确企业各个系列产品的用料、工艺、使用方法以及竞争优势；明确目标市场所处区域的人文、地理、经济状况以及其他的区域风俗习惯。

在进入市场之后，首先要进行详细的市场调研，充分了解目标市场行业状况、市场潜力、主导品牌、客户信息、销售预计，从而发现市场机会，进行初步的市场规划。接着对前期所掌握的目标市场信息进行详细的整合和 SWOT 分析，寻找出企业产品、营销策略相对于目标市场同类主流品牌的相对优势和劣势、机会和威胁。最后,先从目标市场客户信息里找出行业中经营状况好、行业口碑好、经营观念好的排名前几位的经销商,然后在市场调研的基础上分析企业产品及营销策略在同行业中的相对优势和劣势,两者相结合,确定最后的合作伙伴。

5. 技术扩散阶段

技术扩散阶段是指一项创新技术随着时间通过各种渠道被社会成员所接受的过程。当某个企业或者部分企业通过技术开发、生产开发以及市场开发,将创新性的产品或工艺推入市场并取得一定的经济效益时,必然会引起其他更多的企业效仿,它们通过各种手段获取技术,也开始进行此类产品的开发和生产。当越来越多的企业获得相应的技术时,这项创新技术就会在社会生产中扩散。

技术扩散有一定的规律。技术扩散一般要看规模和速度,扩散的规模和速度一般以采用率来衡量。采用率是指一定时间内某项创新技术的累计采用者的数量占社会系统所有成员的百分率,它是一个动态的概念,因为在一定时期内一些人采用创新技术的同时,可能还有原来采用创新技术的人放弃了创新技术。在技术扩散初期采用率很低,后来随着时间的推移,采用者的数量会逐渐增加,采用率逐渐提高,最终被社会系统内的大多数成员所采纳。创新技术的扩散速度一般是开始时较慢,然后变快,最后又变慢,通常采用者的比率达不到百分之百,典型扩散规律的S形扩散曲线如图12-2所示。

技术扩散阶段根据扩散过程可以进一步划分为四个阶段(见图12-3):① 突破阶段,即创新技术开始被少数人采用的阶段;② 关键阶段,即创新技术被证明在社会系统内实施成功,并且取得了理想的结果,创新者从中得到了实惠,创新者的成功对其他人采纳创新技术产生了极大的推动力;③ 自我推动阶段,即社会系统中有更多的人主动向采纳者学习的阶段;④ 浪峰减退阶段,即创新技术被社会系统内的大多数成员所采纳而成为一种规范,创新技术的规模达到了最高峰,也就是采用者的数量达到了最多,然后创新技术的采用者会逐渐地下降直到最后的终结。

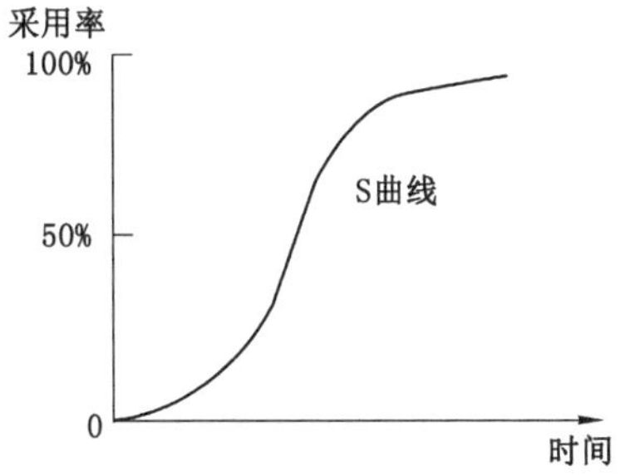

图12-2 典型扩散规律的S形扩散曲线

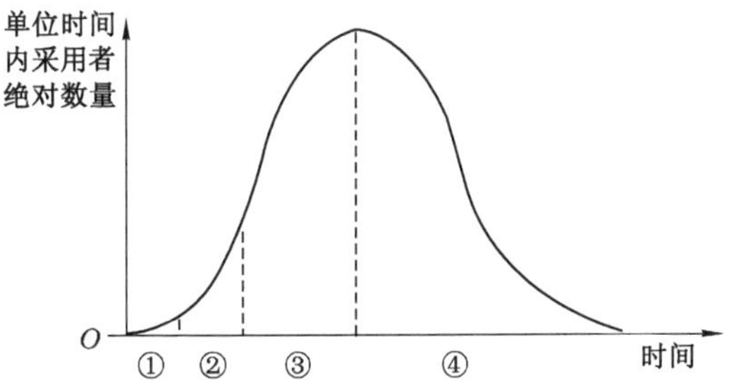

图12-3 创新技术扩散过程的四个阶段

这种阶段划分对于技术推动为主、创新目标明确、市场需求或技术变化都不快的环境是比较适合的。事实上,我国以前的许多技术创新都是这样推进的。然而,在实际的创新过程中,阶段的划分不一定十分明确,各个阶段的创新活动也不仅仅是按线性序列递进的,有时存在着过程的多重循环与反馈,以及多种活动的交叉和并行。下一阶段的问题会反馈到上一阶段以求解决,上一阶段的活动也会从下一阶段所提出的问题及其解决中得到推动、深入和发展。各阶段相互区别又相互联结和促进,形成技术创新的统一过程。

二、企业技术创新的影响因素

技术创新是一种涉及面广、环节多、过程复杂的技术经济活动，其影响因素有很多。由于技术创新是以企业为主体的活动，所以又可以将影响因素分为企业内部影响因素和企业外部影响因素。

（一）企业技术创新的内部影响因素

1. 企业创新投入

企业创新投入可以分为财力投入和人力投入。

(1) 财力投入。企业的研发资金投入与其技术创新能力密切相关，研发资金投入对其技术升级有十分明显的推动作用。已有研究资料显示，企业的研发资金投入与其技术创新能力呈高度正相关。除此之外，充足的研发资金投入还体现在企业有能力引进国际先进的机械设备和生产技术，同时可以对高素质人才保持强劲的吸引力。因此，研发资金投入对企业的技术创新有至关重要的影响。

(2) 人力投入。企业的研发人员是实践技术创新的主力军。企业技术创新是一项系统工程，高素质人才的研发、团队之间的协作与配合、全体成员的共同努力缺一不可。在当今市场竞争环境中，原材料、生产工具、销售价格等传统竞争手段的决定性已大不如前，技术人才的竞争成为决定企业成败的关键因素。无论是国家之间的竞争，还是企业之间的竞争，从根本上说都是人才的竞争，特别是创新型人才的竞争。

2. 企业内部治理

影响企业技术创新的内部治理因素主要可以分为以下四种。

(1) 企业规模。企业规模体现了生产资料、生产工具等生产要素以及产品产量在企业中的集中程度。企业在劳动力上投入的技术越多，通过技术升级带来的劳动生产率提高越多，创新效果也就越好。一般来看，大企业拥有雄厚的资金、一流的管理水平、先进的技术基础以及高素质的员工，其通过技术创新能够获得更大的规模效益，并且有资本投入更多的资源进行创新，所以相比小企业更有条件、更有意愿进行技术创新。而小企业更注重寻求创新机会，在应对创新时更显示出其机制的灵活性和反应速度；同时，小企业拥有极强的模仿能力，能够根据需要迅速改变创新方向。

(2) 企业资本结构。企业资本结构体现了企业长期资金各种来源的构成及比例关系。企业进行技术创新可为企业将来的发展带来机遇，但基础创新活动本身具有不确定性和回报周期长等风险特征，同时要求投入大量的资金支持，且不能在短期内看到现金收益。如果企业通过负债投入创新资金，不仅要承担高利息的压力，还要面临更高的破产风险。因此，企业通常并不愿意借助外债进行创新投资，而是更多地使用内部资金进行创新投资。

(3) 企业组织。技术特点和制度设定决定了组织存在的形态和方式，所以组织的规模、形式及结构一定要与技术创新要求相适应，组织创新可以促进新技术的产生，进而产生技术创新的效果。组织创新需要重建组织中的结构，打破阻碍技术发展的隔膜，以确保技术创新的顺利进行。企业的组织结构影响着生产资料的配置和整合，直接决定了技术创新活动中的能源消耗，对技术创新过程中的资源利用率产生影响；同时，组织结构也关系到员工通过何种方式进行沟通、合作和相互学习，进而对整个企业知识和技能水平产生影响。

(4) 企业激励机制。在企业技术创新活动的整个过程中,研发人员是最关键的因素。一方面,研发人员的研究成果能够为企业带来预期利润,提升企业的业绩;另一方面,研发人员在企业内部对新技术、新知识的传播,能够提升企业知识水平,为企业不断进行技术创新、保持竞争优势打下基础。薪酬回报和奖励最能激发企业员工的工作热情和潜力。因此,企业创新活动的激励机制对企业技术创新有十分重要的作用。同时,企业对研发人员实行激励机制时要充分考虑其可行性和可操作性,必须提供足够的薪酬激励空间,使企业通过技术创新获得的增长收入在研发人员的薪酬结构中占据一定比例,把研发人员的薪酬同企业的整体收益紧密联系,并辅以精神层面的表彰激励,最终达到激发研发动力的目的。

3. 企业文化

企业文化是一种价值观,是一种管理理念。每个企业的企业文化都具有本企业的特色,是蕴含于企业形象、制度、产品之中的某些物化精神的总和。如果企业文化能够强调以人为本,能对员工的价值观念、道德规范和行为方式进行整合,使之成为共同的企业价值观和企业精神,就能大大推动企业技术创新;反之,就会阻碍或限制企业的技术创新活动。企业文化在两个阶段会对企业的技术创新产生影响,一是构思形成阶段,二是研究开发阶段。

在构思形成阶段,需要员工大胆想象,勇于突破常规,积极献计献策,这是企业技术创新的基本动力。而创新构思的产生需要良好的文化环境和实施正向激励的企业文化。这种企业文化积极鼓励员工创新并采纳其有价值的创新设想,同时制定奖金标准奖励那些有创新想法的员工,这样就可以保证新构思源源不断地涌现。但如果对某种创新思路提出批评,可能就会压抑一部分人的创新积极性,对技术创新有很大阻碍作用。企业要激发、鼓励员工创新不难,但要使创新积极性一直保持下去难度却很大。企业想达到持续创新,除了有相应的制度保障之外,还需要通过企业文化让创新贯穿于整个企业。

在研究开发阶段,技术开发的不确定性与风险性、资金投入强度、时间长短等因素,大大影响着研发工作的开展和持续。这个阶段需要技术人员敢于面对失败,有一定的抗压能力,还需要各部门的沟通、协调和配合,任何环节的脱钩都会影响技术开发活动的继续,甚至导致技术创新夭折。合作的文化氛围是技术开发成功的必要条件。在高新技术企业中,由于技术本身的复杂性,技术创新依靠一个人的力量几乎是不可能的,绝大部分创新成果是集体智慧的结晶。因此,没有良好的团队合作开发、创新文化氛围,就不会有高效率、高质量的技术开发成果,也就不会有富有效益的技术创新。

(二) 企业技术创新的外部影响因素

1. 政策因素

政策导向在技术创新中是至关重要的因素。首先是法律政策,主要包括政府创新投入和知识产权保护等。政府创新投入包括政府财政投入、国家创新基金支持等,其可能会使企业研发投入增多,获得更多外部资金支持投入创新活动的开发、试验、设计等环节。技术创新的成果多以知识产权的形式表现,具有易扩散性、易模仿性等特点。完善的知识产权保护政策可以有效地避免创新成果被其他主体轻易模仿,保护技术创新成果创造者的合法权益,提高人们技术创新的积极性。

其次是适宜的产业政策和宏观经济政策,技术创新需要在不确定的情况下投入巨额研发资金,而在竞相研发的条件下,企业只能在短期获得超额利润(因为企业的超额利润会被随后的技术创新或模仿所破坏)，因而完全依靠市场机制会存在创新动力不足的问题，这就要求政府对研发活动进行干预。一般而言，政府干预研发活动可以推动一国的研究活动，使企业技术创新率达到最优。

2. 市场因素

市场是在生产者、销售者、消费者等所有市场参与者之间形成的一种复杂的商品交易场所。它是社会分工和商品生产的产物，哪里有社会分工和商品交换，哪里就有市场。良好的市场环境能够为技术创新打下坚实的基础。如果市场环境能够为参与其中的企业提供一个各方面都公平公正的竞争环境，那么其将激励企业推动技术创新，促进企业的生存和发展。对企业技术创新有影响的市场环境，包括市场制度和市场集中度。

(1) 市场制度。在完善的市场制度下才能形成良好的市场环境。完善的市场制度具有信息调整、收入分配和经济刺激等功能。在市场机制的调控下，企业以获取经济利益为目标不断寻求创新计划，根据新的生产要求，对各种生产技术或生产要素进行重新整合。技术创新者在完善的市场制度下得到公平的分配收入，此将激发企业内在的创新潜力。在完善的市场制度下，企业必须遵循市场的游戏规则——优胜劣汰，不想被市场遗弃，就必须通过不断的创新，在竞争中获得优势。完善的市场制度将最大限度地鼓励和保护正当竞争，打击不正当竞争，让企业的竞争在更加规范的环境下进行；同时，企业的创新热情被充分地调动起来，积极利用自身有效资源，加大技术创新投入，形成核心竞争力，在市场竞争中站稳脚步。

(2) 市场集中制。市场结构能够对企业行为产生影响，而企业行为又影响着企业经营活动的业绩。市场结构因素中最具代表性的就是市场集中制，同时它也是决定市场结构的重要因素之一。市场集中度在一定程度上反映了某个行业的市场竞争程度和垄断程度，因此这一指标经常被研究人员用来判断行业竞争性和垄断性。马歇尔认为，企业在不断扩张形成规模经济的同时，其垄断地位也在不断提升，这将抑制竞争机制的调控作用，大大降低企业的创新积极性。过于激烈的竞争挫伤企业创新的动力，因为创新者并不能在很短的周期中看见效益、收回成本；而企业若处于高高在上的垄断地位，则容易产生自我满足，忽略创新活动的重要性。

3. 资源因素

资源环境包括自然资源、社会资源和科技资源。自然资源决定了一个地区的资源特点和主导产业，同时也决定了技术创新的主要领域。社会资源不仅影响技术创新成果大小，而且影响技术创新的方向。例如，劳动力资源的紧缺会使技术创新向劳动节约型方向迈进。社会资源紧缺程度越大，供需矛盾越突出，技术创新的速度就会越快。科技资源包括企业、科研院所、高等院校等单位的实验室、实验装置、实验方法、实验技术以及科技人才等。

4. 科研水平因素

科研水平的高低是技术创新能达到的理论极限，企业的技术创新总是跟着科研水平的提高而发展的。我国科研工作者更是紧跟着改革开放的形势发展，以计算机应用、通信、数控机床、汽车等为主要内容，开展了计算机应用软件、个人电脑、光纤通信设备、数控电源等研究，使我国在高新技术领域与国外的差距大大缩小。

5. 企业竞争者因素

在企业间的竞争中，通常会出现两种竞争：一种是同质产品的竞争，即竞争企业所销售的产品在质量、性能、品种等方面几乎是完全相同的；另一种是替代产品的竞争，即竞争企业销售的产品可以满足同类需求。

对于第一种竞争来说，企业之间的焦点体现在价格上。在同质产品的竞争中，如何获得低成本优势是赢得竞争的关键。只有率先进行工艺创新，或是采用高效率的设备，或是对生产工艺或生产组织进行有效的调整的企业，才可能在创新中获得低成本的结果。当创新投入在特定时期内小于成本节约所产生的利润，这种工艺创新便会使企业获得低成本的优势。

与同质产品的竞争相比，替代产品的竞争不仅反映在价格方面，而且反映在产品的性能、质量、包装和售后服务等方面。对于第二种竞争来说，产品创新较工艺创新更具有代表性。一旦一项产品开发成功，企业不仅可以改变企业的竞争优势，更重要的是创新者可以领先占领新市场，获得市场上的垄断地位，并从中获得高额利润。与此相对应，产品创新的成本较之工艺创新的成本要高得多，风险也大得多，一旦创新失败，会给企业带来严重的经济损失，甚至导致企业前功尽弃。因此，无论是以工艺创新为基础的同质产品的竞争，还是以产品创新为基础的非同质产品的竞争，都出现在企业间存在着竞争关系的条件下。此时，技术创新成为企业获得竞争优势的主要手段，因此企业间的竞争关系有利于企业进行技术创新。

6. 上下游相关企业因素

上游企业的技术、设备、原材料和零部件是产业技术开发的基础，其配套技术的升级是集群内部企业技术得以升级的前提条件。下游企业是集群内企业产业技术创新的市场，其需求信息决定产业技术创新的方向和导向。在产品的生产过程中，上下游企业以及企业内的上下游生产环节之间形成了企业之间及企业内部的分工关系。随着这种分工与合作方式的形成，越来越多的小企业专精于某一工序、某一零配件的生产，成为大企业的合作伙伴或结成小企业同盟，原本存在于企业内部的专业化分工也随之外部化，企业之间的专业化分工程度加深，企业之间的依赖也随之加强，与此同时提高了各企业的加工效率。

针对消费者而言，有效创新的实现是一个完整的产品的创新，而不是某一个生产环节或零配件的孤立创新。需要产品链上各企业、各部门间的有机合作，通过上下游企业之间的互动与协作，知识与技术的流动和传播，使得某个产品的有效创新得以实现。此时，创新的成功不再是某一个企业的单独行为，而是通过企业之间的合作创新完成的。各个单独的成果在不同生产阶段的各个分工协作企业间的传播与完善，提高了参与分工企业的效率以及整体创新效率。由此可知，上下游企业之间的协同作用，不仅有利于企业创新技术水平的提高，而且有利于整个产业链技术水平的提升。

第三节　技术创新战略

一、技术创新战略的概念及特点

（一）技术创新战略的概念

技术创新战略是某一国家、地区或组织基于外部环境和自身内部环境，正确分析后得到的技术创新目标及其实现措施。确定正确的技术创新战略的目的是获取竞争优势。技术创新战略可分为宏观、中观和微观三个层面，宏观层面是指国家技术创新战略；中观层面是指区域和产业技术创新战略；微观层面是指某一组织（特指企业）的技术创新战略。本节主要介绍企业技术创新战略。

随着经济全球化的到来，技术创新战略逐渐成为企业经营战略的核心内容，企业为了获取竞争优势、实现技术创新目标而作出的与技术创新相关的决策即为技术创新战略，通常涉及技术的获取、提升和利用，特别是关于企业研发的重大安排。

企业技术创新最根本的目标就是为企业赢得竞争优势，提高企业的盈利水平。企业技术创新不局限于销售额的提高或者产品性能的改进，也不局限于新产品或服务的问题，更重要的是改变竞争地位，建立核心竞争优势。因此，企业技术创新战略对企业发展有着重要的作用。有很多企业虽然是重要技术创新的完成者，但由于没有从战略层面布局企业技术创新，结果导致企业并未从技术创新中获得应得的收益，甚至失去了竞争优势。例如，英国 EMI 公司创造了扫描仪，结果却被模仿者抢去了市场。美国施乐公司是复印机的创新者，然而日本的佳能公司却占据了更大的市场份额。所以技术创新固然重要，但对企业来说，技术创新战略更为重要。

（二）企业技术创新战略的特点

战略是指重大的、长远的、带有全局性或者决定全局的谋略。企业技术创新战略是指企业在技术创新领域内的重大的、带有全局性或者决定全局的谋划。与其他战略相比，技术创新战略具有以下特点。

1. 全局性

技术创新战略是企业技术创新及其发展的全局性安排。企业在发展战略中选择和实施技术创新，不仅直接影响技术、生产等部门，而且对其他部门和企业的整体规划和发展都会产生重要影响，同时对企业竞争力和未来发展都起着决定性的作用。

2. 长期性

技术创新战略的着眼点不是当前，而是较长时期内关系企业未来发展的方针政策和措施。企业技术创新战略不仅影响企业的近期经济效益，而且会对企业的长期竞争力、未来企业发展和企业的长期经济效益产生深远影响。

3. 层次性

企业技术创新战略不仅要对指导思想、基本框架等方面作出总体安排，而且要对构成技术创新战略的各个方面和职能（如技术开发、生产、销售等）作出规划，既包括企业总体的技术发展规划，还必须包括与技术创新相关的其他具体规划，以此来确保计划的稳步进行和层层递进。

4. 动态性

技术创新战略是动态的，具体表现在对技术发展和重要市场机会的把握上，因为技术创新本身的不确定性决定了企业技术创新战略必须随着技术的发展而不断进行动态调整。

5. 风险性

技术创新战略的长期性、技术发展和未来市场的不确定性等，决定了技术创新战略面临的环境是变化的，导致了技术创新战略不可避免地具有风险性特征；而技术创新战略的全局性特点会使其失误的损失放大，因此，技术创新战略存在较大的风险性。

二、企业技术创新战略分类

企业技术创新战略可从不同的角度进行分类，即从技术竞争地位、市场地位和行为方式、技术来源分别进行分类。

（一）技术领先和技术跟随战略

根据企业所期望的技术竞争地位的不同，可将企业技术创新战略分为技术领先战略和技术跟随战略。

1. 技术领先战略（technology-leading strategy）

该战略是指企业致力于在相关技术领域占据领先地位，以持久、广泛的研发活动为基础获取革命性或突进性的创新，并将以此为基础的全新产品投入市场，在一段时期内占据技术和市场的领导地位，进而设法把自己的产品设计确立为产业的主导设计，取得较大的市场份额和较高的垄断利润。

该战略对企业的要求很高，不仅需要企业在某个专业领域具备较强的技术基础，能够率先开发和采用新技术，而且由于技术更新加快和市场竞争的动态性，还要求企业能持续地开发出新的领先技术，以保持其领先地位；同时需要在获取产业主导设计、品牌认知和知识产权等方面处在有利地位。如果企业不能保持领先地位，即使暂时得益，也会犹如昙花一现，在各方面面临巨大风险。

2. 技术跟随战略（technology-followed strategy）

该战略是指企业不图技术领先，而是在领先者的创新获得进展以后，学习领先者创造的新知识，跟在领先者后面进行模仿，即密切关注技术和市场领导者的研发动态，从中选取某些技术主题自主地开展相关的研发活动，紧跟领导者，在产业的主导设计尚未确立之前，将自主创新的产品投放市场，设法把自己的产品设计确立为产业的主导设计。

该战略可以使企业利用领先技术的原理开发出独特的产品，这样可以少走弯路，避免自己做大量的研发投入。技术跟随战略对技术后进企业而言是较为实际的，但是企业依然需要拥有雄厚的自主研发力量，才有机会夺取产业的主导设计地位。随着国内外知识产权保护力度的不断加大，采取这种战略的风险也越来越大，企业在模仿时必须特别注意规避侵权风险。

（二）进攻型、防卫型和模仿型战略

根据市场地位和行为方式的不同，可将企业技术创新战略分为进攻型战略、防卫型战略和模仿型战略。

1. 进攻型战略（attack strategy）

该战略是指在一个竞争性的市场上，企业主动挑战市场竞争对手的战略，需要其抢在竞争对手前不断推出新生产工艺或新产品来领导市场，使其可以进入新的技术或市场领域或扩大原有的技术或市场领域。采取该战略的既可以是行业的新进入者，也可以是寻求改善现有地位的既有公司。该战略的行动核心可以是一项新技术、一项新开发出来的核心能力、一种具有革新意义的产品、新推出的某些具有吸引力的产品性能特色、在产品生产或营销中获得的某种竞争优势，也可以是某种差别化的优势。

这种战略的特点是开拓性强、风险性大，但潜在收益高，要求企业具有雄厚的实力和较高的技术水平，并投入大量资源以开展研发工作，同时还要有能力及时将研发成果转化为商品，扩大市场份额。

2. 防御型战略(defense strategy)

该战略是指企业为了应对市场可能给企业带来的威胁，采取一些措施企图保护和巩固现有市场的一种战略。在某个有限的市场中，防御型组织常采用竞争性定价或高质量产品等经济手段阻止竞争对手进入它们的经营领域，以此保持自己的地位稳定。实施该战略的企业往往拥有先进的技术，但在技术开发和市场上并不领先，为了避免领先所造成的不确定性和巨大的研发成本以及不可预知的市场风险，必须采取积极的防御策略，以低成本、高性能、高质量占领市场。

这种战略的特点是低风险、低收益，强调人有我有，人新我好；不求最新，但求最好，稳扎稳打。这种战略要求企业重视技术创新的转移和改进，重视对顾客的技术支持和服务，注重产品细化的市场，以低成本、高质量来占领市场，赢得利润。

3. 模仿型战略(imitation strategy)

该战略是指新创企业的业务模式建立在模仿竞争者提供的产品或服务的基础上，体现为不占资源优势的新创企业通过学习模仿实施追随策略并达到快速发展的目的。也就是模仿者愿意与创新者保持一段距离，并投入适量经济资源用于技术服务和培训等，期望创新者成功后，模仿创新者的商品进入市场并获取市场收益。在研发能力和市场竞争能力有限的情况下，这一战略是很有效的，既可避免锋芒，又可找到市场。因此，这是一种特定时期采取的短期性战略。

（三）技术来源

根据技术来源的不同，可将企业技术创新战略划分为自主创新战略、模仿创新战略和合作创新战略。

1. 自主创新战略(independent innovation strategy)

该战略是指以自主创新为基本目标的创新战略，即企业通过自身的努力和探索寻求技术突破，攻破技术难关，并在此基础上依靠自己的能力推动创新的后续环节，完成技术的商品化，获取商业利润和竞争优势，从而实现预期目标。企业的技术来源主要是自主开发，但并不排斥引进技术及联合开发技术。该战略要求企业具有较强的研发实力和一定的投资能力，能实现基础研究向应用研究的转化。企业需要独自承担风险，一旦成功，也能独享创新成果，获得超额利润。

实现自主创新战略要求企业具有强烈的创新意识和进取精神，较强的创新能力和研发能力，一定的资金基础和风险防范能力，完善的知识产权保护机制和强大的市场营销能力，等等。

2. 模仿创新战略(simulating innovation strategy)

该战略是指企业在率先创新的示范影响和利益诱导之下，通过学习模仿率先创新者的创新思路和创新行为，吸取率先创新者的成功经验和失败教训，引进购买或破译率先创新者的核心技术和技术秘密，并进行适当的改进和创新。企业技术主要通过模仿他人已有的技术获得，但模仿创新不同于简单的技术模仿，简单的技术模仿重在模仿而不求创新，企业永远处于被动地位；模仿创新则是以专利或市场上出现的技术作为发明创造的线索，实现有差别的技术创新。

该战略要求企业拥有信息识别能力及技术选择能力，即能从长远、全局、全方位、战略的角度出发引进技术；企业还需具备良好的研发能力，在引进后加以消化吸收再创新，不能停留在单纯的技术使用层面，否则企业就会陷入恶性循环而无法具备竞争力。该战略往往是技术后进企业的创新途径。

3. 合作创新战略(collaborative innovation strategy)

该战略是指以企业为主体，两个或两个以上的企业合作进行研发，共享技术创新的成果，以达到节约研发投资、缩短开发周期、进入新市场的目的。合作创新通常以合作伙伴共同利益为基础，以资源共享或优势互补为前提，有明确的合作目标、合作期限和合作规则，合作各方在创新的全过程或某些环节共同投入、共同参与、共享成果、共担风险。合作的方式很多，可以是纵向的合作，如制造商、供应商、用户之间的合作；也可以是企业间或企业与科研院所的横向合作，如同行制造商(竞争者)间的合作、产学研合作(即企业与科研机构、高校之间的合作)。随着技术生命周期的缩短和竞争的激烈化，合作创新已不仅仅集中于新兴技术和高新技术产业，成为国际普遍现象。

三、企业技术创新战略基本框架

技术创新战略是按照企业自身条件制定的，因此技术创新战略在不同企业中各不相同，不存在普遍适用的企业技术创新战略，但是企业技术创新战略的流程是一致的。企业技术创新战略的一般流程如图 12-4 所示。

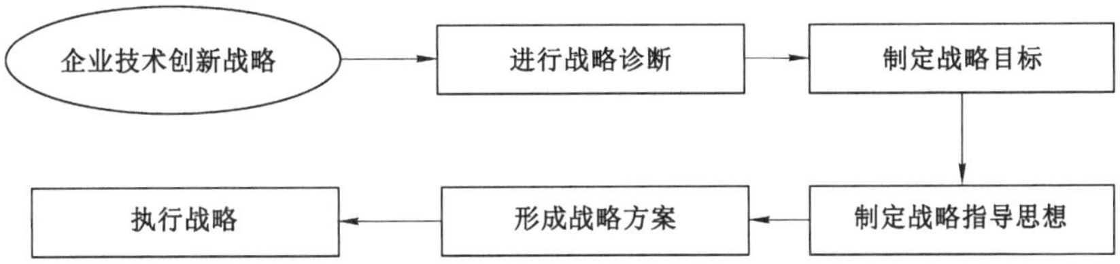

图 12-4 企业技术创新战略一般流程

(一) 进行战略诊断

企业外部环境、内部条件分析是制定技术创新战略的前提。

1. 外部环境分析

外部环境分析是指对企业技术创新战略实施有影响而企业又无法控制的外部因素的分析，其重点是识别和评价超出企业控制能力的外部发展趋势与事件。企业可以通过外部环境分析明确自身面临的机会与威胁，如对消费者需求变动、竞争对手及其实力、原材料供应、宏观经济形势变化等的分析。

2. 内部条件分析

内部条件分析是指对企业可投入技术创新的资源的数量和质量进行分析，以确定企业的技术创新能力及企业所具有的优势和劣势。它主要是对企业目前的技术资源状况和技术能力水平进行分析，如企业的研发人员实力、生产设备的先进性、技术积累和设备情况、企业技术协作关系、企业的资金实力等。

（二）制定战略目标

企业技术创新战略目标可分为长期战略目标和阶段战略目标两类。

1. 长期战略目标

长期战略目标具有长期性、稳定性和超越性等特点。长期性是指所制定的战略目标需经过长期努力才能实现；稳定性是指所制定的战略目标保持相对稳定不轻易改变；超越性是指所制定的战略目标往往超过当前企业能力所能达到的水平。

长期战略目标的作用，一是明确企业长期奋斗的方向，引导企业尽可能按原计划稳步进行，甚至先于原计划达到较高水平；二是使企业明确差距，激励企业不断努力，以逐步接近目标。为了实现长期目标，企业需要将其分解为具体的阶段目标。

2. 阶段战略目标

阶段目标是企业在中、近期内要达到的目标。与仅起指导、激励作用的长期目标不同，阶段目标必须在限期内实现，因此具有较强的可操作性。阶段战略目标通常包括：在预定期限内要达到的技术能力和技术水平，为要进入的产业、要占领的市场和取得的市场份额所需开发的技术等。

（三）制定战略指导思想

战略指导思想是指实现战略目标的基本思路，包括拟采取的基本技术路线、获取技术能力的基本方式、实施战略的基本策略等。公司战略指导思想需在与公司高层充分沟通意见的基础上，了解他们对公司愿景、使命、战略指导思想的初步看法，并且经过反复讨论、广泛征求意见后凝练而成。例如，联想集团在分析了企业内外环境和条件、衡量了自身能力以后，制定了“贸-工-技”的基本发展思路：第一步，通过做国外大计算机厂商的代理商等方式了解 IT 行业市场，学习市场营销知识，积累开拓市场的经验，建立市场营销网络；第二步，引进并消化国外技术，进行局部创新，开始自主生产计算机等产品，并将其推向市场；第三步，开发拥有自主知识产权的产品，创立自己的品牌。联想集团所确定的指导思想，成功地引导企业一步步走向成熟，成长为中国最大的计算机集团公司。

（四）形成战略方案

战略方案是在战略目标和战略思想指导下形成的行动指南。

1. 核心技术的选择

企业对技术的选择是对主导型、基础性技术作出的定位和选择。企业考虑技术创新战略时，需根据对外部和内部的 SWOT 分析，弄清问题，发现机会，依据企业自身技术和市场创新能力进一步选择能够充分利用的企业资源、市场机遇、风险较小的技术创新战略以及需要发展的核心技术，以实现对有限资源的最有效分配。

2. 技术的获取模式

技术获取是指企业通过某种方式获取新技术或新知识的过程。按照企业研发力量的参与程度由低到高可分为外部购买（专利许可、并购、雇佣专家等）、与其他机构合作研发（参与技术联盟、组建合资公司、校企合作等）、内部研发三大类。随着全球竞争的加剧和技术进步的加快，合作研发模式已经成为企业创新的典型途径之一。

3. 技术在产品和价值链的运用

企业需要考虑在核心技术和最终产品之间建立什么样的联系，以及如何将核心技术体现在最终产品中,形成什么样的产品创新和过程创新平台。

（五）执行战略

战略执行时要抓住的关键和重点,企业技术创新战略的实施通常要重视以下要点。

1. 引入新技术的时机和方式选择

技术创新的成功会创造新的竞争领域、改变现有竞争领域的竞争模式或者支持企业现有的业务领域。这就涉及企业新产品进入市场的时机和方式,即企业应该采取什么样的竞争战略,是扮演领先者还是扮演跟随者的角色;还要考虑企业进入市场的方式,是创造新的竞争领域,改变现有竞争领域的竞争模式,还是支持企业现有的业务领域。

2. 技术应用的资源配置

技术只有在产品或价值链构造中被使用后才能转变为企业的竞争能力。技术应用的相关资源包括:企业是否有新技术应用所需的相关配套资产,所需资源与企业现有资源的兼容程度以及技术应用的投入强度等。技术应用的投入强度主要包括资金投入和人力资源投入两部分。以研发为例,研发资金投入水平一般通过研发投入占销售额的比例,以及在同行业的地位来衡量;研发人力资源投入水平也是通过研发人员占企业总人数的比例以及研发人员的素质水平来衡量。

3. 技术创新的有效管理

技术在企业产品和价值链中的运用,还涉及从产品研发到产品制造、营销等全过程。有人认为,任何计划机制的引入都将限制研发人员的创造性和创新能力的发挥,然而,由于企业资源的有限性,在创新活动中必须引入有效的规划和管理机制整合技术和企业资源,这就需要设计有效的研究开发组织和研发绩效评价工具。

第四节　技术创新评价

一、技术创新评价的分类

技术创新评价可从两个角度进行,一是评价某主体的技术创新能力,二是评价技术创新的过程和结果。技术创新能力与实施主体密切相关,是由实施技术创新主体本身所具有的特性决定的,具有不可模仿性。由于不同主体所处层次不同,拥有的要素资源、财力支持、文化、管理水平等硬件和软件不同,同时主体中技术人员的专业知识水平、采用新工艺和新方法的决策也不同,所以其评价指标体系也各有不同,这种差异最终体现在不同类主体和同类主体不同类别的技术创新能力评价中。过程层面的技术创新评价强调技术创新是一个多人参与、集体协作、集思广益的思考与实践的过程,它强调过程的重要性,认为由组织生产某种新式的、能满足人们需求的产品的过程即为技术创新的体现,侧重对过程的把握与考核。有观点认为:组织通过不断学习,从而为革新带来新的思路与想法,为经营绩效产生催化作用。这也是从过程的角度对技术创新能力的阐述。从结果的角度评价技术创新更注重产出效应,即在投入拥有的生产要素的同时,配以新思维、新想法,创造出更先进的、不同于现有的产品或服务,以体现时代的进步和社会的发展。

本节主要介绍两类技术创新评价,一类是基于某类主体的技术创新能力评价,根据主体的不同，又分为国家创新能力评价、区域创新能力评价、产业集群技术创新能力评价和企业技术创新能力评价；另一类是技术创新项目评价，主要是指技术创新类项目的投资决策评价。

二、技术创新能力评价及方法

（一）国家（区域）创新能力评价

1990年，美国加利福尼亚大学的路易斯·维拉（Luis Suarez-Villa）提出了国家创新能力的概念，他认为国家创新能力是创新能力在国家层面的应用。国家创新能力评价是指一个国家以保持社会经济长期、健康、稳定、和谐发展为目标，通过国家的制度安排和政策设计，充分发挥政府、大学、科研院所和企业在知识的创造、扩散、使用过程中的协调作用，寻求资源的最优配置，以产生创新性技术，并使之产品化、产业化、国际化的能力。

区域创新能力是指一个地区将新知识转化为新产品、新工艺、新服务的能力，其核心是促进创新机构间的互动和联系，表现为对区域社会经济系统的贡献能力。区域创新能力不等于科技能力，也不等于科技竞争力，但科技能力和科技竞争力是区域创新能力的基础。区域创新能力不仅是区域经济能够获取竞争优势的决定性因素，而且也是解释地区经济繁荣程度差异的重要因素。

国家（区域）创新能力评价指标体系有很多，比较有代表性的包括经济合作与发展组织（Organization for Economic Cooperation and Development，OECD）、世界经济论坛（World Economic Forum，WEF）、瑞士洛桑国际管理发展学院（International Institute for Management Development，IMD）和中国科技发展战略小组开发的评价指标体系。

1. OECD的国家创新能力评价指标体系

OECD自1961年成立以来，一直把研发的定义和测度作为科技政策研究的重点大力推进。1997年，OECD出台了《科学、技术和工业：记分牌和指标1997》研究报告。该报告提供了一个对OECD成员国科学、技术和产业活动绩效进行比较的分析框架。2005年，OECD出版的国家（区域）创新能力评价指标包括：

① 研发和创新：知识创造与扩散；

② 科学技术和人力资源：知识和技能；

③ 专利：保护和商业化的知识；

④ 信息与通信技术：一个知识社会的推动者；

⑤ 知识流动和全球企业：知识在生产活动中的影响。

2005年的指标体系与1997年的研究报告相比，基本思想没有改变，但是指标体系更加完善和科学，更能反映当前科学技术和产业的发展趋势，更加注重人力资源和科学家的国际流动性，体现了信息全球化对国家创新能力的重要性。

2. WEF的国家创新能力国家创新能力评价指标体系

世界经济论坛（World Economic Forum，WEF）从1979年开始发布《全球竞争力报告》（*Global Competitiveness Report*），以此反映全球主要国家/地区在国际上的相对竞争力和潜在经济增长能力。WEF以三大基础要素12大支柱作为国家创新能力基本评价指标，如表12-2所列。